Das älteste Waldenserwappen, gezeichnet von Valerius Grassus

Gabriel Audisio

Die Waldenser

Gabriel Audisio

Die Waldenser

Die Geschichte einer religiösen Bewegung

Aus dem Französischen von Elisabeth Hirschberger

Verlag C.H.Beck München

Titel der Originalausgabe:
Les «Vaudois». Naissance, vie et mort d'une dissidence (XIIme–XVIme siècles)
Editions Albert Meynier, Turin

Mit 8 Abbildungen

Veröffentlicht mit Unterstützung der Fondation Maison des Sciences de l'Homme, Paris, und des Ministère français chargé de la Culture.

Die Deutsche Bibliothek – CIP-Einheitsaufnahme

Audisio, Gabriel:
Die Waldenser : Geschichte einer religiösen Bewegung / Gabriel Audisio. Aus dem Franz. von Elisabeth Hirschberger. – München : Beck, 1996
Einheitssacht.: Les «Vaudois» <dt.>
ISBN 3 406 41077 4

ISBN 3 406 41077 4

Für die deutsche Ausgabe:

Satz: Gutfreund, Darmstadt
Druck und Bindung: Ebner Ulm
Gedruckt auf säurefreiem, alterungsbeständigem Papier
(hergestellt aus chlorfrei gebleichtem Zellstoff)
Printed in Germany

Inhalt

Den protestantischen Freunden in der Provence, im Piemont und anderswo, den Söhnen der einstigen Armen von Lyon, die das Andenken ihrer Väter ehren, indem sie mutig sind und Legenden nicht akzeptieren, hergebrachte Meinungen scharf hinterfragen und sich auf einer unermüdlichen Suche nach der Wahrheit befinden. Sie lieben die Geschichte und verdrehen ihren Sinn nicht. Sie haben das einzige wirkliche Ziel erfaßt: verstehen.

«Im übrigen, mein Sohn, laß dich warnen! Es nimmt kein Ende mit dem vielen Bücherschreiben ...»
(Kohelet 12,12)

«Prüft aber alles und nehmt nur an, was gut ist.»
(1. Thess. 5,21)

Einführung

Noch eine Geschichte der Waldenser, mag manch einer denken, namentlich in Fachkreisen. War das wirklich notwendig oder auch nur sinnvoll? Seit dem 16. Jahrhundert gibt es eine Vielzahl von Abhandlungen über die Waldenser. Diese von Rom abgespaltene religiöse Minderheit erweckte nämlich bei allen, die sich mit europäischer Religionsgeschichte befaßten, ein so großes Interesse, daß über sie eine in ihrem Umfang wirklich beeindruckende Menge an Literatur vorliegt. Diese zu sichten ist eine ebenso mühevolle und langwierige wie unerquickliche Arbeit – viele Autoren scheuen nämlich in keiner Weise vor Wiederholungen und Plagiaten zurück. Die 1980 veröffentlichte Untersuchung von G. Tourn ist die letzte wirklich wichtige Neuerscheinung zu unserem Thema. Seither sind also mehr als 15 Jahre vergangen. Gibt es inzwischen einen so großen Erkenntnisfortschritt, daß eine erneute Aufarbeitung für ein über den begrenzten Kreis der Waldenser-Spezialisten hinausgehendes, breiteres Publikum notwendig wurde?

Mehrere Gründe sprechen für eine neue Version der Waldensergeschichte. Zunächst einmal ist festzustellen, daß die Autoren neuerer Werke zwar den Anspruch erheben, einem breiten Publikum einen allgemeinen Überblick über die Geschichte der Waldenser zu bieten. Trotzdem berücksichtigen sie immer noch nicht wichtige Forschungsergebnisse aus den 70er und nicht einmal aus den 60er Jahren. Obwohl bekannt und geschätzt, finden etwa die Arbeiten von K.-V. Selge, A. Patschovsky, D. Kurze und G. Merlo, teilweise sogar die von A. Molnár oder R. Cegna, keine Erwähnung. Doch die Geschichtsschreibung macht Fortschritte. Und so hat es etwas Irritierendes an sich, gegenwärtig Autoren zu lesen, die, unbeirrbar, immer noch schreiben, was bereits vor fünfundzwanzig Jahren geschrieben wurde, gerade so, als ob die Historiker seither untätig gewesen wären. Hinzu kommt, daß neue und wichtige Forschungsbeiträge sich gerade in den 80er Jahren nicht darauf beschränkt haben, unser Wissen über von der Geschichtsschreibung bislang kaum erfaßte Zeiten und Räume zu bereichern. Vielmehr betrachteten sie auch Althergebrachtes unter einem neuen Blickwinkel, stellten vorschnell gezogene Schlüsse in Frage, entdeckten neue schriftliche Quellen oder wandten neue Interpretationsmethoden an. Und so ist es ebenso natürlich wie notwendig, die Forschungsergebnisse P. Billers und M. Schneiders – oder auch meine eigenen – zur Provence für eine Geschichte der Waldenser fruchtbar zu machen.

Auf diesem Gebiet haben mehr oder weniger wichtige und mehr oder weniger junge Entdeckungen nicht nur dunkle Punkte erhellt, Hypothesen präzisiert, einen Schlußstrich unter bestimmte Debatten gezogen. Vielmehr hat sich die ganze Art und Weise der historiographischen Annäherung an die Waldenser wesentlich geändert – was einmal mehr zeigt, daß der Historiker vor allem anderen ein Mensch seiner Zeit ist, und somit die Geschichte, die er schreibt, von der Gesellschaft abhängt, in die er eingebunden ist. Ich bin nicht so naiv anzunehmen, daß der Blick auf jene von der Römischen Kirche abgespaltene religiöse Minderheit «objektiver» geworden wäre – ein bekanntermaßen notwendiges, ehrenvolles und gleichzeitig nicht zu verwirklichendes Ideal. Denn wenn schon die Geschichte im allgemeinen einer stets vorgeprägten Beurteilung ausgeliefert ist, ganz einfach weil sie menschlich ist und Menschen sie machen, auf- und beschreiben, um wieviel anfälliger für vorgefaßte Meinungen erweist sich dann erst die Religionsgeschichte. Sie ist ja das Erbe einer größtenteils vergangenen Epoche, in der die Religion eine tragende Rolle in der europäischen Gesellschaft spielte. Das Gewicht der Vergangenheit, der Traditionen und Gewohnheiten wiegt in diesem Bereich, also auch bei den Waldensern, besonders schwer.

Noch bis zum heutigen Tag hüten sich die Historiker kaum vor mehr oder weniger impliziten Werturteilen über jene «Abtrünnigen», die später zu Protestanten wurden. Zwei Hauptströmungen sind in der Masse der vorliegenden Literatur auszumachen. Die erste – gleichermaßen bei katholischen wie protestantischen Autoren anzutreffen – sah in dieser Bewegung eine Art religiöser Gemeinschaft, die sich letztendlich nur wenig von der Römischen Kirche entfernt und deren Glaubensinhalte und Riten nicht vollständig abgelehnt hat. Sie war also gar nicht so «ketzerisch»! Die andere Strömung – sie vereint ebenfalls Katholiken und Protestanten – betrachtet im Gegensatz dazu die Waldenser entweder als echte «Ketzer» oder als authentische «Zeugen der Wahrheit», als Reformierte vor der Reformation. Aus dieser Perspektive gesehen errichteten die Waldenser eine Art Bastion, die vier Jahrhunderte lang in Opposition zu Rom existierte und in ihren religiösen Grundpfeilern unerschütterlich blieb, trotz der Anstürme, denen sie ausgesetzt war.

Einige Leser und Leserinnen werden nun darüber erstaunt sein, daß in jeder dieser historiographischen Traditionen sowohl katholische wie protestantische Autoren anzutreffen sind. Man hätte zweifellos erwartet, daß der Graben zwischen den beiden Konfessionen wie gewöhnlich eine unterschiedliche, ja entgegengesetzte Urteilsbildung zur Folge hat. Zwar würde man bei näherer Betrachtung diese Aufspaltung sehr wohl wiederfinden. Doch aufgrund einer für uns ziemlich unerwarteten und von seiten der Autoren sicherlich unbeabsichtigten ökumenischen Denkweise liegen diese unterschiedlichen Positionen nicht nur eng beieinander – die Konfessionen vermischen sich ja –, sondern sie verschmelzen letzten Endes insofern miteinander, als sie beide von einem wohlbekannten a priori ausgehen: der Benutzung der Geschichte zu anderen Zwecken. Alles in allem wird dabei die Vergangenheit in den Dienst einer These, einer Meinung, eines Interesses gestellt. In unserem Fall geht nun diese von vornherein auf ein bestimmtes Ergebnis ausgerichtete Geschichtsforschung auf Kosten der Waldenser vor und dies auch dann, wenn sie behauptet, deren Andenken zu ehren. Tatsächlich versuchen weder die einen noch die anderen, diese Minderheit wirklich zu verstehen, die – um es nochmals zu betonen – weder katholisch noch reformiert war. Es ist um so vieles einfacher, gemäß einer geläufigen reduktionistischen Vorgehensweise das Unbekannte auf das Bekannte zurückzuführen, als den anderen in seiner Verschiedenheit zu erfassen. Und doch hängt von der diesbezüglich kritischen Überprüfung des eigenen Urteils die Chance ab, das Waldensertum und die Waldenser tatsächlich zu verstehen. In diesem Sinn werde ich die Geschichte im allgemeinen und, im besonderen, jenes Abenteuer der Armen von Lyon angehen.

Im Titel dieses Buches hätte eigentlich anstelle des Begriffs «Waldenser» die Bezeichnung «Arme von Lyon» stehen sollen, was jedoch aus verlegerischen Gründen nicht möglich war. Der Begriff «Waldenser» wurde ja von ihren Verfolgern erfunden, um diese «Ketzer» mit dem Namen ihres geistigen Vaters zu bezeichnen. Aber sie selbst nannten sich niemals so, im Gegenteil: Sie nahmen für sich immer in Anspruch, nur einen einzigen Herrn zu kennen, Jesus Christus. Kein einziges aus der Gemeinschaft selbst stammendes Schriftstück kennt den Begriff «Waldenser». Um sich von den anderen Christen zu unterscheiden, bezeichneten sie sich schlicht als «Brüder» oder aber als «Arme Christi» oder «Arme von Lyon». Sie bei diesen Namen zu nennen bedeutet, ein Etikett zu entfernen, das zu jener Zeit ein Schimpfwort war und schließlich zum Synonym für «Ketzer» wurde. Eine Benennung beizubehalten, die sie selbst anerkannten, heißt, ihre eigene Sichtweise anzunehmen. Dies begünstigt den Versuch, jene Männer und Frauen zu verstehen, die, über Generationen hinweg und unter Lebensgefahr, sich dafür entschieden hatten, ihr Christentum anders als nach den Vorstellungen Roms zu leben. Für diesen oder jenen Namen zu votieren mag als geringfügiges Detail erscheinen. Dennoch bin ich davon überzeugt, daß es hier nicht um eine Lappalie geht. Es würde jedoch an dieser Stelle zu weit führen, auf diesen Punkt noch näher einzugehen.

Das 12. und das 16. Jahrhundert bilden den zeitlichen Rahmen meiner Untersuchung. Das Ausgangsdatum ist unstrittig, denn heute würde niemand mehr den Ursprung der Waldenser in die Zeit der Apostel, ja nicht einmal mehr in die Epoche von Papst Silvester (314–335), zurückverlegen. Das Enddatum ist meiner Ansicht nach ebenso evident, für einige andere jedoch noch diskussionswürdig. In der Tat gibt es im Piemont noch heute «Waldenser-Täler», in Italien und einigen anderen Ländern eine «waldensische Kirche» *(Chiesa valdese)*. Außerdem bezeichnen oder betrachten sich einige Nachkommen der einstigen Waldenser noch heute als solche. Doch dies ist ein Irrtum. Das Waldensertum war eine religiöse Bewegung mit relativ genau bestimmbaren Merkmalen. Diese sind fast alle im 16. Jahrhundert verschwunden, als die Armen von Lyon sich der Reformation anschlossen. Von da an sind Waldenser und Protestanten wenn nicht absolut konträre, so zumindest sich gegenseitig ausschließende Bezeichnungen, ganz so wie Katholiken und Waldenser oder wie Katholiken und Protestanten. Deshalb bin ich der Meinung, daß das Waldensertum in der Reformationszeit untergegangen ist, und ich lasse hier die Geschichte der Waldenser enden. Der Epilog dieses Buches befaßt sich mit einer Gegend, einer Nachkommenschaft und einer Kirche, die auch heute noch den Namen der Waldenser tragen. Im übrigen sollte die Tatsache, daß ich soweit als möglich von Armen von Lyon – und nicht von Waldensern – spreche, ebenfalls zur Vermeidung jeglichen Mißverständnisses beitragen.

Mehr oder weniger ganz Europa bildet den geographischen Rahmen meiner Untersuchung. Mit Ausnahme von England, den iberischen Ländern und Skandinavien war jene religiöse Minderheit in allen europäischen Ländern vertreten. Die Diaspora-Situation ist eine grundlegende Charakteristik dieser unaufhörlichen Verfolgungen ausgesetzten Glaubensgemeinschaft, die gezwungen war, sich zu zerstreuen, um zu überleben. Zwischen Süditalien und dem Baltischen Meer, zwischen dem Atlantik und Polen lebten die Armen von Lyon in der paradoxen Situation, eine unendlich kleine Minderheit von internationaler Ausdehnung zu sein. Hieraus erwuchsen ihnen einerseits schwerwiegende Probleme für die Wahrung ihrer Einheit und den Aufbau einer wirkungsvollen Organisation. Andererseits wurde es ihnen so auch möglich, sich von zu engen Anschauungen zu befreien und die Probleme unter Berücksichtigung der jeweiligen örtlichen Besonderheiten weitsichtig anzugehen und zu lösen. Keine andere von Rom abgespaltene religiöse Gemeinschaft des Mittelalters kann von sich behaupten, so zielbewußt und so langlebig gewesen zu sein.

Nach wie vor sieht man sich mit vielen Schwierigkeiten konfrontiert, wenn man die Geschichte der Waldenser nachzeichnen will. Diese Menschen hinterließen nämlich nur wenige unmittelbare Zeugnisse. Als Bauern gehörten sie nicht zu den Gebildeten oder Mächtigen, die das Schreiben kultivierten. Da sie ihr Anderssein versteckten, achteten sie darauf, keine Spuren zu hinterlassen. Der überwiegende Teil der Quellen stammt von ihren Feinden: Abhandlungen, Streitschriften, Prozeßakten... Wie bei allen versteckt lebenden Minderheiten stehen uns im wesentlichen nur indirekte Quellen – sogenannte Sekundärquellen – zur Verfügung. Es empfiehlt sich, mit ihnen vorsichtig umzugehen, um nicht ihrer Voreingenommenheit zu erliegen.

Wir befinden uns also auf der Schwelle zu einem Abenteuer, zu dem ich meine Leser und Leserinnen einlade. Entledigen wir uns – soweit nur irgend möglich – unserer Vorurteile. Seien wir uns bewußt, daß wir uns auf eine Entdeckungsreise zu einer Gemeinschaft begeben, die, wie wir auch, ihre großen und ihre unbedeutenden Augenblicke hatte. Trotz der unvermeidlichen Fortentwicklungen, trotz kompromittierender Zugeständnisse und trotz des immer möglichen Verrats verstand sie es vier Jahrhunderte lang, ihre Gruppenidentität, ihre Glaubensgrundsätze und ihre Weigerung, sich anzupassen, aufrechtzuerhalten. Verdient sie nicht – und sei es nur aus diesem Grund – unsere Aufmerksamkeit, unsere Zuwendung und – warum nicht – unsere Zuneigung?

1. Der Beginn: Ein Willensakt (1170–1215)

Legenden

Mit den Armen von Lyon verhält es sich wie mit vielen anderen Bewegungen, seien sie nun Protestbewegungen, in der Minderheit, religiöser Natur oder nicht: Ihre ersten Anfänge waren bescheiden, sie vollzogen sich so gut wie unbemerkt. Angesichts ihrer Überlebenskraft überboten sich später Anhänger wie Gegner an Phantasie, um die Ursprünge dieser merkwürdigen Gruppe zu erklären. Einige taten dies übrigens nach bestem Wissen und Gewissen, denn das Mittelalter hatte nicht unseren Begriff von historischer Genauigkeit.

So entstand im Kreise der Armen von Lyon jener Mythos – zählebig überdauerte er die Jahrhunderte –, der ihre Anfänge mit der Zeit der Apostel in Verbindung brachte. Um diesen Mythos zu begreifen, muß man wissen, daß man Christen, die den Glauben oder die Moral der Kirche nicht vollständig anzuerkennen schienen, keinen schlimmeren Vorwurf machen konnte, als sie Neuerer zu nennen. Das Christentum gründet wie alle Offenbarungsreligionen auf einem Vermächtnis, das es zu wahren, einer Botschaft, die es zu überliefern gilt. Dies ist die Rolle der «Tradition» im eigentlichen Sinn, und es ist auch die der römischen Hierarchie, die darauf besteht, die Überlieferung dieser Botschaft zu überwachen und – durch ihre Oberen – deren Authentizität zu überprüfen. Gott hat ein für allemal durch seinen Sohn Jesus Christus gesprochen, und sein an den Menschen gerichtetes Wort ist vollständig in der Bibel enthalten. Neuerung heißt demnach, sich nicht nur der Kirche und ihrer Hierarchie entgegenzustellen, sondern der ganzen Menschheit, da hierdurch die göttliche Botschaft Schaden nimmt und somit das Seelenheil aller Menschen aufs Spiel gesetzt wird, was letztendlich auch heißt, sich Gott selbst entgegenzustellen.

Um diese Anklage zu entkräften, bemühten sich die Armen von Lyon, ihren Ursprung so weit wie möglich zurückzuverlegen. Ein früher Ursprung bürgte nämlich für Authentizität, stellte also einen sicheren Wert dar. Selbst noch Luther und die Reformierten des 16. Jahrhunderts nahmen den auf ihnen lastenden Verdacht der Neuerung nur ungern in Kauf und bedienten sich dieser Vorgehensweise. Und wie könnte man weiter zurückgehen als bis zu den Gründern der Kirche, den Aposteln? Dies bezeugt Pierre Griot, der 1532 vom Inquisitor über die Urheber «jenes Gesetzes» verhört wurde. Er antwortete, daß dies die Apostel gewesen seien. Ganz offensichtlich wurde in der Gemeinschaft so gedacht. Zwei ihrer Verantwortlichen, auf die wir später noch öfter zurückkommen werden, schrieben 1530, daß die Gemeinde trotz aller Schwierigkeiten «seit vierhundert Jahren und sogar, wie die Unseren erzählen, seit der Zeit der Apostel» bestehe. Diese pure Legende war bis zum 19. Jahrhundert in Umlauf, heute kann sie jedoch niemand mehr ernsthaft aufrechterhalten.

Aber noch eine weitere Meinung machte unter den Armen von Lyon die Runde und wurde von ihren Gegnern aufgegriffen und bekämpft. Ihr zufolge geht der Ursprung der Bewegung auf die Epoche Papst Silvesters zurück, der, indem er zu Beginn des 4. Jahrhunderts die berüchtigte Konstantinische Schenkung annahm, die Kirche vom rechten Weg abgebracht habe, da sie dadurch zu einer weltlichen und nicht mehr rein geistlichen Macht geworden sei. Die streitbaren Lyoner sind nach dieser Legende die Nachkommen der ersten Gegner dieses historischen Irrwegs der Römischen Kirche. Auch wenn diese Anschauung erst im 14. Jahrhundert im Kreise der Armen von Lyon geläufig wurde, so bemühten sich Waldenser-feindliche Polemiker schon seit der ersten Hälfte des 13. Jahrhunderts, sie zu widerlegen. Wiederum kann heute niemand mehr eine solche Ansicht vertreten, es herrscht vielmehr Übereinstimmung darüber, daß die Armen von Lyon im 12. Jahrhundert auftauchten.

Waldes

Trotz zahlreicher und gelehrter Studien haben wir, was die Schlüsselfigur, den Urheber dieses geistigen Abenteuers betrifft, noch denselben Erkenntnisstand wie vor ungefähr fünfundzwanzig Jahren. Kein neues Dokument kam seither ans Tageslicht, und vieles an dieser Persönlichkeit aus Lyon liegt immer noch im dunkeln. In Lyon nimmt nämlich diese ganze Angelegenheit ihren Anfang. Beginnen wir mit seinem Namen – wie hieß er eigentlich? So einfach diese Frage auch klingt, sie ist nicht leicht zu beantworten. Wenn wir sie anhand von Schriftstücken beantworten möchten, die von der Gemeinschaft selbst stammen, so finden wir nur drei an der Zahl, wovon eines schon reichlich spät abgefaßt wurde. Das erste ist das Glaubensbekenntnis, das unser Gründer angeblich gegen 1180 unterzeichnet hat; das zweite ist der Bericht über die Konferenz von Bergamo zwischen Ultramontanen und Lombarden (damals zwei Untergruppen der Bewegung) von 1218; das dritte ist ein Briefwechsel zwischen diesen Lombarden und ihren österreichischen Brüdern, aber er stammt erst aus dem Jahre 1368. In diesem letzten Text finden wir die Legende, die den Ursprung der Armen von Lyon in die Epoche Papst Silvesters zurückverlegt und einen gewissen Pierre le Vaudois (Petrus der Waldenser, Anm. d. Ü.) oder Pierre de la Vallée (Petrus vom Tal, Anm. d. Ü.), der die Bewegung am Ende des 12. Jahrhunderts zu neuem Leben erweckt habe. Die Legende haben wir bereits als unhistorisch erkannt. Sehen wir uns nun den Namen näher an. Der Vorname Petrus taucht erst im 14. Jahrhundert auf, ganze 150 Jahre nach dem Tod der betreffenden Person. Beachten wir auch, daß, falls ein Name gesucht wurde, nur der Name «Petrus» dem Gründer einer religiösen Bewegung gemäß war – in Nachahmung des Apostels, auf den Christus seine Kirche gegründet hat. Kein zeitgenössisches Zeugnis bestätigt diesen Namen, den man folglich besser nicht verwendet. Auch über diesen Punkt ist man sich heute allgemein einig.

Und der Nachname? Zweifelsohne kennen viele den, den die Tradition uns überliefert hat und den man auch noch in Veröffentlichungen aus den letzten Jahren findet. Der Gründer der Armen von Lyon hieß demnach *Pierre Valdo*. Den Vornamen haben wir als unhistorisch erkannt. Können wir wenigstens den Nachnamen beibehalten? Sehen wir einmal ab von den zeitgenössischen oder etwas späteren Polemikern, die auch vor wahren Ausgeburten an etymologischen Erklärungen des Begriffs *vaudois* (lateinisch *valdenses*) nicht zurückschreckten. Selbst diese verbinden jedoch einhellig den Ursprung des Gattungsbegriffs mit dem Gründer einer «Sekte» oder einer «Ketzerbewegung», wie sie formulierten. Und in der Tat ist dies unstrittig. Die allerersten, oben erwähnten Dokumente kennen meist nur die adjektivische Form. Auf lateinisch, damals eine reine Schriftsprache, steht dort zum Beispiel: *societas valdesiana* (waldensische Gemeinschaft, Anm. d. Ü.). Und doch gibt es einen Fall, in dem der Name als solcher genannt ist. Im Glaubensbekenntnis von 1180 bezeichnet sich der Betreffende selbst mit *«ego valdesius»* («ich, der Waldenser», Anm. d. Ü.). Aber wie hieß diese Gründerpersönlichkeit dann in der Sprache jener Zeit? Und wie können wir selbst sie nennen?

Die genaue Form seines Namens in der im Lyon des 12. Jahrhunderts gesprochenen Sprache, d. h. im Franko-Provenzalischen, in der er von seinen Eltern, seinen Freunden oder seinen Nachbarn gerufen wurde, ist uns nicht bekannt. Wir kennen nur ihre lateinische Übersetzung. Man muß also versuchen, sie zu rekonstruieren. Abgesehen von der italienischen Form *Valdo*, die nirgendwo belegt ist, haben wir die Wahl zwischen zwei Möglichkeiten: *Valdès* oder *Vaudès*. G. Gonnet sah 1980 die Notwendigkeit ein, von *Valdo* abzurücken, und er plädierte statt dessen für *Vaudès*. In einem kleinen, 1982 veröffentlichten Beitrag sprach sich C. Thouzellier für die andere Form aus, die ihr dem Lyoner Franko-Provenzalischen jener Zeit eher zu entsprechen schien. Im gegenwärtigen Stadium ist diese Streitfrage jedoch ohne größere Bedeutung. Wir schließen uns beiden Ergebnissen an und werden unseren Mann gleichermaßen *Valdès* wie auch *Vaudès* nennen (im Deutschen stets *Waldes*, Anm. d. Ü.).

Wir stehen also vor einem Mann, dessen Nachnamen wir kennen, der aber ohne Vornamen bleibt. Was wissen wir noch über diesen Waldes? Er wohnte in Lyon und gehörte zum städtischen Patriziat. Sehr wahrscheinlich war er Kaufmann, was insofern nichts Außergewöhnliches war, als diese große Stadt an der Rhone aufgrund ihrer Lage als internationaler Kreuzungspunkt eine bemerkenswerte Rolle im Handel spielte. Ganz offensichtlich blieb dieser Lyoner jedoch nicht aufgrund seines Berufes der Nachwelt ein Begriff, sondern aufgrund seiner Bekehrung. Denn dieser reiche Mann, der aller Wahrscheinlichkeit nach fette Geschäfte für den Bischof abwickelte – letzterer stand übrigens im Verdacht, zu Wucherzinsen Geld an die Armen zu verleihen –, beschloß eines schönen Tages, sein mondänes Leben und seine Familie aufzugeben und sich aufzumachen, «nackt dem nackten Christus nachzufolgen», wie einer seiner Jünger, W. Map, 1202 schrieb.

Warum und auf welche Weise entschloß sich Waldes, sein Leben zu ändern? Die genauen Umstände entziehen sich unserer Kenntnis, denn es gibt mehrere Versionen dieses nicht nur für den Betreffenden selbst entscheidenden Ereignisses. Am ansprechendsten ist jene, die berichtet, daß Waldes von der Geschichte des Heiligen Alexis, die ein Troubadour in seinem Gesang vortrug, zutiefst erschüttert wurde. Diese Legende war fester Bestandteil der mittelalterlichen Volksliteratur, die der Frömmigkeit und der Vorstellungskraft der Gläubigen wie der Priester Nahrung gab. Alexis, nach der *Legenda aurea* Sohn eines reichen und adeligen römischen Präfekten des 4. Jahrhunderts, beschloß am Vorabend seiner Hochzeit, sein oberflächliches Leben aufzugeben. Nachdem er seine junge Braut dazu überredet hatte, im Zustand der Jungfräulichkeit weiterzuleben, floh er nach Kleinasien.

«Als er dahin kam, teilte er all sein Gut, das er mit sich hatte geführt, unter die Armen, zog schlechte Kleider an und setzte sich zu den Bettlern im Vorhof der Kirche Sankt Marien der Gottes Gebärerin. Er behielt von den Almosen nur so viel, als er zu seiner Notdurft brauchte, und gab das übrige den anderen Armen.»

Die Geschichte des Heiligen Alexis ist hier jedoch nicht zu Ende. Viele Jahre später kehrte er gegen seinen Willen zu seinem Vater zurück, der ihn ebensowenig erkannte wie die anderen Familienmitglieder. Und so beendete er, in seinem eigenen Haus von Almosen lebend, seine Tage. Es kommt hier nicht auf Details an. Der Sinn dieser Erbauungsgeschichte ist klar und Waldes hat ihn verstanden: Es ist der Aufruf zur Armut.

Die andere Version ist weniger spektakulär und dafür vielleicht wahrscheinlicher. Ihr zufolge hat Waldes über sein ewiges Heil nachgedacht, das seine großen Reichtümer seiner Ansicht nach aufs Spiel setzten. Er habe dann das Evangelium gehört und sei tief beeindruckt gewesen von dem Bericht über den reichen Jüngling, dem Jesus antwortete: «Wenn du vollkommen sein willst, geh, verkauf deinen Besitz und gib das Geld den Armen; so wirst du einen bleibenden Schatz im Himmel haben; dann komm und folge mir nach.» (Mt 19, 21) Aber noch mehr zu denken gab dem reichen Lyoner Kaufmann sicher, was Jesus sagte, nachdem der Jüngling weggegangen war – starke Worte für den, der sie buchstabengetreu versteht: «Ein Reicher wird nur schwer in das Himmelreich kommen. Nochmals sage ich euch: Eher geht ein Kamel durch ein Nadelöhr, als daß ein Reicher in das Reich Gottes gelangt.» (Mt 19, 23) Von nun an befolgte Waldes auf das genaueste den Ratschlag des Evangeliums. Er änderte sein Leben von Grund auf und scharte eine Gruppe von Menschen um sich, die er dazu bekehrt hatte, sein neues Leben zu teilen. Und damit beginnt das Abenteuer der Armen von Lyon.

Da die wenigen Texte, die von dieser Gruppe selbst stammen, sehr zurückhaltend mit Auskünften über die ersten Jahre ihrer Existenz sind, muß man sich bei ihren Gegnern, namentlich bei den Inquisitoren, auf die Suche begeben. Betrachten wir einmal, wie einer von ihnen, der Dominikaner Bernard Gui, den Ursprung der Waldenser in seinem Werk *Practica inquisitionis heretice pravitatis* («Anleitung für die Inquisition gegen die Verwirrung der Häresie», Anm. d. Ü.) darstellt. Obwohl es erst am Anfang des 14. Jahrhunderts und somit spät verfaßt wurde, verdient dieses «Handbuch für den Inquisitor», daß wir etwas länger bei ihm verweilen. Das den Waldensern gewidmete Kapitel wird stark von einem anderen Inquisitor, Etienne de Bourbon, beeinflußt, der in der ersten Hälfte des 13. Jahrhunderts lebte und den es teilweise schlicht und ergreifend kopiert. Letzterer, fast ein Zeitgenosse von Waldes, hatte zwischen 1250 und 1261 sein *De septem donis Spiritus Sancti* («Über die sieben Gaben des Heiligen Geistes», Anm. d. Ü.) niedergeschrieben. Schlagen wir jetzt die Abhandlung Bernard Guis beim Kapitel *De secta valdensium* («Über die Sekte der Waldenser») auf:

> «Die Sekte oder Ketzerbewegung der Waldenser oder der Armen von Lyon entstand etwa im Jahre des Herrn 1170. Der verantwortliche Gründer war ein Einwohner von Lyon, *Valdesius* oder *Valdensis*, daher der Name dieser Sektierer. Er war reich, aber nachdem er alle seine Güter weggegeben hatte, nahm er sich vor, in der Nachfolge der Apostel in Armut und in der Vollkommenheit des Evangeliums zu leben. Für seinen eigenen Gebrauch hat er die Evangelien in die Volkssprache übersetzen lassen. Ebenso einige andere biblische Bücher und auch einige Lebensregeln der Heiligen Augustinus, Hieronymus, Ambrosius und Gregorius, die unter Titeln, die er und seine Anhänger Sentenzen nannten, verbreitet wurden. Sie lasen sie sehr oft, aber sie verstanden sie nicht richtig. Obwohl sie ungebildet waren, maßten sie sich, von sich selbst überzeugt, die Funktion der Apostel an und wagten, das Evangelium auf den Straßen und öffentlichen Plätzen zu verkünden. Besagter *Valdesius* oder *Valdensis* riß in seiner Anmaßung zahlreiche Anhänger beiderlei Geschlechts mit sich, die er wie Jünger zum Predigen aussandte.»

Halten wir hier einen Augenblick mit unserer Lektüre inne. Wenn wir die Werturteile des Inquisitors beiseite lassen – und das gebietet uns die notwendige Textkritik – was können wir dann von diesem Zeugnis beibehalten? Drei Grundelemente sind von Anfang an vorhanden: die Armut, das Predigen und das Evangelium. Und dies sind auch bereits die drei strukturellen Hauptpfeiler von Waldes' Lehre – ebenso grundsätzlich wie nicht voneinander trennbar. Behielte man nur den einen oder den anderen von ihnen bei oder ließe man einen weg, so könnte man sehr gut diesen oder jenen religiösen Orden der katholischen Kirche, diese oder jene Gruppe von «Abweichlern» charakterisieren, aber niemals die Armen von Lyon. Sie bewahrten in ihrer jahrhundertelangen Geschichte trotz ihrer Entwicklungen und ihrer Anpassung an die Umwelt immer diese drei von Anfang an bestehenden Wesensmerkmale, durch die sie definiert werden können, selbst wenn auch diese, wie wir sehen werden, im Lauf der Jahrhunderte Verbiegungen, Interpretationen und Modifikationen ausgesetzt waren.

Die Grundpfeiler

Das Evangelium und noch umfassender die gesamte Bibel sind der erste und unerschütterliche Grundpfeiler, auf den Waldes sich stützt. Er hatte ja beim Hören der drastischen Worte Jesu beschlossen, sein Leben ganz und gar zu ändern. Und so ist es nur folgerichtig, daß für Waldes, wie später auch für seine Brüder, das Wort Gottes vollständig zugänglich sein muß. Dieses Wort ist klar. Es braucht keinerlei Interpretation. Um es im Leben umzusetzen, muß man es nur verstehen können, was die offizielle, «Vulgata» genannte Version der Kirche nicht zuläßt, da sie lateinisch ist. Somit wurde es notwendig, die Heilige Schrift, angefangen bei den Evangelien, zu übersetzen. Diese Aufgabe übertrug Waldes zwei Klerikern aus Lyon, von denen der eine die Übersetzung anfertigte, die der andere dann aufschrieb. Einmal in verständliche Sprache übersetzt, muß das Wort Gottes buchstabengetreu befolgt werden. (Wir werden später noch sehen, zu welchen praktischen Konsequenzen und zum Teil wahrlich verrückten Forderungen diese Einstellung führt.) Und so ging Waldes mit gutem Beispiel voran und verzichtete gemäß seiner Lektüre des Matthäus-Evangeliums auf seine Güter, um arm, d.h. Bettler zu werden.

Die Armut. Zweifelsohne war es der Aufruf zur Armut, der Waldes ursprünglich inspiriert hat. Alle historischen Quellen, ob sie nun von den Inquisitoren wie etwa Etienne de Bourbon und Bernard Gui, den Gegnern oder den Anhängern der Lyoner Gruppe stammen, sind sich in diesem Punkt einig. Im übrigen macht auch der Name «Arme von Lyon» oder «Arme Christi», den sich Waldes' Jünger gaben, hinreichend klar, daß sie sich selbst der Armut verpflichtet fühlten. Sie schlugen jedoch diesen Weg nicht als erste ein. Viele Kirchenmitglieder, namentlich seit der gregorianischen Reform im 11. Jahrhundert, hatten ebenfalls ein Leben in Armut begonnen und den Klerus dazu aufgerufen, es ihnen gleichzutun. Waldes schloß sich einer damals relativ starken Strömung der Rückkehr zur evangelischen Armut an. Aber das Bettlertum brachte einige Probleme mit sich. Die Gesellschaft konnte sich von Nichtstuern bedroht fühlen, die, unter religiösem Vorwand, angeblich auf ihre Kosten und ohne Gegenleistung lebten. Waldes beantwortete diesen Vorwurf, indem er zu predigen begann.

Die Predigt. Der Anspruch, Gottes Wort zu verkünden, ergibt sich wie die Armut aus der Umsetzung ebendieses Wortes in die Praxis:

> «Darum geht zu allen Völkern, und macht alle Menschen zu meinen Jüngern... und lehrt sie, alles zu befolgen, was ich euch geboten habe.» (Mt 28, 19–20)

So lautet die letzte Botschaft Jesu an seine Apostel. Die Frohe Botschaft zu verbreiten ist also in Waldes' Augen eine unerläßliche Pflicht. Nun waren der Lyoner Kaufmann und die Gruppe, die sich um ihn scharte, um ihm nachzufolgen, Laien. Zu dieser Zeit durften in der Römischen Kirche jedoch nur die Kleriker predigen, denn allein sie waren dazu ausgebildet und berufen. Der Anspruch, dieses klerikale Monopol auf das Wort zu brechen, rief in der kirchlichen Hierarchie zunächst Erstaunen, dann Mißbilligung hervor und führte schließlich zur Verhängung des Kirchenbanns über die Armen von Lyon. Aber setzen wir unsere Lektüre Bernard Guis fort.

> «Obwohl sie unwissend und ungebildet waren, wanderten diese Leute durch die Dörfer, die Männer wie die Frauen, drangen in die Häuser ein, predigten auf den Plätzen und sogar in den Kirchen – vor allem die Männer – und verbreiteten eine Menge Irrtümer. Vom Erzbischof von Lyon, dem Seigneur Jean aux Belles-Mains, vorgeladen, der ihnen eine solche Anmaßung untersagte, verweigerten sie den Gehorsam und behaupteten, um ihren Irrsinn zu verschleiern, daß man Gott mehr gehorchen müsse als den Menschen. Sie wiederholten, daß Gott den Aposteln befohlen habe, das Evangelium allen Geschöpfen zu predigen, und nahmen für sich in Anspruch, was zu den Aposteln gesagt worden war. Übrigens erklärten sie sich tollkühn als deren Nachahmer und Nachfolger aufgrund eines heuchlerischen Bekenntnisses zur Armut und unter dem Deckmantel der Heiligkeit. Sie verachteten in der Tat die Prälaten und Geistlichen, weil diese, wie sie sagten, riesige Reichtümer besäßen und in Saus und Braus lebten.»

Die entscheidende Frage in der Geschichte der Armen von Lyon wird also die des Predigens sein. Das Übrige, d.h. die Übersetzung der

Evangelien und das Leben in Armut, war nicht ungern gesehen, wenn auch etwas beunruhigend für Kleriker, die ihre Schäfchen im Trockenen hatten und sich dadurch bloßgestellt und angeprangert fühlten. Und so vergingen die ersten Jahre ohne offenen Konflikt. Waldes und seine Gruppe kamen nämlich einem Bedürfnis entgegen, das ebenso bei der christlichen Bevölkerung wie beim Klerus vorhanden war.

Die erste Gemeinde

Wenn Waldes' Beispiel und Predigten Interesse erweckten und bald auch zur Nachahmung führten, so deshalb, weil seine Zeitgenossen eine entsprechende Erwartungshaltung hatten. Schon in den ersten Jahren, ungefähr von 1170 bis 1175, schlossen sich ihm Jünger an, Männer und Frauen, weshalb einige Texte von *societas* («Gemeinschaft», Anm. d. Ü.) sprechen. Als arme Wanderprediger, das Evangelium in den Händen, luden sie die Bevölkerung ein, Buße zu tun. Sie waren jedoch in dieser Zeit weder die ersten noch die einzigen, die so etwas taten. Predigten, die den Leuten das arme und demütige Leben der christlichen Urgemeinde ins Gedächtnis zurückriefen – teilweise mit deutlich antiklerikalem Unterton –, waren an der Tagesordnung und stießen bei der Bevölkerung auf offene Ohren, ja sogar auf heimliches Einverständnis. Im 12. Jahrhundert hatten sich die Gruppen von Wanderpredigern vervielfacht, mehr oder weniger mit Billigung der klerikalen Hierarchie. So riefen etwa die Petrobrusianer, die Arnaldisten, die Henrizienser oder die Humiliaten zur Armut auf. Wenn die Kirche es teilweise aufschob, die so verbreiteten Lehren genauer zu betrachten und ihre Orthodoxie zu überprüfen, so deshalb, weil sich zur selben Zeit im Süden Frankreichs eine sehr viel größere Gefahr zusammenbraute, nämlich die Katharische Abweichung vom rechten Glauben. Diese fand ebenfalls die Unterstützung der örtlichen Bevölkerung, die empört waren über die Lebensweise der Kleriker und sich von den «Guten Menschen» angezogen fühlten, da diese ein Wanderleben führten, das den Aposteln offensichtlich besser entsprach. Aufgrund der Gefahr, die von den Katharern ausging, wartete die Kirche auch bei Waldes und seiner Predigergruppe zunächst einmal ab.

Manche sehen auch heute noch kaum einen Unterschied zwischen Katharern (oder Albigensern) und Waldensern oder Armen von Lyon, ja verwechseln sie sogar zuweilen. In Wahrheit haben die beiden religiösen Gruppen nur formale Ähnlichkeiten. Durch die manichäistische Lehre der Katharer, die zwei gleich starke göttliche Prinzipien – nämlich des Guten und des Bösen – postuliert, unterscheiden sie sich grundlegend. Strenggenommen können die Katharer gar nicht als Christen gelten. Es versteht sich von selbst, daß eine solche Konzeption der Welt, der Schöpfung und des Heils Waldes und den Seinen vollkommen fremd sein mußte. Ein weiterer Unterschied zwischen den beiden Bewegungen besteht darin, daß die Armen von Lyon im Namen der Armut jegliches persönliches Eigentum ablehnten, da sie der Meinung waren, ein in seiner Missionstätigkeit eifriger Prediger habe nicht die Zeit, sich um seinen eigenen Unterhalt zu kümmern. Gemäß der Heiligen Schrift müsse er von seinem Predigerdienst leben. Diese Askese aber war nicht nach dem Geschmack der katharischen «Guten Menschen», die die Strenge nicht so weit trieben. Der Gegensatz zwischen den beiden Predigerfamilien war so groß, daß die Römische Kirche sich seiner ohne Zögern bediente. Nicht nur in der Zeit von 1175 bis 1184 brachen Arme von Lyon auf, um im Südwesten gegen die Katharer zu predigen. Selbst noch nach der kirchlichen Verurteilung Waldes' im Jahre 1184 stellte sich manch ein Bischof blind und taub, mehr als froh über diese gegen die Albigenser gerichteten Predigten, die sich als wirkungsvoll erwiesen, weil sie das Wohlwollen der Bevölkerung ernteten.

Und so wurden Waldes und seine Freunde vom Volk unterstützt und waren letztlich von der kirchlichen Hierarchie nicht ungern gesehen. Der einzige Streitpunkt blieb die Frage des Predigens. Niemand, der offiziell nicht dazu berechtigt war, konnte sich diese Rolle anmaßen. Wahrscheinlich hatte die Gruppe der Lyoner Prediger deswegen einige Streitigkeiten mit dem Erzbischof von Lyon, dem Zisterzienser Guichard. Wie dem auch sei, 1179 finden wir eine kleine, anscheinend von Waldes selbst angeführte Abordnung in Rom, wo sie, im Schutz des 3. Laterankonzils, eine Bittschrift präsentierte. Diese wurde überprüft und erwirkte eine generelle, aber nur mündliche Billigung der Lebensweise in Armut sowie das ebenfalls mündlich zugesicherte Recht zu predigen. Letzteres war jedoch mit der Auflage verbunden, sich beim örtlichen Pfarrer zu melden, um von ihm die erforderliche Erlaubnis zu erhalten. Ergriffen von diesem leidenschaftlichen und von persönlicher Heiligkeit erfüllten Mann, der von seiner religiösen Sendung getrieben wurde, habe angeblich Papst Alexander III. Waldes überdies umarmt.

Der Konflikt

Es wurde dem Erzbischof von Lyon überlassen, diese Angelegenheit juristisch zu regeln. Er tat dies in Zusammenarbeit mit einem weiteren Zisterzienser, Heinrich von Clairvaux, der, erst vor kurzem zum Kardinal ernannt, als päpstlicher Gesandter nach Frankreich gekommen war, um das Katharertum zu bekämpfen, das das 3. Laterankonzil gerade verurteilt hatte. Im März 1180 kam es dann zu dem feierlichen juristischen Akt, der als Waldes' «Glaubensbekenntnis» bekannt ist. Waldes selbst und seine kleine Gemeinde verpflichteten sich in jener Erklärung gemäß einer in Rom ausgearbeiteten Formel zu einer Orthodoxie, die gegen die Katharer ausgerichtet war – da diese im Augenblick die Hauptsorge der Kirche darstellten. Als Gegenleistung berechtigte der kirchliche Würdenträger kraft seines Amtes Waldes dazu, arm und in Gemeinschaft mit anderen ein Wanderleben zu führen, ohne sich um den nächsten Tag zu kümmern (nach Mt 6, 34), und sich sein Brot zu erbetteln. Das Predigen wurde in Übereinstimmung mit der römischen Entscheidung, wenn schon nicht schriftlich, so doch mündlich unter der Bedingung gestattet, daß der jeweilige örtliche Pfarrer einverstanden sei. Bis zu diesem Punkt kann den Armen von Lyon keine einzige «Verfehlung» nachgewiesen werden, da sie in Rom überprüft und zum Predigen – wenn auch unter einer bestimmten Bedingung – berechtigt worden waren. Hieraus wird klar ersichtlich, wie stark die Inquisitoren und gegnerischen Chronisten, namentlich Bernard Gui, die Anfänge der «Sekte» angeschwärzt haben.

In den zwei oder drei darauffolgenden Jahren nahmen die Schwierigkeiten zu, was die Texte eher vermuten als erkennen lassen. Vielleicht spielten manche Arme von Lyon von sich aus demagogisch auf der antiklerikalen Saite der Bevölkerung. Vielleicht verweigerten ihnen manche Pfarrer mit einem vagen Gefühl der Eifersucht auf diese Freiwilligen, die ihnen ohne Zögern vorgezogen wurden, das Recht zur Predigt. Vielleicht setzten sich manche Arme von Lyon schließlich darüber hinweg und predigten dennoch. Sicher ist hingegen, daß auch Frauen, von Waldes bekehrt und zu seinen Jüngerinnen geworden, in der Öffentlichkeit das Wort ergriffen. Diese Neuerung konnte das Kirchenrecht nicht zulassen. Wie dem auch sei, Klagen von beiden Seiten müssen bis zum neuen Erzbischof, Jean aux Belles-Mains, vorgedrungen sein. Dieser war wohl über diese reichlich formlose Bewegung, die sich ihm größtenteils entzog, beunruhigt und suchte anscheinend, sie unter seine Kontrolle zu bringen. Jedenfalls beschloß er, das mündlich zugesicherte Recht zurückzunehmen und untersagte das Predigen. Gestärkt von dem ihm in Rom erklärten päpstlichen Einverständnis, berief sich Waldes auf die Heilige Schrift und weigerte sich, Folge zu leisten. Er war sich sicher, mit einem göttlichen Auftrag betraut zu sein, und konnte deshalb ein weiteres Mal die selbstbewußte Antwort des Petrus und der Apostel geben: «Man muß Gott mehr gehorchen als den Menschen» (Apg 5, 29). Dies lief jedoch darauf hinaus, daß er seine Berufung über das Kirchenrecht stellte.

Um diese Haltung richtig zu verstehen, muß man sich ins Gedächtnis zurückrufen, daß sich Waldes und seine Gefährten zu einem eindeutigen Auftrag auserwählt fühlten. Die Heilige Schrift lehrte Waldes: Jeder ist für das Heil seiner sündigen Brüder verantwortlich. Die daraus resultierende innerste Überzeugung, das Wort Gottes verkünden zu müssen, wird von Durand d'Osca, jenem Weggefährten Waldes', ganz klar ausgedrückt, wenn er in seiner gegen die Katharer gerichteten Abhandlung schreibt: «Predigen gemäß der Gnade, die Gott uns verlieh». Wie Selge schon vor zwanzig Jahren erkannte: «Ein glühender Glaube und das Gefühl der Verantwortung für das Heil des Nächsten, das ist das Wesentliche der Waldenser-Bewegung seit ihren Ursprüngen.» Wenn sich also Waldes dem Prälaten nicht unterwarf, dann deshalb, weil sein Gewissen ihm verbot, auf seine Sendung zu verzichten.

Die kirchliche Verurteilung

Da sie den Gehorsam verweigerten, wurden Waldes und seine Freunde von der Kirche verurteilt und aus Lyon vertrieben. Daraufhin zogen die Wanderprediger in andere Gegenden: in das katharische Languedoc, in das von unzähligen geistlichen Bewegungen in Aufruhr versetzte Norditalien, dann in französischsprachige Länder und die Randgebiete Deutschlands. 1184 kam es schließlich in Verona dazu, daß Lucius III. die Waldenser – aber auch die italienischen Humiliaten (religiöse Bewegung der «Demütigen», die im 12. Jh. vor allem in Norditalien Zulauf fand; Anm. d. Ü.) – mit dem päpstlichen, vom Kaiser bestätigten Bann belegte, da sie sich ohne Auftrag und somit widerrechtlich das Predigeramt angeeignet hätten. Diese Exkommunikation betraf sie also als «Schismatiker», d. h. aufgrund ihres Ungehorsams gegenüber den Gesetzen der Kirche, und nicht als «Häretiker». Sie sollte auf lokaler Ebene noch öfter wiederholt werden. Aber anscheinend sind die Würfel noch nicht endgültig gefallen. Waldes und seine Gefährten hoffen immer noch auf eine Aufhebung der Sanktion. Im übrigen bleibt die Exkommunikation oft toter Buchstabe. Weiterhin predigen die Armen von Lyon gegen die Katharer und rufen zur Umkehr durch gute Werke und Armut auf. Noch zwischen 1190 und 1207 willigen die Bischöfe in Verhandlungen mit ihnen ein, ein Beweis dafür, daß sie sie nicht als überzeugte Häretiker ansahen, die einzig und allein auszuschalten wären.

Unter Berufung auf die bereits erwähnte Abhandlung Durand d'Oscas, den *Liber Antiheresis* («Buch gegen die Häresie», Anm. d. Ü.), verdeutlicht K.-V. Selge, daß Waldes und seine Gefährten nicht nur nach wie vor orthodox waren, sondern auch beanspruchten, dies weiterhin zu bleiben. Allerdings sind die Prediger unmittelbar Christus, dem Herrn der Apostel, unterstellt. Waldes selbst ist nicht der Monarch der Gemeinde. Seine Autorität ist die des Gründers, des Erstberufenen. Es gibt nur eine Regel: ein apostolisches Leben im Dienst der Verkündigung zu führen, wie es das Neue Testament bezeugt. Dieser konstitutive, unhintergehbare und unumstößliche Grundsatz bedeutet jedoch nicht den Ungehorsam gegenüber der römischen Hierarchie. Der Gehorsam gegenüber den Bischöfen hat nur eine Grenze: den Gehorsam gegenüber dem Auftrag Christi. «Man muß Gott mehr gehorchen als den Menschen» (Apg. 5, 29) heißt nicht, daß man allein Gott gehorchen muß, nicht aber den Menschen, sondern nur, daß der Gehorsam gegenüber Gott Vorrang hat. Deshalb halten die Armen von Lyon die Exkommunikation für ungerecht. Trotz der Exkommunikation halten sie jedoch daran fest, daß man weiterhin den Priestern gehorchen soll, deren Sünden ihre Amtsausübung nicht beeinträchtigen. Der gesamten Hierarchie muß die ihr gebührende Ehrerbietung zukommen, solange diese nicht zu dem von Christus empfangenen Auftrag im Widerspruch steht. Dies ist die Konzeption des ursprünglichen Waldensertums von seinen Anfängen bis in die Mitte des 13. Jahrhunderts, als um 1240 Moneta von Cremona immer noch jenen bedingten Gehorsam gegenüber der Kirche bezeugt. Die Situation der Armen von Lyon hatte sich inzwischen jedoch ernsthaft verschlechtert. Alles spielt sich zwischen diesen beiden Eckdaten ab: der Exkommunikation von Verona im Jahre 1184 und dem Kirchenbann des 4. Laterankonzils im Jahre 1215.

Wie ist diese endgültige Verstoßung zu erklären? Was geschah während jener dreißig Jahre? Während dieser Zeit, und, wie schon erwähnt, auch noch viel später, betrachteten sich die Armen von Lyon trotz ihres Gebanntseins als treue Söhne und Töchter der Römischen Kirche. Wie war dies möglich? Anwort auf diese Frage gibt zum Teil die oben genannte Tatsache, daß die Bischöfe auch weiterhin mit ihnen diskutierten und sie keineswegs wie Exkommunizierte behandelten. Die Verurteilung war also eher theoretischer Art. Im übrigen lebten die Armen von Lyon in Kontakt mit dem Volk und dem niederen Klerus, die sie für Katholiken, da «Anti-Katharer», hielten, und sie selbst teilten diese Einschätzung. Schließlich hatten die Prediger, die ja in alle Winde verstreut waren, keine eigene Organisation. Sie war übrigens auch nicht nötig, da sie allein das Evangelium und keine besondere Lehre zu verbreiten oder zu verteidigen hatten. Obwohl sie nun in weit entfernte Länder verstreut waren, hatten die Brüder zunächst scheinbar keine Schwierigkeiten aufgrund von Meinungs- oder Mentalitätsunterschieden. Zumindest haben sie uns davon keinerlei Spuren hinterlassen. Und doch gab es sie. Aber die Tatsache, daß das Volk und ein Großteil der Priester in den Brüdern gute und fromme Katholiken sahen, verlieh ihnen Geschlossenheit und verhinderte eine Anspannung ihrer Beziehungen zur Römischen Kirche. Nach 1200 brach die Krise offen aus.

Veränderungen

Schon vor diesem Zeitpunkt hatte sich manches verändert. Zwar stellte das Waldensertum an sich keine «Häresie» dar. Doch machten die Armen von Lyon sich nicht mehr bloß des Ungehorsams gegenüber der für die Wahrheit bürgenden römischen Hierarchie schuldig. Indem sie «konsequente Predigten über die Notwendigkeit guter Werke für das Seelenheil» (Selge) hielten, verkündeten sie Lehren und ermutigten zu Praktiken, die als häretisch galten. Von ihrem Standpunkt aus war dies alles fest im Neuen Testament verankert. Deshalb war Durand d'Osca gegen die gemäßigte Prädestinationslehre der Kirche. Und wenn dieser Autor noch Gebete für die Verstorbenen rechtfertigte, so lehnten andere sie bereits ab. Ebenso tauchte eine neue Strömung auf, die sich auf die buchstabengetreue Lektüre der Heiligen Schrift berief, d.h. «biblizistisch» war. Sie wurde von anderen von der offiziellen Kirche abgespaltenen Bewegungen beeinflußt, mit denen die Armen von Lyon nach ihrer ersten kirchlichen Verurteilung, namentlich in der Lombardei, Kontakt aufgenommen hatten. Diese neue Strömung neigte zur Ablehnung von Eid und Todesstrafe.

Der andere Aspekt, der von der Römischen Kirche als heterodox verurteilt wurde, betrifft die Sakramente. Die Armen von Lyon erkannten sie ganz offensichtlich an. Ihrer Ansicht nach waren sie, insbesondere Taufe, Buße und Eucharistie, notwendig für das Seelenheil. In ihren Predigten warben sie mit Nachdruck für das Sakrament der Buße und drängten ihre Zuhörer zu beichten. Die meisten Christen hielten es jedoch längst für ausreichend, der ihnen von der kirchlichen Hierarchie auferlegten jährlichen Mindestverpflichtung Genüge zu leisten und zeigten ganz offen ihre Verachtung gegenüber ihrem Klerus, die ihnen auch als Vorwand diente, das Sakrament der Buße zu meiden. Angesichts dessen gingen die Armen von Lyon dazu über, die Beichte bei Laien anzupreisen. Auf diese Weise wurde den Zuhörern, die sich die waldensischen Predigten zu Herzen genommen hatten, eine Art Gewissensführung angeboten. Darüber hinaus hatten die Armen von Lyon auch begonnen, eine eigene Abendmahlsfeier nach dem Vorbild des letzten Mahls Christi zu veranstalten. Diese Neuerung kam sicher nicht auf, um die Römische Kirche offen zu provozieren, sondern vielmehr zu einem seelsorgerischen Zweck. Die Christen, die in häretischen, namentlich katharischen Gebieten lebten, vernachlässigten – von ketzerischen Predigern dazu gedrängt – oft die Sakramente und verzichteten insbesondere auf die Eucharistie. Hier wollten die Armen von Lyon Abhilfe schaffen. Alle diese Praktiken, die die Kirche ohne jedes Zögern als «häretisch» verurteilte, zielten einzig und allein darauf ab, einem Notstand abzuhelfen und dringenden Bedürfnissen zu entsprechen. So war also das erste Waldensertum beschaffen, jenes, das K.-V. Selge das «genuine Waldensertum» nennt.

Daß manche Arme von Lyon davon abwichen, ist nicht erstaunlich. Die Prediger genossen eine weitreichende Eigenständigkeit, und es gab damals weder ein koordinierendes noch ein kontrollierendes Organ. So führten einige Tendenzen in den Gemeinden zu Schismen. Beispielsweise sprach um 1200 in Metz eine Gruppe von Predigern, die sich dem populären antiklerikalen Kurs anschloß, Priestern, die kein apostolisches Leben führten, ihre Amtsgewalt ab und bezeichnete die von diesen vollzogenen religiösen Amtshandlungen als ungültig. Auf diese Weise wurden zwei der ursprünglichen Prinzipien der Gemeinde entstellt. Aus «Man muß Gott mehr gehorchen als den Menschen» wird «Man muß Gott allein gehorchen». Und in einem Umkehrschluß geht man nun davon aus, daß die, die ein apostolisches Leben führen, die Vollmacht und das Recht haben, zu predigen und das Abendmahl zu feiern. Von dieser «donatistischen» Tendenz (zum «Donatismus» s. S. 66–68) waren in der Anfangszeit der Armen von Lyon jedoch nur einige Gruppen betroffen. Sie war zu diesem Zeitpunkt keinesfalls für die Gesamtheit der Bewegung charakteristisch.

Interne Krise

Auch wenn sie eine Zeitlang hinausgezögert worden war, brach die interne Krise nichtsdestoweniger zu Beginn des 13. Jahrhunderts aus. Sie sollte gut zehn Jahre andauern. Lassen wir noch einmal K.-V. Selge zu Wort kommen, dessen Schlüssen ich mich anschließe, was die Anfänge der Bewegung betrifft:

> «Man muß verstehen, daß der von uns hervorgehobene Unterschied zwischen der genuin waldensischen Position und dem Waldensertum, von dem Alain de Lille spricht, nicht bedeutet, daß wir es mit zwei Blöcken zu tun haben, mit zwei verschiedenen Gemeinschaften. Es handelt sich nicht um zwei theoretische Systeme, die zwei Professoren in irgendeiner theologischen Fakultät hätten vorstellen und diskutieren können. Nein. Es handelt sich um eine große Anzahl von isolierten Erweckungspredigern, die alle einer Gemeinschaft ohne feste Verfassung angehören und die durch die Lande ziehen, um die Menschen zu bekehren. Einige sind stärker auf die Kritik an der Kirche ausgerichtet als andere: Der Theologe Alain de Lille bringt ihre gröbsten Thesen ans Licht und behandelt sie, als ob es sich um ein theoretisches theologisches System handelte. In der waldensischen Gemeinschaft selbst war man wahrscheinlich weniger sensibilisiert für theologische Nuancen: man diskutierte nicht den lieben langen Tag über Lehrmeinungen, sondern man mußte predigen.»

Waldes lernte auch falsche Brüder kennen, von denen er sich sofort trennte; davon spricht bereits sein Glaubensbekenntnis von 1180. Zweifellos war das damals nur eine Präventivmaßnahme. Die erste Erwähnung einer tatsächlichen Trennung von falschen Brüdern finden wir gegen 1200 im Languedoc. Es handelt sich um Prediger, die das Recht zu taufen für sich allein beanspruchen und es den Katharern wie auch den Priestern der Römischen Kirche absprechen. Sie taufen ein zweites Mal. Anabaptisten dieser Art befinden sich auch in der Provence, in Italien und in Trier. Stark vom Katharertum beeinflußt, das die Spendung des *consolamentum* (Ritus zur Aufnahme in die Gemeinschaft der Katharer, Anm. d. Ü.) vorsah, behaupten sie, daß nur die gerettet würden, die der Tod in einem Zustand absoluter Armut antreffe, und forderten diese drastische Umkehr. Waldes hat sie gegen 1200 «exkommuniziert».

Schwieriger war die Auseinandersetzung mit den Armen Lombarden einerseits und der Römischen Kirche andererseits. Die Armen von Lyon kamen ihrer Sendung in der Lombardei schon vor 1184 nach. Das Gebiet war dafür besonders günstig – trotz der Verschiedenheit der Sprachen, die sich aber, bei genauerem Hinsehen, als gering erweist. Vielleicht zogen sie Nutzen aus der dortigen Aufnahme der Humiliaten. Doch deren Predigten waren gewaltsamer und von «Donatismus» (Auffassung des Bischofs Donatus v. Karthago (seit 316), der im Gegensatz zu Rom die Gültigkeit der Sakramente von der persönlichen Heiligkeit des Spenders abhängig machte; Anm. d. Ü.) gefärbt. Außerdem erlaubten die Humiliaten manuelle Arbeit. Ein Teil von ihnen kehrte um das Jahr 1200 wieder in den Schoß der Kirche zurück, während ein anderer Teil versuchte, sich den Armen von Lyon anzunähern. Die wesentliche Frage dabei war die der Vereinbarkeit von manueller Arbeit und Predigeramt. Waldes verneinte diese eindeutig. Der apostolische Prediger müsse sich ganz und ausschließlich seiner Aufgabe widmen. Ohne diesem Standpunkt zuzustimmen, könnten jene Brüder nicht der Gemeinschaft der Armen von Lyon angehören. Ein zweiter Unterschied betraf eine institutionelle Frage. Die lombardischen Brüder wählten als ihr Oberhaupt einen *prepositus* («Vorsteher», Anm. d. Ü.). Das war Giovanni de Ronco, danach Oto de Ramazello. Für Waldes aber war Christus das Oberhaupt der Gemeinschaft. Der letzte wesentliche Streitpunkt war die donatistische Tendenz, die damals heftig diskutiert wurde. Hängt die Gültigkeit der Handlungen des apostolischen Dienstes von der Würdigkeit derjenigen ab, die diesen Dienst vollziehen? Nach dem von Waldes vollzogenen Ausschluß existierten in Norditalien zwei voneinander unabhängige Gruppen nebeneinander: die Armen von Lyon und die «Armen Lombarden».

Notstand

Die Beziehungen zur Römischen Kirche waren recht seltsam. Aus römischer Sicht war Waldes' Gruppe seit 1184 schismatisch und mußte bekämpft werden, wenn man sie schon nicht überzeugen konnte. Aber bekanntermaßen war dies zunächst reine Theorie. In der Praxis sah es anders aus. Die Überzeugtesten und Strengsten verfolgten die Armen von Lyon, während die für ihre Sendung Empfänglicheren sie das Wort Gottes verbreiten ließen und andere ohne Zögern mit ihnen diskutierten und ihnen sogar bei ihrem apostolischen Auftrag halfen. Vom Gesichtspunkt Waldes' und seiner Gruppe aus war die Exkommunikation von Verona ungerecht. Sie erhofften und erwarteten ihre Aufhebung mit derselben Sicherheit, mit der sie sich immer für orthodox hielten. Aber allmählich gewann die Exkommunikation an Wirkung. Einige verzichteten nun auf die Möglichkeit einer baldigen Versöhnung mit Rom und lehnten die Hierarchie der Kirche ab. Der Tod von Waldes, wahrscheinlich zwischen 1205 und 1207, begünstigte sicher den Bruch, da er sich sehr für die Beibehaltung der Orthodoxie und die Treue zur Kirche, so wie er diese verstand, nämlich unter gewissen Bedingungen, eingesetzt hatte.

1207 beschleunigte das Treffen in Pamiers noch den Lauf der Dinge. Anläßlich dieser «*disputatio*», das heißt einer Diskussion gemäß der zeitgenössischen kirchlichen Sitte, versöhnte sich nämlich Durand d'Osca, der Gefährte Waldes', mit Rom – ohne einen einzigen Augenblick daran zu zweifeln, daß Waldes mit einem göttlichen Auftrag betraut war –, und mehrere seiner Freunde taten es ihm gleich. So wurden die «Armen Katholiken» geboren. Zweifellos dachte Durand, daß alle Armen von Lyon ihm nachfolgen würden, was die beste Gewähr gegen das Abgleiten in die Heterodoxie, d. h. Häresie, gewesen wäre. Aber Durand mußte zurückstecken. Die Unterwerfung unter die örtliche Hierarchie bedeutete das Ende des apostolischen Dienstes. Und auch nur wenige Arme von Lyon folgten Durand d'Osca nach. Die letzte Chance zur Sammlung war damit vertan. Die Armen von Lyon mußten sich also organisieren, um zu überleben. Es wurde ein jährliches Kapitel aller Brüder beschlossen, das für ein Jahr zwei aus den Teilnehmern ausgewählte *rectores* («Rektoren», Anm. d. Ü.) bestimmte. Diese sollten die Arbeit der Prediger kontrollieren und auf der nächsten Synode Bericht erstatten, um dann in einer neuen Wahl abgelöst zu werden.

> «Die zweite Reorganisation betraf die *fractio panis* («Brotbrechen», also die Eucharistie; Anm. d. Ü.). Es wurde beschlossen, daß man dafür *ministri* («Diener», Anm. d. Ü.) zu wählen hatte. Diese wurden nicht aus den Predigern ausgewählt, sondern aus den Novizen, den *nuper converti* («Neubekehrte», Anm. d. Ü.), oder aus den *amici* («Freunde», Anm. d. Ü.), Anhängern, die sich der Seelenführung oder *consilium spirituale* der Prediger unterworfen hatten.

Das bedeutete, daß die Aufgabe der Brüder nach wie vor allein das Predigen war. Der Notstand, der sich aus der Tatsache ergab, daß die Römische Kirche die Eucharistie nicht mehr an die Waldenser austeilte, war somit behoben. Aber das bedeutete nicht die Schaffung einer eigenen Hierarchie als Konkurrenz zur römischen. Die *ministri* wurden nur für eine gewisse Dienstzeit berufen. Und Moneta von Cremona bezeugt nach 1240, daß die Waldenser noch zu seiner Zeit die Eucharistie von den Priestern der Römischen Kirche empfingen, wenn man sie ihnen gab.» (Selge)

Wir können somit davon ausgehen, daß der Gemeinschaft der Armen bewußt geworden war, daß die Exkommunikation wirksam war, daß man sich organisieren mußte, um dem Dringendsten abzuhelfen, und daß es nicht unmöglich war, noch auf eine Versöhnung mit Rom zu hoffen, aber diese wurde immer unwahrscheinlicher, je mehr Zeit verstrich. Die Armen von Lyon behielten also weiterhin ihren ureigensten, mittleren Weg bei. Sie ließen sich nicht von den Armen Lombarden überzeugen, die das römische Priesteramt für ungerechtfertigt hielten und Rom für die falsche Kirche *(ecclesia malignantium)*. Ebensowenig waren sie davon überzeugt, daß die Versöhnung der Armen Katholiken mit Rom die Anerkennung der apostolischen Berufung der Armen von Lyon durch Rom bedeutete. Sie warteten auf diese Anerkennung. Sie verzweifelten nicht, zumindest noch nicht, und nicht alle ... Ihr Standpunkt blieb der von Waldes: ein bedingter Gehorsam. Wie K.-V. Selge deutlich gemacht hat, lautete die zwischen der kirchlichen Hierarchie und den Armen von Lyon strittige Frage: Hat Gott die Armen von Lyon mit einer Sendung betraut? In der kirchlichen Tradition gibt es genau festgelegte theologische Kriterien, die einen göttlichen Auftrag als solchen erkennen lassen: ein tugendhaftes Leben, Worte der Heiligen Schrift oder Wunder. Für die kirchliche Hierarchie reichten tugendhaftes Leben und die von den Armen von Lyon vorgebrachten Passagen aus der Bibel nicht aus; für letztere sehr wohl, und nicht nur für sie, sondern auch in den Augen eines großen Teils des christlichen Volkes und des Klerus. Wer hatte recht?

Die Anerkennung der apostolischen Berufung der Armen von Lyon durch Rom sollte niemals erfolgen, ebensowenig die Aufhebung der Exkommunikation. Im Gegenteil, die Situation spitzte sich noch zu. Immer stärker marginalisiert und auf Dauer ausgeschlossen, verhärteten die Armen von Lyon allmählich ihren Standpunkt, indem sie von anderen abgespaltenen Gruppen ihnen bis dahin fremde Thesen übernahmen. Dies wiederum hatte zur Folge, daß sie von der römischen Hierarchie immer mehr des Irrtums beschuldigt und als Häretiker verurteilt wurden. Am Ende stand die Bestätigung der Exkommunikation von Verona, sogar in noch verschärfter Form. Denn das 4. Laterankonzil verurteilte 1215 die Armen von Lyon wie auch zahlreiche andere «abtrünnige» Gruppen nicht nur als «schismatisch», wie dies 1184 der Fall war, sondern als «häretisch», d. h. heterodox, in Glaubensfragen irrig. Sie wurden mit dem Bann belegt. Der Bruch war vollzogen. Die Hoffnung auf eine Versöhnung war nur eine Illusion gewesen.

Schließen wir nun die oben begonnene Lektüre der Ausführungen von Bernard Gui ab:

> «Durch diese überhebliche Aneignung des Predigeramtes wurden sie zu Lehrmeistern des Irrtums. Aufgefordert, auf das Wort (der Predigt, Anm. d. Ü.) zu verzichten, gehorchten sie nicht, wurden dann zu Säumigen erklärt und später exkommuniziert und aus ihrer Stadt und ihrer Heimat vertrieben. Da sie sich widersetzten, erklärte sie schließlich ein in Rom vor dem Laterankonzil abgehaltenes Konzil für schismatisch und verurteilte sie als Häretiker. Nachdem sie sich auf diese Weise auf der Erde vermehrt hatten, verteilten sie sich über die Provinz, in den Nachbarregionen und bis an die Grenzen der Lombardei. Sich selbst überlassen und von der Kirche abgetrennt, vereinigten sie sich mit anderen Ketzern und nahmen deren Irrtümer auf, sie mischten unter ihre eigenen Hirngespinste die Irrtümer und Ketzereien der Ketzer vor ihnen.»

Wenn wir die offensichtlich böswilligen Bewertungen des Inquisitors außer acht lassen, müssen wir zugeben, daß es die radikalere, lange Zeit in der Minderheit gebliebene Strömung war, die bei den Armen von Lyon Schritt für Schritt zugunsten einer definitiven Trennung von Rom den Sieg davontrug. Von da ab beginnt für sie eine neue Geschichte: die einer organisierten, verfolgten, in alle vier Himmelsrichtungen verstreuten, von Rom abgespaltenen religiösen Minderheit.

Die Bedeutung der Bewegung

Bevor wir die Entwicklung der Armen von Lyon in den beiden folgenden Jahrhunderten untersuchen, wollen wir versuchen, die Bedeutung einer solchen Bewegung im Kontext ihrer Zeit zu erfassen. Wie wir bereits sagten, war es nicht überraschend, daß sich zu diesem Zeitpunkt, am Ende des 12. Jahrhunderts, eine so laute Stimme erhob, um zur evangelischen Armut aufzurufen. Nicht, daß es sich um eine Alltäglichkeit gehandelt hätte, aber viele andere hatten während der sogenannten «gregorianischen Reform des 11. Jahrhunderts» bereits vor Waldes zur Armut aufgerufen. Auch daß sich dieser Aufruf in einem unbezwingbaren Drang zu predigen ausdrückte, hat nichts wirklich Originelles an sich. Kurze Zeit später war dies auch ein Merkmal Domingo de Guzmans, der 1205 gesandt wurde, um gegen die Albigenser zu predigen, und der den Orden der Predigerbrüder (die Dominikaner) gründete, wie auch, einige Jahre später, das Merkmal Franz von Assisis, dem «Poverello», Gründer des Ordens der Minderbrüder (die Franziskaner). Sogar die Verbindung von Wanderpredigt und Armut stellt fast ein Zeichen der Zeit dar. Ist es nicht beeindrukkend, daß sich innerhalb eines halben Jahrhunderts drei laute, in dieselbe Richtung gehende Stimmen erhoben, die von den drei romanischen Schwestern Spanien, Frankreich und Italien stammten? Zweifellos hat die zumindest aus römischer Sicht schmerzvolle Erfahrung mit Waldes' Gruppe dem Papsttum als Lektion gedient, als es später darum ging, das Schicksal der Jünger des Dominikus und des Franziskus zu regeln. Wie kann man nun diese beidseitige Verhärtung erklären, die schließlich zum Bruch führte?

Die wirkliche Originalität von Waldes liegt auf einem anderen Gebiet: Er war Laie und wollte Laie bleiben. Er weigerte sich ebenso, in einen schon bestehenden religiösen Orden einzutreten, wie einen neuen zu gründen. Er wollte keine Gußform, in der seine Inspiration ihr eigentliches Wesen verloren hätte. In dieser Haltung muß man das Verlangen des Laientums sehen, eine andere, größere Rolle in einer Kirche zu spielen, die zu sehr eine Kirche der Kleriker geworden war. Ebenso kann man diesen Anspruch als Anspruch des aufkommenden Bürgertums interpretieren, das einen besseren Status in der zeitgenössischen mittelalterlichen Gesellschaft forderte. Daß nun Laien – Männer und Frauen übrigens, um das nochmals zu betonen – sich daran machten zu predigen, stellte die Grundlagen dieser Kirche und dieser Gesellschaft in Frage. Denn in jener Zeit waren vielleicht nur

10% der Bevölkerung alphabetisiert, und sogar in einer Stadt wie Lyon war dieser Anteil wohl nicht mehr als doppelt so hoch; mangels vertrauenswürdiger statistischer Quellen können wir allerdings nicht einmal ungefähre Zahlen vorlegen. Lesen zu können stellt also in dieser Gesellschaft der Mündlichkeit, in der das Gehör und das Gedächtnis eine entscheidende Rolle spielen, eine wirkliche Macht dar.

In diesem Kontext genoß der Klerus ein unerreichtes Prestige, denn im Ganzen genommen war er unbestritten die gebildetste Schicht der Gesellschaft. Sozial, kulturell und religiös kamen die Kleriker in den Genuß eines Status, der nicht zu übertreffen war, denn sie konzentrierten in ihren Händen die ganze Macht, die sowohl das Wort als auch die Schrift verliehen. Als anerkannte Verwahrer der Heiligen Schrift stellten sie die unumgänglichen Vermittler dar, die allein den Zugang zu ihr verschaffen konnten. Sie allein konnten das Wort Gottes richtig interpretieren. Somit hatten sie auch in der Öffentlichkeit das Monopol des Wortes inne, das Predigen. Wenn man sich also zunächst das Gewicht des gesprochenen Wortes in einer mündlichen Kultur bewußtmacht, dann den Platz, den die Schicht der Lese- und Schreibfähigen darin einnehmen konnte, und schließlich das Ansehen, das die Kleriker – trotz eines traditionellen Antiklerikalismus, der zum guten Ton gehörte – inmitten dieser von Religiösem durchdrungenen und nach Religiösem begierigen Gesellschaft genossen, kann man die Herausforderung ermessen, die Waldes und seine Freunde – vielleicht unbewußt – wirklich bedeuteten.

Man versteht nun die Reaktion der Kirche, das heißt der Hierarchie. Interne Streitigkeiten waren da schnell vergessen. Der gesamte klerikale Stand machte geschlossen Front gegen diesen Versuch, sein Monopol des Wortes zu brechen. Demzufolge überrascht es nicht, daß sich alles um die Frage des Predigens drehte. Ohne ihre eigene Struktur und Funktion in Frage zu stellen, konnte die Römische Kirche, aber auch die mittelalterliche Gesellschaft, diese «angemaßte Sendung» des Waldes nicht akzeptieren. Die zeitgenössischen Polemiker gegen den Lyoner, die nach ihm gekommenen Inquisitoren, alle sprachen im Zusammenhang mit ihm von «Anmaßung», «Dünkel» und «widerrechtlicher Aneignung». Sie hatten leichtes Spiel, wenn sie behaupteten, daß Waldes' Sendung nicht authentisch sein könne, da er eben nicht von der Hierarchie «gesandt» war. Außerdem versagten sie sich nicht, sich über ihn und seine Gefährten lustig zu machen. Etienne de Bourbon und Bernard Gui beispielsweise beurteilten die Armen von Lyon als *«idiote et illiterati»* («Unwissende und Ungebildete»). Entsprach dies der Wirklichkeit?

Wir wissen, daß sich unter Waldes' ersten Gefährten wahrhaft Gebildete befanden. Bernard Prim, Guillaume d'Arnaud oder vor allem der bereits erwähnte Durand d'Osca, der Autor des *Liber Antiheresis*, konnten mühelos theologische Diskussionen, Streitgespräche und Rededuelle in Gang halten; übrigens wurden sie aufgrund dieser Eigenschaft im Kampf gegen die Katharer hoch geschätzt. Und Waldes selbst? Daß er kein Latein konnte, ist sicher, da er sich zur Übersetzung der Evangelien an einen Kleriker wandte. Dies reichte ohne Zweifel als Grund aus, ihn als ungebildet zu beschimpfen, denn Bildung konnte es nur auf lateinisch geben, da die Sprache der Wissenschaft, sei sie nun religiös oder nicht, Latein war. Aber Waldes konnte sicherlich lesen: Auch wenn Lyon im Vergleich zu italienischen Städten in kaufmännischen und bankgeschäftlichen Verfahren im Rückstand war, konnten die Kaufleute an der Rhone entsprechend den Anforderungen ihrer Geschäfte zweifellos lesen und manchmal auch schreiben.

Die Aufgabe, die sich Waldes stellte, war jedenfalls die Verkündigung des Wortes Gottes, wozu er sich biblische Bücher in die gesprochene Sprache übersetzen ließ. Von dieser Aufgabe der Verkündigung ließen er und seine Gefährten sich zur öffentlichen und privaten Lektüre drängen. Aber es ist wahr, daß dieser Kult der Heiligen Schrift die Armen von Lyon wohl nicht zu feinen Gebildeten, zu gelehrten Doktoren oder zu byzantinischen Theologen gemacht hat. Dies war auch nicht ihre Absicht. Weil sie keine Kleriker waren und auch keine werden wollten, wurden die Armen von Lyon von einer Schicht von Gebildeten verstoßen. Die Reaktion dieser Gebildeten ist den Zuckungen einer privilegierten Kaste vergleichbar, deren Macht bedroht ist, eine Macht, die sich auf das göttliche Monopol des Mündlichen und des Schriftlichen, des Wortes Gottes und der Heiligen Schrift, gründet. Auf dem Infragestellen dieses Monopols beruht Waldes' naives Prophetentum. Hierin besteht die Originalität seiner Bewegung. Hierdurch erklärt sich in letzter Instanz die Exkommunikation, deren Opfer er wurde. Und somit war entschieden: Die Geschichte der Armen von Lyon würde außerhalb der Römischen Kirche geschrieben werden.

2. Notwendige Anpassung (13. Jahrhundert)

Kurz nach den allerersten Anfängen und den Versuchen, einen eigenständigen Platz im Schoß der Kirche und der zeitgenössischen Gesellschaft zu finden, wurden die Armen Christi mit einer Situation konfrontiert, die sie weder verursacht noch auch nur vorhergesehen hatten. Gegen ihren Willen von der Hierarchie der Römischen Kirche verstoßen, sahen sie sich gezwungen, sich entweder zu verleugnen, indem sie auf ihre dem Evangelium gemäße Aufgabe des Predigens verzichteten, oder sich zu verstecken, um ihrer apostolischen Berufung treu zu bleiben. Doch selbst noch nach dem Bann von 1215 waren die Alternativen nicht so eindeutig. Übrigens wurde dieses Datum – wie sicher bereits deutlich wurde – vor allem aus Bequemlichkeit als Scharnier zwischen den zwei Kapiteln gewählt. Zwar war der offizielle, feierliche und definitive Bannspruch über die Armen von Lyon nicht bedeutungslos, im Gegenteil: Er änderte die Geschicke der waldensischen Bewegung vollständig. Aber – und dies vergißt man zu oft – so wesentlich Gesetze, Vorschriften und andere normative Texte auch sein mögen, von der Theorie zur Praxis ist es weit. Auch nach Verona im Jahr 1184, sogar noch nach dem 4. Laterankonzil von 1215, hörten viele Christen weiterhin in der Öffentlichkeit diese Prediger der Armut, viele Kleriker setzten die Diskussion mit ihnen fort und zögerten nicht, sie gegebenenfalls zu unterstützen, und viele Arme von Lyon hielten sich nicht nur für Mitglieder der Kirche Christi, sondern ebenso für treue Söhne und Töchter der Römischen Kirche.

Die Konferenz von Bergamo

Diese Episode aus der ersten Zeit der Armen von Lyon ist uns dank eines der wenigen Dokumente bekannt, die von der Gemeinschaft selbst stammen. Ihm müssen wir nicht mit derselben Vorsicht begegnen wie später den Prozeßakten der Inquisition. Es handelt sich um einen Brief, den die italienischen Brüder an die deutschen schickten und in dem sie die Diskussionen, die sie mit den ultramontanen (d. h. französischen) Brüdern im Mai 1218 in Bergamo hatten, gleichsam protokollieren. Dieses Gipfeltreffen fand statt, um Meinungsverschiedenheiten auszuräumen, die damals die zwei durch die Alpen getrennten Gruppen in Opposition zueinander brachten. Es nahmen sechs französische und sechs lombardische Vertreter daran teil. Wir wissen, daß es zwischen Waldes und Giovanni de Ronco bereits gegen 1205 zum Bruch gekommen ist. Dieses Mal wird letzterer nicht erwähnt, und Waldes gilt als tot. Wenn noch ungefähr 10 Jahre zuvor die Armen von Lyon sich – sogar in der Kirche – sicher genug fühlten, um sich eine interne Spaltung zu leisten, so gilt dies nicht mehr für die Zeit nach dem Bann von 1215. Die Sorge, die diese Einigungsbemühungen leitete, ist nur zu gut verständlich.

Von den neun Punkten, die die beiden Gruppen der Armen Christi voneinander trennten, wurden sieben bereinigt. Sollten sie Pröbste oder Rektoren an ihre Spitze wählen; aus den *nuper conversi* oder aus den *amici* gewählte *ministri* ordinieren; die «Arbeitergenossenschaft» zulassen, die Waldes immer abgelehnt hatte, da sie gegen sein Prinzip verstieß, nach dem der Apostel von seinen Predigten leben muß? Diese drei Fragen hatten die Jünger Waldes' bis dahin eindeutig verneint. Ganz offensichtlich in einem Geist der Versöhnung antworteten sie in Bergamo darauf, daß man unter Berücksichtigung des gemeinsamen Interesses und allgemeinen Friedens jeden Fall einzeln erwägen würde. Ist die Taufe wirksam und die Ehe unauflöslich? Alle einigten sich darauf und bekräftigten, daß niemand gerettet werden könne, ohne das Wasser der Taufe empfangen zu haben, und daß es den Eheleuten nur dann erlaubt sei, sich zu trennen, wenn beide damit einverstanden wären, oder im Fall von Unzucht. Was die Kirchenzucht betrifft, so sollten die Brüder-Gemeinden selbst über die Fälle von Fehlverhalten ihrer Mitglieder entscheiden; dies erforderte die Einrichtung einer Art internen Gerichts. Schließlich wurde einstimmig daran festgehalten, daß die einzige letzte Zuflucht die Heilige Schrift blieb; die höchste Norm für Glauben und Moral ist die Bibel; an ihr soll jede Regel oder Tradition, die bezüglich ihrer Legitimität zweifelhaft erscheint, gemessen werden.

Übrig blieben zwei strittige Punkte: Welches Schicksal hatten Waldes und sein Gefährte Vivet in der Ewigkeit? Sowie: Unter welchen Bedingungen ist das Sakrament der Eucharistie gültig? Auf diese beiden Fragen konnten die Vertreter keine einheitliche Antwort geben. Die Ultramontanen behaupteten ohne Umschweife, daß die beiden Gründer gerettet seien, während die anderen diese Behauptung an eine Bedingung koppelten: Sie seien nur gerettet, wenn sie vor ihrem Tod Gott für alle ihre Sünden Genugtuung geleistet hätten. Die Meinungsunterschiede bezüglich der Eucharistie entstanden aus zwei verschiedenen Konzepten dieses Sakraments. Für die Ultramontanen war das Wort des Priesters voll und ganz wirksam; die Gültigkeit des Sakraments hing in keinem Fall von dem ab, der es vollzog (katholische Konzeption des *ex opere operato*). Im Gegensatz dazu waren die Italiener der Meinung, daß nur ein würdiger *minister* den Leib Christi weihen könnte; andernfalls war sein Wort nichtig und das Sakrament unwirksam («donatistische» Tendenz, Konzeption des *ex opere operantis*). Die beiden Gruppen beharrten unerschütterlich auf ihren gegensätzlichen Standpunkten, und der Bruch war daher nicht mehr zu vermeiden.

Dieser Bericht verschafft uns mehrere wichtige Informationen über die Bruderschaft der Armen zu diesem Zeitpunkt: Damals gab es Gemeinschaften in Frankreich, Italien und Deutschland; ihre Lehre war nicht klar strukturiert, und zwischen ihnen gab es Meinungsverschiedenheiten; sie begannen sich zu beraten, und empfanden das Bedürfnis, Koordinations-, ja sogar Verwaltungsorgane zu schaffen. War das nicht die unvermeidliche Folge der Ablehnung durch Rom? Die Armen von Lyon mußten der Tatsache Rechnung tragen, daß sie – für eine begrenzte Zeit? für immer? – verstoßen waren. Sie mußten sich also darauf einstellen, eine missionarische und gleichzeitig geheime Seelsorge zu betreiben. War das nicht widersprüchlich?

Späte Wirksamkeit des Gesetzes

Man muß sich vorstellen, welche Veränderung es für die Armen von Lyon bedeutete, vom offenen, gegen die «Ketzer» (womit die Katharer gemeint waren) gerichteten Predigen, das vom Volk unterstützt und von der Hierarchie anerkannt wurde, zu einer zunächst zurückhaltenden und dann geheimen missionarischen Tätigkeit überzugehen. Diese Prediger machten wohl eine echte Gewissenskrise durch. Sie glühten vor Eifer, das Wort Gottes zu verkünden, waren sich der dringenden Aufgabe bewußt, die es auf dem Acker des Herrn zu erfüllen galt, und waren doch immer mehr gezwungen, sich zu verstecken, «das Licht unter den Scheffel» zu stellen, womit sie den Worten des Evangeliums zuwiderhandelten, sie, die Nachahmer der Apostel (vgl. Mt 5, 14–16). Natürlich kamen diese Veränderungen nicht von einem Tag auf den anderen. Die Entwicklung, die sich vollzog, erlaubte den Predigern, sich Schritt für Schritt dieser neuen Situation anzupassen. Sie verwirrte aber zweifelsohne auch die christliche Bevölkerung, die begierig war, die Prediger zu hören. In den Jahren nach 1240 erinnerten Bewohner des französischen Südwestens, die von der Inquisition wegen waldensischer Häresie verfolgt wurden, den Richter daran, daß die Waldenser nicht immer verfolgt worden waren.

So erklärte Raymond Hugues, der 1244 verhört wurde, «daß er mehrere Male Waldenser öffentlich in der Kirche von Aiguesvives (im Departement Aude) nach dem Evangelium habe predigen sehen, wobei das ganze Volk versammelt war, und zwar vor ungefähr vierzig Jahren». 1243 behauptete ein gewisser Arnaud Combarieu, er habe Waldenser zwanzig Jahre zuvor ganz offen auf den Straßen von Montauban umherschlendern sehen. Im selben Jahr erhielt das Gericht die Zeugenaussage des Ritters Sais de Montesquieu: Vor sechzehn Jahren, während einer Nacht, in der er nach Lacroisille bei Puylaurens gekommen sei, habe er am Stadttor viele Menschen aus der Gegend getroffen, unter ihnen auch den Pfarrer. Er habe gefragt, warum sie sich alle dort versammelt hätten, und sie hätten ihm geantwortet, daß dort ein Waldenser spreche und sie ihm zuhörten. Er habe sie getadelt, weil sie dem sogenannten Waldenser um diese Zeit zuhörten, aber die Menschen hätten ihm geantwortet, daß der Gemeindepfarrer bei ihnen sei. 1244 erklärte eine gewisse Peregrina, ehemalige Dienerin der Gräfin von Toulouse, dem Inquisitor,

> «daß sie einmal vier Waldensern etwas zu essen gegeben habe, und zwar nach der Erntezeit im Haus von P. Ortola, der bereits gestorben sei; aber zu dieser Zeit habe die Kirche die Waldenser nicht verfolgt, und sie habe von jenen waldensischen Predigern ein Gebet gelernt».

Nach dem Datum gefragt, präzisierte sie: «vor weniger als zwanzig Jahren, aber vielleicht vor fünfzehn oder sechzehn Jahren». Dies sind einige wichtige Belege für die Verwirrung, die die Verfolgung der Prediger, die einst anerkannt und vor Ort geschätzt gewesen waren, in der Bevölkerung stiftete. Sie machen auch deutlich, daß sich die Armen von Lyon trotz der offiziellen Verbote und des über sie verhängten Kirchenbanns immer noch öffentlich äußerten, und zwar nach der ersten Zeugenaussage im Jahr 1204, also zwanzig Jahre nach Verona, nach den anderen Zeugenaussagen in den Jahren 1223, 1227 und 1228, also zwischen acht und dreizehn Jahren nach dem 4. Laterankonzil.

Eine solche Situation sollte und konnte offensichtlich nicht andauern. Die Frage ist, wann das Recht tatsächlich zur Geltung gebracht wurde bzw. ab wann die örtlichen Priester wirklich begonnen haben, den Beschluß des Konzils auch auszuführen. Wenn man die wenigen Zeugnisse zusammennimmt, so scheint es, daß wir nach 1230 keine Spur eines öffentlichen Predigens der Armen von Lyon mehr haben. Während wir sie bis dahin geschäftig auf den Straßen und Plätzen sehen, wobei sie vielleicht sogar in einer Stadt wie Montauban über ein eigenes Haus verfügten, über ein Hospiz oder über einen Friedhof, also gewissermaßen wohlhabend waren, tauchten sie danach in die Dunkelheit, predigten nachts in befreundeten Häusern und versteckten sich hinter Berufen, die das Umherziehen erforderten, um ihre häufigen Ortswechsel besser rechtfertigen zu können. Das Jahr 1230 erweist sich als besonders bedeutsam. Im vorhergehenden Jahr, 1229, war der Vertrag von Paris unterzeichnet worden, der den Kreuzzug gegen die Albigenser beendete. Bis dahin hatte die Kirche alle ihre Kräfte gesammelt, um gegen das zu kämpfen, was ihr als die größte Gefahr erschien, nämlich die katharische Ketzerbewegung. Während dieser Zeit konnte sie es sich nicht leisten, Energie darauf zu verwenden, eine zweite Front zu eröffnen, d. h., auch noch gegen die Waldenser zu kämpfen. Im übrigen hatte es die katholische Hierarchie, vielleicht mit einer Prise Zynismus, vorgezogen, sich diese Prediger, denen das Volk so gern zuhörte und die gegen die Albigenser so wirksam waren, zunutze zu machen. Als aber die katharische Gefahr beseitigt war, blieb die der Waldenser übrig, die mindestens zweimal von offiziellen Instanzen der Kirche verurteilt worden waren, und dies beinah seit einem halben Jahrhundert. Es war Zeit, dieser Anomalie abzuhelfen, ja, diesem Skandal, daß «Ketzer», die ordnungsgemäß exkommuniziert und mit dem Kirchenbann belegt waren, weiterhin völlig ungestraft ihre Irrtümer verbreiteten und die Beschlüsse der Kirche toter Buchstabe blieben. Dies war die Sichtweise der Kirche, und entsprechend war ihre Reaktion.

Die Inquisition

Es ist aufschlußreich, daß nach einer Zeit langsamer Reifung 1231 die Inquisition entstand, auch «Heiliges Offizium» genannt. So bezeichnet man die «spezielle Rechtsprechung, die von Delegierten des Papstes ausgeübt wird, zur Strafverfolgung der Ketzerei». Nach der Erneuerung im 11. Jahrhundert war die Kirche des Westens mit einer

Vervielfältigung theologischer Abweichungen konfrontiert, mit der sie mit ihren traditionellen Mitteln allein nur schwer fertig werden konnte. Sie benötigte ein neues juristisches Instrumentarium, das ihr erlaubte, namentlich die beiden großen «Häresien», die sie im 12. und 13. Jahrhundert bedrohten, das Katharertum und das Waldensertum, wirkungsvoll zu bekämpfen. Die Kirche brauchte Jahre, um dieses Werkzeug so zu schmieden, daß es gleichzeitig geschmeidig, fest und effizient war. 1184 wurde der Feuertod als Strafe für Ketzer beschlossen, die sich weigerten, Buße zu tun, sowie für «rückfällige» Ketzer. 1199 kam die Konfiszierung des Eigentums hinzu. Ungefähr zwischen 1180 und 1250 machte eine Reihe von Maßnahmen die inquisitorische Vorgehensweise geeignet für die Ketzerverfolgung: Erlaubnis der Folter (der «peinlichen Befragung»); Geheimhaltung der Namen der Zeugen, um Repressalien zu vermeiden; Vereinfachung der Gerichtsverfahren; Zuhilferufen des «weltlichen Armes», d.h. der weltlichen Macht, was seit dem Kreuzzug gegen die Albigenser (1212–1229) praktiziert wurde. Es fehlte noch ein spezialisiertes Gericht, denn das Gericht des Bischofs war oft durch vielfältige Aufgaben überlastet, ließ es an Kontinuität in der Verfolgung mangeln und hatte oft auch kein besonders befähigtes Personal für diese Fälle. Was die Laienrichter betraf, so legten sie zu oft einen schrecklichen Eifer an den Tag, wie dies im Krieg gegen die Albigenser im Südwesten der Fall war, wo Massenverbrennungen ihre barbarische Grausamkeit bezeugten. Es wurde also eine außerordentliche Gerichtsbarkeit geschaffen, die direkt dem Papst unterstand. Dieser ernannte 1231 seinen ersten Beauftragten, und zwar für Deutschland. Im folgenden Jahr dehnte sich das System nach Frankreich aus. Die Inquisition war geboren.

Die Inquisitoren ließen sich im französischen Süden wie in einem eroberten Land nieder. Es wurden drei ständige Gerichtshöfe geschaffen: in Toulouse, in Carcassonne und in der Provence. Dieser Kampf gegen die Häresie wurde den Dominikanern anvertraut, die besonders gut ausgebildet waren, und zwar sowohl in Theologie wie im Predigen, insbesondere was die Auseinandersetzung mit Andersgläubigen betraf. Dennoch erwies sich ihre Arbeit als mühsam. Es stellte sich nämlich heraus, daß die religiösen Abweichungen so tief im Land verankert waren, daß die Gerichtsverfahren manchmal Verschwörungen oder gar Aufstände auslösten. Aufgrund von Beschwerden wurden die Dominikaner 1249 durch Franziskaner ersetzt. Aber letztere waren nicht erfolgreicher, und schon 1256 übernahmen wieder die Predigerbrüder ihr Amt als Inquisitoren. Man kann sagen, daß diese zweite Hälfte des 13. Jahrhunderts das goldene Zeitalter der südfranzösischen Inquisition darstellt. Das System funktionierte reibungslos. Es erschienen sogar spezielle Handbücher für die Inquisitoren, um ihnen bei ihrer heiklen Aufgabe zu helfen, so etwa das von Raymond de Penafort im 13. Jahrhundert, oder das von Bernard Gui zu Beginn des 14. Jahrhunderts, von dem schon mehrfach die Rede war. Mit einem solchen Rechtsinstrumentarium konnte die systematische Verfolgung sowohl der Armen von Lyon als auch der übrigen Andersgläubigen aufgenommen werden, und zwar überall, wo sie aufgespürt werden konnten, nicht nur im französischen Süden. Wollte man eine Karte der Aktivität der Inquisition im Europa des 13. und 14. Jahrhunderts zeichnen, liefe dies darauf hinaus, die Karte der «Ketzergebiete» zu skizzieren.

Die Gerichtsquellen

Etwas zynisch hört man manchmal insbesondere Historiker sagen: «Glücklicherweise hat es die Inquisition gegeben; ohne sie und ihre wertvollen Archive wüßten wir fast gar nichts über die, die die Kirche verfolgt hat.» Richtig ist, daß die jahrhundertelang von der Inquisition zusammengestellten Dokumente einen der großartigsten Bestände bilden, die der historischen Forschung zugänglich sind. Zahlreiche beachtliche, auch noch jüngere, Arbeiten geben davon Zeugnis. Richtig ist auch, daß diese Archive eine einzigartige Informationsquelle sind über diese oder jene Gruppe von Ketzern, von Andersgläubigen, von Menschen, die im Untergrund lebten. Aber es ist auch wahrscheinlich, daß diese verschiedenen «Heterodoxen», wären sie nicht verfolgt worden, uns selbst Spuren ihres Glaubens, ihrer Lebensweise, ihrer Verwurzelung in der Gesellschaft hinterlassen hätten. Und wir hätten nicht diese Verzerrung, mit der die Inquisitoren, mehr oder weniger bewußt, die Wirklichkeit darstellten. Sie zwingen uns zu einer scharfsinnigen Textkritik, damit wir uns trotz der Verfälschungen der Wahrheit zumindest weitmöglichst annähern können.

Die Gerichtsquellen im allgemeinen und die inquisitorischen Quellen im besonderen stellen nämlich ihren Benutzer vor ein echtes Problem. Sollte es, was nicht anzunehmen ist, einem von Ihnen, liebe Leser, schon passiert sein, daß er sich einem Verhör der Polizei oder der Justiz unterziehen mußte, so wird er noch besser verstehen, was ich sagen will. Bei einem solchen Verhör sind die Spielregeln genau festgelegt und die jeweiligen Positionen ganz und gar ungleich: Der eine, der sich seiner selbst und seiner legitimen (wenngleich vergänglichen) Macht über den anderen sicher ist, verhört; der andere, der vollkommen unterlegen ist und mehr oder weniger beschuldigt wird, wird verhört. Von dieser Unterredung, von dieser Konfrontation wird ein Protokoll übrigbleiben. Was würden wir nun über jemanden denken, der sich das Recht anmaßte, über uns zu sprechen, über unsere Neigungen, über unsere Wertvorstellungen, kurz, der uns ausschließlich durch dieses Dokument kennen würde und nun behauptete, uns wirklich zu kennen? Würden wir uns nicht empören «Karikatur!», «Unverschämtheit!», «Schwindel!»? Dies ist jedoch die Situation des Historikers, der auf der Grundlage von Gerichtsakten arbeitet. Sie ist sogar noch verfänglicher, da die Stellung des Angeklagten, der Auge in Auge mit dem Inquisitor sein Leben aufs Spiel setzt, nur wenig mit unserer in einem Polizeibüro oder vor Gericht zu tun hat.

Wie soll man nun die Wahrheit wiederherstellen, d. h. herausfinden, was der Zeuge oder der Angeklagte wirklich ausgesagt hat? Nicht, daß der Inquisitor von vorneherein die Absicht hätte, die Aussagen zu verfälschen, aber er gibt mehr oder weniger bewußt den Antworten eine bestimmte Richtung. So kann es schließlich aus den verschiedensten Gründen dazu kommen, daß ein Angeklagter das Gegenteil von dem behauptet, was er wirklich glaubt oder will. C. Ginzburg hat eine gelungene Darstellung davon gegeben, wie der Inquisitor in Friaul am Ende des 16. Jahrhunderts die Äußerungen der Benandanti verzerrte, die er vor sich hatte. Während diese Bauern, verwurzelt in einer Welt ländlicher Folklore, zu ihm in der traditionellen Redeweise der Volkskultur sprachen, verstand er, ein vornehmer Gebildeter, der in scholastischer Theologie bewandert und sich seiner unerschütterlichen Denkkategorien sicher war, «Hexerei». Und er brachte sie dazu, dieses Verbrechen zuzugeben, das ebenfalls als Häresie galt. Wie oft hat wohl ein solcher Dialog zwischen «Gehörlosen» stattgefunden, ein Dialog zwischen einem Kleriker, der sich seines Rechts und seiner Wahrheit sicher war, und einem jener im Verborgenen lebenden «Abweichler», der eine andere Kultur hatte? In Wahrheit hätten sie sich wohl auch nicht verstanden, wenn sie dieselbe Sprache gesprochen hätten. Soll man also verzweifeln und ein für alle Mal übereinkommen, daß wir aus diesen juristischen Schriftstücken nichts gewinnen können? Offensichtlich nicht. Hervorragende Untersuchungen auf der Grundlage dieser Quellen zeigen, daß die Geschichtswissenschaft aus ihnen sehr wohl Nutzen ziehen kann, wenn sie einige Vorsichtsmaßnahmen beachtet.

Die Inquisitionsquellen erfordern einen kritischen Umgang besonderer Art. Die erste Vorsichtsmaßnahme, die auch für jedes andere Schriftstück gilt, besteht darin, den Aussagen, die nur ein einziges Mal auftauchen, keine Beweiskraft zuzuschreiben. Eine Begebenheit, die im Vergleich zum Kontext oder zum Bericht der anderen Zeugen merkwürdig erscheint, darf nicht beachtet oder zumindest nicht als gesichert angesehen werden, wenn sie nur einmal belegt ist. Das Rechtsprinzip *Testis unus, testis nullus* («ein Zeuge, kein Zeuge», Anm. d. Ü.) behält hier seine ganze Wirksamkeit. Die Konfrontation der Zeugenaussagen miteinander bleibt die erste Regel der historischen Methode. Wenn es um die Themen «Religion» und «Untergrund» geht – und diese beiden Themen sind allen vom Inquisitionsgericht behandelten Fällen gemeinsam – empfiehlt es sich außerdem, die reine Lehre von den konkreten Formen zu unterscheiden, die die «Häresie» angenommen hat. Was den konkreten Aspekt betrifft, so bestehen alle Chancen, daß die vom Inquisitor gesammelten Auskünfte vollständig richtig sind: die Aussagen des Angeklagten, wo und wann er andere Häretiker getroffen hat, welche religiösen Übungen er gesehen oder an welchen er selbst teilgenommen hat etc. Denn die Justiz hat jedes Interesse, die genauesten und am besten gesicherten Informationen zu verzeichnen, um die Komplizen verfolgen und, letzten Endes, die Ketzerei selbst ausrotten zu können. Anders verhält es sich mit den Aussagen, die die Glaubenslehre oder die Moral betreffen. Tatsächlich zeigt der Richter hier eine allzu große Tendenz, den Angeklagten zu belasten und ihn durch ein Verhör mit den vielfältigsten Fallen dazu zu bringen, Fehlverhalten, ja sogar entsetzliche Taten zu gestehen. In diesem Fall kann es zu vielen Mißverständnissen und Sinnentstellungen kommen. Deshalb ist hier größte Vorsicht angebracht. Und schließlich muß man offensichtlich noch einen Unterschied machen zwischen spontanen Enthüllungen des Angeklagten oder Zeugen, d. h. Aussagen, die nicht von Fragen gelenkt wurden, zustimmenden Antworten auf rhetorische Fragen, die die erwartete Antwort schon implizieren, und durch Folter erpreßten Geständnissen. Unter Beachtung dieser Vorsichtsmaßnahmen können wir uns in die Prozeßakten der Inquisition vertiefen.

Die Ausbreitung der Bewegung

Die von den Armen Christi beabsichtigte Verbreitung ihres Gedankenguts und vor allem ihrer religiösen Einstellung ergab sich direkt aus der apostolischen Sendung, mit der sich diese Prediger betraut fühlten. Nachdem sie im Zeitraum zwischen 1185 und 1190 aus Lyon erst weggegangen und dann vertrieben worden waren, hatten sie im Lauf der beiden folgenden Jahrzehnte dank ihres anti-katharischen Eifers Anhänger im französischen Süd-Westen gefunden, aber auch in Norditalien, in Burgund, in Lothringen und an den Rändern des deutschen Sprachgebiets. In diesen Gegenden finden wir die dichtesten Ansammlungen, sofern wir, aufgrund der systematischen Verfolgung, die in den Jahren 1230–1240 gegen die Armen von Lyon organisiert worden war, über Prozeßakten der Inquisition verfügen. Im Laufe dieser Jahre, erinnern wir uns daran, beginnen die Armen von Lyon auch, im Untergrund zu leben. Die inquisitorischen Schriftstücke ermöglichen uns nun nicht nur festzustellen, wo sich die «Ketzer» zum Zeitpunkt der Aussagen befanden, sondern auch, dank der datierten Erinnerungen der Zeugen oder der Beschuldigten, eine Karte ihres Aufenthaltes während der vorhergehenden 30 oder 40 Jahre zu zeichnen. Somit sind wir in der Lage, die Entwicklung dieser Gruppe während fast eines halben Jahrhunderts zu erfassen, wobei wir in einen Zeitraum zurückgehen, in dem es die Inquisition noch nicht gab und die Armen von Lyon noch nicht verfolgt wurden.

Auf diese Weise wird deutlich, daß zu Beginn des 13. Jahrhunderts eine der Hochburgen der Brüder das Quercy (Landschaft um Montauban, Anm. d. Ü.) und die Gegend um Albi darstellen, besonders eine Stadt wie Montauban, wo ihre Präsenz am dichtesten ist (1241 befinden sich dort unter den 200 zitierten Ketzern 80 Waldenser). Sie sind aber auch in Moissac, Montcuq und Gourdon zu finden. Auf jeden Fall bevorzugen die Brüder bei ihrer missionarischen Tätigkeit die Städte. Nun findet gegen Mitte des Jahrhunderts und während seiner ganzen zweiten Hälfte eine Verschiebung in Richtung Osten statt. Die ersten Orte, an denen die Waldenser ihre Auffassungen verbreiteten, waren verständlicherweise die, an denen sie gegen die Albigenser predigten. Ebenso verständlich ist, daß die Armen von Lyon, als sie in der Folge wie die Katharer von der Inquisition verfolgt wurden, gezwungen waren, diese Gegend zu verlassen, die von der Inquisition besonders gut überwacht und gleichsam eingekesselt war. Daraufhin siedeln sie sich in Rouergue, in Castres, dann in Narbonne, in Carpentras, in der Franche-Comté und in der Gegend um Vienne an. Die Namenlisten des Inquisitors Jacques Fournier, Bischof von Pamiers, dessen Protokolle sich über den Zeitraum von 1318 bis 1325 erstrecken, ermöglichen, die Aktivität von 50 Waldensern zwischen 1275 und 1320 auszumachen. Mindestens die Hälfte von ihnen kommt aus Burgund; die zehn anderen, deren Herkunft angegeben wird, aus anderen Gegenden, darunter Italien, Lothringen, die Champagne und die Provence. Auch die Gascogne gerät in den Einflußbereich der Armen von Lyon.

Was Italien betrifft, so wissen wir nur, daß sich Brüder in der «Lombardei» befanden, worunter man wahrscheinlich die Po-Ebene verstehen muß. Aber es fehlen uns nähere Auskünfte über sie. Vielleicht gelangten sie im Lauf des 13. Jahrhunderts auch über die Cottischen Alpen in die Täler des Piemont. Wir besitzen jedoch kein Dokument, das Italien zwischen 1218, der Konferenz von Bergamo, und 1335, den in Giaveno von Alberto de Castellario angestrengten Prozessen, betrifft. Ein Schweigen, das länger als ein Jahrhundert dauert... Im Gegensatz hierzu sind wir über die deutsche Region besser informiert. Die Mission in Richtung Deutschland ging, wie schon gesagt, von den Grenzregionen aus. 1231–1233 tauchen die ersten Zeugnisse auf, die aus der wütenden Verfolgung im Rheinland und in Trier stammen. Dann, gegen Mitte des Jahrhunderts, werden die Waldenser auch in Bayern verfolgt. Ganz besonders stürzte sich die Verfolgung jedoch in Österreich auf sie, und zwar zwischen 1259 und 1266. Eine Überprüfung der Diözese Passau verzeichnet damals die Anwesenheit der Armen Christi in mindestens vierzig Pfarreien. Die Niederlassung wird hier fest und dauerhaft sein. Mindestens bis zum Ende des 14. Jahrhunderts bleibt zweifellos Österreich die von den Brüdern am dichtesten besiedelte Gegend. Auch geht von dort aus, nach 1260, die Ausdehnung in den Osten weiter: Gemeinden der Armen von Lyon siedeln sich in Thüringen, Böhmen, Mähren, Schlesien, Brandenburg, Pommern und Polen an. Am Anfang des 14. Jahrhunderts werden die Waldenser in Städten wie Prag, Wien, Breslau und Stettin verfolgt. 1315 erklärt ein Inquisitor: «In Österreich gibt es mehr als 80000 Häretiker, aber in Böhmen und Mähren ist ihre Zahl unendlich.»

Diese erstaunliche Ausdehnung der Bewegung in den Osten stellt einen der bedeutendsten Faktoren in der Geschichte der Armen von Lyon im 13. Jahrhundert dar. Von nun an können sie nicht mehr als unbedeutendes Grüppchen angesehen werden. Die Kehrseite der Medaille ist, daß sie in den Augen der Hierarchie um so gefährlicher sind, je attraktiver sie geworden sind. Ihre Verfolgung wird gleichzeitig ausgeweitet, intensiviert und koordiniert. Die andere wesentliche Entwicklung im Lauf dieses Jahrhunderts ist, daß die Gruppe in den Untergrund geht.

Das Leben im Untergrund

Die absolute Notwendigkeit, sich zu verstecken, änderte nicht nur die Lebensbedingungen der Brüder, sondern auch die Entwicklung ihrer Bewegung. Ihre erste Aufgabe, ihre Daseinsberechtigung, bestand in der – selbstverständlich öffentlichen – Verkündung des Wortes Gottes. Von nun an waren die Brüder jedoch gezwungen, sich zu verbergen, da sie als «Häretiker» gesucht wurden. Aus «Brüdern» waren «Komplizen» geworden, und ihre Bücher und Predigten wurden beschuldigt, Irrlehren zu sein. Das ursprüngliche Ziel der Bekehrung anderer zu evangelischer Armut konnte nur noch auf indirekte Weise verfolgt werden, da die Furcht vor Verrat die Brüder mundtot machte. Die Zeit der zahlreichen offenen Versammlungen in der Kirche, auf den Straßen und Plätzen war zu Ende. Vielmehr war die Zeit der heimlichen Ankünfte bei Einbruch der Nacht gekommen, der zusammengeschrumpften Freundeskreise, die sich nachts am Kamin zusammenfanden, die Zeit der diskreten Anspielungen, der verständnisinnigen Blicke, der Erkennungszeichen unter Eingeweihten. Von nun an muß man eingeführt sein, um zu einem Bruder vordringen zu können. Folgendes erklärte 1327 eine Witwe aus der Diözese Castres. Eine ihrer Nachbarinnen suchte sie auf und sagte zu ihr:

> «Wenn du bereit bist, einem guten Menschen Glauben zu schenken, den ich in unserem Haus habe, und ihn predigen und seine guten Worte hören willst, bin ich sicher, daß er dir sehr gefallen wird.»

Sehr neugierig geworden, fragte sie, um wen es sich handele, und sie erhielt folgende Anwort:

> «Ein sehr guter und rechtschaffener Mensch ... Dennoch wagte er nicht, sich frei und in der Öffentlichkeit zu bewegen und sich zu zeigen, weil er zu jenen gehörte, die die Kirche verfolgte.»

Sie ging hin und traf zwei Männer an, die sie jedoch nicht sah. Sie hörte sie «viele gute Worte sagen ... aber nichts gegen den Glauben».

Kurz, diese Missionare bekehren allmählich nicht mehr. Mit der Zeit verwandelt sich ihre eigentliche Aufgabe: Es ist nun viel notwendiger, die Gläubigen in ihrem Glauben zu unterstützen, sie trotz des Drucks und der Verfolgungen in den Gemeinden zu halten, als auszuziehen, um neue, noch verirrte Schafe um sich zu scharen.

Der Beginn ihrer systematischen Verfolgung hatte auch noch eine andere wichtige Konsequenz. Die soziale Zusammensetzung der Gruppe wurde hierdurch spürbar und dauerhaft verändert. Am Anfang ging der Funke, wie wir gesehen haben, von einer Stadt aus, sogar von der großen Stadt Lyon. Im städtischen und bürgerlichen Milieu, aus dem er selbst stammte, fand Waldes seine ersten Gefährten. Dies ist nicht überraschend. Die ökonomische und soziale Dynamik des 12. Jahrhunderts kam nämlich aus den neuerdings schnell anwachsenden Städten. Außerdem waren es auch die Städte, in denen die Reichtümer am meisten zur Schau gestellt wurden; dort wurde daher auch der Skandal deutlich sichtbar, der aus dem schockierenden Kontrast zwischen einem offenkundig provozierenden Luxus und einer tiefen, Mitleid erregenden Armut herrührte. Der Aufruf zur Armut fand dort sein bevorzugtes Gebiet. Auf städtischen Boden wurde also die junge Bewegung der Armen von Lyon gepflanzt, und dort wuchs sie heran. In den Zeiten, in denen eine freie Rede der Armen von Lyon noch möglich war, bildeten zunächst die Städte des französischen Südwestens, später aber auch die großen Städte Zentraleuropas das bevorzugte Tätigkeitsfeld der Armutsprediger. In den Städten fand sich nämlich die größte Zahl von Christen (oder von Häretikern, d.h. Katharern) auf engem Raum, bei denen der Aufruf zur Umkehr Gehör finden konnte. Die Armen von Lyon ließen sich, wie später die Dominikaner und dann die Franziskaner, in den städtischen Zentren nieder: Als Bettler, die von Almosen lebten, hatten sie dort die besten Chancen, zu ihrem Unterhalt zu kommen. Und die Bürger, die Kaufleute und die Priester entsprachen ihren Erwartungen nicht nur dadurch, daß sie sie mit Nächstenliebe unterstützten, sondern auch dadurch, daß sie sich bekehrten, ihre Güter verließen, ihnen nachfolgten und somit die Reihen der Armen Christi vergrößerten. Wie selbstverständlich trugen sie dazu bei, die religiöse Prägung der Städte noch zu verstärken.

Dennoch haben die Armen von Lyon schon in der Mitte des 13. und in noch größerem Umfang zu Beginn des folgenden Jahrhunderts die Städte verlassen. Die oben bereits erwähnte geographische Veränderung, die dadurch zustande kam, daß sie ihren Schwerpunkt in Richtung Osten verlegten, wurde begleitet von der Verlagerung ihrer

Aufenthaltsorte von der Stadt aufs Land. Beispielsweise finden wir in Frankreich nach 1250 in den Städten Burgunds, der Gascogne oder Rouergues keine Spur mehr von den Armen von Lyon. Das heißt, daß sie, als sie ihre ursprünglichen städtischen Stützpunkte verließen, sich in ihren neuen Siedlungsgebieten nicht in den Städten niederließen. Man findet sie gegen 1250 in kleinen Ortschaften in der Gegend von Chalons-sur-Saône und südlich von Lons-le-Saunier. Im Süden bewohnen sie Castelnau-Barbarens, Mirande oder Marciac, oder noch kleinere Dörfer wie Mazères, Saint-Jean-le-Comtal oder Bars. Die Marktflecken, Dörfer und Weiler bilden nun ihr Tätigkeitsfeld und auch ihre endgültige Bleibe. Was den Erfolg ihres Predigens in der Stadt ausgemacht hatte, war auch der Grund für ihren Wegzug. Sie hatten dort geschäftige Menschenmengen angetroffen; jetzt entdeckten sie am gleichen Ort die Vielfalt der Gefahren. Sie waren in eine stark religiös geprägte Umgebung eingebunden gewesen; jetzt mußten sie vor einer übereifrigen Justiz fliehen, deren Amtssitz sich in der Stadt befand. Da bot sich das Land an: Es war weniger christianisiert, weniger religiös geprägt und weniger stark überwacht. Die ersten Armen von Lyon waren Städter. Durch die Notwendigkeit getrieben, wandten ihre Nachfolger sich dem Leben auf dem Land zu, mehr noch: Sie wurden Bauern.

Die Veränderung ihrer Aufenthaltsorte brachte im Lauf der Zeit auch soziale Konsequenzen mit sich. Faktisch gehören die der waldensischen Häresie Verdächtigten, die in der zweiten Hälfte des 13. und zu Beginn des 14. Jahrhunderts in die Maschen des Netzes der Inquisition gerieten, nicht mehr zur sozialen Schicht ihrer Vorgänger. In Frankreich sind sie, soweit wir ihre Berufe kennen, Schneider, Wollkämmer, Schreiner, Schmiede, also kleine Handwerker, oder noch öfter ganz einfach Bauern. Für den Rest ihrer Geschichte werden die Armen von Lyon für Landwirte und Hirten gehalten, was sie auch tatsächlich waren. Diese Verlagerung des Schwerpunkts auf das Land, die auch in den deutschen Gebieten vonstatten ging, hatte beträchtliche Veränderungen zur Folge, insbesondere, was die Beziehungen der Armen von Lyon zu den reichen oder gebildeten Schichten der Gesellschaft betrifft. Diese Schichten waren nicht mehr empfänglich für ihre Ideen; sie beachteten die Armen von Lyon von nun an überhaupt nicht mehr und wurden daher auch nicht mehr von einer Predigt betroffen gemacht, die, gleichsam verschämt, sich nicht mehr an sie wandte. Indem sich die Armen von Lyon vom städtischen Leben abwandten, oder vielmehr gezwungen waren, sich abzuwenden, verloren sie den Kontakt zum lebendigsten Element der Gesellschaft. Auf dem Land lebend, wurden sie gewissermaßen marginalisiert.

Das Leben im Untergrund brachte schließlich ein eigenes psychologisches Verhaltensmuster mit sich; dafür haben wir zwar keinen greifbaren Beweis, doch gibt es hier und dort einige – kaum wahrnehmbare – Hinweise. Weil sie gezwungen waren, sich zu verstecken und alle möglichen Vorsichtsmaßnahmen zu ergreifen, um Indiskretionen und Verrat zu vermeiden, lebten die Brüder in einer Art permanenter Angst und hatten die Mentalität von Verfolgten. Ein Schuldgefühl, das die Angst noch verstärkte, durchdrang die Gemeinden zutiefst. Aber umgekehrt ließ diese Situation bei ihnen auch eine Art Überlegenheitskomplex entstehen, wie er sich häufig bei verfolgten Minderheiten entwickelt. Da das Universum gegen sie war und die Justiz ungerecht, blieb ihnen nur Gott, auf den allein sie sich bezogen. Sie waren überzeugt, die «kleine Schaar Israels» zu bilden, die allein vielleicht des Zorns, aber auch der Liebe Gottes würdig war. Wichtig war, auszuharren, und nicht mehr, neue Anhänger zu gewinnen. Schließlich brachten die Tatsache, daß sie verfolgt wurden, das Gefühl, eine Elite zu bilden, und die Notwendigkeit, sich zu verbergen, eine eiserne Solidarität mit sich und die erfreuliche Gewißheit, zu ein und derselben Familie zu gehören, deren Mitglieder, angesichts von Feindseligkeit und allgemeinem Unverständnis, eine gemeinsame Front bilden und sich gegenseitig ohne Einschränkungen unterstützen mußten. Möglicherweise haben der Anblick dieser gelebten Brüderlichkeit, der Reiz des geteilten Geheimnisses und die Anziehungskraft des Verbotenen auf ziemlich paradoxe und unvorhersehbare, jedoch gut erklärbare Weise zur Verbreitung der Bewegung nach ihrem effektiven Verbot beigetragen. Auf diese Weise kommt die Gerechtigkeit wieder zum Zuge: Die Verfolgung vernichtet nicht immer; sie ermöglicht manchmal, ganz gegen ihre Absicht, die Propagierung der Ideen, die sie bekämpft.

Als sie an die Schwelle des düsteren 14. Jahrhunderts gelangten – des Jahrhunderts der Schwarzen Pest, des Hundertjährigen Krieges, des Schismas im Westen mit bis zu drei Päpsten auf einmal –, hatten die Armen von Lyon bemerkenswerte Veränderungen hinnehmen müssen oder selbst bewirkt. Wohl oder übel hatten sie sich an eine Situation anpassen müssen, die im Vergleich zu den Anfängen ihrer Bewegung vollkommen neu war. Als Antwort auf den Bann, mit dem die Kirche sie belegt hatte und der, namentlich durch die Schaffung der Inquisition, auch tatsächlich wirksam wurde, war aus ihrem öffentlichen Predigen ein Predigen in privatem Rahmen geworden.

Da die Städte sowohl von der religiösen wie von der zivilen Verwaltung besonders gut erschlossen waren, flohen sie aus ihnen und wandten sich dem Land zu. Gleichzeitig gewann ihre Predigt immer mehr die Landbevölkerung des Ostens, so daß sich von nun an der zahlenmäßige Schwerpunkt in Zentraleuropa befand. Noch bevor sie diese Ausdehnung erreicht hatten, war es in der Gemeinschaft der Brüder zu Konflikten gekommen. Um wieviel mehr würde die Einheit bei einer solchen geographischen Verstreuung bedroht sein? Nehmen wir in unserer Darstellung nun in Angriff, was wir bisher ausgespart haben, und zwar sowohl wegen der für den bisherigen Zeitraum zu fragmentarischen Dokumentation als auch, um unnütze Wiederholungen zu vermeiden: die Organisation der Armen von Lyon, aber auch ihr Ideal, ihre Botschaft oder, besser gesagt, ihre spezifische religiöse Einstellung, um derentwillen sie verfolgt und manchmal wegen Häresie bei lebendigem Leib verbrannt wurden. Mit dem 14. Jahrhundert verbessert sich die Quellenlage für Frankreich ebenso wie für Italien und die deutschsprachigen Länder. Wir können also eine gleichzeitig ausführlichere und konkretere Annäherung versuchen.

3. Anders glauben: Eine Herausforderung (14. Jahrhundert)

Die Vermehrung unserer Informationsquellen im 14. Jahrhundert verdanken wir, offen gesagt, im wesentlichen der Intensivierung der Aktivitäten der Inquisition. Das einzige Dokument, das in diesem Zeitraum von den Armen von Lyon selbst stammt, ist der bereits genannte Briefwechsel zwischen den Brüdern der Lombardei und Österreichs, der gegen 1368 stattfand. Bei unseren Hauptquellen handelt es sich um polemische Traktate, Handbücher zur Prozeßführung und vor allem um Gerichtsakten der Inquisition. Der schon erwähnte Jacques Fournier, Bischof von Pamiers und späterer Papst Benedikt XII., leitete seine Gerichtsverfahren im französischen Süden zwischen 1318 und 1325, also zur selben Zeit wie der dominikanische Inquisitor Bernard Gui. In Norditalien läßt sich die Inquisition Alberto de Castellarios 1335 in Giaveno ausmachen, während sich die von Tomaso de Casasco 1373 in den Tälern von Lanzo, also immer noch in der alpinen Gegend, abspielte, und die von Antonio de Settimo 1387 im westlichen Piemont. In einer ganz anderen Größenordnung stehen die Verfahren von Heinrich von Olmütz in der Steiermark zwischen 1360 und 1370 und vor allem die von Gallus von Neuhaus, einem anderen Dominikaner, der zwanzig Jahre lang, zwischen 1335 und 1355, in Böhmen wütete. Schließlich verhörte der Coelestiner Peter Zwicker zwischen 1392 und 1394 fast zweihundert der waldensischen Häresie Verdächtigte in Stettin, Pommern und Brandenburg. Unabhängig von diesen Texten, die besonders reich an Informationen über die Armen von Lyon in dieser Zeit sind, wissen wir selbstverständlich, daß noch viele andere Ordensleute auf die Jagd nach Häretikern und insbesondere nach Waldensern geschickt wurden, obwohl wir davon nur wenige Spuren haben. So sandte 1318 Johannes XXII. Inquisitoren in die Diözesen Prag (Böhmen) und Olmütz (Mähren); ebenso Benedikt XII. noch 1335. Am Ende des Jahrhunderts verfolgten Peter Zwicker und ein gewisser Martin wütend die Waldenser, 1391 in Erfurt, 1393 in Pommern und Brandenburg, 1395 in der Steiermark, 1400–1404 in Ungarn. Die Verfolgungen dauerten also fast das ganze Jahrhundert an und erfaßten einen großen Teil der Siedlungsgebiete der Armen von Lyon. Was können wir nun aus diesen Dokumenten herauslesen, die im wesentlichen aus der Strafverfolgung stammen?

Die Glaubensvielfalt der Andersgläubigen

Wenn man die Akten der Prozesse liest, die die Inquisitoren damals gegen die «Häretiker» führten, wenn man hört, wie diese Angeklagten aus freien Stücken oder unter Folter «Irrtümer» gestehen, dann verwirrt einen die Überfülle dieser «Irrtümer», ihre Verbreitung in ganz Europa und die Vermehrung nicht konformer religiöser Gruppen. Die Kleriker hatten gleichsam «Kataloge» der Ketzerbewegungen mit ihren jeweiligen Charakteristika zusammengestellt. Die Konzilsbeschlüsse zählten sie sorgfältig auf, so 1184 in Verona und 1215 auf dem 4. Laterankonzil, wo Katharer, Patarener, Humiliaten, Arme von Lyon, Passagier, Josephiner und Arnoldisten mit dem Kirchenbann belegt wurden. Mit dem Anspruch der Vollständigkeit und selbstverständlich in juristischer Manier stellten die Handbücher der Inquisitoren lange Listen auf. So zählt etwa das Handbuch des Dominikaners Nicolas Eymerich, das 1376 in Avignon erschien und 1578 von Francisco Pena vervollständigt wurde, 96 Kategorien von Häretikern auf, von den bekanntesten bis zu den sonderbarsten. Bernard de Luxembourg, einem anderen Predigerbruder, gelingt es mit einer an insektenkundliche Manie grenzenden Kunst der Einteilung, in seinem 1522 erschienenen *catalogus haereticorum* («Katalog der Häretiker», Anm. d. Ü.) im ganzen 432 Kategorien von Häretikern in Vergangenheit und Gegenwart aufzuzählen, denen er gewissenhaft 26 nicht etikettierte Häresien hinzufügt. Man sieht, die professionellen Ermittlungen der Glaubensgerichte stehen einem echten Dickicht der Häresien gegenüber. Die Versuche der Inquisitoren, sich einen Überblick zu verschaffen, um diesen oder jenen «Irrtum» einer ordnungsgemäß registrierten Häresie zuzuordnen, stießen auf vielfältige Schwierigkeiten. Diese sind uns insofern nicht fremd, als wir denselben Problemen gegenüberstehen.

Die erste Klippe rührt ganz einfach von der religiösen Unwissenheit der Bevölkerung her. Für viele Christen bestand eine gewisse Anzahl von «Mysterien» aus theologischen Spitzfindigkeiten, die sie sehr schlecht beherrschten: Dreifaltigkeit, Inkarnation, Erlösung, zweifache Natur Christi, Sakramente, Eucharistie... Sie glaubten manchmal etwas im Vergleich zu den römischen Dogmen ganz und gar Falsches, aber nach bestem Wissen und Gewissen. Jegliche Absicht, Kritik zu üben, und jeglicher Wille, sich abzuspalten, lagen ihnen fern. Sie glaubten falsch, weil sie falsch verstanden hatten. Diese Situation dauerte in Europa noch lange Zeit an. Im 16. Jahrhundert empörte sich Erasmus ebenso wie Luther über die Unwissenheit des Volkes, die sie der Unwissenheit des Klerus zuschrieben. Und im folgenden Jahrhundert spezialisierten sich Ordensleute auf die «innere Mission»: Sie hatten es nicht nötig, nach Übersee zu fahren, um dort die Völker zu evangelisieren. Die Heiden fanden sie in ihren eigenen Ländern, in Europa. Unter diesen Bedingungen war es für den Richter nicht schwer, die der Häresie Verdächtigten dazu zu bringen, «Irrtümer» zu gestehen, sei es, weil sie es spontan und in aller Naivität von selbst taten, sei es, weil sie leicht in die gemeinen Fallen tappten, die man ihnen gestellt hatte. Und wenn es den Theologen schauderte, da er von entsetzlichen Praktiken hörte, und er eine empörte und schulmeisterliche Miene machte, erkannte dies der arme Angeklagte, der überzeugt war, «Irrtümer» zu begehen, schnell, und er dachte zweifellos, der Kleriker dramatisiere Kleinigkeiten und mache aus einer Mücke einen Elefanten.

Das mangelnde gegenseitige Verstehen zwischen Gericht und Verdächtigtem bringt eine andere Schwierigkeit mit sich, nämlich die Mißverständnisse. Es ist klar, daß die beiden Menschen, die sich gegenüberstehen, zwei verschiedenen kulturellen Welten angehören. Da wir jedoch vom Verhör nur die Version des Gerichtsschreibers lesen können, kann man die Verfälschung der Antworten nur selten nachweisen. Ein Beispiel haben wir aber dennoch. Es ist zwar ein spätes, doch die Vorgehensweisen und die Gerichtsverfahren blieben vom 14. bis zum 16. Jahrhundert die gleichen. Bei einem Verhör, das etwa um 1530 in der Provence von einem Dominikaner durchgeführt wurde, erklärte eine wegen Waldensertum verfolgte Frau, daß die Jungfrau Maria eine Hure und vom Satan geschwängert war, nachdem sie siebenmal die Erde umkreist hatte. In seinem Bericht zitiert der Inquisitor diese Aussage, um zu zeigen, welch hohen Grad an Perversität die Häresie in dieser Gegend erreicht hatte. Wenn wir nur diese Information hätten, wären wir ratlos und würden, ebenso wie unser Dominikaner, nicht genau wissen, welchem «Irrtum» diese Aussage zuzuordnen wäre. Aber wir verfügen über eine gegen den Inquisitor eingereichte Beschwerde. Durch sie erfahren wir, daß diese Frau von geringer Intelligenz war (allerdings: Entspricht das tatsächlich der Wahrheit?) und vor allem – was wichtiger ist – daß sie von Maria Magdalena sprach, der Sünderin des Evangeliums, während der Inquisitor an Maria, die Mutter Jesu, dachte. War dieser Ordensmann wirklich guten Willens? Dies wissen wir nicht, auch nicht im Falle des Dominikaners in Friaul, dessen Schriften C. Ginzburg untersucht hat und von dem oben die Rede war. Man sieht also, daß die aus dem gegenseitigen Unverständnis herrührende Sinnentstellung der Worte beider ein zusätzliches Hindernis für die Identifizierung von Andersgläubigen ist.

In anderen Fällen wendet der Angeklagte selbst eine Verschleppungstaktik an, vor allem wenn es sich um einen für die verfolgte Gruppe Verantwortlichen handelt. Mehr oder weniger gebildet und unter Umständen mit einigen Rechtskenntnissen beschlagen, versucht er, sich durch List zu retten. Er stellt sich dumm, antwortet auf eine Frage mit einer Gegenfrage, behauptet, krank zu sein, weswegen man ihn in Frieden lassen müsse, oder auch, daß er unwissend sei, daß er nicht wisse, was wahr oder falsch sei, und daß er daher, um den Inquisitor zufriedenzustellen, irgendetwas sage, Irrtümer eingeschlossen. Aber sein Gegenspieler, vorausgesetzt er ist kein Anfänger, läßt sich durch solche Listen nicht täuschen: Das Handbuch, mit dem er bewaffnet ist, geht sie alle durch und zeigt, wie man jede einzelne vereitelt. Dennoch mag es einigen Angeklagten gelungen sein, dem Gericht ein Schnippchen zu schlagen. In diesen Fällen sind ihre Aussagen vage genug, um jede sichere Identifizierung zu verbieten.

Eine vierte Schwierigkeit ist mit der Mentalität des Inquisitors verbunden – übrigens auch mit unserer. Er aufgrund der Juristerei und wir aufgrund unserer kartesianischen Prägung, wir alle haben dasselbe Bedürfnis, Klarheit zu gewinnen, zu klassifizieren, zu etikettieren. Nun erweist sich diese Welt der religiösen «Abweichler» als besonders konturlos, unbeständig und vielfältig. Es gibt zwar verschiedene Gruppen, autonome und miteinander verbundene. Aber alle diese Gruppen haben ständigen Kontakt. Mehrere Gemeinsamkeiten schaffen zwischen ihnen starke Bande des Einverständnisses, ja sogar der Brüderlichkeit: Ihre Opposition zur Kirche gründet immer auf einem ausschließlichen Bezug auf die Bibel, sie wollen die christliche Urgemeinde wieder herstellen, meistens betrachten sie Rom als unrechtmäßige Kirche, und schließlich bringt sie die Verfolgung, die sie gemeinsam erleiden, einander unweigerlich näher, wie es ein gemeinsamer Feind immer tut. Die verschiedenen nicht konformen Einstellungen werden von einer Gemeinschaft in die andere getragen. Ihre Mitglieder nehmen, wenn es notwendig ist, ebensogut an dem einen geheimen Treffen teil wie an dem anderen. Alle fühlen sich als gute Christen, ja sogar als die echten Christen. Die gegen sie unternommenen Verfolgungen ändern nichts an diesem Gefühl. Im

Gegenteil, sie stärken es: Wurden nicht auch die Apostel, die ersten Christen, verfolgt? Die Verfolgung gab ihnen recht, sie war ihr Beglaubigungsschreiben, das ihre Mission zu einer apostolischen machte. Hinzu kommt, daß die Grenzen dieser Gruppen fließend sind: Es gibt den «harten Kern» der Verantwortlichen, dann die mehr oder weniger stabile Schar von «Gläubigen», dann die gewohnheitsmäßigen Sympathisanten und endlich die, die nur gelegentlich Interesse zeigen... Wir haben es hier also mit wechselnden Konstellationen zu tun, die sich schlecht erfassen lassen.

Als ebenso schwierig erweist sich die «theologische» Definition dieser Gruppierungen. Wenn jeder geäußerte Irrtum vom Experten in kanonischem, d. h. kirchlichem Recht leicht identifizierbar und klassifizierbar ist, so können die Anhäufung von Irrtümern, ihre besondere Vermischung und ihr unerwartetes Mischungsverhältnis eine so verwirrende religiöse Landschaft bilden, daß sich der Kanoniker von damals darin ebenso verliert wie der Historiker von heute. Auch hier erwartet wieder der eine wie der andere, sei es aus seiner systematischen Denkweise heraus, sei es aufgrund einer zu schnellen Angleichung an das Vorbild der römischen Kirche, ein vollständig definiertes Lehrgebäude vorzufinden, mit klaren Glaubenssätzen und einer exakt umgrenzten Orthodoxie. Nichts davon ist aber der Fall. Abgesehen von einigen grundsätzlichen Punkten – die übrigens nicht notwendigerweise eine «Lehre» bilden – können die Ansichten innerhalb ein und derselben Gruppe von Andersgläubigen zwischen einzelnen Mitgliedern spürbar variieren, während sich trotzdem alle derselben Glaubensgemeinschaft zugeordnet fühlen. Was die Theologie betrifft, so ist das Gedankengut dieser Gruppen, auch ihrer Verantwortlichen, weder geordnet noch zusammenhängend noch in einem kohärenten theoretischen System hierarchisiert. Nur einige wenige Schwerpunkte machen die Grundlage ihrer Andersgläubigkeit aus. Deshalb spricht man in ihrem Zusammenhang besser von religiöser Einstellung als von Theologie oder von Doktrin. Übrigens gilt, was oben über die Wechselhaftigkeit der Zugehörigkeit zu dieser oder jener Gruppe von Andersgläubigen gesagt wurde, auch auf geistigem Gebiet. Gleiche Meinungen werden geteilt, andere, die ursprünglich zu einer bestimmten Gemeinschaft gehören, können sich bald bei einer anderen finden... Kurz, der verwirrende Synkretismus – ein Alptraum des Inquisitors wie des Historikers – scheint diese Abweichler nicht weiter zu stören. Sie zeigen nicht den Sinn für geistiges Eigentum, den bei ihren Verfolgern die Sorge hervorbringt, jedem zuzuordnen, was ihm zukommt, nicht mehr und nicht weniger.

Dieses Bedürfnis zu identifizieren, dann zu klassifizieren und schließlich zu etikettieren, um besser überzeugen und bekämpfen zu können, endet paradoxerweise mit der Verwirrung des Inquisitors. Er hat es so nötig, sich auf bekanntem Terrain zu bewegen – offensichtlich auf der Suche nach mentaler Sicherheit –, daß er Gefahr läuft, den einen das Gedankengut der anderen zuzuschreiben, einen eigenständigen, nicht konformen Gedanken auf eine bereits verzeichnete Häresie zurückzuführen. Mit einem Wort, er versucht zu vereinheitlichen, was verschieden ist, und hält somit Leute für Waldenser, die keine sind. Und wir, in seinen Fußspuren, laufen Gefahr, den gleichen Irrtum zu begehen. Vor bereits mehr als zwanzig Jahren hat A. Molnár, wie auch erst in jüngerer Zeit G. Merlo, auf diesen Punkt in bezug auf die Armen von Lyon des 14. Jahrhunderts aufmerksam gemacht. In den Augen G. Merlos ist die Hauptfrage zum Waldensertum dieser Zeit die der Identität und der Kontinuität. Wir haben bereits gesehen, daß es zwischen den ultramontanen Armen und den italienischen Armen zu Uneinigkeiten gekommen ist, die die Konferenz von Bergamo 1218 nur teilweise beheben konnte. Die beiden Gruppen hatten damals das Gefühl, zur selben Bruderschaft zu gehören, ebensosehr wie die italienischen und österreichischen Brüder, die gegen 1368 Briefe austauschten. Aber wie steht es mit diesem Bewußtsein beim Großteil der Armen von Lyon? Wer sind in Wirklichkeit jene, die die römischen Katholiken verfolgen und überall in Europa «Waldenser» nennen? Welches Bewußtsein haben letztere von ihrer Identität? Wie können wir sie heute von den anderen, ebenfalls verfolgten christlichen Andersgläubigen unterscheiden? Bevor wir in die Gemeinde der Armen Christi eintreten wollen, um sie kennenzulernen, müssen wir sie zuerst wiedererkennen. Riskieren wir also eine Antwort auf die unvermeidbare Frage nach der «waldensischen» Identität.

Die «waldensische» Identität

Obwohl den Inquisitoren sehr viel daran lag, jede Sekte zu identifizieren, haben sie die Armen Christi mit mehreren Ausdrücken bezeichnet. «Für gewöhnlich nennt man diese Häretiker: Waldenser, Arme von Lyon oder Sandalenträger» schreibt Bernard Gui in seiner *Practica* zu Beginn des 14. Jahrhunderts. Nicolas Eymerich wirkt fünfzig Jahre später in seinem Handbuch wie Guis Echo: «Die Waldenser oder Armen von Lyon oder Sandalenträger erhalten ihren Namen von ihrem Gründer, einem Lyoner namens Waldes.» Beide erklären den Ursprung dieser Benennungen. Auf die Begriffe «Waldenser» und «Arme von Lyon» brauchen wir hier nicht mehr näher eingehen. Merkwürdig ist hingegen der Name «Sandalenträger». Die Erklärung beider ist fast identisch.

> «‹Sandalenträger›, weil die vollkommenen Waldenser am Anfang ein spezielles Zeichen trugen, das auf dem Oberleder ihrer Schuhe ein Schild nachahmte, um sich von ihren Komplizen und den ‹Gläubigen› zu unterscheiden» (B. Gui); «Man nennt sie ‹Sandalenträger›, weil die Vollkommensten von ihnen auf den Schuhen so etwas wie ein Wappenschild tragen, an dem man sie wiedererkennt» (N. Eymerich).

Die Gegenüberstellung dieser beiden Zeugnisse erlaubt es uns, diesen Punkt aufzuklären. Ich bezweifle, daß Eymerich, der um das Jahr 1376 schrieb, im Laufe seiner Inquisitionstätigkeit jemals auch nur einen einzigen Waldenser getroffen hat, der auf seinen Schuhen ein spezielles Zeichen zur Schau stellte, um besser erkannt zu werden, während die ganze Kunst der Armen von Lyon – seit langem zu einem Leben im Untergrund gezwungen – doch darin bestand, unbemerkt zu bleiben. Es ist besser, bei Guis Version zu bleiben, der schon zu Beginn des Jahrhunderts das Tempus der Vergangenheit benutzt: «weil die vollkommenen Waldenser am Anfang ein spezielles Zeichen *trugen*». Der Name «Sandalenträger» wäre ihnen demnach aus einer Epoche geblieben, in der die Prediger von Lyon frei in der Öffentlichkeit sprachen und ein Erkennungszeichen erfunden hatten, das allen ermöglichte, die echten Prediger auszumachen: eine Art von Sandalen, Zeichen der freiwilligen Armut, vielleicht mit einem besonderen Kennzeichen. Auf jeden Fall nannten sich die Armen von Lyon selbst ebensowenig «Sandalenträger» wie «Waldenser».

Welche Namen gaben sie sich also selbst? Welche positiv konnotierte Benennung gebrauchten sie untereinander? Hören wir zunächst noch einmal, was uns die Inquisitoren darüber sagen. Bernard Gui spricht von «dieser Gemeinschaft, die sie Bruderschaft nennen» und später führt er aus: »Sie nennen sich gemeinhin Brüder und nehmen die Namen Arme Christi oder Arme von Lyon an.» In einer ganz anderen Zeit, gegen Mitte des Jahrhunderts, spricht Gallus von Neuhaus von Führern, Waldensern, «die sie unter sich Brüder nennen». Diese Namen hatten diese «Ketzer» seit Beginn ihrer Bewegung benutzt, denn sie sind schon am Ende des 12. und am Anfang des

13. Jahrhunderts belegt: *Pauperes Christi* (Arme Christi) und *Pauperes Dei* (Arme Gottes). Hinzuzufügen wäre noch *Pauperes spiritu* (geistlich Arme, Anm. d. Ü.), aber dieser Name verliert sich bald. Diese Namen haben sich also – so zumindest die Aussagen mehrerer Inquisitoren – die «Waldenser» selbst gegeben. Wie können wir uns dessen gewiß sein? Zunächst einmal ist nicht einsichtig, warum die Inquisitoren die Benennungen erfunden oder verfälscht haben sollten. Im Gegenteil, sie mußten darauf achten, diese konkrete Information wortgetreu wiederzugeben, da sie gegebenenfalls ermöglichte, einen «Waldenser» zu identifizieren, der geglaubt hatte, auf diese Weise seine Gruppenzugehörigkeit verbergen und davonkommen zu können. Außerdem verfügen wir über einige Dokumente aus der Gemeinschaft selbst, die belegen, daß sie sich in den folgenden Benennungen wiedererkannten und sich auch selbst so bezeichneten: Arme Gottes, Arme Christi, Arme von Lyon und vor allem Brüder. Dies ist also unser erstes Identifikationskriterium. Wenn ein Angeklagter oder ein Verdächtigter, der von der Justiz verhört wird, sich in einer dieser Benennungen wiedererkennt oder auch wenn ein Zeuge einen seiner Bekannten so nennt, dann haben wir es mit einem Mitglied der Gemeinschaft der Armen von Lyon zu tun, die als «Waldenser» beschimpft werden. Wenn man für sich und für andere eine gemeinsame Benennung akzeptiert, erkennt man an, derselben Gruppe anzugehören. Man ist sich bewußt, zur gleichen spirituellen Familie zu gehören.

Dieses Gefühl, derselben Gruppe anzugehören, wird durch das Bewußtsein hervorgebracht, in gewisser Weise dieselben Vorfahren zu haben. Im 14. Jahrhundert entsteht diese gemeinsame Denkweise weniger im Zusammenhang mit einem Gedenken an Waldes als mit einer Legende, die zu dieser Zeit aufkommt. Sie gibt dem Lyoner den Vornamen Pierre («Petrus», Anm. d. Ü.), verbreitet, daß er Priester gewesen sei – auf diese Weise wird die Sendung der späteren Prediger gerechtfertigt –, und vor allem verlegte sie die Entstehung der Armen von Lyon in die Zeit von Papst Silvester I., ja sogar noch weiter zurück, in die Zeit der Apostel. Ihren Auftrag haben die Armen von Lyon also direkt von Christus empfangen, genau wie Petrus und Paulus. Diese Gewißheit darüber, daß die eigenen Ursprünge auf die christliche Frühzeit zurückzuführen sind, findet sich in den Zeugnissen der Verantwortlichen der Gemeinschaft, wie zum Beispiel im Briefwechsel von 1368. Sie dient als Argument gegen die römischen Kleriker, die das Waldensertum als «neue Sekte» einschätzen. Zugleich bestärkt sie die Armen Christi in ihrem Bewußtsein, sich in der Wahrheit zu befinden, indem sie ihnen einen wunderbaren Ursprung verschafft, ein unerläßlicher Kitt für jede Gemeinschaft und geeignet, die notwendige Solidarität zu schaffen.

Sich selbst als Arme von Lyon oder Arme Christi anzusehen, sich Brüder zu nennen, zu behaupten, in direkter Nachfolge zu den Aposteln zu stehen, genügt all dies den «Waldensern», um sich von den anderen zeitgenössischen «Häretikern» abzugrenzen? Offensichtlich nicht. Man muß sich sehr wohl ihren religiösen Überzeugungen zuwenden, die ihre Eigentümlichkeit begründen und die die Ursache ihrer Schicksalsschläge sind. Sind wir in der Lage zu präzisieren, welche Anschauungen es waren, die aus ihnen eine homogene Gruppe machten und sie von den übrigen Andersgläubigen unterschieden? Trotz aller Schwierigkeiten können wir einige konstitutive Elemente der ihnen eigenen religiösen Einstellung herausarbeiten.

Eine andere religiöse Einstellung

Das Besondere an den Armen von Lyon herauszustellen ist deshalb nicht einfach, weil es auch innerhalb der Bewegung unterschiedliche Positionen geben konnte, wobei sich dennoch alle als den Armen Christi zugehörig betrachteten. Die geographische Ausdehnung der Bewegung, die lange Lebensdauer und die sprachliche Vielfalt begünstigen diese Meinungsunterschiede. Wenn gewisse Aussagen der wegen waldensischer Häresie Angeklagten zueinander in Widerspruch stehen, so ermöglicht ihre Gegenüberstellung gleichwohl, jenseits der Meinungsverschiedenheiten die gemeinsamen, konstitutiven Merkmale dieser Gruppe zu finden. Aber zunächst wollen wir sehen, was im 14. Jahrhundert, also nach zweihundert Jahren, aus den drei Grundpfeilern geworden ist, die wir für den Beginn der waldensischen Bewegung herausgestellt haben. Das Predigen bleibt eine Forderung, aber in völlig veränderter Form: Nur die Verantwortlichen der Gemeinschaft widmen sich der Predigt, die außerdem nicht mehr öffentlich geschieht, sondern geheim und den Gläubigen vorbehalten ist, eine Konsequenz der Verfolgung und des Lebens im Untergrund. Ebenso bleibt die Armut der evangelische Wert schlechthin, aber auch hierzu sind wieder nur die Prediger streng verpflichtet. Die Bibel schließlich, vor allem das Evangelium, bildet immer noch die letzte Instanz ihres Glaubens. Die Armen von Lyon lesen sie, ohne sie zu interpretieren – im Gegensatz zur Römischen Kirche und später zu den Kirchen der Reformation: Für sie muß die Heilige Schrift buchstabengetreu angewandt werden («Biblizismus»). Daß die Armen von Lyon die Forderungen des Evangeliums wörtlich nahmen, verursachte ihnen große Probleme, denn daraus entsprang das konkrete Verhalten, das der Gesellschaft dieser Zeit als Provokation erschien.

Die Lüge. Die Ablehnung der Lüge durch die Armen von Lyon gründet sich auf die Heilige Schrift. Obwohl sie nach wie vor die Lüge als schwere Sünde einstuften, hatten die Moraltheologen sie für unter besonderen Umständen zulässig erklärt. Die Armen von Lyon beziehen sich auf die Worte Christi, die vollkommen klar und ohne jede Zweideutigkeit sind: «Euer Ja sei ein Ja, euer Nein ein Nein; alles andere stammt vom Bösen.» (Mt 5, 37) Dadurch wurde das tägliche Leben nicht unbedingt erleichtert. Wir können jedoch wetten, daß die Armen von Lyon Wege gefunden haben, dieses absolute Verbot der Lüge zu umgehen. Auf jeden Fall hatte die Kirche keinen vernünftigen Grund, ihnen diese Moralregel vorzuwerfen.

Kompromittierender ist die waldensische Einstellung zum Eid, was auch aus den Prozeßakten deutlich wird.

Der Eid. Aus denselben Gründen wie bei der Lüge weigerten sich die Armen Christi, einen Eid zu leisten, in welcher Form auch immer. Denn Jesus hat erklärt:

> «Ihr habt gehört, daß zu den Alten gesagt worden ist: Du sollst keinen Meineid schwören, und: Du sollst halten, was du dem Herrn geschworen hast. Ich aber sage euch: Schwört überhaupt nicht». (Mt 5, 33–34)

Diese Regel wurde anscheinend wirklich befolgt. Alle Inquisitoren berichten über die Eidverweigerung als Charakteristikum der «Waldenser». Nicholas Eymerich schreibt in diesem Zusammenhang: «Sie leisten niemals einen Eid.» Vor ihm hatte bereits Bernard Gui darauf hingewiesen:

> «Sie behaupten und lehren auch, daß jeder Eid, ebenso vor Gericht wie anderswo, ohne Ausnahme und ohne Erklärung, von Gott verboten und schuldhaft ist. So interpretieren sie in einem übertriebenen und unvernünftigen Sinn die Worte des heiligen Evangeliums und des Apostels Jakobus gegen den Eid.»

Wir stehen hier also vor einer sehr strengen Regel. Wenn die Armen von Lyon sie befolgten, verrieten sie sich vor Gericht selbst. Denn der Inquisitor war es sich schuldig, das Verfahren ordnungsgemäß mit einem Eid auf die Heilige Schrift zu eröffnen. Eine Verweigerung von seiten des Angeklagten genügte, um ihn verdächtig zu machen: «Du wirst als waldensischer Häretiker angesehen, der jeden Eid für unerlaubt und schuldhaft hält.» Bernard Gui stützt sich diesbezüglich auf das kanonische Recht, das er zitiert: «Wenn einige unter ihnen aus einem verdammenswerten Aberglauben heraus die Vereidigung von sich weisen und sich weigern zu schwören, dann sollen sie aufgrund dieser Tatsache als Häretiker gelten.» Die Aufgabe des Inquisitors wurde somit sehr erleichtert, und die Möglichkeit des Verdächtigen, eine List anzuwenden, war sehr beschränkt. Praktisch alle verhörten Armen von Lyon versuchten, sich dieser Verpflichtung zum Eid zu entziehen. Raymond de la Coste, der am 9. August 1319 von Jacques Fournier verhört wurde, ist hierfür ein Beispiel. Als er aufgefordert wurde, auf die vor ihm offen daliegende Heilige Schrift zu schwören und die Wahrheit zu sagen, antwortete er, daß er nicht wage, in irgendeiner Form zu schwören, weil er eines Tages, nachdem er geschworen habe, obwohl er es um der Wahrheit willen getan habe, krank geworden sei. Daraufhin forderte der Bischof ihn auf, bei seinem Glauben zu versprechen, die Wahrheit zu sagen. Wiederum weigerte er sich ausdrücklich.

> «Befragt, ob er glaube, daß schwören, die Wahrheit zu sagen, eine Todsünde darstelle, antwortet er mit Ja. Befragt, ob er glaube, daß er schwören müsse, die Wahrheit zu sagen, um sein Leben zu retten, antwortet er, daß er glaube, daß er nicht schwören dürfe, daß es eine Sünde sei, wenn er schwöre, daß deswegen ein Unglück über ihn hereinbrechen würde.»

Dies ist der Anfang des Prozesses gegen diesen Unglücklichen, der sich somit gleich zu Beginn der waldensischen Häresie überführt sah.

Das Fegefeuer. Die Ablehnung des Fegefeuers, ebenfalls biblischen Ursprungs, bildete ein weiteres Charakteristikum der Armen Christi. Daß es in der Heiligen Schrift keine Spur von Fegefeuer gibt, weiß die Römische Kirche sehr gut. Nicht umsonst mußte sie solche Mühen auf sich nehmen, um diesen Glauben auf einige alttestamentarische Anspielungen zu gründen. J. Le Goff hat gezeigt, daß dieser Glaube an die Existenz eines dritten Ortes im Jenseits im gebildeten Klerikermilieu des 12. Jahrhunderts entstand. Wenn dieser Glaube, indem er den Glauben an ein dualistisches Universum (Paradies/Hölle) ersetzte, eine echte intellektuelle Bereicherung darstellte, so war er nichtsdestoweniger eine theologische Neuheit, die Zeit brauchte, um sich auszubreiten. Die Leugnung des Fegefeuers galt erst ungefähr ab 1255 als eine Häresie, und die diesbezügliche Doktrin wurde erst 1274 vom zweiten Lyoner Konzil festgelegt. Anders ausgedrückt, als die Armen von Lyon das Fegefeuer während des ersten Jahrhunderts ihrer Existenz ablehnten, stimmten sie durchaus mit der römischen Theologie überein. Kurz und gut, dem katholischen Gedankengut treuer als Rom selbst, leugneten sie weiterhin das Fegefeuer, auch als Rom es in die kirchliche Lehre aufnahm. Von nun an wurden sie eines weiteren «Irrtums» beschuldigt. Auch in diesem Punkt stimmen alle Inquisitoren und alle Vernehmungsprotokolle überein. In Giaveno im Piemont am 21. Januar 1335 verhört, sagte ein Zeuge aus, daß er gehört habe, wie zu André Sacherii gesagt wurde, «daß es kein Fegefeuer im anderen Leben gibt, sondern daß die, die Böses tun, sofort in die Hölle kommen, und die, die Gutes tun, sofort ins Paradies». Diese Ablehnung des Fegefeuers war allen Armen von Lyon gemeinsam. Man findet sie im französischen Süden wie in Österreich und in Böhmen, zu Beginn und auch während ihrer ganzen Geschichte.

Die Beichte. Diese drei «Nein», die der Kirche von den Armen Christi entgegengehalten werden, repräsentieren Konstanten. Es gibt noch eine vierte, die jedoch nicht so sehr wie die vorhergehenden eine Frage des Glaubens, sondern mehr eine Frage der religiösen Praxis ist. Gleichwohl können die beiden Bereiche nicht künstlich voneinander getrennt werden: Die meisten theoretischen Überzeugungen führen zu konkreten Verhaltensweisen, und viele religiöse Handlungen bedeuten eine zumindest implizite Stellungnahme zu Glaubensfragen. Wir werden dies anhand der Praxis der Ohrenbeichte nachvollziehen. Die Armen von Lyon wollten nicht wirklich an die Stelle des offiziellen Klerus treten und das Sakrament der Buße spenden. Dennoch gelangten sie, wie wir gesehen haben, ziemlich bald in die Situation, daß Gläubige ihnen im Vertrauen etwas erzählten und später, infolge der Nachlässigkeit und Unfähigkeit der Priester, der dringenden Bedürfnisse der Gläubigen und der Exkommunikation, willigten sie dann ein, wirklich die Beichte zu hören, echte Bußen aufzuerlegen und die Absolution zu erteilen. Im 14. Jahrhundert ist diese Beichtpraxis fest eingeführt. Raymond de la Coste, der 1319 verhört wurde, bezeugt sie ebenso wie die Piemonteser, die 1335 und

1373 vor Gericht erschienen, oder wie jene, die der Inquisitor Gallus von Neuhaus zwischen 1345 und 1349 in Prag verfolgte, etwa ein gewisser Heinrich, der gefragt wurde, wie oft er bei den Meistern seiner Sekte gebeichtet habe. Er antwortete:

> «Ich habe zweimal gebeichtet. Das erste Mal wurde ich von Elisabeth hingebracht, der Witwe meines Bruders, und von Gredla, ihrer Schwester, die mir gesagt hatten, welch gute Menschen die genannten Meister seien und wie aufrichtig ihr Glaube... Das zweite Mal kam derselbe weltliche Beichtvater auch noch in mein Haus, das war im vergangenen Jahr gegen St. Martin, und ich habe wieder bei ihm gebeichtet. Ich bekam von ihm Bußen auferlegt, die ich teilweise leistete, da ich dachte, daß sie meinem Seelenheil zuträglich wären und daß er Vollmacht hätte, hierzu und zur Absolution.»

Diese Beichtpraxis wird von allen inquisitorischen Dokumenten bezeugt. So schreibt etwa Bernard Gui in seiner *Practica*:

> «Sie sagen – und das ist ihre Doktrin –, daß sie, wie die Apostel, die sie von Christus hatten, von Gott allein und von niemand anderem die Vollmacht empfangen hätten, die Beichte der Männer und Frauen zu hören, die bei ihnen beichten wollen, sie loszusprechen und ihnen Bußen aufzuerlegen. Somit hören sie die Beichte, sprechen los und erlegen Buße auf, obwohl sie von keinem Bischof der römischen Kirche zum Priester oder Kleriker geweiht sind und dies sogar ablehnen. In Wirklichkeit haben sie die Vollmacht weder von Gott noch von Seiner Kirche, da sie von ebendieser Kirche aus der Kirche ausgestoßen wurden, außerhalb derer es weder echte Buße noch echtes Seelenheil gibt.»

Die inquisitorische Darstellung der Beichtpraxis wird durch den Briefwechsel der Brüder von 1368 bestätigt. Diejenigen, die in den Schoß der römischen Kirche zurückgekehrt waren, hielten sie für ein «halbes Sakrament».

Der Donatismus. In der Beichtpraxis drücken sich – wie in der eucharistischen Praxis der Armen von Lyon, auf die wir unten eingehen, da sie weniger allgemein und weniger kontinuierlich war – zwei Aspekte eines Prinzips aus, das sich die Armen von Lyon im Laufe ihrer Geschichte aneigneten und das von den Inquisitoren als «Häresie» bezeichnet wurde. Der erste Aspekt war nicht wirklich neu. Er nahm einen theoretischen Irrweg wieder auf, der im 4. Jahrhundert in Afrika aufgekommen war und den die Kirche unter dem Namen «Donatismus», also dem Namen des Bischofs Donat, 314 im Konzil von Arles und 411 in Karthago verurteilt hatte. Die Donatisten meinten, daß die Gültigkeit des Sakramentes von der Würdigkeit des Priesters abhinge. Dem setzte die Hierarchie entgegen, daß, solange der Ritus und die Absicht der Kirche respektiert würden, das Wort des Priesters wirksam sei, wie auch immer sein übriges persönliches Leben beschaffen sei. Für Rom bleibt das Sakrament gültig, sogar, wenn es von einem Priester im Zustand der Sünde gespendet wird. Bekanntermaßen hatten einige Arme von Lyon, namentlich in Italien, bereits am Ende des 12. Jahrhunderts eine donatistische Position vertreten, im Gegensatz zu ihren Brüdern in Frankreich, die in diesem Punkt dem traditionellen Gedankengut Roms treu blieben. Wir haben oben auf diese Meinungsverschiedenheit hingewiesen, die auf der Konferenz von Bergamo 1218 offenbar wurde. Es ist leicht verständlich, warum die donatistische Position bei den Armen von Lyon letztlich doch den Sieg davontrug. Die Meinung, ein schlechter Priester könne kein wirksames Sakrament spenden und man dürfe bei einem offenkundig unwürdigen Priester nicht beichten, war besonders populär. Dies erklärte am 26. Juni 1337 in Prag ein wegen Häresie Angeklagter dem Inquisitor Gallus von Neuhaus sehr einfach: «Wie kann mir ein Priester vergeben, der ein Sünder ist?» Von der Kirche verfolgt, tendierten die Prediger dazu, dem Appell zu entsprechen, den die Bevölkerung an sie richtete. Letztere hatte den dringenden Wunsch, bei diesen Armen zu beichten, die dem Evangelium wesentlich treuer zu sein schienen als der römische Klerus.

Der zweite Aspekt, der sich aus dem ersten ergibt, ist die Bildung von Theorien über diese Glaubenshaltung. Tatsächlich tauchen im Laufe des 13. Jahrhunderts – und im 14. Jahrhundert ist diese Frage entschieden – bei den Armen Christi allmählich zwei Gedankenstränge auf, die dieser donatistischen Position entspringen. Der Priester, der in seinem Leben nicht Christus und den Aposteln nachfolgt, verliert seine priesterliche Amtsgewalt. Im Gegensatz hierzu empfängt derjenige, der ein apostolisches Leben in absoluter Armut führt, und sei er auch Laie, von Gott die sakramentale Gewalt. Das läuft darauf hinaus, die Sendung der Armen von Lyon in zweifacher Weise zu rechtfertigen. Auf der einen Seite stehen die Priester der römischen Kirche, die ein wenn schon nicht immer ausschweifendes, so zumindest unwürdiges Leben führen; sie sind also nicht mehr befähigt, die Sakramente zu verwalten. Diese werden aber dringend von den Gläubigen für ihr Seelenheil gebraucht. Und so stehen auf der anderen Seite die Armen von Lyon. Da sie das Leben der Apostel führen, d. h. sie sind arm, ohne Arbeit und ziehen predigend umher, können sie als einzige den Anspruch erheben, diesem Mangel abzuhelfen. Da sie ihren Auftrag von Gott empfangen haben – was anzuerkennen die Kirche sich weigert –, sind sie dazu geeignet und bereit, die geistlichen Bedürfnisse der Christen zu befriedigen. Diese, zumindest diejenigen, die der Gemeinschaft der Armen von Lyon angehören und die Brüder als ihre Meister anerkennen, sind übrigens sowohl davon überzeugt, daß die Priester moralisch haltlos sind, als auch davon, daß die Brüder ihre Amtsgewalt aufgrund ihres dem Evangelium gemäßen Lebensstils besitzen. In diesem Punkt stimmen alle Zeugnisse überein. Dies ergibt sich auch aus allen Prozessen, selbst aus denjenigen, die in Pommern, am anderen Ende Europas, stattfanden. Beispielsweise bekannte sich Cune Conradi, ein vierzigjähriger Mann, der am 22. November 1392 in Stettin verhört wurde, zu seiner Ablehnung des Fegefeuers sowie von Eid und Lüge, zur Praxis der Beichte bei den Oberen und zu seinem donatistischen Standpunkt. Dies sind genau die fünf religiösen Grundpfeiler, auf denen sich die Andersgläubigkeit der Armen von Lyon gründet und die in ihren Augen diese Andersgläubigkeit auch rechtfertigen.

Nuancen und Variationen

Es gibt noch andere Unterschiede, die die Armen von Lyon von der römischen Kirche trennten. Aber sie sind, obwohl sie sich manchmal auf nicht zu vernachlässigende Aspekte des religiösen Lebens beziehen, weder so allgemein noch so dauerhaft in der Geschichte der Armen von Lyon verankert wie die fünf oben untersuchten Punkte. Zwei von ihnen charakterisieren eher den Beginn der Bewegung; zwei weitere lassen sich vor allem an ihrem Ende finden, wobei das 14. Jahrhundert in gewisser Weise eine Übergangszeit darstellt.

Die Todesstrafe. Aufgrund ihres buchstabengetreuen Verständnisses der Heiligen Schrift, auf das bereits hingewiesen wurde, lehnten die Armen von Lyon sehr bald die Todesstrafe ab. In der Tat sagt Jesus: «Ihr habt gehört, daß zu den Alten gesagt worden ist: Du sollst nicht töten; wer aber tötet, soll dem Gericht verfallen sein. Ich aber sage euch: Jeder, der seinem Bruder auch nur zürnt, soll dem Gericht verfallen sein.» (Mt 5, 21–22) Und noch einmal zu Petrus, der versucht, ihn zu verteidigen: «Steck dein Schwert in die Scheide, denn alle, die zum Schwert greifen, werden durch das Schwert umkommen.» (Mt 26, 52) Die Ablehnung der Todesstrafe war eine rein theoretische Position, da keiner der Armen Christi ein Richteramt innehatte. Dennoch wurde sie ihnen als «Irrtum» zur Last gelegt. Lassen wir noch einmal Bernard Gui sprechen:

> «Aus derselben Quelle (wie die Verweigerung des Eides) entspringt der folgende Irrtum, nämlich daß jede Verurteilung von Gott verboten ist und folglich ein Fehler: Der Richter, der einen Menschen zu einer körperlichen, zu einer blutigen Strafe oder zum Tod verurteilt, erhebt sich gegen Gottes Verbot; diesbezüglich spielen der Fall und die Ursache keine Rolle. Sie wenden nämlich ohne die notwendigen Erläuterungen die Worte des Evangeliums an, wo steht: ‹Richtet nicht, und ihr werdet nicht gerichtet werden›, ‹Du sollst nicht töten› und andere ähnliche Texte; sie verstehen sie überhaupt nicht, erfassen davon weder den Sinn noch die Interpretation, während die heilige römische Kirche sie weise interpretiert und ihre Bedeutung den Gläubigen gemäß der Lehre der Väter und der Doktoren und gemäß den kanonischen Entscheidungen vermittelt.»

In diesem Punkt stimmten nicht alle Armen von Lyon überein, und er scheint im Laufe der Jahrhunderte merklich an Bedeutung verloren zu haben. Dennoch fragten sich noch 1530 die Verantwortlichen der Gemeinschaft, ob Gott der Obrigkeit und den Richtern befohlen habe, Mörder, Diebe und andere Straffällige mit dem Tod zu bestrafen...

Die Eucharistie. Wie beim Sakrament der Beichte wurden die Armen von Lyon durch den «religiösen Notstand», der im 12. Jahrhundert herrschte, dazu gebracht, die Eucharistie zu feiern: Die Gläubigen waren durch die katharische Ketzerbewegung und das schlechte Leben der Priester von der Messe abgebracht worden.

Zu Beginn vollzogen die Armen Christi das «Brechen des Brotes» *(fractio panis)* nach dem Vorbild des letzten Abendmahls Christi. Anscheinend hat diese Feier tatsächlich nur einmal im Jahr, am Gründonnerstag, stattgefunden. Dies beschreibt Raymond de la Coste in Pamiers (Ariège, Frankreich) ausführlich in seinem Vernehmungsprotokoll vom 5. Januar 1320: Die Zeremonie umfaßt Brot, Wein und Fisch. Der Zelebrierende bittet Gott, sie zu weihen, «nicht als Opfer, sondern nur als Gedenken an das sehr heilige Abendmahl Jesu Christi, unseres Herrn, und seiner Jünger». Und als der Bischof ihn fragt, welche Wirksamkeit er diesem so geweihten Brot, Wein und Fisch zuschreibe, antwortet Raymond, daß «aus der genannten Weihe keine besondere Wirksamkeit hervorgeht, sondern das nur in Erinnerung an das letzte Abendmahl des Herrn gemacht wird». Dennoch schreibt Bernard Gui den Armen Christi zur selben Zeit den Glauben an die Transsubstantiation zu:

> «Sie glauben fest und bekennen, daß der Leib und das Blut unseres Herrn Jesus Christus dort anwesend sind. Wenn etwas von dem Opfer übrigbleibt, so heben sie es bis Pfingsten auf und verzehren es dann ganz. Während des ganzen Rests des Jahres geben sie ihren Kranken nur geweihtes Brot und Wein.»

Unter den Armen von Lyon gab es wohl Meinungsverschiedenheiten über den Wert des Abendmahls: Opfer oder Gedächtnisfeier. Wir können sie 1218 in Bergamo und in den Briefen von 1368 feststellen. Auch sind die Aussagen der Verdächtigten vor Gericht ungenau oder, wenn sie präziser sind, widersprüchlich. Ohne nähere Erläuterung wird einmal behauptet, daß Christus in der Eucharistie nicht anwesend sei, das nächste Mal das Gegenteil; und in letzterem Fall werden verschiedene Weisen angegeben: körperlich, geistig... Jacques Ristolassio, der vom Inquisitor Jean de Susa am 8. März 1395 verurteilt wurde, hatte ausgesagt, daß «die geweihte und im verschlossenen Hostienbehälter aufbewahrte Hostie den echten Christus nicht enthält, weil er dort nicht leben könnte». Dieser gesunde Menschenverstand verneinte die reale Gegenwart Christi. Lorenzina schrieb am 5. Juni 1373 einem Verdächtigten die folgende Meinung zu: «In der vom Priester geweihten Hostie ist nicht der Leib Christi.» Der Aussage Jean Perruzas aus Vallouise (Hautes-Alpes, Frankreich) vom 29. April 1387 zufolge dachten andererseits die «Waldenser» von Barge: «Wer auch immer zu ihrer Sekte gehört, kann den Leib Christi weihen.» Woher kamen diese unterschiedlichen Ansichten? Wie schon bei der Beichte ermöglicht die donatistische Konzeption eine Erklärung.

Bernard Gui hat den Standpunkt der Armen von Lyon völlig richtig erfaßt:

«Über das Sakrament des Altars behaupten sie, nicht öffentlich, sondern im geheimen, daß das Brot und der Wein nicht Leib und Blut Christi werden, wenn der Priester, der zelebriert oder weiht, ein Sünder ist; und unter Sünder verstehen sie jeden Menschen, der nicht ihrer Sekte angehört. Ebenso behaupten sie, daß jeder Gerechte, sogar Laie und ohne aus den Händen eines katholischen Bischofs die Priesterweihe empfangen zu haben, den Leib und das Blut Christi weihen kann, vorausgesetzt, er ist von ihrer Sekte; auch die Frauen können dies unter derselben Bedingung. Wenn man ihnen zuhört, ist jeder Heilige ein Priester.»

1337 erfuhr der Inquisitor in Prag von einem konkreten Beispiel für diesen Standpunkt: Ein Verdächtigter, der sich in einer Kirche befand, sprach dort nach der Elevation (Emporheben der geweihten Gaben vor deren Empfang, Anm. d. Ü.) zur geweihten Hostie: «Wenn du wirklich der Leib Christi bist, bete ich dich an; wenn du es nicht bist, bete ich dich nicht an.» Und da die Laien um ihn herum sich wunderten, erklärte er: «Weil ich den Verdacht habe, daß der Priester in der letzten Nacht eine Frau gehabt hat und nicht konsekrieren kann.» Am 23. März 1387 bestätigte ein Piemonteser, Laurent Bandoria, Einwohner von Osasco im Cluson-Tal, diesen Standpunkt bei seinem Verhör auf noch einfachere Weise: «Ein schlechter Priester kann kein so gutes Sakrament fabrizieren oder konsekrieren wie ein guter.» Auch wenn die donatistische Haltung vom 13. Jahrhundert an auf Dauer zum waldensischen Gedankengut gehörte, so wurde doch die Eucharistiefeier sehr unterschiedlich verstanden und durchgeführt. Der Grund dafür war, daß einige dachten, die guten katholischen Priester könnten auf gültige Weise das Brot und den Wein konsekrieren, während andere der Meinung waren, dies könnten letztendlich nur die Brüder tun, denn nur sie führten ein Leben in apostolischer Armut.

Die kirchliche Macht. Aus dieser schlechten Meinung über den römischen Klerus, die sich allmählich in der gesamten Gemeinschaft der Armen von Lyon verbreitete, mußte sich eine Reihe von Konsequenzen ergeben, die mehrere traditionelle religiöse Gebräuche in Frage stellten. Zu Beginn fochten Waldes und seine Gefährten, wie wir gesehen haben, die kirchliche Macht nur hinsichtlich des Banns an, der sie im tiefsten Inneren traf und den sie für ungerecht hielten. Als jedoch die Exkommunikation immer wirkungsvoller wurde, dehnte sich diese Mißbilligung allmählich auf andere Bereiche aus, wie schon der Disput von Bergamo erkennen läßt. Und bald erstreckte sich die Ablehnung, zumindest bei einigen, auf alle Regelungen der Kirche, die sich nicht ausdrücklich auf die Heilige Schrift gründeten. Somit waren die verschiedenen Maßnahmen (Exkommunikation, Kirchenbann), die die Kirche den «Ketzern» gegenüber traf, ebenso wertlos wie von Rom gewährte Ablässe. Zu Beginn des 14. Jahrhunderts geht jemand wie Raymond de la Coste noch nicht so weit. Aber einige andere denken schon so. Dies ermöglicht es Bernard Gui, der nie durch übertriebene Differenzierungen sündigt, zu schreiben:

> «Die Sekte läßt die kanonischen Sanktionen, die Dekretalen und die Bullen des Papstes ebensowenig gelten wie die Fastenregeln und die Einhaltung der Feste oder die Beschlüsse der Väter. Sie weicht vom rechten Weg ab und erkennt ihnen keinen Wert zu, verachtet sie, lehnt sie ab und verdammt sie.»

Natürlich folgt ihm Nicholas Eymerich auf dem Fuß, aber lakonischer: «Sie halten die Dekretalen und die Statuten des Papstes für nichtig.» In Wirklichkeit waren die Positionen damals differenzierter. Aber im 14. Jahrhundert trug auch in diesem Punkt die extremste Position den Sieg davon, selbst wenn man noch später Zeugnisse der gemäßigteren Linie findet.

Die Heiligen. Die Haltung der Armen von Lyon gegenüber den Heiligen erklärt sich aus ihrer Position in der Frage der «Schlüsselgewalt», die von ihnen diskutiert wurde. Jesus hatte sie Petrus und den Aposteln übergeben: «Alles, was ihr auf Erden binden werdet, das wird auch im Himmel gebunden sein, und alles, was ihr auf Erden lösen werdet, das wird auch im Himmel gelöst sein.» (Mt 18, 18). Alles ging um die Frage, wer diese Gewalt innehabe. Nur die Apostel? Die Bischöfe, die sich als ihre Nachfolger begreifen? Nur der Papst und die, denen er sie überträgt? Weder er noch die anderen, weil sie ein schlechtes Leben führen, zumindest seit der Zeit Papst Silvesters? In diesem Fall käme sie nur den Armen von Lyon zu, den wahren Nachfolgern der Apostel. Die Weigerung, den Papst und die Bischöfe als Träger der Schlüsselgewalt anzuerkennen, hat die Konsequenz, daß ihre Anordnungen von den Armen von Lyon nicht mehr befolgt werden. Hierin ist auch die Ablehnung des Fegefeuers und der Ablässe verwurzelt. Logischerweise folgt daraus auch, daß es dem Papst nicht zusteht, diesen oder jenen heilig zu sprechen. Und daher rührt also die offensichtliche Zurückhaltung der Armen von Lyon, was den Heiligenkult betrifft, der, wie man weiß, um die ebenfalls in Frage gestellten Reliquien und Wallfahrtsorte herum eine Fülle von mehr oder weniger abergläubischen Praktiken mit sich brachte.

> «Diese Häretiker weigern sich, die Realität der Wunder anzuerkennen, die – im Schoß der Kirche – den Verdiensten und Gebeten von Heiligen zu verdanken sind, die (nach Ansicht der Armen von Lyon, Anm. d. Ü.) niemals wirkliche Wunder vollbracht haben. Außerdem deuten sie im geheimen an, daß die Heiligen im Himmel unsere Gebete nicht hören und unsere Ehrerbietungen auf der Erde nicht beachten; die Heiligen beten nicht für uns; es ist also unnütz, ihre Fürbitte zu erflehen. Als Folge davon verachten die Waldenser die Feierlichkeiten, die wir zu Ehren der Heiligen begehen, und die anderen Zeichen der Verehrung und Huldigung, und an den Festtagen arbeiten sie, wenn sie es ohne Unvorsichtigkeit tun können.»

Die Piemonteser Aussagen vor dem Inquisitionsgericht in der Mitte oder am Ende des 14. Jahrhunderts sind klar: «Man soll nicht die Heiligen bitten, bei Gott Fürbitte für uns einzulegen, sondern Gott allein soll gebeten werden», «Die Apostel und die anderen Heiligen haben keine Macht und man darf bei ihnen keine Zuflucht suchen.» Diese Haltung findet man auch in Prag, festgehalten als ein häretischer Artikel: «Die Heiligen dürfen nicht angerufen oder verehrt werden, auch die Jungfrau Maria nicht.» Hinter dieser ablehnenden Haltung zur Heiligenverehrung stand ein Angriff auf die kirchliche Autorität selbst, die die Armen von Lyon in verschiedener Weise und aus verschiedenen Blickwinkeln bestritten. Aber weshalb war dies so gefährlich für die Kirche? Wodurch konnten die Armen von Lyon das mächtige Rom, und sei es in noch so geringem Maß, in Unruhe versetzen?

Das Risiko und der Einsatz

In unserer gegenwärtigen Welt, zumindest in den meisten Ländern, die ja ein völlig säkularisiertes und laisiertes gesellschaftliches Leben haben, fällt es uns sehr schwer, sowohl das strenge Pflichtbewußtsein zu verstehen, mit dem die Kleriker die «Abweichler» verfolgten, als auch die wilde Entschlossenheit, mit der letztere für ihre Ideen untergingen. Das alles erscheint uns etwas sinnlos und ohne rechtes Maß. Wenn wir so urteilen, haben wir aber weder die sozialen Konsequenzen der oben untersuchten Standpunkte ermessen noch die genaue

Bedeutung der Auseinandersetzung. Selbstverständlich hat nicht jede theoretische Meinung zwangsläufig eine konkrete, eindeutige und daher sofort erkennbare praktische Konsequenz. Welcher Unterschied besteht beispielsweise bei der Beichte zwischen dem Gläubigen, der fest daran glaubt, daß der Priester ihm seine Sünden vergibt, dem, der glaubt, nur einen Rat von ihm zu erhalten, und jenem anderen, der die Amtsgewalt eines für unwürdig gehaltenen Priesters – ja sogar jedes Priesters – bestreitet und sich aus sozialem Zwang diesem Ritus unterwirft? Jeder von ihnen denkt etwas anderes, aber wer weiß es? Und wer kümmert sich darum? Dagegen gibt es dogmatische oder moraltheologische Positionen, deren Rückwirkungen im Alltag nicht unbemerkt bleiben können, zumindest nicht in einer religiösen und klerikalistischen Gesellschaft wie der unseres westlichen Mittelalters. Die Religion war überall, alles hatte eine religiöse Dimension. Wenn auch weltliche Macht und kirchliche Macht getrennt waren – an den Universitäten wurden sogar gleichermaßen zwei verschiedene Rechtssysteme gelehrt –, konnte die eine nicht ohne die andere bestehen. Die Allianz von Thron und Altar war die Regel. Und der Papst, geistliches Oberhaupt der Kirche, war auch weltlicher Herrscher über die päpstlichen Gebiete. Alles, was die Religion betraf, konnte deshalb weder dem Klerus gleichgültig sein, dessen Macht direkt an sie gebunden war, noch den Herrschern, deren Legitimität von ihrer Weihe abhing und die in ihrer Machtausübung zum Teil auf die Unterstützung der Kirche angewiesen waren, noch dem Volk, das im allgemeinen die Nonkonformisten nicht besonders schätzt. Die Armen von Lyon schwammen also in mehr als einer Hinsicht gegen den Strom, als sie sich Theorien zu eigen machten, die sie schlecht verheimlichen konnten.

Man braucht nicht übermäßig viel Phantasie, um zu begreifen, daß die Ablehnung der Lüge den, der sich streng daran halten wollte, im Alltag vor heikle Probleme stellte, erst recht in besonders wichtigen Augenblicken wie beispielsweise in einem Verhör vor Gericht. Daß aus gewissen Vorbehalten gegenüber der Eucharistie, der Beichte, verschiedenen kirchlichen Regelungen, ja sogar dem Klerus im allgemeinen und dem Heiligenkult gegenüber ernsthafte Schwierigkeiten erwuchsen, vor allem für den, dem es an Nachgiebigkeit, an Gespür für Interpretationen oder einfach an Gerissenheit mangelte, ist mehr als wahrscheinlich. Aber die Armen von Lyon vertraten während ihrer ganzen Geschichte vor allem zwei Ansichten, deren Absolutheitsanspruch notgedrungen die Aufmerksamkeit auf sich zog. Ich meine die Ablehnung des Eides und des Fegefeuers.

Hier müssen wir nochmals unser Vorstellungsvermögen anstrengen, jeden Anachronismus vermeiden und versuchen, die Konsequenzen dieser Ablehnung zu verstehen. Heute haben wir Wehrdienstverweigerer und andere, die den Eid verweigern und deren religiöse Einstellung man respektiert. Was das Fegefeuer betrifft, wer kümmert sich darum? In jener Zeit war dies anders. Die ganze feudalistische Gesellschaft gründete sich auf den Treueschwur. Dieser war bei jeder Gelegenheit erforderlich: bei der Besitznahme von Land, jährlich gegenüber der Herrschaft, bei der Hochzeit, bei verschiedenen Verträgen und Versprechen und selbstverständlich vor Gericht. Den Eid zu verweigern hieß, sich nicht nur außerhalb des Gesetzes, sondern auch an den Rand der Gesellschaft zu stellen. Konnte man jemandem vertrauen, der sich weigerte zu schwören? Die Kirche und der Staat forderten einmütig die Eidleistung und verurteilten jeden, der sich widersetzte.

Die Ablehnung des Fegefeuers brachte ebenso dramatische Folgen mit sich. Als der Glaube an das Fegefeuer fest im Herzen der sich um ihr ewiges Leben ängstigenden Bevölkerung verankert war, also im Laufe des 14. Jahrhunderts, wurde er in eine Fülle von religiösen Gebräuchen umgesetzt, an denen dem Klerus um so mehr gelegen war, als sie in Form klingender Münze Einkommensquellen darstellten, auf die er zählte. Almosen für die Seelen im Fegefeuer (umgewandelt in Messen), Messen für die Verstorbenen (sogar im Testament vorgemerkt), verschiedene Gebete zu ihren Gunsten (die berühmten *suffrages pour les morts* / «Fürbitten für die Toten»), Wallfahrten, Ablaßkäufe, so viele Äußerungsformen der Frömmigkeit, an denen übrigens die Bevölkerung fast ebenso hing wie der Klerus und die die Armen von Lyon verweigerten. «Verweigern» – was heißt das? Es heißt, diese frommen Handlungen weder zu vollziehen noch sie anzuordnen. Da er seine Schäflein binnen kurzem ganz genau kannte, brauchte der Dorfpfarrer wohl nicht lange, um diejenigen seiner Pfarrkinder auszumachen, die bei ihm niemals Messen, Tumbagebete oder andere Bitten für ihre Verstorbenen bestellten. Trotz örtlich möglichem Einverständnis – wir kennen einige Fälle von verständnisvollen oder sogar aufrichtig entgegenkommenden Priestern, vor allem in Österreich und Böhmen – läuft eine solche Haltung grundsätzlich auf eine Selbstbezichtigung hinaus, wenn nicht sofort, so zumindest langfristig, etwa bei der Durchreise des Bischofs oder des Inquisitors. Somit ergaben sich aus Standpunkten, die man für rein theoretisch und daher ziemlich harmlos hätte halten können, Handlungen und Unterlassungen, die sehr kompromittierend und damit gefährlich waren. Das Risiko war real gegeben, so lange jedenfalls, wie man die Anforderungen seines Glaubens aufrecht erhalten wollte. Dies ist ein Kernpunkt, auf den wir später nochmals zurückkommen werden.

Wenn Kirche und Staat mit vereinten Kräften und solcher Erbitterung diese Andersgläubigen verfolgten, so deshalb, weil sie diese Angelegenheit für wichtig hielten. Und Zahlen tun hier nichts zur Sache. Die kirchlichen Regeln anzugreifen lief darauf hinaus, die gesamte Gesellschaft zu unterminieren, da sie auf religiösen Grundlagen aufgebaut war. Und es war keine Kleinigkeit, den Eid zu verweigern. Die Obrigkeit hat sich darin nicht getäuscht. Ihr Kampf gegen eine offenbar so harmlose, so schwache und so verstreute Gruppe war nicht übertrieben. Denn die Ideen zählen; das Prinzip ist wichtig. Wenn ein Streit beginnt über die Legitimität der offiziell anerkannten Obrigkeit und deren Recht, die Gesetze zu verkünden, die ihr gut dünken, wenn der Gehorsam nicht mehr bedingungslos zu sein braucht, wenn sich das Gewissen zum Richter der etablierten Obrigkeit erheben kann, wo ist dann die Grenze? Kein soziales Gebilde könnte das zulassen. Man darf also nicht erstaunt sein über die Jagd, die auf die Armen von Lyon wie auf die anderen religiösen «Abweichler» gemacht wurde. Unter einer unschuldigen und gutmütigen äußeren Erscheinungsform arbeiteten sie nämlich, vielleicht ohne es selbst zu wissen, an der Untergrabung der mittelalterlichen Gesellschaft und Kirche, die daher nicht anders konnten, als sie zu bekämpfen und auszustoßen. Anders glauben hieß auch anders leben. Und anders leben hieß streiten und kämpfen, selbst wenn die Mittel friedlich waren.

4. Gefährdete Existenz (15. Jahrhundert)

Wer hätte zur Zeit des Lyoners Waldes vermuten können, daß seine Bewegung die Jahrhunderte überstehen würde? Viele im Schoß der Kirche entstandene Inspirationen überdauerten kaum einige Jahrzehnte. Nach dem gesunden Menschenverstand wäre die Lebenserwartung einer von der politischen ebenso wie von der religiösen Macht verurteilten, beharrlich verfolgten und zum Leben im Untergrund gezwungenen spirituellen Familie noch viel kürzer gewesen. Und dennoch, trotz der Verfolgung, existierten die Armen von Lyon nach zwei Jahrhunderten immer noch. Allein diese Tatsache erstaunt schon. Selbstverständlich wurde sie unterschiedlich interpretiert. Für die einen bedeutete diese Überlebenskraft eindeutig, daß es sich um eine «Ketzerbewegung» handelte, die sich, wie Unkraut, fest verwurzelt hatte und kaum herausreißen ließ. Für die anderen bezeugte das Überleben einer so zerbrechlichen Minderheit in einer derart feindlichen Umgebung die Richtigkeit ihrer Ansichten und offenbarte den besonderen göttlichen Schutz, unter dem sie stand. Welche Zweideutigkeit der Zeichen! Aber wie man es auch immer interpretieren mag, das Überleben der Armen von Lyon im Untergrund ist eine Tatsache, die insofern sehr bemerkenswert ist, als die Umstände besonders ungünstig waren. So ungünstig, daß A. Molnár schreiben konnte: «In Wirklichkeit lag die Waldenser Bewegung um das Jahr 1400 völlig darnieder.»

Von den Armen von Lyon wurde das Leben im Untergrund zunächst als aufgezwungen empfunden, und sie litten sehr darunter. Es stand im Widerspruch zu ihrer wichtigsten Aufgabe und, was noch viel schlimmer war, zum Buchstaben des Evangeliums. Auch wurden sie in dieser Situation stark in Versuchung geführt, ihr Anliegen mit dem anderer heterodoxer Bewegungen zu verbinden, sofern nur deren Biblizismus klar ausgeprägt war.

Außerdem waren sie geschwächt, weil das aufgezwungene Leben im Untergrund sie aus einer antriebsstarken, ja herausfordernden, jedem offenstehenden Gemeinschaft zu einer Art Geheimgesellschaft gemacht hatte, die nur noch Eingeweihten vorbehalten war. Dadurch änderte sich auch das weitverbreitete Bild, das sich die Zeitgenossen von den Armen von Lyon machten. Als sie am Ende des

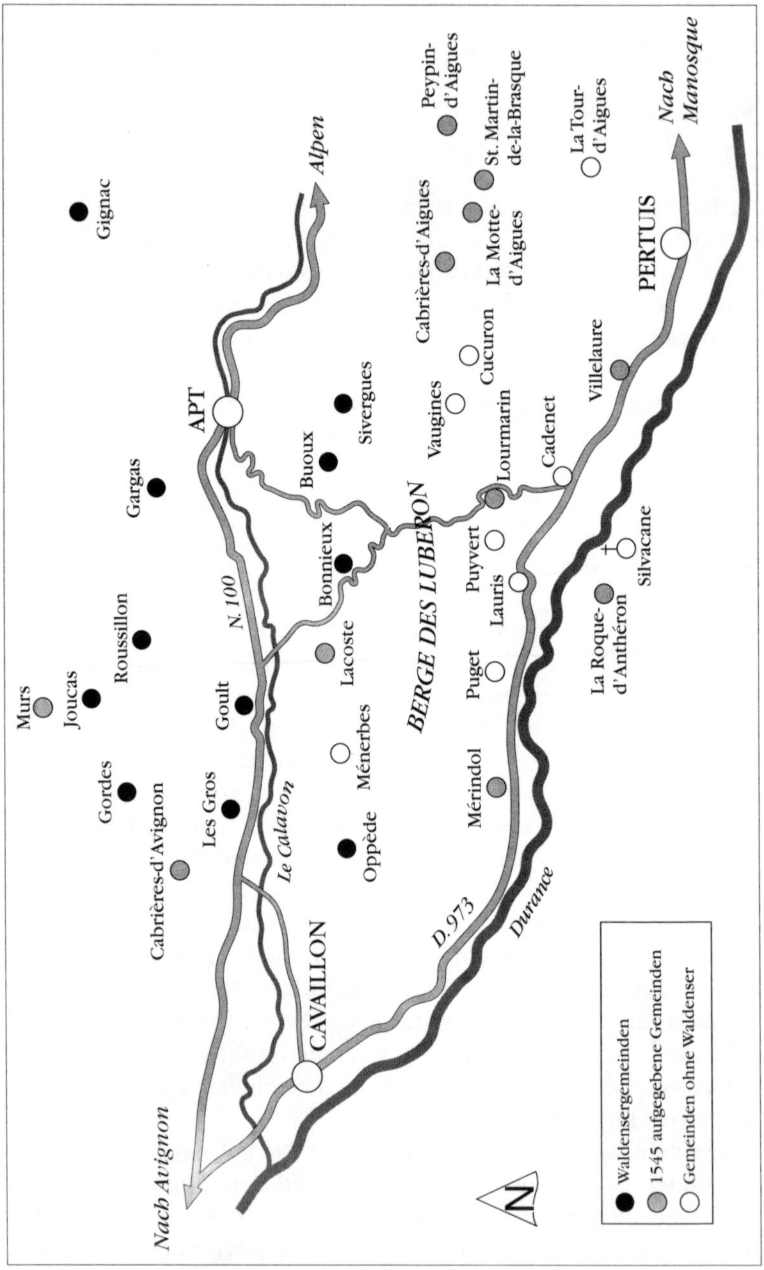

Die Waldenser im Luberon (16. Jahrhundert)

12. Jahrhunderts durchs Land zogen und Armut und Reue predigten, waren sie hoch geschätzt und besaßen für alle eine große Anziehungskraft. Später wurden sie dann von der Hierarchie Schritt für Schritt ins Abseits, ja an den Rand der Gesellschaft gedrängt. Dies und die inquisitorische Jagd, deren Beute sie als Häretiker – also gleichsam als öffentliche Feinde – waren, hatten zur Folge, daß sie der Bevölkerung immer fremder und infolgedessen immer befremdlicher wurden. Mit Leuten, die sich verbargen, konnte etwas nicht stimmen. Bald wurden ihnen böse Absichten und grauenhafte Praktiken zugeschrieben: Ein neuer Sündenbock war gefunden. Im übrigen trug auch ihre Verstreuung quer durch Europa, die weder das Funktionieren ihrer Kommunikation noch ihre organisatorische Koordination noch ihre spirituelle Einheit erleichterte, zur Schwächung der Gemeinschaft bei.

Eine Diaspora-Gemeinschaft

Die zahlenmäßige Stärke der Armen von Lyon auch nur grob zu schätzen ist unmöglich. Der Hauptgrund dafür ist, daß aus dieser von unserem statistischen Denken so weit entfernten Zeit keinerlei Zahlenangaben vorliegen. Sicher ist, daß sie immer nur eine winzige Minderheit bildeten, obwohl sie, auf lokaler Ebene, z.B. in einem bestimmten Dorf, durchaus die Mehrheit ausmachen konnten oder sogar die Gesamtheit der Bevölkerung stellten. Auf jeden Fall ist ihre weite geographische Ausdehnung eines der offensichtlichsten Charakteristika der Gemeinschaft der Brüder und gleichzeitig eines der Merkmale, die sie am meisten behinderten. Nur sehr wenige Bewegungen von Andersgläubigen haben sich derart ausgebreitet. In Lyon entstanden, gelangten die Armen von Lyon schnell in den französischen Südwesten, die Gegend zum Predigen schlechthin, weil dort damals die Katharer dominierten. Aber vom Ende des 12. und Beginn des 13. Jahrhunderts an dehnten die Armen von Lyon ihre missionarische Tätigkeit auch in die Provence, den Comtat und, jenseits der Alpen, in die östliche Lombardei aus, während im Norden Burgund, die Franche-Comté und dann, noch weiter, die Grenzen des Elsaß und Lothringens erreicht wurden. Dennoch ist das 14. Jahrhundert die große Zeit der Ausdehnung. Damals werden Arme von Lyon in Quellen aus der Gascogne und der Dauphiné, in Valentinois und Diois, in der Provence und der Grafschaft Venaissin genannt; außerdem im Piemont, in Kalabrien und im Süden von Apulien; schließlich noch weiter östlich im Rheintal, in Thüringen, Sachsen, Bayern, Österreich, Brandenburg, Pommern, Böhmen und Schlesien.

Wir haben zu wenig Informationen, um uns eine Meinung über die Geschwindigkeit, die Art und Weise und das genaue Ausmaß des starken zahlenmäßigen Anwachsens der Armen von Lyon zu bilden. Die Akten der Inquisitionsprozesse machen den Hauptteil unserer Quellen aus. Von diesen aber fehlt uns ein großer Teil, vor allem deshalb, weil es im Fall einer Todesstrafe Brauch war, die gerichtlichen Schriften zusammen mit dem Verurteilten auf dem Scheiterhaufen zu verbrennen. Die erhaltenen Dokumente machen also nur einen geringen Teil des gesamten Puzzles aus. Dennoch ermöglichen sie uns, einige Elemente zu rekonstruieren. So bemerken wir, daß das französische Gebiet verlorengeht. In ihrem Vorstoß nach Osten gelingt es der Bewegung nicht, die ersten Stützpunkte aufrecht zu erhalten: den Lyonnais, Rouergue, das Languedoc und die Gascogne. In den Registern von Jacques Fournier, hauptsächlich aufgrund der Aussagen, die Raymond de la Coste 1319/20 machte, tauchen zwar noch einige Mitglieder der Gemeinschaft der Armen von Lyon auf, die aus diesen Gegenden stammen. Aber ganz offensichtlich liegt ihre Zahl weit unter der Zahl der Mitglieder, die sich ein oder zwei Jahrhunderte früher dort befanden. Wahrscheinlich ist dieser Verlust mit der Effizienz der Verfolgung – etwa durch Jacques Fournier und Bernard Gui – zu erklären.

Zum Ausgleich dafür taucht ein neues Gebiet in den Alpen auf, und zwar diesseits und jenseits der heutigen französisch-italienischen Grenze: in der Dauphiné, im Briançonnais mit den Tälern von Argentière, Vallouise und Freissinières; im Piemont und in den Tälern des Po und seiner Zuflüsse. Aber auch dort war die Situation nicht statisch. Während die Lombardei im 13. Jahrhundert die stärkste Niederlassung der Armen von Lyon in Italien bildete – dies wissen wir z. B. aufgrund der Konferenz von Bergamo im Jahre 1218 –, verschwindet diese Region in der Folgezeit von der waldensischen Landkarte, und der Piemont nimmt ihren Platz ein. G. Merlo legt dar, wie weit die Armen von Lyon dort zunächst verstreut waren. Aber im Lauf des 15. Jahrhunderts änderte sich dies. In den letzten Jahren des vorhergehenden Jahrhunderts waren in einem großen Teil der Piemonteser Ebene die verschiedensten «heterodoxen» Ideen verbreitet. Nun läßt sich eine zweifache Reduzierung beobachten. Zunächst einmal auf religiöser Ebene: Während die Armen von Lyon sich bis dahin mit allen möglichen anderen «Abweichlern», die man nicht immer leicht einer präzisen Strömung zuordnen kann, vermischt hatten, wenn nicht verschmolzen waren, wurden die anderen nun nach und nach ausgeschaltet. Entweder wurden sie als Opfer der Verfolgung verbrannt, oder sie waren durch das Leben im Untergrund verstummt und verschwunden. Auch wurden sie durch ihre Verbannung gezwungen auszuwandern oder aber sie schlossen sich den Armen Christi an, die eine starke Anziehungskraft ausübten. Wie dem auch sei, mit der Vielfalt religiöser Gruppierungen in der Po-Ebene war es vorbei. Die Inquisition hatte gesiegt. Es blieben nur noch die Armen von Lyon übrig. Aber – und dies ist der zweite, der geographische Aspekt – ihr Lebensraum war nun außerordentlich beengt. Während sie bis dahin in einer breiten Zone der Po-Ebene (im weiteren Sinn; Anm. d. Ü.) anzutreffen waren, zogen sie sich von nun an auf ein Gebiet zurück, das kaum größer war als die drei «Waldenser-Täler», das Tal von Chisone, das von Germanasca und das von Pellice, wo jetzt die dauerhafteste und am dichtesten besiedelte Bastion der Armen von Lyon lag. Diesem neuen geographischen Schwerpunkt entsprach eine Veränderung der Siedlungsweise. Auch wenn sich diese Niederlassungen nicht auf besonders hoch gelegenen Punkten der Landschaft befanden, so waren sie dennoch Zufluchtsorte, in die die Armen von Lyon sich aus den allzu belebten Gebieten der Ebene zurückzogen.

Die Alpengegend, die bisher eine relativ zweitrangige Rolle gespielt hatte, entwickelte sich aus noch unzureichend geklärten Gründen zum Mittelpunkt der Gemeinschaft der Brüder. Von dort aus waren um die Mitte des 14. Jahrhunderts einige Arme von Lyon losgezogen, um sich – mit ihren religiösen Überzeugungen – in Kalabrien anzusiedeln. Aber das war nur der Anfang. In Süditalien, Kalabrien und Apulien gab es richtiggehende Kolonien aus dem Piemont und der Dauphiné. Anscheinend bestimmten die Verfolgungen den Rhythmus dieses Migrationsflusses. Wir haben hierfür ein ziemlich bemerkenswertes, da seltenes Beispiel aus dem Jahr 1477. Am 5. Mai schlossen drei Bewohner der Dauphiné bei einem Marseiller Notar mit einem Schiffseigentümer einen Chartervertrag *(naulisamentum)*. Obwohl ihr Wohnort nicht explizit erwähnt wird, ist klar, daß es sich um Arme von Lyon handelte. Denn im September desselben Jahres wurde eine andere, mit dieser im wesentlichen identische Akte unterzeichnet, die der Notar in seinem Register «*naulisamentum pro valdensibus*» («Überfahrt für Waldenser») tituliert hat. Es handelt sich um einen Vertrag, der die Beförderung der Vertragspartner «mit ihrer ganzen Gesellschaft» vorsah. Die zweite Akte war präziser und begrenzte die Anzahl der Personen auf 150. Der Preis für die Überfahrt war auf einen Taler pro Kopf festgelegt, mit Ausnahme der Säuglinge. Dies waren offensichtlich Vorbereitungen für eine organisierte Migration. Nichts blieb dem Zufall überlassen: weder die Beschaffung von Trinkwasser, noch gefährliche Stellen, die zu vermeiden waren... Und die Abreise war eine Abreise für immer, denn es war vorgesehen, daß die Reisenden ihren gesamten Hausstand mitnehmen konnten. Was war nun ihr Ziel? Die Reisenden aus der Dauphiné wollten sich in zwei Gruppen teilen: Die eine würde in Neapel aussteigen, die andere würde das Schiff in Paola verlassen. Es ist ziemlich klar, daß sich die erste Gruppe nach Apulien aufmachen würde und die zweite nach Kalabrien, wobei sich beide schon bestehenden Siedlungen der Armen von Lyon anschließen und diese vergrößern würden. Nun hatte 1475 in den Alpen eine erbitterte Verfolgung gewütet. Noch einmal zog sie eine Auswanderung nach sich, aber dadurch eben auch eine geographische Ausdehnung.

Von den Alpen ging noch eine andere große Migrationswelle aus, die zur Begründung eines weiteren Zentrums der Armen von Lyon führte. Dieses Mal blickten die Exilsuchenden nach Westen, gerade so, als ob sie Sehnsucht nach den ursprünglichen französischen Gebieten hätten und versuchen wollten, einen Teil des verlorenen Terrains zurückzugewinnen – aber dies ist natürlich nur ein Bild, denn man kann den Armen von Lyon keinerlei auf Eroberung abzielende, strategische Absichten unterstellen. In der Provence und in der Grafschaft Venaissin gab es weitläufige Gebiete, die nach den Schicksalsschlägen des 14. Jahrhunderts brachlagen: Pest, Krieg und Soldatenbanden hatten das Land verwüstet, ja völlig ausgeblutet. Ganze Dörfer standen verlassen da; übriggebliebene Ortschaften waren zusammengeschrumpft. Da ihre Ländereien brachlagen, waren die Landbesitzer ihrer Einkünfte beraubt. Deshalb versuchten sie mit allen Mitteln, neue Pächter auf ihre Güter zu ziehen. In dem tiefliegenden Land wurde also wegen der reduzierten Bevölkerung ein Arbeitskräftemangel spürbar. Im Gegensatz hierzu erlebten die Alpenländer in ebendieser zweiten Hälfte des 14. Jahrhunderts eine demographisch sehr angespannte Phase. Wie R. Comba gezeigt hat, entstand diese teils durch das natürliche Wachstum der alpenländischen Bevölkerung, die von den Schicksalsschlägen des vorhergehenden Jahrhunderts weniger betroffen war, aber vor allem auch durch ökonomische Veränderungen. Trotz der Unsicherheit der Ernten, die durch die Unfruchtbarkeit und Abschüssigkeit der Böden ebenso wie durch die Rauheit des Klimas bedingt war, hatten die Alpenländer bis dahin vor allem Ackerbau betrieben. Nun legten sie das Hauptgewicht auf die Viehzucht, deren Produkte immer gefragter wurden und sich in sehr großem Umkreis verkaufen ließen.

Diese Ausrichtung auf die Viehwirtschaft, für die sich die Alpenregionen besser eigneten, hatte den großen Vorteil, weitaus bessere Einkünfte zu erzielen. Sie hatte jedoch auch den Nachteil, wesentlich weniger Arbeitskräfte zu benötigen, weshalb ein Teil der Männer entlassen wurde. Kleinbauern wurden gezwungen, ihr Land zu verkaufen. Aus der wachsenden Not, die im übrigen niemals vollständig verschwunden war, entstand großes Elend. Hierdurch sowie durch die Verfolgung, deren Opfer die Armen von Lyon in den Alpenregionen damals waren, wurden sie zu Tausenden auf die Straßen in Richtung Provence getrieben, auf der Suche nach Land. So wurden die Städte und das Land der tiefliegenden Region wieder bevölkert. Besonders viele Migranten ließen sich im Luberon nieder, den bewaldeten Bergen nördlich von Aix-en-Provence –, der ungefähr 1400 «Individuen» aufnahm, die aus den gebirgigen Diözesen Embrun und Turin kamen. Sie machten zusammen mit ihren Familien mehr als 5000 Personen aus, wovon mehr als drei Viertel zwischen 1470 und 1510 ankamen. Somit stammte ein großer Teil dieser Arbeitskräfte aus Alpendörfern, die zumindest vom 14. Jahrhundert an als «waldensisch» gekennzeichnet waren. Auf diese Weise entkam also eine gewisse Anzahl von Armen von Lyon, versteckt inmitten der großen Migrationswelle, sowohl der Armut als auch der Inquisition – beides hing im übrigen oft zusammen, da eine Verurteilung wegen Häresie die Beschlagnahme des Eigentums nach sich zog. Sie ließen sich in ungefähr dreißig Ortschaften des Luberon nieder. Dieses Gebiet wurde somit zu einem der Siedlungszentren der Armen von Lyon in Westeuropa und, zusammen mit der Dauphiné, sicher zum wichtigsten Stützpunkt in Frankreich.

Was die «Eroberung des Ostens» betrifft, so wissen wir, daß sie als Konsequenz aus den Verfolgungen das große Ereignis der waldensischen Geschichte des 14. Jahrhunderts war. Der wichtigste Ankerpunkt der Gemeinschaft befand sich damals in Österreich, speziell in der Steiermark. Die Prozeßakten der Inquisition bestätigen dies. Diese Region war ihrerseits Ausgangspunkt für ein weiteres Vordringen nach Osten, bis nach Böhmen und Mähren, und nach Norden bis zum Baltischen Meer und nach Brandenburg. Es sieht nicht so aus, als hätte sich im 15. Jahrhundert diese Situation im Osten merklich verändert. Geändert aber hat sich die Bedeutung Österreichs, die sich nun beträchtlich verringerte – ohne Zweifel eine Folge der wirkungsvollen Inquisition eines Heinrich von Olmütz in der Steiermark und in Mähren. Diesem gelang es, zahlreiche Arme von Lyon in den Schoß der Römischen Kirche zurückzuführen, darunter, wie der bereits mehrmals erwähnte Briefwechsel von 1368 bezeugt, auch mehrere Verantwortliche. Jahre später, ganz am Anfang des folgenden Jahrhunderts, rief ein anderer Inquisitor, der größte Verfolger der Armen von Lyon in Zentraleuropa, Peter Zwicker, das «fromme Andenken» an seinen Vorgänger ins Gedächtnis zurück. Selbst er stellte noch die dauerhaften Ergebnisse der Tätigkeit von Heinrich von Olmütz fest. Einmal mehr fand also ein Vorstoß nach Osten statt, ohne daß die rückwärtigen Positionen völlig aufrechterhalten werden konnten. Es war ganz so, als ob die Armen von Lyon immer weiter nach Osten getrieben würden, bis an die Grenzen, wenn auch nicht der Christenheit, so zumindest des Katholizismus.

Das Erstaunliche an der Situation des 15. Jahrhunderts ist die Art und Weise, wie sich die religiöse Gesinnung der Brüder ausbreitete. So gut wie alle Armen von Lyon, die die Inquisitoren im Osten, vornehmlich in Pommern, Brandenburg und Böhmen, hartnäckig verfolgten, gehörten nämlich der deutschsprachigen Bevölkerung an. Wie es Hieronymus von Prag, ein Freund von Jan Hus, in seiner *Recommendacio* von 1409 kundtat, hatte man Häretiker aus dem Ausland nach Prag gebracht, um sie in «dieser heiligen Stadt» bei lebendigem Leib zu verbrennen, ohne daß es jemals – auch unter der tschechischen Bevölkerung nicht – möglich gewesen wäre, eine Häresie festzustellen. Auch wenn diese Darstellung ohne Zweifel übertrieb, so ist sie wahrscheinlich doch nicht ganz aus der Luft gegriffen. Die Ausbreitung der Armen von Lyon nach Osten ist mit Völkerwanderungen verbunden, d. h. mit einer deutschen Kolonisation der östlichen Gebiete. Das gleiche Schema, das wir bereits oben bezüglich des Verhältnisses der Alpen des Piemont und der Dauphiné zum tieferliegenden Gebiet der Provence und des Venaissin angetroffen haben, wiederholt sich nun im Verhältnis der deutschsprachigen Länder zu den östlichen Grenzen. Dies hat seine eigene Bedeutung. In ihrer Ursprungszeit, im 12. Jahrhundert, konnten die Armen von Lyon bei der Ausbreitung ihrer Bewegung nur auf die Überzeugungskraft der Prediger und auf den Wert ihres Beispiels bauen. Der Enthusiasmus der Predigten und das Wanderleben in Armut sicherten die Entwicklung der Gemeinschaft der Armen von Lyon, die zunächst den Schutz, dann sogar zeitweilig das Entgegenkommen des römischen Klerus genossen. Die Verfolgung, eine Konsequenz der kirchlichen Verurteilung, verschaffte ihnen dann andere Vorteile. Dies erklärt die Verbreitung ihrer Ideen im 13. und 14. Jahrhundert. Später blieben die missionarischen Erfolge der Bewegung aus.

Alle wegen waldensischer Häresie Angeklagten, die in der zweiten Hälfte des 14. oder im 15. Jahrhundert verhört wurden, stammen nach eigenem Bekunden – sofern die Frage nach dem Ursprung ihres Glaubens gestellt wird – aus Familien, die bereits den Armen von Lyon angehörten. Ein Beispiel hierfür ist Margareta, die Frau des Schneiders Hertlin, die im böhmischen Budweis vom Inquisitor Gallus von Neuhaus am 18. März 1338 verhört wurde. Sie hat zwei Verwandte aus der vorhergehenden Generation, die bereits wegen Häresie verbrannt wurden: Kunla, die Schwester ihrer Mutter, und Wencla, die Schwester ihres Vaters. Ein zweites Beispiel ist Cune Conradi von Gryfenhagen, der am 22. November 1392 in Stettin verhört wurde: 40 Jahre alt, sagt er über sich, er sei «in der Sekte geboren». Im selben Jahr und in derselben Stadt wurden auch Peter Gossaw und Jacob oder Zdeneke Rudeger verhört, deren Väter und Mütter «in der Sekte der Waldenser waren und in ihrer Mitte starben». Hierfür gäbe es noch viele weitere Beispiele. Nachdem die glückliche Zeit des öffentlichen Predigens und der Bekehrungen vorbei ist, wird nun die religiöse Einstellung der Armen von Lyon im Schoß der Familie weitergegeben. Die neuen Mitglieder der Gemeinschaft kommen hauptsächlich aus den Familien. Daraus ergibt sich eine beträchtliche Veränderung. Wenn sich der Glaube mit dem Blut überträgt, wenn die Wahrheit einen Teil des Erbgutes ausmacht, so wird über kurz oder lang aus der religiösen Gemeinschaft eine ethnische Gruppe, die im übrigen leicht an ihren Familiennamen erkennbar ist, da die Tendenz zur Homogamie unter diesen Bedingungen unvermeidlich ist. Hierdurch drückt sich also eine Art Rückzug auf sich selbst, eine Abkapselung aus, die in starkem Kontrast zum Missionierungsdrang der ersten Jahre steht und eine gewisse soziale Homogenisierung der Armen von Lyon zur Folge hat. Somit bilden, soziologisch gesehen, von nun an Hirten und Landwirte die Bevölkerungsgruppe – fast könnte man sagen das Volk – der Armen von Lyon. Genügt diese soziale Homogenisierung, die mit der Zeit immer stärker wird, um die Fliehkräfte dieser europäischen Diasporasituation zu kompensieren? Auch sie wirken im geheimen, und die Zeit arbeitet für sie.

Eine Gemeinschaft?

All diejenigen unter uns, die aus familiären, beruflichen oder humanitären Gründen auswandern und die Probleme der Immigranten am eigenen Leib erfahren mußten, werden das Folgende noch besser verstehen. Daß die Zugehörigkeit zur gleichen beruflichen Schicht enge Bindungen schafft, steht außer Zweifel. Daß die Gemeinsamkeit der religiösen Anschauungen und Empfindungen die Beziehungen noch verstärkt, ist ebenfalls unbezweifelbar. Daß das Teilen eines gefährlichen Geheimnisses eine enge Komplizenschaft stiftet, ist um so wahrer, je größer das eingegangene Risiko ist. Im übrigen schafft ein gemeinsamer Feind die Neigung, Meinungsverschiedenheiten und sonstige Unterschiede zu verschleiern oder sogar tatsächlich zu beseitigen. All dies trug offensichtlich dazu bei, aus den Armen von Lyon eine Gemeinschaft im eigentlichen Sinn des Wortes zu machen. Dennoch entstand mit der Ausdehnung der Bewegung eine unvermeidbare Schwierigkeit: das Sprachproblem. Wie wir gesehen haben, waren Waldes und seine Gefährten gleich zu Beginn ihrer Mission bemüht, mit dem Latein zu brechen, der heiligen Sprache, die die Kirche als einzige zuließ, um das Wort Gottes zu überbringen. Wozu, dachten sie nämlich, kann es gut sein, die Heilige Schrift in einer Sprache zu verkünden, die die Bevölkerung nicht versteht? Deshalb ließ Waldes selbst einen Teil des Neuen Testaments ins Franko-Provenzalische, die damals in Lyon gesprochene Sprache, übersetzen. Dieses seelsorgerische Anliegen war lobenswert, ja sogar unerläßlich. Aber der Verzicht auf das Latein, um sich dem Volk verständlich zu machen, bedeutete paradoxerweise, den Aktionskreis enorm einzuengen. Denn er lief darauf hinaus, sich der einzigen internationalen Sprache zu berauben, die es gab; der einzigen, die über die nationalen Grenzen hinausging; der einzigen, deren Grenzen zugleich die des Katholizismus waren. Welches Dilemma! Entweder man zielt mit dem Latein auf einen großen Aktionskreis ab, in dem man zwar überall, dafür aber nur von der kleinen Gruppe der Gebildeten verstanden wird, oder aber man zielt mit der gesprochenen Sprache auf einen kleineren Aktionskreis ab, in dem man sich zwar an die ganze Bevölkerung wenden kann, dafür aber eben nur innerhalb der Sprachgrenze. Dies war unproblematisch, solange man nur in und um Lyon herum predigte. Die Verbreitung der Botschaft der Armen von Lyon im französischen Süden, in der Gascogne, dann in der Provence und sogar in der Dauphiné dürfte auch keine besonderen Schwierigkeiten gemacht haben. Trotz der örtlichen Nuancen, die ohnehin nur von den Einheimischen wahrgenommen werden konnten, gehörten alle diese Provinzen zum Sprachgebiet der *langue d'oc*. In dieser Gegend konnte man sich von einem Ende zum anderen ohne Schwierigkeit verständlich machen, sogar jenseits der Alpen. Bei der Ausdehnung nach Burgund wurden eher französische Sprachkenntnisse gebraucht. Da Lyon besonders günstig auf der Sprachgrenze lag, war seinen Predigern ein gutes sprachliches Anpassungsvermögen zu eigen, so daß sie ihre Aufgaben ebensogut im Norden wie im Süden erfüllen konnten. Das gesamte französischsprachige Gebiet konnte also ohne besondere Ausbildung und ohne die Hilfe von Übersetzungen erreicht werden. Dasselbe gilt für das «provenzalische» Gebiet, das sich bis nach Süditalien erstrecken konnte, wo die Kalabresen noch im 16. Jahrhundert die dort lebenden Armen von Lyon – es waren Nachfahren jener, die sich dort mehr als ein Jahrhundert zuvor niedergelassen hatten – die «Provenzalen» nannten. Die eigentliche Schwierigkeit tauchte mit der Öffnung nach Osten auf.

Ziemlich schnell gelangten die Armen von Lyon an die französisch-deutsche Sprachgrenze. Diese verlief seit Beginn des 13. Jahrhunderts in Metz, in Straßburg, in Trier und im Rheinland. Wir haben keinerlei Spuren von den sprachlichen Hindernissen, auf die die Brüder notwendigerweise stoßen mußten, wenn sie einer Bevölkerung predigen wollten, die des Französischen ebensowenig mächtig war wie der *langue d'oc*. Es ist jedoch unbestreitbar, daß sie sich in Wort und Schrift, sogar im Untergrund, anpassen und sich die deutschen Dialekte aneignen mußten. Wie der Raum der *langue d'oc*, so umfaßte auch der deutsche Sprachraum mit seinem Reichtum an Mundarten nicht nur ein einziges Idiom. Aber wie dort, so gab es auch hier eine ausreichende gemeinsame sprachliche Basis, die trotz einiger spürbarer Unterschiede in Semantik, Betonung und Aussprache die Verständigung ermöglichte. Während die deutsch-französische Grenze schon im 13. Jahrhundert erreicht war, ist, wie wir gesehen haben, die Ausdehnung in den Osten ein Ereignis des 14. Jahrhunderts. Diese Latenzzeit in der Ausbreitung der Bewegung kann als Verzögerung interpretiert werden, die für die Anpassung an ein sprachliches Neuland notwendig war. Es sieht ganz so aus, als hätten die Brüder fast ein Jahrhundert gebraucht, um diese Sprachbarriere zu überwinden. Dies aber ist eine reine Hypothese, denn wir verfügen über keinerlei Zeugnisse darüber. Sicher ist jedoch, daß die Bewegung der Armen von Lyon tief in das deutschsprachige Gebiet eindrang, vom Rhein bis zur mittleren Donau, bis zur Oder und sogar bis zur Weichsel und daß dieses Gebiet wirklich eine

Einheit darstellte, die trotz der vielfältigen Mundarten zum großen Teil durch die gemeinsame Sprache bedingt war.

Wir werden dies unten durch das zweifellos ungewöhnliche, aber sehr anschauliche Beispiel des Friedrich Reiser aus Schwaben bestätigt finden, der in der ersten Hälfte des 15. Jahrhunderts durch die gesamte deutschsprachige Welt zog, von Basel und Freiburg in der Schweiz bis nach Brandenburg, von Straßburg bis nach Prag, um seine Brüder zu besuchen. Wie hätte dieses Vorhaben möglich sein können ohne die sprachliche Einheitlichkeit dieses riesigen geographischen Raumes? Es ist wahr, daß zwei Umstände das Sprachproblem verringerten. Der erste liegt in der außerordentlichen Mobilität der Bevölkerung. In dieser Phase der Eroberung der östlichen Gebiete stammten die meisten Bauern einschließlich der vor Gericht erschienenen Armen von Lyon nicht aus dem Ort, den sie bewohnten. Dies geht auf sehr eindrucksvolle Weise aus den Verhören hervor. Wir wissen heute, daß diese ländliche Welt von einst nicht so unbeweglich war, wie man denken könnte. Aber hier, auf deutschsprachigem Gebiet, geht es nicht um Ortswechsel einzelner, sondern um zahlreiche, verschiedenartige Migrationsbewegungen in großem Umfang. Man kann also zu Recht annehmen, daß die Sprache des Ursprungslandes in den Familien zwei oder drei Generationen lang überlebt hat. Mobilität existierte auch unabhängig von den eigentlichen Migrationen, z. B. in Form von vorübergehenden Ortswechseln, etwa im Zusammenhang mit Waren- oder Geldgeschäften. Eine ganze Welt war unaufhörlich unterwegs und transportierte auf den Straßen, durch die Städte und Dörfer nicht nur Waren und Kreditbriefe, sondern auch Ideen, Meinungen und religiöse Überzeugungen.

Aus der Mobilität ergibt sich der zweite Punkt, der das Problem der Sprachbarriere verringerte: die Zweisprachigkeit. Dies mag uns erstaunen, denn obwohl wir in der Zeit internationaler Beziehungen und des geeinten Europas leben, bestehen viele Menschen heute immer noch mit zäher Hartnäckigkeit darauf, sich nur in ihrer Muttersprache richtig ausdrücken zu können. Die Menschen jener Epoche, unsere Vorfahren, sogar die Bauern, zeigten sich weniger starrsinnig. Zunächst einmal waren alle mehr oder weniger in Latein beschlagen. Sie hörten es jeden Sonntag in der obligatorischen Messe. Nach einigen Jahrzehnten dieser Übung wußten sie ohne Zweifel einige lateinische Gebete auswendig – also Wörter, Sätze, ganze Texte – und begriffen schließlich auch den allgemeinen Sinn. Im übrigen konnten und mußten diese migrierenden Volksgruppen damals wie heute zum einen aus Treue und dem Bedürfnis nach Identität ihr sprachliches Erbe bewahren, zum anderen aber aus Gründen der Anpassung auch die Sprache ihres Gastlandes erlernen. Allerdings gab es im allgemeinen nur wenige Migrationen in ein völlig fremdes Sprachgebiet, wie z.B. vom okzitanischen ins deutsche. Der Fall der deutschsprachigen Bevölkerung in Böhmen ist nur scheinbar eine Ausnahme, denn es handelte sich hier um eine Kolonisierung im vollsten Sinn des Wortes: landwirtschaftlich, kulturell, sprachlich und sogar, im Fall der Armen von Lyon, religiös. Die einzigen Beispiele echter Zwei- bzw. Dreisprachigkeit geben die Verantwortlichen der Gemeinschaft wie Friedrich Reiser, der im Kontakt mit seinen Brüdern aus den Alpenregionen ihre Sprache kennen mußte, wenn sie sich nicht in Latein unterhalten haben. Es entbehrt nicht einer gewissen Pikanterie zu sehen, wie die Armen von Lyon tatsächlich auf die Sprache der Kirche zurückgriffen, um sich mit dem Ausland auszutauschen, so etwa 1530 mit den Reformatoren oder 1533 mit den Bömischen Brüdern. Dies ist jedoch alles andere als erstaunlich. War das Latein nicht die Sprache der Wissenschaft und das einzige internationale Kommunikationsmittel? Im übrigen sprachen alle vom Inquisitor verhörten Angeklagten Deutsch, in der Steiermark ebenso wie in Pommern. Wir – oder vielmehr die Armen von Lyon – stehen also im 15. Jahrhundert einer gegensätzlichen Entwicklung gegenüber, die den Keim der Spaltung in sich birgt.

Am Ausgang des 15. Jahrhunderts stellt sich die Frage: Haben wir es in den Cottischen Alpen und in Brandenburg noch mit derselben Gemeinschaft zu tun? Hat die Einheit die geographische Expansion und die Sprachunterschiede überstanden? So einfach diese Frage auch ist, sie wird von den Fachleuten selten gestellt. Diese begrenzen nämlich aus legitimen Gründen das Gebiet ihrer Forschungen. Aber diese Begrenzung selbst ist aussagekräftig. Ich glaube nicht, daß ihr wirklicher Grund in der Seltenheit oder in der Beschaffenheit der historischen Quellen liegt. Kein Wissenschaftler hat bisher ein Forschungsgebiet definiert, das auf der Sprachgrenze liegt und deshalb alle beiden großen Linien umfaßt, die von Lyon ausgehen. Denn es ist sehr wohl angebracht, von zwei Einheiten zu sprechen.

In der Anfangszeit der Armen von Lyon, noch zu Lebzeiten von Waldes, war nur das meridionale Gebiet von ihren Aktivitäten betroffen, doch ziemlich bald begannen diese, sich auf zwei Sprachgebiete, nämlich auf das französische und auf das okzitanische, zu erstrecken. Aber zum einen blieben die Armen von Lyon dort relativ kurz – ungefähr ein Jahrhundert lang –, und zum anderen ermöglichte es die nahe Verwandtschaft der beiden romanischen Sprachen, die Kommunikation ohne große Probleme aufrecht zu erhalten. Die wenigen Familien, die sich in den Grenzgebieten Lothringens und des Rheinlandes niedergelassen hatten, bildeten nur ein Randphänomen. Mit dem 14. Jahrhundert und der Ausdehnung in den deutschen Sprachraum erschloß sich ein drittes Gebiet, das keinesfalls zu vernachlässigen ist, denn namentlich in Österreich befand sich nun der Hauptteil der Mitglieder. Also lebte die weit, fast über ganz Europa ausgedehnte religiöse Minderheit in drei Regionen: in Frankreich, im Süden und in den deutschsprachigen Gebieten. Da die im französischen und im okzitanischen Sprachraum lebenden Armen Christi nach wie vor zusammengehörten und da die ersten, d.h. französischen Ausgangsorte von der «waldensischen Landkarte» verschwunden waren, teilte sich die Gemeinschaft der Brüder im wesentlichen in zwei Linien: eine westliche im okzitanischen Sprachraum und eine östliche im deutschen Sprachraum. Schon am Ende des 14. Jahrhunderts spürbar, wird die Bruchlinie zwischen diesen zwei Blöcken mit der Zeit immer ausgeprägter werden.

Was am Anfang nur ein Unterschied der Sprachen war, wird allmählich zum Unterschied der Einstellungen, dann zur wechselseitigen Ignoranz, was ohne Zweifel schlimmer ist als eine offene Gegnerschaft. Auch wenn keine völlige Unkenntnis über den jeweils anderen Block herrschte, so war eine weitgehende Uninformiertheit doch der Normalfall. Beziehungen zwischen den Armen von Lyon im Westen und ihren Brüdern im Osten sind nur anläßlich besonders dramatischer Ereignisse oder außergewöhnlicher Situationen feststellbar. So stand Friedrich Reiser in Kontakt mit den Brüdern in den Alpen, und Lukas von Prag machte 1495 eine Italienreise, um Rom, aber auch die Brüder in Mittelitalien zu besuchen. Wahrscheinlich fand ganz am Anfang des 16. Jahrhunderts auch zwischen Alpenbewohnern und Tschechen ein Austausch von Gesandten statt. Diese Treffen verweisen zwar auf die Verbindungen, die die beiden Blöcke einander näher brachten, doch war deren Verhältnis so gespannt, daß diese Treffen als außergewöhnlich erscheinen. Man erinnerte sich auf beiden Seiten, daß man Bruder war; aber glaubte man noch, zur selben Gemeinschaft, zur selben religiösen Familie zu gehören? Ich für meinen Teil zweifle daran, denn – wie wir an der Organisation der Brüder sehen werden – beide Linien besaßen eine jeweils eigene Gruppe von Predigern.

So wurde die waldensische Bewegung durch ihre innere Entwicklung und ihre Dynamik, die zu einer Ausdehnung von europäischem Ausmaß führte, zu einer Diaspora. Diese wiederum entwickelte sich mit der Zeit zu einem Ganzen in zwei Teilen, die tendenziell unabhängig voneinander lebten, wobei der Faktor Sprache langfristig eine maßgebliche Rolle spielte. Aber ist das nicht das Los aller Minderheiten in der Fremde? Die Einheit wurde mehr oder weniger zur Theorie und die große Gemeinschaft, die von den Mitgliedern überhaupt nicht mehr erlebt wurde, zum bloßen Wort. Neben dieser inneren Entwicklung gefährdeten auch der Blick der Umgebung und die Aggressionen von außen die Armen von Lyon: Nicht nur die offene Verfolgung, sondern auch subtilere und diffusere Schläge, die den Armen von Lyon versetzt wurden, indem ihr Bild in den Köpfen der Bevölkerung angeschwärzt und verzerrt wurde.

Das Verbrechen der Waldenserei

Es ist schwierig zu sagen, was für den Gegner schädlicher ist, direkter Angriff oder hinterlistige Verdächtigung. Man weiß, daß der Begriff «waldensisch», den ihre Verfolger regelmäßig verwandten, von den Armen von Lyon abgelehnt wurde. Eine spirituelle Bewegung, die ganz und gar auf das Evangelium gegründet war und die so großen Anklang gefunden hatte, durch diesen Namen auf ihren Gründer zu begrenzen, kam bereits einer Verzerrung ihres Grundanliegens und ihrer Bedeutung gleich. Diese Benennung wurde derart geläufig, daß das Wort «waldensisch» im 13. Jahrhundert dem Begriff «katharisch» des 12. Jahrhunderts nachfolgte und nun, vor allem auch im 14. Jahrhundert, zum Synonym für «häretisch» wurde. Dann wandelte sich die Bedeutung des Wortes «Waldenser» erneut und wurde schließlich zum Synonym für «Hexer», was noch heute erstaunt.

Das heute relativ gut erforschte Phänomen der Hexerei existierte innerhalb eines Komplexes von sozialen, psychischen und religiösen Umständen, die hier nicht näher ausgeführt werden können. Wichtig in unserem Zusammenhang ist der Verfolgungswahn, der sich in dieser Epoche (15.–16. Jahrhundert) entwickelt und in dem die Bevölkerung, allen voran der Klerus, nach den vielfältigen Katastrophen der vorhergegangenen Zeit das Christentum als belagertes Jerusalem betrachtet, über das die Mächte des Bösen herfallen. Satan und seine Armeen wüten gegen die Christenheit, was ein Vorzeichen des Endes der Zeiten ist. Die Hexer bilden in diesem dramatischen Kampf die teuflischen Kohorten. Sie sind überall am Werk und stellen eine allgegenwärtige Gefahr dar. Jean Bodin, ein französischer Rechtsgelehrter des 16. Jahrhunderts, verfaßte die folgende Definition: «Hexer ist, wer mit teuflischen Mitteln wissentlich danach strebt, etwas zu erlangen.» Um die rechtliche Seite hatte sich die Kirche eigentlich nicht zu kümmern, da es sich um ein ziviles Verbrechen handelte, das die öffentliche Ordnung betraf und somit der weltlichen Obrigkeit unterstand. Aber in der Bulle *Super illius specula* von 1326 setzte Papst Johannes XXII. die Hexerei mit Häresie gleich, da der Pakt mit dem Teufel zusammen mit dem Sabbatritual darauf hinauslaufe, irrige Glaubensinhalte und religiöse Praktiken zu verbreiten. Dies war von nun an die Meinung der Kirche. Aber eine systematische Verfolgung begann erst am Ende des 15. Jahrhunderts. 1484 forderte Innozenz VIII. in seiner Bulle *Summis desiderantes affectius* die Inquisitoren dazu auf, die Hexerei zu verfolgen, vor allem in den deutschsprachigen Ländern. Zwei Jahre später erschien das entsprechende Handbuch: der «Hexenhammer» *(Malleus maleficarum)* der Inquisitoren Heinrich Institoris und Jakob Sprenger mit einer Kopie der päpstlichen Bulle, die ausdrücklich die Namen der beiden Dominikaner erwähnt, auf der Titelseite. Dieses Schriftstück markierte die Eröffnung der Hexenjagd und überschritt zugleich eine neue Schwelle, indem es die populäre Magie mit der Hexerei gleichsetzte. So konnten geläufige Praktiken, die zum traditionellen ländlichen Brauchtum gehörten und bis dahin als harmlos, ja sogar als wohltuend eingeschätzt worden waren, als teuflisch eingestuft werden, da sie auf Hexerei und somit auf Häresie beruhten, und folglich fielen sie in den Zuständigkeitsbereich der Inquisition. Selbst wenn die seriösesten und jüngsten Schätzungen davon ausgehen, daß «nur» etwa 5 % der Angeklagten wirklich hingerichtet wurden, so fanden sich doch Häretiker und Hexen, in ihrem tragischen Schicksal vereint, zu Tausenden auf den Scheiterhaufen wieder, die Europa über ein Jahrhundert lang in rote Glut tauchten.

Von Anfang an hatte die Benennung «waldensisch» *(vaudois)* eine abwertende Konnotation. Aber sie bezeichnete ursprünglich nur die Jünger von Waldes, die «Sektenmitglieder». Gegen Anfang des 15. Jahrhunderts taucht das Wort «Waldenserei» (*vaudoiserie* oder *vauderie*) im Sinn von «Hexerei» auf und der Begriff «Waldenser» (vaudois) im Sinn von «Hexer». Die 1438 in Fribourg verhafteten Schweizer Hexen gehörten zur Sekte der *Voudeis* oder *Voudesie*. 1440 beschwerte sich Papst Eugen IV. bei Amadeus VIII., Herzog von Savoyen und inzwischen vom Konzil von Basel unter dem Namen Felix V. zum zweiten Papst gewählt, daß dieser in seinen Ländern zahlreiche Hexer oder *Waudenses* dulde und sich von diesen sogar habe verführen lassen. Ich zweifle daran, daß es in den alpinen Ländern mehr Hexer gegeben hat als anderswo. Ich frage mich vielmehr, ob die in Savoyen, d. h. im Piemont lebenden *vaudois* («Waldenser», Anm. d. Ü.) nicht schon damals von der päpstlichen Kanzlei mit Hexern gleichgesetzt wurden. Die aus dem Jahre 1460 stammende Schrift mit dem Titel *La vauderie de Lyonnois en brief* («Abriß der Waldenserei/Hexerei in Lyon und Umgebung», Anm. d. Ü.) rechtfertigt diese totale Verwirrung. Man findet sie auch in den Prozessen der zweiten Hälfte des Jahrhunderts: 1452 in Provins, 1453 in Evreux und vor allem etwas später im Artois.

1459 kommt es zu den Geschehnissen, die unter dem Namen *vauderie d'Arras* («Hexerei von Arras», Anm. d. Ü.) bekannt sind. Ihre Auswirkungen im Herrschaftsgebiet Philipps des Guten dauerten noch bis zum Ende des Jahrhunderts an, obwohl die Prozesse, um die es hier geht, im Jahre 1461 abgeschlossen waren. Diese düstere Geschichte muß hier nicht ausführlich erzählt werden. Behalten wir nur das für unser Thema Wesentliche im Gedächtnis. Fünfzehn Personen, Männer und Frauen, des Verbrechens oder der Sünde der *vauderie* angeklagt und überführt, gingen auf dem Scheiterhaufen zugrunde. Auch Historiker waren der Ansicht, daß die Verurteilten Arme von Lyon gewesen sein könnten, die fälschlicherweise der Hexerei angeklagt waren, woraus sich in der Folge die Gleichsetzung beider Konzepte ergeben hätte. Daß die *vauderie d'Arras* ein Verfahren gegen Hexer war, ist unbestreitbar. Es genügt, die Prozeßakten zu lesen, die Hauptpunkte der Anklage sowie die Chroniken und Berichte, die die Zeitgenossen der Ereignisse geschrieben haben. *Le Traité de vauderie* («Traktat über die Hexerei», Anm. d. Ü.), den Jean Tinctor 1460 verfaßte, präzisiert, was *«pechie de vauderie»* («Sünde der Hexerei», Anm. d. Ü.) ist. Diese ist unendlich viel schwerwiegender als heidnischer Götzendienst, christliche Häresie oder muselmanischer Unglaube, da es sich um eine «verfluchte und entmenschlichte Sekte» handelt, die sich als so hochgradig gefährlich erweist, daß sie, wenn sie sich entwickelte, «den vollständigen Abfall vom Christentum, die Zerstörung des Christentums, ja sogar das Ende der Welt» mit sich brächte. Worum geht es also? Um das Verbrechen zu erklären, das fünf verurteilten *vaudois* den Scheiterhaufen einbrachte, begann der Inquisitor Lebroussart seine Predigt an die Menschenmenge, die sich vor dem am 9. Mai 1460 errichteten Schafott versammelt hatte, auf folgende Weise: «Wenn sie sich der *Vaulderie* hingeben wollten, benutzten sie eine Salbe, die sie auf folgende Art und Weise herstellten.» Dann kommt das Rezept, um die besagte Salbe herzustellen. Anschließend weiß der Inquisitor zu berichten: «Dann salbten sie mit dieser Salbe eine ziemlich kleine Holzrute, ihre Handflächen und Hände und steckten sich die kleine Gerte zwischen die Beine: Sogleich flogen sie davon, wohin sie wollten.» Es folgt die Beschreibung des Sabbats: Bankett, Schändung des Kreuzes, Anbetung des Teufels, sexuelle Orgie... Diese Elemente haben alle Chronisten aufgenommen. Schon 1440 beschrieb Lefranc in seinem *Champion des Dames* auf folgende Weise die teuflischen Versammlungen:

«Vrai est, ouy l'ay-je, m'en crois Que les vielles, ne deux ne trois Ne vingt, mais plus de trois milliers Vont ensemble en aulcuns des trois Veoir leurs dyables familiers... Je te dy avoir veu en Chatre Comment, dès le temps qu'elle estoit De seize ans, ou poy s'en faloit, Certaines nuits de la Valpute Sur un bastonnet s'en alloit Voir la sinagogue pute. Dis mille vielles en ung fruch Y avoit-il communément».	Es ist wahr, ich habe es gehört, glaube mir, daß die alten Frauen, nicht zwei noch drei noch zwanzig, sondern mehr als drei tausend alle zusammen ihre vertrauten Teufel besuchen... Ich sage dir, daß ich in Chartres gesehen habe, wie sie, sobald sie knapp 16 Jahre alt war, in gewissen Walpurgisnächten auf einem Besenstil zur Hurenversammlung davonflog. Dort waren für gewöhnlich zehntausend Alte.

Übrigens zeigt ein Manuskript dieses Werkes, das in der französischen Nationalbibliothek in Paris aufbewahrt wird, am Rand eine Karikatur mit zwei Hexen, die rittlings auf einem Besen sitzen, und den Bildtext: *Vaudoises sur leur balai* («Hexen auf ihrem Besen», Anm. d. Ü.). Wir brauchen nicht tieferzugehen – der Fall ist klar: Bei der *vauderie d'Arras* handelt es sich um Hexerei und um nichts sonst. Die Jünger von Waldes, die Armen von Lyon, haben nichts damit zu tun. Das geht eindeutig aus den Prozeßakten hervor.

Eine zählebige Verwirrung

Aber der Begriff *vaudois* hatte somit einen neuen Sinn angenommen. Er hatte nun zwei Bedeutungen: «Häretiker» und «Hexer». Wie ist es so weit gekommen? Auf welchen verschlungenen Wegen man dahin gelangt ist, alle möglichen Sorten von Übeltätern *vaudois* zu nennen, so daß das Wort ein allgemeines Schimpfwort wurde, wissen wir nicht. Aber wir stellen fest, daß 1408 in Freiburg in der Schweiz der Name *voudeise* ungefähr gleichbedeutend mit «Hure» *(putain)*, «liederliche Dirne» *(ribaude)*, «Mörderin» *(murtrisser)*, «Diebin» *(laronese)* verwendet wurde. Dann fand eine weitere Bedeutungsverschiebung statt, deren Ergebnis die Gleichsetzung von *vaudois* mit «Hexer» war. Nach J. Hansen, einem deutschen Historiker vom Anfang des 20. Jahrhunderts, wurde der Name *vaudois* erstmalig in der französischen Schweiz und in Savoyen auf Hexer angewandt. In diesen Ländern bezeichnete man die Unzucht, und insbesondere die Sodomie, mit dem Namen *vauderie*. Der Mensch, der sich dessen schuldig machte und in Frankreich *bougre* genannt wurde, hieß hier *vodeis*. Nachdem die *bougrerie* oder *vauderie* fälschlicherweise als Häresie angesehen wurde, neigte man dazu, Häretiker der *bougrerie* oder *vauderie* anzuklagen. Bei den großen Verfolgungen zu Beginn des 15. Jahrhunderts nannte das Volk in diesen Ländern die Hexer im allgemeinen *vodeis* oder *vaudois*. Gleichzeitig verbreitete sich der Glaube, daß der Sabbat eine Zusammenkunft der Katharer und der *vaudois* (Arme von Lyon) mit dem Satan sei. Ein Theologe betitelte seinen 1450 verfaßten Traktat gegen die Hexer folgendermaßen: «Irrtümer der Katharer und jener, die auf einem Besen oder Stock reiten» *(Errores gazariorum seu illorum, qui probam vel baculum equitare brobantur)*. Juristen und Theologen, die den Namen *vaudois* ebenso auf die Sekte der Hexer angewandt fanden, bedienten sich seiner ohne weitere Unterscheidung. Auf diese Weise kam die zweifache Verwechslung zwischen *vaudois/bougres* («Hexer») einerseits und *vaudois/hérétiques* andererseits zustande. J. Huizinga konnte daher schreiben: «Im Frankreich des 15. Jahrhunderts war das gewöhnliche Wort für Magie *vauderie*, das seine ursprüngliche Bedeutung, auf die Häresie der Waldenser *(hérésie des vaudois)* zu verweisen, verloren hatte.» Ebenso A. Duverger 1885: «Vom 15. Jahrhundert an wird die Benennung *vaudois* in den Niederlanden fast ausschließlich auf Hexer angewandt.» Trotz ihrer Absurdität – aber wir wissen ja, daß die am weitesten verbreiteten Ideen nicht notwendigerweise vernünftig sind – hatte diese Gleichsetzung ein langes Leben.

Diese Vermischung der verschiedenen Bedeutungen war so einfach und so stark verankert, daß man den Begriff *vaudois* in den folgenden Jahrhunderten aufgrund einer verständlichen Verkettung auf die Reformierten anwandte. Claude Haton (1553–1582) schreibt über das Jahr 1567 in seinen *Mémoires:*

> «In der Nachfolge der besagten Hugenotten gab es viele *vaudois* und Hexer, oder aber ein großer Teil von ihnen hatte dieses Metier, wie es die Erfahrung zeigte, als sie in diesen Gegenden um Provins

waren, weil sie in mehreren Häusern, durch ihr Glück und durch Magie, die Güter fanden, die man an verschiedenen Orten versteckt und versperrt hatte... Andere hatten ihr Geld in den Bändern und Windeln der Säuglinge versteckt; man sah besagte *vaudois* selbst die Kinder vor ihren Müttern auswickeln, und so geschah es an allen Orten, wo die *vaudois* wohnten».

Und später schrieb er über das Jahr 1572, nach dem Massaker der sogenannten Bartholomäusnacht und dem «Wunder» des Weißdorns, der außerhalb der Jahreszeit auf dem Friedhof Saints-Innocents in Paris blühte:

> «Dieser Dorn wurde von allen Leuten an seiner Rinde, seinem Holz, seinen Blättern und Blüten berührt und geprüft, um zu sehen, ob dies nicht eine Täuschung wäre, die durch magische Kunst oder Verzauberung von Zauberern, Hexern oder *vaudois* bewirkt worden ist, und man fand, daß es nicht so wäre, sondern daß hier die Kraft Gottes wirkte.»

Fast ein Jahrhundert später schrieb Gabriel Martin, Abt von Clausone in der Dauphiné, mit der größten Ernsthaftigkeit ein Büchlein, das 1641 in Paris veröffentlicht wurde und den Titel trägt: «Die Religion, die von den Dämonen den waldensischen *(vaudois)* Hexern beigebracht wurde: jene der sogenannten reformierten Religion behaupten von sich, in die Hölle hinabgestiegen zu sein». Und ganz logisch leitete er davon ab: «Warum sagen wir nicht und verkünden es nicht überall mit lauter Stimme, daß die Lehre der sogenannten reformierten Religion die Lehre der Teufel ist?» Die Vermischung der Bedeutungen wurde also lange Zeit beibehalten, sicherlich, weil sie eine vereinfachende, populäre und damit wirksame Waffe war, um die Armen von Lyon bei ihren Zeitgenossen in Mißkredit zu bringen. Ohne Zweifel war dies ein schweres Handikap, das die Brüder bei ihrer missionarischen Tätigkeit überwinden mußten. Ihr «Image» war abscheulich. Sie, die alle Kräfte aufboten, um ein Leben gemäß dem Evangelium zu führen, sahen sich der schlimmsten Verbrechen gegen Gott, die Kirche und die Menschheit angeklagt. Man versteht sehr gut, daß sie, der allgemeinen Verfolgung ausgesetzt, das Bedürfnis hatten, sich anderen nonkonformistischen Gruppen anzunähern, die ihren Überzeugungen nahestanden und ebenfalls von Rom verfolgt wurden. Wenngleich dies von Anfang an bei den Armen in Norditalien der Fall war, so war der Versuch im großen und ganzen doch begrenzt. Aber im 15. Jahrhundert entwickelte sich in Gebieten, wo auch Arme von Lyon lebten, die größte zugleich religiöse, politische, ökonomische und soziale Protestbewegung, die das Abendland je erlebte und die in Böhmen ihre Wurzeln schlagen sollte.

Die Hussiten

Auch wenn wir Zeugnisse von der Anwesenheit von «Häretikern» in Böhmen vom Beginn des 14. Jahrhunderts an besitzen, d.h. seit sich die Inquisition dort niederließ, so haben wir nur wenige sichere Identifizierungsmöglichkeiten. Betrachten wir beispielsweise die vierzehn im Jahre 1315 in Prag verbrannten Häretiker. Die von den Historikern aufgestellten Hypothesen sind vielfältig: Katharer, Waldenser, Begarden, Brüder des Freien Geistes...? Es ist nicht ausgeschlossen, daß damals in Böhmen – wie im Piemont – ein Synkretismus verbreitet war, der keine sichere Identifizierung erlaubt. Lange Zeit hat man geglaubt, daß die Anwesenheit der Armen von Lyon in Böhmen erst gegen 1360 belegt ist, als die Inquisition des Heinrich von Olmütz in der Steiermark wütete. Aber A. Patschovsky hat festgestellt, daß schon 1335 die Inquisition von Gallus von Neuhaus auf waldensische Niederlassungen hinwies, und zwar vor allem im Süden, an der Grenze nach Mähren, um Neuhaus herum. Nach Peter von Pillichdorf, Domherr und Wiener Professor, hätte die Inquisition in Thüringen und Brandenburg, aber auch in Böhmen und Mähren tausend Waldenser bekehrt. Wir haben keine Möglichkeit festzustellen, ob dies wahr ist. Einige Indizien lassen jedoch am Ende des 14. Jahrhunderts ein zahlenmäßiges Anwachsen der Armen von Lyon deutscher Nationalität in Böhmen vermuten. Sie sind dort schon lange und fest verwurzelt, als sich der Sturm der hussitischen Revolution erhebt.

Es ist uns an dieser Stelle nicht möglich, das erstaunliche Abenteuer dieser Bewegung nachzuzeichnen, die ein ganzes Volk dazu brachte, sich zu erheben, gegen die ganze Armeen aufgestellt wurden und der es jahrelang gelang, Prinzen und dem Kaiser, Inquisitoren, Konzilien und dem Papst, d.h. allen kirchlichen und staatlichen Obrigkeiten, zu trotzen. Ihre Charakteristika können hier nur kurz aufgezählt werden: das religiöse, sich auf die Bibel gründende Gedankengut; der soziale Protest, durch den die armen Bevölkerungsschichten angezogen wurden; die nationale Orientierung, die das böhmische Volk zutiefst mit einem identitätsstiftenden Anti-Germanismus prägte; die kulturelle Revolution, deren Kern die tschechische Sprache war; die Macht des Wortes in den Händen leidenschaftlicher populärer Prediger; der Versuch, eine neue Wirtschaftsordnung aufzustellen; die Einführung einer neuen Kampftaktik auf den Schlachtfeldern; der besondere Platz, den die Choräle darin einnahmen; schließlich noch die verschiedenen Strömungen, die die Bewegung aufwiegelten, spalteten und schließlich zugrunde richteten, und die blutige Verfolgung, die sich anschloß ... Wer sein Wissen über all dies vertiefen will, dem empfehle ich die Arbeiten von A. Molnár, die wissenschaftlich fundiert sind und auf deutsch vorliegen.

Behalten wir von diesem Epos nur im Gedächtnis, was notwendig ist, um die Entwicklung der Armen von Lyon zu verstehen. Der Name dieser tschechischen «Häretiker» kommt – wie im Falle der «Waldenser» – von dem ihres geistigen Vaters. Jan Hus, 1369 in Böhmen geboren, Priester, Dekan und dann Rektor der Prager Universität, wurde von den Gedanken eines anderen Theologen und Reformators beeinflußt, nämlich des Engländers und Oxforder Gelehrten John Wyclif (1320–1384). In leidenschaftlichen Predigten und Schriften gegen die Kirche legte Hus seine Gedanken auf lateinisch und tschechisch dar. 1411 und zum zweiten Mal 1412 exkommuniziert, wurde er 1414 vom Konstanzer Konzil vorgeladen. Mit einem Geleitbrief des Kaisers Sigismund von Luxemburg ausgestattet, beschloß er, sich dorthin zu begeben. Das Konzil verurteilte ihn, und er wurde bei lebendigem Leib verbrannt. Seine Jünger verehrten ihn als Märtyrer und Patrioten. Seine Hinrichtung hatte einen regelrechten Aufstand der Hussiten zur Folge, als der Kaiser seinem Bruder Wenzeslaus 1419 als König von Böhmen nachfolgte. Die Konstanzer Konzilsväter analysierten kaltblütig die Situation: Sie forderten die Herrscher zu einem Kreuzzug auf, um die Häresie in Böhmen ebenso auszurotten, wie es mit dem Katharertum im Languedoc geschehen war. Der Kaiser leitete dieses kriegerische Unternehmen gegen die patriotischen Häretiker und wurde erst 1439 nach den Verträgen von Iglau als König von Böhmen anerkannt. Wie verhielten sich die Armen von Lyon in diesen stürmischen Zeiten? Um diese Frage zu beantworten, müssen wir zuerst noch in großen Zügen die Entwicklung der tschechischen Situation nachzeichnen.

Einige Arbeiten, die versuchten, die Beziehungen zwischen den Armen von Lyon und den Hussiten zu beschreiben, stützten sich auf die Literatur ersterer, um dort einen immer größer werdenden hussitischen Einfluß nachzuweisen. Die heute bereits überholte Debatte drehte sich um die Frage, ob die Waldenser das Gedankengut der

Hussiten beeinflußt haben oder umgekehrt. Diese Frage wird hier aus gutem Grund nicht gestellt: Die von den Armen von Lyon verfaßten Werke – wir werden uns später mit ihnen befassen – haben den großen Nachteil, weder datiert noch datierbar zu sein. Wie kann nun jemand ernsthaft etwas über die Richtung des Einflusses behaupten, wenn er nicht in der Lage ist, diesbezüglich eine Chronologie aufzustellen? Auf alle Fälle ist diese Debatte für uns relativ sekundär. Jan Hus hatte anscheinend nur theoretische Kenntnis vom Gedankengut der Armen von Lyon. Von seiner eigenen Orthodoxie überzeugt, wollte er nicht, daß seine Gedanken im gleichen Atemzug wie die «waldensische Häresie» beurteilt würden. Es war ihm vielleicht nicht bewußt, daß er den Positionen der Armen von Lyon relativ nahe stand, insbesondere, was die Armut und die Bibellektüre betrifft. Außerdem hatte der Universitätslehrer wahrscheinlich nur sehr wenig für Prediger und Schriften übrig, die jeder scholastischen Methode entbehrten. Nach 1412 hat sich seine Haltung allerdings etwas geändert. Er floh aus Prag, das wegen seiner Person mit dem Kirchenbann belegt war, führte ein Predigerleben und muß im Süden des Landes auf Gegenden gestoßen sein, die unter dem Einfluß der Armen von Lyon standen. Obwohl man nichts Näheres über Kontakte zwischen Hus und den Armen von Lyon weiß, läßt sich zweifelsohne sagen, daß der Reformator ihnen gegenüber eine andere innere Einstellung gewonnen hat. Dieser Theologe und Universitätsrektor schrieb damals:

> «Vor kurzem habe ich verstanden, daß die einfachen und armen Priester, die armen Laien und sogar die Frauen die Wahrheit viel mutiger zu verteidigen wissen als die Doktoren der Heiligen Schrift dies für gewöhnlich tun.»

Nichts hindert uns daran anzunehmen, daß ein Zusammentreffen mit Armen von Lyon zu dieser Entwicklung beitrug. Aber mehr kann diesbezüglich über Jan Hus nicht gesagt werden.

Die Frage bleibt also: In welchem Augenblick verwandelte sich die einstige Reserviertheit der Hussiten bezüglich der Armen von Lyon in zumindest wohlwollende Sympathie? Folgen wir hier A. Molnár:

> «Die Ereignisse des Jahres 1412 zeigten, daß die ekklesiologischen Auffassungen eines Mathias von Janov (Prager Reformprediger, 1350/55–1393; Anm. d. Ü.) die gegenwärtige Situation des reformatorischen Kampfes besser widerspiegelten als Wyclifs Ekklesiolo-

gie: Die dem Rufe des Evangeliums getreue und von einem antichristlich deformierten Christentum verfolgte Minderheitskirche ruft waffenlos zum geistigen Kampfe auf. Ohne jede Unterstützung durch gesellschaftliche Autorität und bereit zum Leiden vertraut sie ausschließlich auf das gepredigte Wort Gottes, das sich bald in einer eucharistischen Gemeinschaft, die sich zu einem dem künftigen Königreich zustrebenden Volk herausbildet, konkretisiert. Eine solche Schau der Dinge mußte sich wohl ihrer Stammverwandtschaft mit der Waldensermentalität bewußt werden, sobald sie Gelegenheit erhielt, sich mit ihr bekannt zu machen. Auf der Ebene des einfachen Volkes kam es zu diesem Bekanntwerden in Südböhmen, auf der Ebene der Intellektuellen gelang es in Prag durch die Theologen, welche die Waldenser in den deutschen Landen kennengelernt hatten.»

Noch bevor die militärischen Operationen begannen, hatte die hussitische Bewegung das Symbol ihrer Gemeinschaft gefunden: den Kelch, der beim Abendmahl jedem Laien gereicht wird, eine Neuerung, die in der Praxis der Urkirche verwurzelt ist, während Rom die Kommunion in beiderlei Gestalt ablehnte, d.h. dem Klerus vorbehielt.

Ein Kollege von Hus, der damals sehr bekannte Theologe Jacobel de Stribro (gestorben 1429), bemühte sich bereits 1415 um Geschichte und Zeugnisse der Waldenser. Er erinnerte an die Verfolgungen, die sie zwei Jahrhunderte lang um des Evangeliums willen ertragen hatten. Indem er sich in Prag offen zu dieser Einschätzung bekannte, führte er eine Wende in der Haltung gegenüber den Waldensern herbei: Als Nachfolger von Hus auf der Kanzel der Bethlehemskapelle in der Prager Universität – nach dem durch das Konzil erlittenen totalen Prestigeverlust die einzige moralische und spirituelle Autorität, die in Böhmen blieb – wagte es Jacobel de Stribro, die immer falsch eingeschätzten Waldenser öffentlich zu verteidigen und erklärte, daß sie «nicht aufgrund eines Irrtums, sondern für das Evangelium des Herrn» verfolgt würden. So ereignete sich 1415–1416 eine grundlegende Änderung der Beziehungen zwischen den beiden spirituellen Gruppen der Hussiten und der Armen von Lyon. Annäherungen fanden auch auf religiöser Ebene statt. Dies sieht man in der berühmten Schule «Zur Schwarzen Rose» – dem Haus der Nation der Tschechen an der Prager Universität –, wo hervorragende Professoren lehrten: Friedrich Epinge sowie Peter und Nikolaus von Dresden. Innerhalb einiger Jahre gewann das Institut eine klare Ausrichtung zugunsten der Armen von Lyon. Als erster versuchte der Engländer Peter Payne, Übersetzer von Wyclif und Freund von Nikolaus von Dresden, feste Beziehungen zu den Jüngern von Waldes in Deutschland zu knüpfen. Sein Biblizismus fand sich in ihrer Verweigerung des Eides und der Todesstrafe wieder. Er war von der Notwendigkeit überzeugt, mit ihnen gemeinsame Sache zu machen. So schienen die radikalen Hussiten den Armen von Lyon nahezustehen. Wie in jeder Bewegung entstand sehr schnell eine Meinungsverschiedenheit und dann eine Spaltung zwischen «Gemäßigten», die kompromißbereit waren, und «Radikalen», die auf ihren Prinzipien beharrten. Zu letzteren gehörten die Schüler der Schule «Zur Schwarzen Rose»; sie planten, die Reform der Kirche zu verwirklichen, indem sie die radikalen böhmischen Hussiten mit den in den deutschsprachigen Ländern verstreuten Armen von Lyon vereinigten.

Im Frühjahr 1419 brachen Unruhen aus. Große Versammlungen fanden statt: Bauern feierten voll Glaubenseifer auf den böhmischen Höhenzügen die utraquistische Messe (mit Kommunion in Gestalt von Brot *und* Wein). Sie waren erfüllt von biblischen Worten und apokalyptischen Bildern, die von erregten Geistlichen heraufbeschworen wurden. Diese verkündigten den Aufständischen das Wort Gottes, das die Besteigung des Bergs Tabor (Berg in Galiläa, wo die Tradition die Verklärung Christi ansiedelt) befohlen hat, woraufhin die radikalen Aufständischen 1420 beschlossen, eine Stadt in Südböhmen zu gründen, die sie «Tabor» nannten – daher auch ihr Name «Taboriten». Die Nachricht von der friedlichen Erhebung der Taboriten brachte die Revolution nach Prag. Die Hauptstadt träumte davon, einen neuen Staat zu gründen, der als Vorbild für eine universelle Reform dienen sollte. Begünstigt wurden diese Träume dadurch, daß der König gerade gestorben war. Die Hussiten weigerten sich, den neuen Herrscher, Kaiser Sigismund, anzuerkennen. Von den Gemäßigten war ein Kompromiß ausgearbeitet worden (die «Vier Prager Artikel», d.h. die Forderungen nach Predigtfreiheit, Laienkelch, apostolischer Armut des Klerus unter Verzicht der Kirche auf ihr Vermögen sowie strenge Kirchenzucht im Klerus; Anm. d. Ü.), während der Papst und der Kaiser den Krieg vorbereiteten und Jan Zizka sich nach Tabor begab und eine Volksarmee aushob. Zizkas Sieg war kein geringer, denn als er dem belagerten Prag zu Hilfe kam, gelang es ihm, die Kreuzfahrer Sigismunds und des päpstlichen Nuntius Fernando zurückzuschlagen. Von da an ging Jacobel de Stribro auf Distanz: Es wurde ihm bewußt, daß die «waldensischen» Positionen in das radikale Gedankengut der Taboriten integriert worden waren.

Einige Male wurden sogar die Armen von Lyon angegriffen. Die taboritische Bewegung ging jedoch über den traditionellen Pazifismus der Jünger von Waldes hinaus. Welche Haltung nahmen sie also selbst ein?

Obwohl wir kein einziges explizites Zeugnis haben, das von den Armen von Lyon stammt, dürfen wir vermuten, daß sich die Armen Christi in Böhmen so entwickelten, daß sie schließlich dem Programm des linken Flügels der Hussiten anhingen. Aber vergessen wir nicht, daß sie nur eine winzig kleine Minderheit der europäischen Diaspora ausmachten, die daran gewöhnt war, im Untergrund zu leben und deshalb auch sehr vorsichtig gegenüber Aufrufen zu einer offenen Reform war. Der Engländer Peter Payne versuchte, im Dienst einer Evangelisation, die von Böhmen her unterstützt wurde, das deutsche Netz der Armen von Lyon wiederzubeleben. Schon 1425 schien der Mißerfolg offensichtlich. Zuvor hatte der zweite Kreuzzug im Oktober 1421 vor Zatec eine Niederlage erlitten und die Hussiten erwiesen sich zu Hause als unbesiegbar; es gelang ihnen aber nicht, Niederlassungen im Ausland zu gründen. Als Sieger im eigenen Land waren sie zugleich darin eingesperrt. Von 1428 an begannen die Anführer der Taboriten, den Expansionskrieg zu rechtfertigen; im März verließen sie Böhmen, durchquerten Mähren und die Slowakei und gelangten nach Schlesien; im Juni erreichten sie Nußdorf bei Wien. Doch das Schicksal der hussitischen Revolution hing von der sehr empfindlichen Einheit der Taboriten und von Prag ab.

Von seiten der Armen von Lyon war das Interesse an den Ereignissen in Böhmen groß. Dafür haben wir in dem bereits erwähnten Friedrich Reiser ein lebendiges Beispiel. Er kam als Wanderprediger der deutschen Brüder nach Tabor. Sein Vorhaben war klar: Er wollte eine Vereinigung mit den Hussiten erreichen, um eine Diaspora zu beleben, die von innen her gleichsam durch Ersticken und von außen durch unaufhörliche Verfolgungen bedroht war. Reiser kam in dem Moment, in dem die taboritischen Theologen und Anführer versuchten, aus ihrer Isolation herauszukommen. Er stieß in Tabor auch auf Payne, den er schon vorher getroffen hatte, und befaßte sich damit, das Neue Testament abschreiben zu lassen, wahrscheinlich auf deutsch. Während dieser Zeit trieben die Feldzüge des taboritischen Anführers Procop den Einflußbereich der Taboriten immer weiter voran. Im Februar 1430 hatten sie Sachsen, Thüringen und Franken durchquert und standen nun vor Nürnberg. Eine Konferenz zwischen katholischen und hussitischen Theologen wurde dort sogar vorbereitet, scheiterte jedoch am offiziellen Einspruch des Papstes. 1431 führten Hussiten in Krakau eine Diskussion mit Theologen der dortigen Universität. Mitglieder der Delegation waren unter anderem Procop, Payne und Reiser. Im August 1431 wurden die gegen die Hussiten ausgehobenen Kreuzfahrer zum dritten Mal in die Flucht geschlagen, in Panik versetzt von den Kampfwagen und Gesängen der Taboriten.

Im September 1431 ereignet sich eine merkwürdige Szene: Der Bischof der Taboriten, Nicolas von Pelhrimov, war nach Prag gekommen und ordinierte Friedrich Reiser auf seine Bitte hin zum Priester. Dieser blieb also im Dienst der Taboriten, jedoch ohne seine Brüder zu vergessen. Wahrscheinlich diente er als Vermittler, um die in der Alpenregion lebenden Armen von Lyon über die Situation in Zentraleuropa zu informieren. Im gleichen Jahr 1431 veranstalteten die Armen von Lyon in der Dauphiné eine Kollekte, deren Ergebnis sie den Tschechen zukommen ließen, was den im Februar 1432 in Bourges versammelten französischen Klerus beunruhigte. Das Vorhaben einer Vereinigung von Armen von Lyon und Hussiten hatte somit auf beiden Seiten glühende Anhänger gefunden: Procop und Payne auf der einen, Reiser auf der anderen. 1432 finden wir sie alle drei in Basel zu einem Gespräch mit Vertretern des Konzils, das dort gerade eröffnet worden war. Wenn die Diskussion sich auf die «Vier Prager Artikel» erstrecken sollte, so hatten die Konzilsväter angesichts eines eventuellen Kompromisses ein ernsthaftes Gespräch nur über den Laienkelch vor. Geschickt zogen sie auf diese Weise den tschechischen Adel an sich, erklärten die taboritische Position für häretisch und provozierten so den Bruch zwischen den radikalen Taboriten und den Prager Utraquisten. Das hussitische Schicksal war von nun an besiegelt. Der Mai 1434 brachte den Taboriten in Lipany die totale militärische Niederlage ein. Procop starb dort. Letztendlich wurde die gemäßigte hussitische Kirche 1436 bei der Unterzeichnung des Friedensvertrages anerkannt. Das politische Anliegen war verloren. Von dem großen Projekt einer universellen Reform, das einmal existiert hatte, blieb nur die taboritische Geisteshaltung übrig, die mehr oder weniger offen von Predigern aus dem Volk auch weiterhin vertreten wurde.

Auf religiösem Gebiet bedeutete die Niederlage eine Rückkehr zu Positionen von vor 1420, zu einer gewaltlosen Verteidigung der Reform. Dies entsprach wieder den Positionen der Armen von Lyon. Reiser, der sich «durch die Gnade Gottes Bischof der Gläubigen, die die Schenkung Konstantins in der römischen Kirche verschmäht haben» nannte, rief eine den Armen von Lyon gemäße Mission ins Leben, die zwar stark von der taboritischen Richtung geprägt war, hinter der aber keine politische Macht stand. 1450 befanden sich Reiser und seine Freunde in Tabor. Für Deutschland wurde eine Mission durch Wanderprediger unter der Leitung von vier Bischöfen beschlossen. Die Leiter sollten sich alle drei Jahre treffen. Die beiden ersten vereinbarten Treffen fanden 1453 in Engelsdorf und 1456 in Zatec statt. 1459 hätten die Leiter erneut, und zwar in Straßburg, zusammenkommen sollen. Die dem Geist von Tabor treu gebliebenen Hussiten hatten beschlossen, die Mission finanziell zu unterstützen. Als Reiser gleich zu Beginn des Jahres 1458 in Straßburg von der Inquisition verhaftet wurde – so daß das ursprünglich vorgesehene Treffen nicht zustande kam –, trug er 200 Gulden bei sich. Nachdem er während des Prozesses sein Leben erzählt hatte, gefoltert worden war, mehrere Brüder verraten und zuletzt abgeschworen hatte, wurde er dem «weltlichen Arm» der Inquisition übergeben und am 6. März 1458 bei lebendigem Leib verbrannt.

Gegen 1457 entstand aus einem Treffen der letzten radikalen Hussiten mit taboritischer Tendenz, die aber aus freien Stücken auf jede Gewaltanwendung verzichteten, die Vereinigung der «Böhmischen Brüder». Von den gemäßigten Utraquisten unterschieden sie sich in der Frage der apostolischen Nachfolge. Von 1467 an begann die Vereinigung ihre eigenen Prediger zu wählen und auszubilden, während die Utraquisten weiterhin die Ordination durch katholische Bischöfe empfingen. Stefan von Basel, der «waldensischer Priester» genannt und später in Wien verbrannt wurde, machte einen weiteren Versuch einer Annäherung an die Armen von Lyon. Darüber hinaus wurden noch Beziehungen z. B. mit den Armen von Brandenburg unterhalten oder, am Ende des Jahrhunderts, anläßlich der Reise von Lukas von Prag, mit Italien.

Wie können wir letzten Endes diese Beziehungen zwischen Hussiten und Armen von Lyon zusammenfassen? Sicherlich näherte eine gemeinsame Einstellung, insbesondere zur Heiligen Schrift, die beiden Gemeinschaften einander an. Außerdem fühlten sie sich einander nahe, da sie beide von der inquisitorischen Justiz verfolgt wurden. Es ist auch offensichtlich, daß die Armen Christi in Böhmen von der taboritischen Bewegung stark angezogen wurden und sie ihrerseits beeinflußten, glücklich darüber, ihren Glauben nicht verstecken zu müssen. Sie wurden zu Anhängern der taboritischen Bewegung und verschmolzen schließlich mit ihr. Später bildeten sie Gemeinden der Vereinigung der Böhmischen Brüder. Daß die Armen von Lyon, die am empfänglichsten für die hussitische Reform waren, in ihr untergingen, ist durchaus aufschlußreich.

Wir wissen, daß die europäische Diaspora der Armen von Lyon in mehr oder weniger regelmäßigem Kontakt mit der Vereinigung stand und daß ihre Anschauungen von taboritischen Positionen beeinflußt wurden. Muß man daraus mit A. Molnár auf die Existenz einer «waldensisch-hussitischen Internationalen» schließen? Ich denke nicht. Zum einen war diese mehr ein Vorhaben als Wirklichkeit; zum anderen war sie ein Vorhaben von wenigen, die Ausnahme bildenden Persönlichkeiten, zumindest nach den uns verfügbaren Zeugnissen.

Der Verlust ihrer Einheit und Eigenständigkeit war das Risiko, das die Armen von Lyon eingingen, wenn sie sich bemühten zu überleben. Wenn das 15. Jahrhundert als eine ziemlich düstere Periode ihrer Geschichte erscheint, so nicht, weil die Dokumente zu wenig zahlreich wären; vielmehr befand sich die Gemeinschaft in einem recht schlechten Zustand. Die ursprüngliche Einheit war verloren gegangen, nicht so sehr aufgrund innerer Uneinigkeiten, die zur Bildung von Parteien geführt hätten, sondern vor allem aufgrund der Aufbruchssituation, in der sich die Gemeinschaft befand, in der die geographische Ausdehnung zur immer stärkeren Einschränkung der Kommunikation führte und damit entscheidend zur Teilung beitrug. Im übrigen spielte auch die Verzerrung des Bildes der Brüder in den Köpfen ihrer Zeitgenossen eine Rolle. Auf lange Sicht trug die Arbeit der Inquisition Früchte. Das schlimmste Geschwätz war glaubwürdig in den Augen einer Bevölkerung, die sehr leichtgläubig war, weil sie sehr empfänglich war für eine sie beunruhigende, ihr fast unbekannte und für sie schlecht beherrschbare Umgebung. Nicht nur wurden die Hexer *vaudois* genannt, sondern auch die *vaudois* («Waldenser», Anm. d. Ü.) der Hexerei verdächtigt. Von ihren Feinden gequält – die Prozesse scheinen sich im 15. Jahrhundert zu vervielfachen, man denke z. B. an den Kreuzzug von Albert de Cattanée 1488–1489 in den Alpen der Dauphiné –, wurden die Armen von Lyon versucht, ihre Sache mit der anderer «Abweichler» zu verbinden, vor allem wenn diese, wie die Hussiten, jahrelang ein ganzes Land beherrschten und behaupten konnten, endlich dem Wort Gottes zum Triumph zu verhelfen. Aber schließlich, von ihren westlichen Brüdern zu weit entfernt, mit denen offensichtlich nur noch eine lose Verbindung bestand, verloren die Gemeinschaften aus Böhmen jede Eigenständigkeit und verschmolzen mit der Vereinigung der Böhmischen Brüder. Auf diese Weise kamen die Armen von Lyon nach mehr als dreihundert Jahren eines sehr unsicheren Lebens in der Zeit an, die man «frühe Neuzeit» nennt.

Jetzt empfiehlt es sich, den bisher verfolgten chronologischen Ablauf zu unterbrechen und bei einigen strukturellen Elementen der in Lyon entstandenen Bewegung zu verweilen, bevor wir mit der letzten Etappe des Abenteuers beginnen. Einige ihrer Hauptcharakteristika hängen trotz etlicher örtlicher und zeitlicher Unterschiede nicht von den konjunkturellen Wechselfällen ab. Wir können diese Gruppe Andersgläubiger nicht wirklich verstehen, ohne uns näher mit drei ihrer konstitutiven Merkmale zu befassen: dem Untergrund, dieser Art von Überlebenskunst; der Organisation, dem Rückgrat jedes Organismus; und der eigenen Literatur, dieser anderen Kultur.

5. Der Zwang sich zu verstecken

Das Wort Gottes zu verkündigen und zur Umkehr aufzurufen, dies war Waldes' erstes Anliegen und darin bestand auch die Existenzberechtigung der Prediger, seiner Jünger und Gefährten. Daß das Ergreifen des Wortes frei und öffentlich geschehen mußte, ist offensichtlich. Und dies war anfangs auch der Fall, solange ihr ziemlich rasch beschlossener Ausschluß nicht in die Tat umgesetzt wurde. Aber im Lauf des 13. Jahrhunderts begannen die Armen von Lyon, im Untergrund zu leben. Alle Zeugnisse stimmen diesbezüglich überein. Und obwohl dieses Sich-Verbergen kein ursprüngliches Element der Bewegung war, hatte es ebenso lange Bestand wie diese selbst und kennzeichnet sie so stark, daß es ein wesentliches, fast «angeborenes» Merkmal der Bewegung bildet. Man kann das Leben dieser Leute unmöglich verstehen, wenn man auch nur einen Moment lang vergißt, daß, auch wenn vielleicht hier oder dort eine mehr oder weniger lange Atempause gewährt worden war, die Verfolgungen jeden Augenblick von neuem beginnen konnten. Im großen und ganzen hat die Verfolgung niemals aufgehört, sie wurde nur unterbrochen. Wie kann man die Kompliziertheit der Situationen erfassen, die Verstellungen erklären, die Schwierigkeit der Beziehungen und die große Leistung ermessen, die ein Überleben über mehrere Jahrhunderte hinweg bedeutet, wenn man vergißt, was die Mentalität dieser Volksgruppe zutiefst prägte: das Gefühl, verfolgt zu werden? Immer aufpassen, immer seine Worte und Gesten unter Kontrolle halten. Wer, sofern er nicht selbst Ähnliches erlebt hat, kann sich dieses Drama vorstellen? Auch wenn es sich täglich abspielte, so verlor es doch nichts an Intensität: die Gewißheit, die lebendige Wahrheit für sich und für die anderen zu besitzen, die dringende Notwendigkeit, sie zu verbreiten oder zumindest zu bewahren und zu überliefern, das offizielle und auch tatsächlich wirksame Verbot, dies alles zu tun, und der absolute Zwang, nicht nur seine Überzeugungen zu verstecken, sondern der Außenwelt Sand in die Augen zu streuen, indem man nach außen hin Meinungen vertritt, die man im Inneren ablehnt. Und dies jahrelang, ja ein ganzes Leben lang; sogar jahrhundertelang... Wie kann eine Person, eine Gesellschaft unter diesen Umständen nicht in einer bewußt und notwendigerweise unterhaltenen Schizophrenie des Überlebens untergehen?

Alle, Männer der Kirche und Andersgläubige, stellen einstimmig fest, daß sich die Armen von Lyon verstecken. Auch sind sich alle darin einig, daß es sich hier um Schwäche, ja sogar um einen Fehler oder Makel handelt. Die Brüder selbst betrachten es als Notlösung. 1532 wird der junge Prediger Pierre Griot in der Provence vom Inquisitor verhört, «ob es nicht schlecht ist, zu lehren, im geheimen zu predigen, vor allem mit dieser besonderen Lehre». Er antwortet, «daß es schlecht ist, die Wahrheit zu verstecken». Die Armen von Lyon auf der einen und die Vertreter der Kirche auf der anderen Seite sehen hierfür jedoch verschiedene Gründe. Sprechen die wegen waldensischer Häresie Angeklagten oder Zeugen, dann sind sie sich darin einig, daß sie aus Zwang so handeln. Wenden wir uns noch einmal dem Dialog von Pierre Griot und dem Dominikaner Jean de Roma zu:

> «Warum also schämen sie sich, ihre Lehre öffentlich zu predigen,
> – sagt er und antwortet, daß dies aus Furcht geschieht, wie er glaubt.
> Gefragt, ob ihre Lehre gut oder schlecht ist,
> – sagt er, daß sie sehr wohl denken, daß sie gut ist.
> Gefragt, warum sie sie nicht öffentlich predigen, da sie ja glauben, daß sie gut sei,
> – sagt er und antwortet, daß dies aus Furcht so ist.»

Den gleichen Grund bringen auch die Prediger Morel und Masson vor, die – im Unterschied zu Griot – ganz frei und vertrauensvoll sprechen, als sie 1530 dem Reformator von Basel, Oecolampad, ihre Gemeinschaft vorstellen: «Aufgrund der zahlreichen Verfolgungen ist unser Volk auf viele Orte verstreut...Wir wagen es gewiß nicht, uns – wo auch immer – öffentlich zu zeigen.» Der hier anklingende Ton läßt eine zweifache, recht widersprüchliche Sichtweise erkennen: Sich zu verstecken ist unerläßlich, also gerechtfertigt; dennoch ist es ein Zeichen von Angst, also von Schuld.

Wenn Verfolger und Verfolgte einhellig die Tatsache des Lebens im Untergrund bestätigen und verurteilen, so hört die Übereinstimmung auf, sobald es darum geht, diese Tatsache zu interpretieren. Die Inquisitoren verwenden das Leben im Untergrund als Argument gegen die Armen von Lyon. Die Botschaft hinauszuschreien ist ein Zeichen der Wahrheit; Geheimnisse zu haben heißt hingegen, Irrtümer zu verbreiten. So schreibt z.B. Jean de Roma in seinem 1533 verfaßten handschriftlichen Traktat gegen die Sekte der Waldenser *(Declaratio infelicis secte valdensium...)*: «Trotz ihrer Verdammung hat die besagte Sekte immer ausgeharrt und nach Art der Schlange, die sich im Verborgenen schlängelt, und wie der Fuchs, der in seinem Bau kauert, hat sie sich erhalten». Bemerkenswerterweise hat Jean de Roma aus dem traditionellen zoologischen Arsenal für Vergleiche, das jeder Inquisitor zu seiner Verfügung hat, diejenigen Tiere ausgewählt, deren erste Konnotation «List», «Falschheit» und «Gerissenheit» ist.

Ist es noch nötig hinzuzufügen, daß dies nicht die Sichtweise der Armen von Lyon ist? Obwohl sie im Leben im Untergrund eine Schwäche sahen, schrieben sie die Verantwortung dafür der Kirche zu, die sie verfolgte und sie dadurch zwang, sich zu verstecken. Es war also in ihren Augen nicht mehr das Wesentliche, «das Wort, ob man es hören will oder nicht, zu verkünden», sondern wesentlich war, die Fackel der Wahrheit festzuhalten und an die nächste Generation weiterzugeben, selbst auf die Gefahr hin, sie in Ermangelung einer besseren Möglichkeit unter den Scheffel zu stellen. Wie wir im nächsten Kapitel feststellen werden, hatte sich die Aufgabe der Prediger von Grund auf geändert.

Achten wir jedoch darauf, daß sich hier kein Mißverständnis einschleicht: Die Armen von Lyon haben diese Haltung keinen Augenblick lang gerechtfertigt. Im Gegenteil, sie bedauerten sie und schämten sich dafür. Sie hat also nichts mit dem zu tun, was Calvin gegen das Jahr 1540 den «Nikodemismus» nannte, eine religiöse Verhaltensweise, die er verurteilte, denn sie verband absichtlich und aus Berechnung ein inneres Bekenntnis zur Reform mit einer äußeren Teilnahme am Katholizismus, und dies mit dem besten Gewissen der Welt. Die Brüder hingegen hatten kein gutes Gewissen. Sie ertrugen diese Spannung sehr schlecht. So schlecht, daß man sich berechtigterweise fragt, ob sie wirklich inkognito bleiben konnten. Oder allgemeiner gefragt: Kann man sein eigentliches Wesen wirklich und auf Dauer verstecken? Wie sollte nicht eine Geste, ein Wort, ein Blick entkommen, die, von einer mißtrauischen Umgebung sofort wahrgenommen und gedeutet, das Innere, die echte Überzeugung erahnen lassen? Kann die Selbstkontrolle eines Einzelnen – und um wieviel mehr die Selbstkontrolle einer ganzen Gruppe – umfassend und dauerhaft sein? Meine persönliche Antwort – und dies ist eine der Voraussetzungen meiner historischen Arbeitsweise – lautet: nein, es wird zu einem Verlust der Selbstkontrolle oder zu einem Identitätsverlust kommen. Wenn nun dies schon im allgemeinen zutrifft, um wieviel mehr dann erst im Fall der Armen von Lyon. Wir haben gesehen, daß ihre Lebensregeln extrem hohe Anforderungen an sie stellten und zumindest ein Teil von diesen unmöglich verheimlicht werden konnte. Weit davon entfernt, unbemerkt zu bleiben, verrieten die waldensischen Anforderungen jene, die sich ihnen unterwarfen. Anders gesagt: Wenn man das Waldensertum wirklich «praktizieren» wollte, hieß dies zugleich, sich zu seinem Anders-Sein zu bekennen, sein Leben in Gefahr zu bringen und sich selbst zu verraten. War dies möglich? Stand dies nicht im Widerspruch zu der Pflicht, die Wahrheit weiterzugeben? Wie sollte man aus diesem Dilemma wieder herauskommen? Unmöglich. Außer, wenn... Zwangsweise wurde eine Lösung gefunden, wenn schon nicht auf theoretischer Ebene, so zumindest in der Praxis des Alltagslebens. Sonst wären die Brüder alle ausgeschaltet worden, und zwar ziemlich schnell, was, wie wir wissen, nicht der Fall war. Wie konnte es also den Armen von Lyon gelingen, gleichzeitig ihre von strengen religiösen Prinzipien gestiftete Identität zu bewahren und einem sicheren Untergang zu entkommen, den die Umsetzung dieser Prinzipien in die Lebenspraxis unweigerlich mit sich brachte? Dies wird nun der menschlich gesehen faszinierende Gegenstand unserer Untersuchung sein.

Lehre und Leben

Um die Forschungsergebnisse, die unten vorgestellt werden, richtig einschätzen zu können, empfiehlt es sich, sich noch einmal die spezifischen Merkmale der Armen von Lyon ins Gedächtnis zurückzurufen, jene, die ihre Andersartigkeit, d.h. ihre eigenständige religiöse Einstellung begründeten. Wenn wir mit einem einzigen Blick die gesamte geographische Ausdehnung der religiösen Minderheit und den ganzen chronologischen Ablauf erfassen wollen, müssen wir die Besonderheiten beiseite lassen, d.h. alles, was es nur in einer Epoche gibt, oder nur für eine einzige Gemeinschaft der Brüder belegt ist. Kommen wir überein, uns hier an die Grundpfeiler zu halten, die sowohl von den Inquisitoren als auch von den Armen von Lyon als solche anerkannt werden und die während ihrer ganzen Geschichte in ihren verschiedenen in Europa verstreuten Niederlassungen belegt sind, sofern wir überhaupt Zeugnisse davon haben. Um die Dimension einer von Rom abweichenden Glaubensgemeinschaft zu ermessen, genügt es jedoch nicht, nur die wesentlichen Merkmale ihrer Lehre zu beachten. In der Tat können bestimmte Aspekte, obwohl sie theoretisch sehr wichtig sind, ohne jede Konsequenz für die Lebenspraxis sein; umgekehrt wurden andere, die auf theoretischer Ebene völlig unbedeutend sind, im alltäglichen religiösen Leben so wichtig, daß sie zum äußeren Erkennungszeichen, manchmal sogar zum Zeichen der Identität wurden.

Mit zwei modernen Beispielen wollen wir diese etwas abstrakten Überlegungen verlassen. Vor über fünfundzwanzig Jahren sind in den französischen Kirchengemeinden manchmal extrem lebhafte Debatten ausgebrochen, die hartnäckige Verstimmungen hervorriefen. Welche Themen waren denn so wichtig, daß sie zu dauerhaften Gräben zwischen den Parteien führen konnten? Bei den Katholiken die Benutzung des Lateins in der Messe und das Tragen der Soutane durch die Priester; bei den Protestanten das Kleid des Pastors und der Gesang der Psalmen. Auf theologischer Ebene erwiesen sich diese Diskussionen als bedeutungslos. Aber in der Praxis enthüllte die jeweilige Antwort eine bestimmte religiöse Konzeption, wurde «Zeichen», Sammelpunkt, Behauptung der Identität. Sie hatte keinen theoretischen, dafür jedoch einen sehr großen affektiven Wert. Umgekehrt finden auf dogmatischer Ebene wesentliche Fragen in der Praxis keinen Widerhall, so daß Gläubige, die genau die gleiche Geste machen, sehr gut unterschiedliche, ja sogar gegensätzliche Konzeptionen von der Bedeutung dieser Geste haben können. Der Entschluß, sein Kind taufen zu lassen, kann aus dem Glauben hervorgehen, aus sozialer Konvention, aus Aberglauben oder gleichzeitig aus allen drei Gründen. Oder: Wer könnte angesichts einer Person, die zur Beichte geht, entscheiden, ob diese Handlung für sie den Glauben an ein Sakrament bedeutet oder eine persönliche oder kollektive Verpflichtung oder aber das Aufsuchen eines Therapeuten? Wer würde das Risiko auf sich nehmen, bei diesem oder jenem Kommunikanten eine katholische Sichtweise der Eucharistie (Transsubstantiation), eine lutherische (Konsubstantiation), eine calvinistische (spirituelle Anwesenheit) oder eine zwinglianische (Anwesenheit durch die Gemeinde) festzustellen, bloß aufgrund von dessen Teilnahme an der Messe oder am Abendmahl?

Bei den Armen von Lyon müssen wir somit von den grundsätzlichen Punkten, die sie von den Katholiken unterscheiden, diejenigen im Gedächtnis behalten, die sich in einer konkreten, eindeutigen Haltung ausdrücken konnten, die leicht zu interpretieren sind und eine klare Bedeutung haben. Bekanntermaßen verfügen wir nicht über Zeugnisse, die von den Armen von Lyon stammen und nicht unter Druck oder Folter entstanden wären, mit einer Ausnahme, nämlich dem Bericht von Morel und Masson aus dem Jahre 1530. Wir haben uns bereits auf ihn berufen und werden ihn hier wieder als

Zeugnis verwenden. Das Wesentliche aber erfahren wir von den Gegnern der Armen von Lyon. Von nun an müssen wir rein dogmatische oder moraltheologische Aspekte ausklammern, da sie zu leicht verzerrt werden können. Die Frage lautet also: Worin unterschieden sich die Armen von Lyon in ihrem religiösen Leben von ihren Zeitgenossen? Worin unterschieden sie sich von ihrem römisch-katholischen Umfeld, und zwar in einem solchen Ausmaß, daß dieses sie nicht ertragen konnte?

Wenden wir uns nun den Anforderungen zu, die sich die Armen von Lyon selbst auferlegten, die ihre religiöse Eigenständigkeit ausmachten und die sich im Alltagsleben in konkreten, klaren Haltungen äußerten. Die Aussagen der wegen waldensischer Häresie Angeklagten vor Gericht bieten eine Möglichkeit, diese Haltung annäherungsweise kennenzulernen. Aber es empfiehlt sich, im Auge zu behalten, was am Ende der Periode aus den Armen von Lyon geworden war. Waren sie im 16. Jahrhundert dem, was Waldes ursprünglich inspiriert hatte, immer noch treu, oder hatte die Zeit über ihre Strenge gesiegt? Die Quellen, die in Verhörsituationen entstanden sind, müssen ergänzt werden durch solche, in denen die Armen von Lyon sich in voller Aufrichtigkeit und ohne Zwang äußern. Dabei genügt es jedoch nicht, Absichtserklärungen und theoretische Positionen zu betrachten; man muß auch untersuchen, was in der Lebenspraxis aus ihnen wird. Anders gesagt, wandten die Armen von Lyon ihre aus dem Evangelium gewonnenen Lebensregeln, an die gebunden zu sein sie behaupteten, auch in der Praxis an?

Günstigerweise ermöglichen uns die erhaltenen Quellen für das Ende des 15. und den Anfang des 16. Jahrhunderts eine Antwort. Erstens verfügen wir über mehrere Prozeßakten aus dieser Zeit, die vor allem den Piemont, die Provence und die Dauphiné betreffen. Sie fügen sich in die lange Reihe der Akten von Verfahren wegen Häresie ein, die wir bereits oft als Quellen benutzten. Aber wir wissen, daß es sich auf der Ebene der Glaubensinhalte empfiehlt, vorsichtig mit ihnen umzugehen. Zum zweiten haben wir – ein einzigartiger und unerwarteter Glücksfall – Zugang zu einem außergewöhnlichen Dokument, das von den Armen von Lyon selbst stammt. Es handelt sich um den Bericht von Georges Morel und Pierre Masson. Diese beiden Prediger waren 1530 von ihren Kollegen gesandt worden, um die Gemeinschaft der Armen von Lyon den Reformatoren Oecolampad in Basel und Bucer in Straßburg vorzustellen und sie um Stellungnahme zu einer Reihe von Problemen zu bitten, vor die die Reformation die Armen von Lyon stellte, was auch im Namen des Dokuments, *peti-*

cions («Petitionen», Anm. d. Ü.), deutlich wird. In diesem Bericht ist jeder Punkt in drei Abschnitte gegliedert: was die Brüder glauben und praktizieren, eine Frage und die Antworten der beiden Reformatoren. Wir verfügen also hier über einen echten «Zustandsbericht» der Armen von Lyon, der von ihren Verantwortlichen erstellt ist, die sich dieses Mal in voller Freiheit äußern können. Aber was den Wert dieses Zeugnisses ausmacht, bedingt auch seine Grenzen: Es geht um die Bestätigung von Prinzipien, also von Positionen, die, wenn sie schon nicht rein theoretischer Natur sind – denn an Beschäftigung mit der Lebenspraxis mangelt es nicht –, so zumindest aus der Perspektive der Oberen gesehen werden, also gewissermaßen von einer hohen Warte aus. Was wurde aus diesen Prinzipien in der Alltagspraxis der im Untergrund lebenden Gläubigen? Dank der ansehnlichen Reihe der notariell beglaubigten Register aus der Provence konnte ich bezüglich der Armen von Lyon, die sich am Ende des Betrachtungszeitraums, nämlich zwischen 1460 und 1560, in der Gegend des Luberon niederließen, eine Antwort auf diese Frage finden. Somit ziehen wir zum einzigen Mal in ihrer ganzen Geschichte Nutzen aus den drei Informationsquellen: den juristischen Quellen, den internen Zeugnissen und den notariell beglaubigten Akten.

Wandel und Kontinuität

Wir haben oben, im 3. Kapitel, die grundlegenden Merkmale betrachtet, die die Armen von Lyon von den römischen Katholiken unterschieden. Die neun ihrem Wesen und ihrer Bedeutung nach verschiedenen Unterscheidungskriterien – Lüge, Eid, Fegefeuer, Beichte, «Donatismus», Todesstrafe, Eucharistie, kirchliche Macht, Heilige – ergeben sich alle aus zwei Grundprinzipien: dem Biblizismus und dem Donatismus. Aus Treue zum Buchstaben des Evangeliums verweigern die Armen von Lyon eine Reihe von Verhaltensweisen und lehnen bestimmte Glaubensinhalte ab; weil sie der Meinung sind, daß ein schlechter Priester nicht auf gültige Weise die Sakramente verwalten kann, sprechen sie den Priestern dieses Recht ab und verleihen es ihren Predigern. Was ist nun am Ende unseres Betrachtungszeitraums aus der Andersgläubigkeit der Armen von Lyon geworden?

Erkennen wir an, daß sich nicht alle neun «Unterschiede» in der Lebenspraxis in identifizierbaren und eindeutigen Haltungen äußern, denken wir etwa an die Lüge oder die Todesstrafe. Die Ablehnung der letzteren konnte nur theoretisch sein, da die Armen von Lyon nirgends über das zivile Richteramt verfügten. Dennoch geht es in der zweiten, den Reformatoren gestellten Frage um diesen Punkt: «Hat Gott befohlen, daß die Obrigkeit oder die Richter die Mörder, Diebe oder Kriminelle mit dem Tode oder mit anderen Strafen bestrafen müssen»?, mit Bezug auf Ezechiel 33, 11, wo gesagt wird, daß Gott nicht den Tod des Sünders will, sondern daß er umkehre und lebe. Dies war ein entscheidendes Problem, denn es gab «falsche Verräter-Brüder», die gegen eine Geldsumme zum Verrat bereit waren. Darf man sie töten? Das Gedankengut von Waldes spielte also noch in der Renaissance eine Rolle, obwohl es im täglichen Leben nicht konkretisiert wurde, da sich die Armen von Lyon immer in der Rolle der Hingerichteten und niemals in der Rolle der Gerichtsherren befanden.

Auch was die Lüge betrifft, ist es unmöglich nachzuprüfen, ob die absolute Ablehnung, die die Armen von Lyon propagierten, wirklich in die alltägliche Lebenspraxis umgesetzt wurde. Waren sie ehrlicher als ihre Umgebung? Niemand kann es sagen. Wenn der Inquisitor in den Prozessen die Verdächtigten nach der Lehre ihrer Prediger fragte, tauchte manchmal die Ablehnung der Lüge auf. Hermann Gossaw, der in Stettin verhört wurde, sagte 1392 aus, daß er in der «Sekte der Waldenser», der seine Eltern anhingen, geboren sei, und dazu gedrängt, den Glauben zusammenzufassen, den letztere ihn gelehrt hatten, berichtete er: «nicht schwören, nicht lügen, nicht verleumden, nicht zornig werden, kein falsches Zeugnis ablegen, und sie untersagten ihm noch mehrere andere schlechte Handlungen». Aber wir sind hier erst am Ende des 14. Jahrhunderts. Danach erfolgt eine Abschwächung. So erwähnen die 32 Irrtümer der Waldenser von Böhmen 1420 diesen Punkt nicht. Und wenn er 1511 unter den 63 Irrtümern der Waldenser von Paesana im Piemont aufgeführt ist, so ist der allgemeine Ton dieses Dokuments so rauh und die Positionen sind so radikal, daß Zweifel aufkommen, ob es sich hier wirklich um Arme von Lyon handelt. Dennoch weist Claude Seyssel, Erzbischof von Turin, der eine Abhandlung über die Waldenser schrieb, in der Folge eines Besuches in den «häretischen» Pfarreien seiner Diözese im Jahre 1517 noch auf die traditionelle Position der Armen von Lyon hin. Vielleicht berichtet er nur, was früher wahr gewesen war, aber zu seiner Zeit nicht mehr. Auf jeden Fall taucht diese ursprüngliche, vom Evangelium inspirierte Wertvorstellung in dem Bericht von Morel und Masson nicht auf, ein Zeichen, daß sie nach vier Jahrhunderten ihre Kraft verloren hat und für die Armen von Lyon kein Grundpfeiler ihrer religiösen Einstellung mehr war. Möglicherweise hatten sie darauf verzichtet, eine Forderung aufzustellen, die in Wirklichkeit rein theoretisch blieb.

Was die Sakramente betrifft, so erkannten die Armen von Lyon die sieben der römischen Kirche an. Sie praktizierten insbesondere zwei: die Eucharistie und die Beichte. Ihr Abendmahl ist durch die Tatsache charakterisiert, daß es nur einmal pro Jahr, am Gründonnerstag, gefeiert wurde, und zwar unter drei Gestalten. Außer Brot und Wein weihten und teilten sie Fisch in Erinnerung an die Fischvermehrung Christi. Anscheinend hat sich dieser Brauch verloren, denn Morel und Masson sprechen nicht weiter darüber, außer um klarzustellen, daß sie die sieben traditionellen Sakramente anerkennen und, bezüglich der Eucharistie, Anhänger der Transsubstantiation sind, genau wie die römische Kirche. Auch die Prozeßakten schweigen über diesen Punkt; wenn die Inquisitoren auf diese «häretische» Praxis gestoßen wären, hätten sie sicher nicht versäumt, sie zu erwähnen. Umgekehrt hat sich die Beichte mit einer Beharrlichkeit erhalten, die viel über das Bedürfnis der Gläubigen aussagt und über die echte Hilfe, die sie hierdurch erfuhren. In Pommern wie im Piemont oder in der Dauphiné, in Österreich ebenso wie in der Provence, in allen Prozeßakten wird diese Praxis des Beichtens bei den Predigern zugegeben. Auch die «Petitionen» von 1530 sprechen davon: Unser Volk, erklären die beiden Boten, «legt bei uns heimlich und einzeln die Beichte ab». Auf diese Tatsache werden wir im nächsten, den Predigern gewidmeten Kapitel zurückkommen.

Die Anfechtung der kirchlichen Macht durch die Armen von Lyon wird überall bestätigt. Dieses grundsätzliche Infragestellen hätte furchtbare Konsequenzen haben müssen: die Weigerung, jegliche Beschlüsse dieser Obrigkeit, deren Legitimität die Armen von Lyon leugneten, auszuführen. Offensichtlich kam es nicht dazu. Sich zu weigern, dem Papst, dem Bischof, dem Pfarrer zu gehorchen, hätte die Armen von Lyon in die offene Revolte, in eine Kraftprobe geführt. Sie wären unerbittlich physisch ausgelöscht worden, und zwar mit Hilfe des «weltlichen Armes». Sie überlebten jedoch und existierten noch im 16. Jahrhundert. Also können sie ihre theoretische Verurteilung der kirchlichen Macht nicht in die Praxis umgesetzt haben. Und in der Tat stellen wir fest, daß sie, nicht mehr und nicht weniger als die anderen, den Anweisungen der Kirche gehorchten. Sie konnten nicht anders handeln. Wahrscheinlich nahmen sie immerhin davon Abstand, Ablässe zu kaufen und an den vorgeschriebenen Tagen zu fasten und abstinent zu bleiben. Aber das wissen wir nicht. Es mußte ja relativ diskret geschehen. Zweifellos erlaubten sich einige im vertrauten Familienkreis eine insgeheime Auflehnung. Wen kümmerte das? Wenn die Opposition offen gewesen wäre, würden wir es jedenfalls wissen.

Konnten die fünf bisher untersuchten Punkte die immer argwöhnische Aufmerksamkeit der Obrigkeit auf diese Andersgläubigen ziehen? Dies erscheint ziemlich unwahrscheinlich. Zwei von ihnen waren sozusagen außer Gebrauch gekommen: die kategorische Ablehnung der Lüge und die alljährliche besondere Feier der Eucharistie. Was die Ablehnung der Todesstrafe betrifft, so gab es keine Gelegenheit, sie in die Praxis umzusetzen. Die Beichte bei den Predigern war offensichtlich eine sehr kompromittierende Praxis, aber sie war geheim: Sie konnte völlig unbemerkt vollzogen werden. Schließlich blieb die Anfechtung der Macht der Priester reine Theorie. Anders gesagt, diese Glaubensinhalte wurden nicht in sichtbare Gesten umgesetzt, die geeignet gewesen wären, Waldenser als solche zu identifizieren und damit zu verraten. Wenn die Armen von Lyon nur diese Charakteristika gehabt hätten, hätten sie überlebt, aber um den Preis ihrer Identität, d.h., sie wären vollständig assimiliert worden. Sie wären zu neuen «Armen Katholiken» geworden, was aber nicht ihr Ziel war. Versuchen wir, dies anhand der vier anderen Charakteristika ihrer religiösen Eigenständigkeit nachzuweisen. Diese mußten sich zweifelsohne auch nach außen hin manifestieren. Ihre äußere Erscheinungsform konnte allerdings in einigen Fällen ambivalent sein. Wie dem auch sei, die Armen von Lyon führten jedenfalls ein Doppelleben. Einerseits trugen sie äußerlich ein katholisches Verhalten zur Schau, was ihnen eine relative Ruhe garantierte. Andererseits führten sie im geheimen und unter sich eine gewisse Zahl von Handlungen aus, die das Weiterleben der Gemeinschaft sicherstellten.

Die allmähliche Abnutzung der Prinzipien

Der erste Aspekt des Doppellebens der Armen von Lyon bestand darin, die Strenge von Prinzipien abzuschwächen, die zu starr waren, um unbemerkt bleiben zu können. Fünf ihrer besonderen Charakteristika, die wir gerade betrachtet haben, waren entweder für die Außenwelt nicht wahrnehmbar oder zur bloßen Theorie geworden. Und die vier anderen? Die Verneinung der Macht der Heiligen und der Jungfrau Maria ist allgegenwärtig. Der zweite Irrtum der «häretischen Waldenser» von Böhmen besagt: «Man darf weder die selige Jungfrau noch einen Heiligen anbeten oder anrufen.» Philippe Regis vom

St. Martins-Tal im Piemont, der 1541 verhört wurde, sagt aus: «Keiner und keine der Heiligen hat die Macht, Handlungen, Wunder oder Gnadenakte zu vollbringen, sondern nur Gott allein.» Pierre Crespin von der Diözese Embrun in der Dauphiné schwört 1489 ab, unter anderen Irrtümern glaubt er, «daß man Gott allein anbeten und bitten soll und nicht die Heiligen». Monet Rey de Saint-Mamans bei Valence bestätigt 1494: «Man darf nicht zu den Heiligen beten; sie können uns nicht helfen, nur Gott allein.» Und Claude Seyssel gibt als neunten Irrtum der Waldenser an: «Sie weigern sich, die Heiligen zu ehren.» Klarer und allgemeiner kann dies nicht formuliert werden. Konkret bedeutete dies: an den Festtagen, die die Kirche zu Feiertagen bestimmt hatte, zu arbeiten, die Statuen und verschiedenen Bilder nicht zu verehren, den Reliquienkult zu verweigern, Wallfahrten zu vermeiden. War das so einfach möglich? Außer den 52 Sonntagen zählte das liturgische Jahr ebensoviele Feiertage, die meistens der Heiligen Jungfrau und den Heiligen gewidmet waren. Es ist unwahrscheinlich, daß die Armen von Lyon – oder irgendjemand anderes – der Verpflichtung entgehen konnten, an diesen Tagen zumindest zur Messe zu gehen. Wie wir unten sehen werden, läßt sich dies auch nachweisen. Übrigens folgt in den Prozessen in gewissen Aussagen nach der völligen Ablehnung eine differenziertere Formulierung. So fügt Monet Rey der obengenannten Position hinzu:

> «Die Sonntage müssen vor allen anderen Feiertagen geheiligt werden; die anderen Feiertage sind von der Kirche erfunden worden, es ist nicht nötig, sie zu begehen; man kann an ihnen sogar arbeiten, außer an den Festen der Apostel und anderen großen Feiertagen.»

Somit schienen viele Interpretationen möglich. Wie sollten die Armen von Lyon auch anders handeln? Höchstens waren sie nicht mit Eifer bei der Sache, aber sie konnten sich den allgemein üblichen und herkömmlichen Gebräuchen nicht entziehen – auch wenn sie darüber dachten, was sie wollten.

Sand in die Augen streuen

Es genügt für eine Minderheit nicht, ihre Besonderheiten abzuschwächen, um ihr Überleben zu sichern. Die Anpassung muß noch teurer bezahlt werden. Man muß der Mehrheit noch einen Tribut zollen, in bestimmten Dingen so handeln, wie es allgemein üblich ist. Dies kann man anhand der letzten drei Charakteristika der Armen von Lyon nachweisen. Der «Donatismus» bildete wirklich eines der Grundprinzipien ihrer religiösen Einstellung. Mit seiner Verknüpfung von priesterlicher Würde und Gültigkeit des Sakraments war er die Grundlage für viele Verweigerungen. Wie wir bereits gesehen haben, blieben diese zum Teil rein theoretisch. Es gibt jedoch einen Aspekt, der leicht nachzuprüfen ist, und zwar die Zahlung des Zehnten. Diese proportionale Steuer, von der Adelige und Priester ausgenommen waren, wurde auf die Ernten erhoben und kam dem Klerus zu. Dieser rechtfertigte, vom Staat unterstützt, den Zehnten mit den spirituellen und karitativen Aufgaben, die er wahrnahm.

Die Position der Armen von Lyon, die auf dem Donatismus gründete, erwies sich gleichzeitig als originell und als besonders subversiv: Nur die guten Priester sollten die Steuer erhalten, den anderen mußte man sie nicht zahlen. Genau dies bringt der junge Prediger Pierre Griot gegenüber dem Inquisitor Jean de Roma zum Ausdruck, der ihn 1532 in Apt in der Provence verhört:

> «Die Waldenser sagen, daß die Laien die Zehnten den Leuten der Kirche zahlen müssen, vorausgesetzt, daß sie gute Leute sind und daß sie tun, was sie tun müssen; ansonsten ist es keine Sünde, sie einzubehalten, wenn die Priester nicht tun, was sie müssen.»

Dieser Standpunkt war trotz seiner Differenziertheit nur schwer aufrechtzuerhalten und er konnte sich leicht in die klare Weigerung verwandeln, diese Steuern zu zahlen. Dies legte unvorsichtigerweise ein Schäfer aus dem Luberon einem Kanoniker dar, mit dem er am 3. Mai 1532 des Weges ging: «Wenn ich mein Testament mache, werde ich meinen Kindern verbieten, jemals den Zehnten zu zahlen.» Und dem Priester, der entgegnete: «Und warum? Sind Sie verrückt?», antwortete er: «Gott hat niemals befohlen, den Zehnten zu zahlen, denn wenn Gott es befohlen hätte, wäre er für alle gleich. Aber die einen bezahlen 20 Prozent, die anderen 15 Prozent und Dritte 10 Prozent.» Dieser Bauer stellte mit seinem gesunden Menschenverstand schlicht und ergreifend das Funktionieren der gesamten damaligen Gesellschaft in Frage. Verweigerten die Armen von Lyon also die Kirchensteuer? Nein. Es kann kein einziges konkretes Beispiel angeführt werden. Im Gegenteil. Ich habe sogar einen Landarbeiter aus Lourmarin im Luberon gefunden, Colet Monastier, Pächter der Zehnten, die der Bischof von Senez in der Provence in drei Dörfern besaß, die im übrigen von Armen von Lyon bevölkert waren. Er trieb die

Zehnten für den Bischof ein. Die Armen von Lyon bezahlten nicht nur den Zehnten, sogar für Prälaten, die nicht am Ort ansässig waren, sondern einige machten sich sogar zu Steuereinnehmern. Somit brachte weder die Ablehnung des Heiligenkultes noch die donatistische Position bezüglich der Bezahlung des Zehnten die Armen von Lyon dazu, sich zu erkennen zu geben. Es bleiben noch die beiden letzten Charakteristika, die zugleich die ersten in der Geschichte der Bewegung waren: die Ablehnung des Eids und des Fegefeuers.

Die große Bedeutung, die die Armen von Lyon von Anfang an aus Treue zum Buchstaben des Evangeliums der Weigerung zuschrieben, einen Eid zu leisten oder – in welcher Form auch immer – zu schwören, ist bekannt. Ebenfalls bekannt ist, in welche Listen und Verrenkungen sie sich flüchteten, um dieser allgemeinen Verpflichtung zu entkommen, die die mittelalterliche Gesellschaft strukturierte. Galt das ursprüngliche strikte Verbot, das völlig unhaltbar war, vier Jahrhunderte später immer noch? Wenn man dem Bericht von Morel und Masson Glauben schenkt, ja. Darin heißt es nämlich:»Wir untersagen unserem Volk strikt, einen Eid zu leisten.» Doch eine solche Unerbittlichkeit machte Probleme, denn die beiden Gesandten fragten Oecolampad: «Ist jeder Eid eine Todsünde?» Während die Armen von Lyon jahrhundertelang eine solche Frage mit «ja» beantwortet hatten, wurden sie nun unsicher, es kamen Zweifel an der Richtigkeit ihrer Lesart der Bibel auf. Die Ereignisse entsprachen nämlich dieser rigiden Position nicht mehr. Schon im 14. Jahrhundert hatten die Inquisitoren beobachtet, daß die Waldenser gewisse Ausnahmen zuließen, so etwa das Leisten eines Eides in einem Prozeß, wenn es zu vermeiden galt, sich selbst zu verraten.

Aber im 15. und 16. Jahrhundert handelt es sich nicht mehr um Ausnahmesituationen. Die Armen von Lyon leisten nun genausooft Eide wie ihre Umgebung: bei Verträgen zwischen Gemeinschaften der Armen von Lyon und Herren, bei Wohnverträgen, bei der Erneuerung der Lehnspflicht. So haben die neuen Bewohner von Mérindol in der Provence 1504 vor ihrem weltlichen Herrn «auf die heiligen Evangelien Gottes, mit der rechten Hand auf der Heiligen Schrift» geschworen. Ebenso haben die Bauern, die sich 1495 in Cabrières-d'Aigues in derselben Provinz niederließen, einzeln ihr Versprechen abgegeben und «bei und auf den heiligen Evangelien Gottes geschworen, wobei sie die hochheiligen Schriften körperlich berührten». Letzten Endes kam so etwas ziemlich selten vor. Aber wir sehen auch, wie die zukünftigen Eheleute, unzweifelhaft auch Arme von Lyon wie die Bauern oben, «auf den heiligen Evangelien Gottes, die sie körperlich berühren», versprechen, sich zu Ehegatten zu nehmen. So geschehen anläßlich der Ausfertigung eines Ehevertrages bei einem Notar, ein damals ganz gewöhnlicher Vorgang im französischen Süden. Fast fünfhundert verlobte Paare, die ein «waldensisches» Dorf im Luberon bewohnten, schlossen zwischen 1460 und 1560 einen Ehevertrag: Für 89 Prozent von ihnen ist die Leistung eines Eides ausdrücklich vermerkt. Somit haben die Armen von Lyon faktisch darauf verzichtet, eine zu strenge Anforderung, die unmöglich aufrechtzuerhalten war, in die Praxis umzusetzen. Immerhin stellte ihre Ablehnung des Eides eine ihrer wichtigsten Eigenheiten dar, die sie direkt aus der Heiligen Schrift ableiteten.

Die Ablehnung des Fegefeuers war ebensosehr und von Anfang an ein spezifisches Charakteristikum der waldensischen Identität. Sie war es im letzten Jahrhundert der Geschichte der Armen von Lyon noch immer. Darin sind sich alle Quellen einig: die Prozeßakten, die polemischen Traktate und die «Petitionen» von 1530. Der dritte «Irrtum der Waldenser» von Böhmen bestätigt im Jahre 1420: «Es gibt kein Fegefeuer, sondern nur Himmel und Hölle.» Im großen Kreuzzug gegen die Waldenser in der Dauphiné von 1488–1489 kehrt die Formel wie ein Leitmotiv wieder: «Im Jenseits gibt es nur zwei Orte: das Paradies und die Hölle.» Der Erzbischof von Turin, Claude de Seyssel, verweist 1520 in seinem *Adversus errores valdensium* («Gegen die Irrtümer der Waldenser», Anm. d. Ü.) ebenfalls darauf. 1532 behält der Dominikaner Jean de Roma als Hauptankläger gegen den Angeklagten im Gedächtnis: «Derselbe Griot hat zunächst behauptet, daß es in der anderen Welt kein Fegefeuer gäbe.» Und dies ist keine Verleumdung. Der Bericht von Morel und Masson bestätigt zur gleichen Zeit: «Wir lehnen das Fegefeuer, das vom Antichrist erfunden wurde, radikal ab.» Wie man sieht, ist in der Theorie die Ablehnung absolut und geschieht ohne Wenn und Aber. Wenn man jedoch diesen Durchgangsort des Leidens im Jenseits für die Verstorbenen negiert, so ergibt sich daraus logischerweise die Ablehnung der Fürbittgebete für die Toten: Gaben, Bitten, Tumbagebete, Messen, Novenen... In einer dörflichen Gemeinschaft war leicht erkennbar, wer diese frommen Dienste für die Toten verrichtete, insbesondere da der örtliche Pfarrer mit diesem «Nebenverdienst» rechnete und darauf achtete. Hätte es den Armen von Lyon gelingen können, sich diesen gleichsam zur Pflicht gewordenen Bräuchen zu entziehen? Bis vor einigen Jahren konnte man dies denken, wenn man sich einen irgendwie verbündeten oder zumindest wohlwollenden Pfarrer vorstellte. 1507 hatte ein Inquisitor in der Dauphiné über sie geschrieben, daß man bei ihnen «den Toten nichts schenken und für sie auch nicht beten darf», aber er fügte hinzu:

> «Sie haben die Gewohnheit, in ihren Testamenten und Nachlässen anzuordnen und darum zu bitten, zur Erlösung ihrer Seelen und der ihrer Vorgänger von den begangenen Sünden Opfergaben an die Pfarrkirche oder anderswohin zu geben, und auch zu verfügen, daß Messen gelesen und andere Fürbitten gebetet werden und daß mit den üblichen Opfergaben Novenen gebetet werden».

Die Historiker hatten dieses einzigartige Zeugnis nicht im Gedächtnis behalten, weil sie es einem Priester mit schlechten Absichten oder einem schlecht informierten Priester zuschrieben.

Meine Forschungen über die Provence, insbesondere auf der Grundlage von Testamenten, haben jedoch die Richtigkeit der Erklärung des Inquisitors bestätigt. Zunächst muß man wissen, daß es damals bei der ländlichen Bevölkerung des französischen Südens üblich war, das Testament bei einem Notar zu machen. Im übrigen gehören die notariellen Register dieser Gegend zu den reichhaltigsten und vollständigsten, die in Europa bewahrt werden konnten. Die Testamente enthielten damals einen ersten Teil, der den spirituellen Verfügungen gewidmet war und manchmal wichtiger war als der zweite. In ihm wurden die verschiedenen Gaben und frommen Vermächtnisse für die ewige Ruhe des Erblassers und seiner verstorbenen Verwandten genau festgelegt. Danach kam nur noch der letzte Wille bezüglich des Erbes. In der Provence sah der Brauch vor, daß der Erblasser, nachdem er seine Seele Gott, der heiligen Jungfrau und den Heiligen empfohlen hatte, für sein «Seelenheil» und für «die Erlösung von seinen Sünden» mindestens eine große Messe (gesungene Messe, die *cantar* genannt wurde) für den Beerdigungstag, eine Novene (neun Messen), eine große Messe zum Ende der Novene und für den Jahrestag seines Todes ebenfalls eine große Messe *(cantar du bout de l'an)* bestellte. Ich habe fast 200 Testamente von Armen von Lyon des Luberon gefunden. Ungefähr 80 Prozent von ihnen schreiben diese Zeremonien vor. Aber könnte man sich nicht immer noch vorstellen, daß die Pfarrer eingeweiht waren und die Testamentsklauseln toter Buchstabe blieben? Dies ist ganz und gar unwahrscheinlich angesichts des Interesses, das der Klerus an der Durchführung dieser Zeremonien hatte, und der abergläubischen Mentalität der Zeit, die niemals gewagt hätte, dem letzten Willen eines Verstorbenen zuwiderzuhandeln. Außerdem existiert eine Quelle, mittels derer wir nachweisen können, daß die Armen von Lyon sich diesen Zeremonien nicht entzogen. Der Pfarrer von Roussillon, einem Dorf, in dem viele Arme von Lyon lebten, führte über die Zahlungen Buch. Alle Beerdigungen zwischen 1536 und 1559 sind dort mit der jeweils ausgegebenen Summe eingetragen. Unter ihnen tauchen sehr regelmäßig Beerdigungen von Armen Christi auf. Trotz der absoluten Verneinung der Existenz eines Fegefeuers verhielten sich die Armen von Lyon in Wirklichkeit wie ihre römisch-katholische Umgebung: Sie bestellten Messen und Fürbittgebete für die Seelenruhe ihrer Toten. Die neun ursprünglichen waldensischen Prinzipien, die die Stärke der anfänglichen Bewegung gewesen waren, scheinen also den Versuchungen der Zeit nicht widerstanden zu haben; offensichtlich haben sie sich im Lauf der Jahrhunderte aufgrund der Verfolgung, der geographischen Verstreuung und des Selbsterhaltungstriebes aufgeweicht.

Seit dem Ende des 14. Jahrhunderts tauchen in den Verhören von Peter Zwicker in Stettin von Waldensern geäußerte Bedenken auf. Zwei Angeklagte, Sybe Hutvilter und Mathias Joris, die 1392 und 1393 verhört werden, sagen aus, «daß es nur zwei Orte nach dem Tod gibt», fügen aber hinzu, an das Fegefeuer zu «glauben» oder darauf zu «hoffen». Über einen dritten Angeklagten, Cune Gyrswalde, heißt es im Protokoll: «Er glaubte, daß es nur zwei Orte nach diesem Leben gebe und kein Fegefeuer, dennoch betete er für die Toten, damit Gott Mitleid mit ihnen hätte.» Und eine gewisse Gyrdrud, die Frau von Tyde Cremer, macht dieselbe Aussage. Hermann Rudeger «weiß vom Hörensagen, daß Gott allein angebetet und angerufen werden muß, und er hat das geglaubt. Im Notfall rief er jedoch die selige Jungfrau Maria an». Ghertrud, die Frau von Claus Walther, gibt ihrerseits zu, die Jungfrau Maria anzurufen, aber nicht die Heiligen. Und Katherina, die Frau von Tyde Sachze, glaubt an die Reliquien, vorausgesetzt, daß man bereut. Anhand dieser Geständnisse können wir die Diskrepanz ermessen, die zwischen der Behauptung von Prinzipien und ihrer Anwendung liegen konnte, aber auch die Diskrepanz zwischen der Verkündung der Prediger und dem, was bei den Gläubigen davon übrigblieb. Im übrigen benahmen sich die Armen von Lyon nach außen hin genauso wie die Gläubigen der römischen Kirche. Dies gilt generell für die ganze waldensische Diaspora, was die Inquisitoren veranlaßte, die Armen von Lyon der Heuchelei zu beschuldigen. Ich habe dies für die Provence überprüft: Die Armen von Lyon gingen sonntags und an den vorgeschriebenen Feiertagen zur Messe, beichteten und gingen einmal pro Jahr zur Kommunion, wie es das 4. Laterankonzil 1215 jedem Christen zur Pflicht gemacht hatte. Sie ließen ihre Kinder vom Gemeindepfarrer taufen und gaben dem örtlichen Priester ihr Scherflein, nicht mehr und nicht weniger als die anderen. Morel und Masson erkennen dies übrigens selbst an: «Die Anhänger des Antichrist, nicht wir, verwalten die sakramentalen Zeichen für unser Volk... Weil wir gezwungen sind, die Greuel des Antichrist zu besuchen und zu hören.» Waren diese liturgischen Zeremonien, an denen die Armen von Lyon regelmäßig das ganze Jahr über teilnahmen, wirklich «Greuel»? Nichts belegt dies und nichts ist weniger gewiß. Fest steht jedoch: um den Preis dieser vielfältigen und etwas verwirrenden Zugeständnisse hatten die Armen von Lyon wenn schon nicht das *Recht* zum Überleben erworben, so doch *tatsächlich* überlebt.

All dies, geben wir es ohne Umschweife zu, läßt uns perplex zurück. Das «Vergessen» von einigen ihrer ersten Forderungen, die Abschwächung einiger anderer, der Unterschied – um nicht zu sagen Widerspruch – zwischen den verkündeten Prinzipien und ihrer konkreten Anwendung, die systematische und planvolle «Verkleidung» ihrer Überzeugungen, schließlich die Teilnahme am katholischen Gemeindeleben führen zu der unvermeidlichen Frage: Worin unterschieden sich diese Christen noch von den anderen? Hatten sich die Armen von Lyon letztendlich durch das Leben im Untergrund und das doppelte Spiel nicht gleichmachen lassen, waren sie nicht assimiliert worden, wobei sie vielleicht ein kleines Stück ihrer Originalität bewahren konnten, die eher mit ihrer legitimen, besonderen religiösen Sensibilität zusammenhing als mit dem als häretisch verurteilten, gefährlichen Abweichen von den Lehren der römischen Kirche? Oder noch pointierter ausgedrückt: Verfolgte man die Armen von Lyon nicht bloß deswegen auch weiterhin, weil man auf sie ein Bild projizierte, das von ihren Vorgängern stammte, aber überhaupt nicht mehr auf sie paßte? Die Wirklichkeit ist die: Wenn die Armen von Lyon sich auch im 16. Jahrhundert mit diesem ihrem Namen identifizierten, ihr Erbe auf sich nahmen, eine Gemeinschaft bildeten, die sich ihrer Andersartigkeit bewußt war, ihr Andersgläubigsein pflegten und dafür Schikanen und Verfolgungen auf sich nahmen, so taten sie dies, weil sie trotz allem einen unzerstörbaren Bestand an Glaubensinhalten und Glaubenspraxis aufrechterhalten hatten, aus dem sich ihre Kraft nährte, sich ihre Flamme erhielt, sich ihre Seelen erquickten und der ihre Identität fortbestehen ließ.

Die Frage der Identität

Daß die traditionellen Glaubensinhalte in der Diaspora der Armen von Lyon von Unbeständigkeiten und Unsicherheiten betroffen waren, können wir noch beweisen. Die entfernten Nachfolger der waldensischen Prediger sind, wie wir sehen werden, ihren Lyoner Vorkämpfern nur wenig ähnlich; die geographische Verstreuung hatte nicht wenig dazu beigetragen, daß sich die Einstellungen der romanischen Gruppe und der deutschsprachigen Gruppe unterschiedlich entwickelten; aus den Brüdern wurden entfernte Verwandte. Dennoch blieb dieses Gefühl, zur gleichen Gemeinschaft zu gehören. Sicher trug auch die Verfolgung sehr dazu bei, Bindungen aufrechtzuerhalten, die sich sonst vielleicht aufgelöst hätten. Aber die militante Feindlichkeit der Kirche mit ihrem bewaffneten Arm, den von der weltlichen Macht unterstützten Inquisitoren, reichte nicht aus, um die Einheit zu begründen, die die Armen von Lyon untereinander fühlten. Sonst könnte man nicht erklären, warum sie sich nicht mit den übrigen «Abweichlern» von der römischen Kirche vermischten und somit im Laufe des 14. und 15. Jahrhunderts verschwanden. Trotz der oben gezeigten Entwicklung bewahrten sie nämlich einige ihrer Charakteristika. Sie behaupteten sich und haben auch in der Renaissance noch immer das klare Bewußtsein, eine eigenständige, sowohl von der römischen Kirche wie auch von den anderen Christen außerhalb der römischen Kirche verschiedene religiöse Einheit zu bilden. Sie bilden eine strukturierte Gemeinschaft. Dies geht klar aus dem Bericht von Morel und Masson von 1530 hervor, in dem die Ausdrücke «unsere Prediger» und «unser Volk» unaufhörlich vorkommen. Es handelt sich sehr wohl um eine Gemeinschaft, in der es Integration, Exkommunikation, Verwaltung und Organisation gibt, trotz aller Unsicherheiten und Fragen. Die Armen von Lyon haben als solche überlebt. Um diese scheinbar so einfache Tatsache zu erklären, muß man zweierlei einräumen: Einerseits rückten sie von einigen ursprünglichen, zu absoluten Anforderungen an sich selbst ab, die sie unerbittlich verraten hätten; so konnten sie überleben. Andererseits ist es ihnen trotz dieser Zugeständnisse gelungen, einen Grundbestand ihrer religiösen Überzeugungen zu bewahren; so konnten sie leben.

Wenn wir in der oben durchgeführten Analyse, in der wir nach Merkmalen der Armen von Lyon am Ende unseres Zeitraums suchten, sozusagen nichts gefunden haben, so deshalb, weil unser Suchraster zu großmaschig war. Wenn wir nicht in der Lage waren, die lange Lebensdauer der Armen von Lyon zu erklären, wenn wir den Eindruck hatten, daß sie nichts mehr von ihrer Umgebung unterschied, so deshalb, weil wir zu sehr an der Oberfläche geblieben sind, um diese Zeichen lesen zu können. Wahrscheinlich machen wir uns ein falsches Bild von den Armen von Lyon, ist unsere Sichtweise zu eingeengt, haben wir eine zu manichäische Wahrnehmung der Wirklichkeit. Es gab nicht auf der einen Seite die Guten und auf der anderen die Schlechten, welchen Namen auch immer man dem einen oder anderen Lager gibt: römische Kirche und Arme von Lyon, oder umgekehrt. Diese Andersgläubigen, die, recht und schlecht, die Jahrhunderte überlebten und dennoch etwas von ihrem Wesen behielten, waren Opfer, keine Helden. Sie erfüllten ihre ursprünglichen Anforderungen an sich selbst nachlässig, sie handelten den Preis des Überlebens aus, sie verhielten sich so, als «könnte es mit dem Himmel Absprachen geben». Sie haben vielleicht auf diese Weise das Wesentliche gerettet; war es zu teuer bezahlt? Wer kann das entscheiden? Diese Leute waren, mit ganz wenigen Ausnahmen, nicht von kompromißloser Vollkommenheit. Sie mußten sich den Kopf zerbrechen, um tausend Listen zu finden, damit sie die Wahrung ihrer kulturellen Identität und ihren Überlebensinstinkt unter einen Hut bringen konnten. Enttäuschen sie uns? Dann sehen wir die Menschheit zu idealistisch... Warum sollten wir an die Armen von Lyon höhere Anforderungen stellen als an uns selbst? Auch wir haben unsere Werte und Prinzipien... Sie sind unerläßlich, um unsere Persönlichkeit zu strukturieren, damit wir uns «wiedererkennen» können. Und was wird in unserem Alltagsleben aus ihnen? Kompromisse und Schwächen, Zögern und Ausflüchte, Anpassung und Verrat. Um uns über das lange Überleben der Armen von Lyon klarzuwerden, müssen wir mit einem feineren Raster die Kennzeichen ihres überdauernden religiösen Andersseins suchen, die ebenso Zeichen der Identifikation wie des «Wiedererkennens» sind. Welche Faktoren waren es also, die, stärker als Raum und Zeit, stärker als Kirche und Staat, dieser Gemeinschaft zu Identität und Einheit verhalfen?

Armut

Wie hatten die ersten beiden Elemente, die die Antriebskraft der waldensischen Ideen waren und gleichzeitig der Grund ihrer Verbreitung, die Jahrhunderte überdauert? Wie wir gesehen haben, hatte das Predigen nicht überleben können. Das erzwungene Leben im Untergrund hatte es unmöglich gemacht, zumindest in seiner ursprünglichen Form, denn die Prediger verkündeten, wie wir im nächsten Kapitel sehen werden, weiterhin das Wort Gottes, aber im geheimen. Es bleibt die Armut. Wir wissen, daß die Wiederentdeckung dieser evangelischen Tugend im 11. und 12. Jahrhundert an einen ganz bestimmten Kontext gebunden war: die beschleunigte Entwicklung der Schicht der Kauf- und Bankleute, die Bereicherung des hohen Klerus, die Hierarchisierung der katholischen Kirche nach weltlichem Modell. Die in der gleichen Atmosphäre entstandenen Bettelorden waren übrigens etwa zeitgleich mit der waldensischen Bewegung. Was war daraus vierhundert Jahre später geworden? Die Situation hatte sich beträchtlich verändert. Nicht, daß Bankwesen und Handel weniger gediehen. Auch nicht, daß die Kirche weniger reich und weniger weltlich gewesen wäre. Aber die Armut wurde nicht mehr wirklich als Wert wahrgenommen. In der Folge der zahlreichen Katastrophen im 14. Jahrhundert, des Ansturms von Massen hungriger Landbewohner auf die Städte und der Unmöglichkeit, den Bedürftigen mit Almosen zu helfen, begann sich eine Unterscheidung durchzusetzen: Es gehörte sich, die guten Armen, die Invaliden, von den schlechten Armen, den Arbeitsfähigen, zu unterscheiden. Nur erstere hatten das Recht auf private oder öffentliche Mildtätigkeit. Die anderen mußten verfolgt werden. Was das Jahrhundert des Humanismus betrifft, so betrachtete es die Armut als einen Zustand der Erniedrigung, eines Menschen unwürdig. Bewahrten unsere «Armen von Lyon» unter diesen Bedingungen, trotz einer Umgebung, die überhaupt kein Verständnis mehr für sie hatte, noch ihren Glauben an diesen einigermaßen veralteten evangelischen Wert? Konnte ihre Botschaft, wenn sie schon nicht attraktiv war, so doch wenigstens noch gehört werden?

Die Verkündigung von absoluter, freiwilliger Armut machte fast das Wesentliche der waldensischen Sendung aus. Dank der Beispielhaftigkeit ihres apostolischen Lebens hatten die Prediger Anhänger gefunden. Dennoch herrschte in der Diaspora der Armen von Lyon keine völlige Einigkeit darüber, was konkret ein armes Leben bedeutete. So schrieb gegen 1460 ein Bruder, daß die Armen von Lyon, die in Österreich lebten, die Armut aufgegeben hätten, da sie das Geld der Kollekten sparten und Erbschaften annahmen. Obwohl sie juristisch wie moralisch völlig legitim war, bereitete diese Praxis der Weitergabe familiärer Güter nach einigen Generationen Probleme. Sie vertiefte die Unterschiede zwischen den Familien, ja sogar zwischen den Mitgliedern derselben Familie, und trug zu einer Anhäufung von Reichtümern bei, die deutlich von der von Waldes vorgegebenen Richtlinie abwich. Dennoch geht es nicht darum, Erbschaften abzulehnen. Der Bericht Morel/Masson von 1530 erlaubt sie ausdrücklich. Und in der Tat sehen alle Testamente, die ich in der Provence finden konnte, die Weitergabe der Güter an die Erben vor. War also auch das Ideal der Armut aufgegeben worden?

Nicht ganz. Zunächst waren, wie wir noch sehen werden, die Prediger zum Leben in evangelischer Armut verpflichtet. Sie gewannen daraus Prestige und Autorität. Bei den anderen verwirklichte sich die Bindung an die Armut in abgestufterer Form. In den Prozessen in der Dauphiné von 1487–1488 sprechen die Angeklagten unaufhörlich vom Wert des Almosens. Peyronette aus Beauregard bei Valence drückte sich 1494 so aus: «Es ist besser und verdienstvoller, Almosen an einen armen Kranken oder Aussätzigen zu geben, als den Priestern in der Kirche, die einen zu großen Reichtum besitzen, Opfergaben zukommen zu lassen.» Solche Überlegungen eines gesunden Menschenverstands konnten die Bauern nicht gleichgültig lassen, zumal darin ein solider Antiklerikalismus enthalten war. Die Hochzeiten und die Testamente der provenzalischen Armen von Lyon bestätigen dieses besondere Gespür für die Armut. Wir zeigen dies zunächst anhand der Mitgift und des Wittums der Heiratsverträge. Diese beiden Bräuche sind bekannt. In der damaligen Gesellschaft war die Hochzeit mehr als in unseren Tagen ein Bündnis zwischen zwei Familien, der wirtschaftliche Aspekt mit eingeschlossen. Sie bedeutete so etwas wie die Gründung eines Unternehmens. Deshalb wurde kein junges Mädchen, wie schön es auch gewesen sein mag, nur wegen seiner schönen Augen geheiratet. Sein Vater mußte dem zukünftigen Ehemann eine gewisse Summe bezahlen, die Mitgift. Obwohl sie vom örtlichen Brauch geregelt war, war ihre Höhe doch auch eine Sache der Abmachung beider Parteien. Es ist bemerkenswert, daß im Luberon die Mitgift der Armen von Lyon immer wesentlich unter der bei den Katholiken derselben Gegend üblichen Mitgift liegt: 87 % der ersteren bleiben unter 50 Gulden gegenüber 34 % der zweiten Bevölkerungsgruppe. Als Gegenleistung versprach der zukünftige Ehemann seiner Verlobten eine Summe, die immer unter der Mitgift lag, «Wittum» genannt wurde und der Frau im Fall einer Witwenschaft überlassen blieb: Bei 71 % der Armen von Lyon lag das Wittum unter 20 Gulden, bei den Katholiken nur bei 39 %. Selbstverständlich habe ich mich vergewissert, daß dieser Unterschied nicht durch die unterschiedlichen Vermögenslagen der beiden Glaubensgemeinschaften zu erklären ist. Bei den «Armen» von Lyon hielten sich selbst sehr reiche Familien an diese niedrigeren Summen. Die einfachste Erklärung hierfür ist die Annahme, daß sie freiwillig dieses niedrigere Niveau aufrechterhielten, um symbolisch auf ihre traditionelle Bindung an die Armut zu verweisen.

Die Testamente geben ebenfalls in diesem Sinn Zeugnis. Die frommen und mildtätigen Legate machten damals einen nicht zu vernachlässigenden Teil der testamentarischen Verfügung aus. Es ist also möglich, dort jene besondere Hinwendung zur Armut festzustellen. Bei den Katholiken konnte sie sich insbesondere durch Gaben an die Bettelorden zeigen. Bei den Armen von Lyon nahm sie andere Wege. So hinterließ Catherine Blanc aus Cabrières-d'Aigues 1546 drei Mädchen aus ihrem Dorf Blusen und außerdem ein Paar Halbschuhe, einen Hut und eine Schürze «der Frau, die sie kleiden und schmücken wird, wenn sie gestorben ist». Dann hinterließ sie noch den Armen des genannten Ortes einen Goldtaler und etwas Weizen. Dieses Almosen an die Armen wurde am häufigsten in Form einer Brotverteilung an der Türschwelle des Verstorbenen oder der Kirche gegeben. Bedeutsam ist, daß diese Gabe häufiger bei den Armen von Lyon als in den Testamenten ihrer katholischen Zeitgenossen anzutreffen ist: 36% gegenüber 20%. Obwohl auf eine andere Art als zu Beginn der Bewegung, blieben die Armen von Lyon auf diese Weise immer noch empfänglich für das Ideal der Armut. Sie hatten diesen evangelischen Wert nicht vergessen, sondern sie lebten ihn in einer weniger greifbaren, zum symbolischen Wert abgeschwächten Form.

Eine gewisse Zurückhaltung

Wir haben gesehen, daß die Armen von Lyon an dem Prinzip festhielten, daß allein Gott angebetet und angerufen werden dürfe. Wenn wir auch keinen Fall einer offensichtlichen und provozierenden Verweigerung des Heiligen- und Marienkults von seiten der Armen von Lyon kennen, so verweisen mehrere Indizien darauf, daß sie eine gewisse Zurückhaltung an den Tag legten. Wenn sie in Prozessen danach gefragt wurden, waren sie beispielsweise fähig, das Vaterunser fehlerlos vorzutragen. Dieses Gebet stammt nämlich direkt aus dem Evangelium. Die Armen von Lyon konnten es zehnmal, ja sogar Hunderte von Malen hintereinander aufsagen, vor allem als Buße. Im Gegensatz hierzu war es ihnen oft unmöglich, das Ave-Maria zu wiederholen, die Anrufung der Jungfrau Maria, von der nur der Anfang aus dem Neuen Testament stammt. Wenn sie vom Inquisitor dazu aufgefordert wurden, den «Engel des Herrn» vorzutragen, versuchten sie, dieses Gebet aufzusagen, um den Verdacht zu zerstreuen, der auf ihnen lastete; dies führte zu erstaunlichen Resultaten. Im Dezember 1392 befand sich Jakob vor dem Gericht von Stettin. «Gefragt, ob er das Ave-Maria kann, antwortet er ‹ja› und sagt: ‹Ave Maria, gracia blena, dominus decus, benedictatus a mulieribus fructus frentus tuus, genode uns der heymelisch frowe›». Im gleichen Monat und am gleichen Ort sagte Zdeneke Rudeger seinerseits aus, er kenne das Gebet, und er zitierte: «Ave Maria, gracia plena, benedicta tu in mulieribus, vruchtus fentenus tui, genede got und dy hymmeliche vrowe». Wenn man sich an die korrekte Form erinnert – «Ave Maria, gratia plena, dominus tecum, benedicta tu et benedictus fructus ventris tui» – und daran, daß dies nur der erste Teil des Gebets ist, erfaßt man das Ausmaß der Entstellung: nicht nur die Verdeutschung des Lateins, sondern vor allem auch die schlichte Unkenntnis des Wortlauts. Diese wird im Licht des Zeugnisses von Clauss Walther erklärbar, der im Februar 1393 über die Prediger und die Gebete aussagte: «Er glaubt, daß man nur zu Unserem Vater beten muß, und daß die Oberen ihm sagen, daß er wegen der Feinde das Ave-Maria können muß.» Die Armen von Lyon hatten also als einziges Gebet das Vaterunser. Wenn sie einige Brocken des Ave-Maria kannten, dann nur, um ihren Feinden Sand in die Augen zu streuen.

Obwohl wir hierfür keinen Beweis haben, können wir berechtigterweise annehmen, daß die Armen von Lyon bei der Anrufung der Heiligen noch zurückhaltender gewesen sind als bei der Anrufung der Gottesmutter Maria. Ein Indiz dafür liefern die provenzalischen Testamente. Bei den Armen von Lyon steht wie bei ihren katholischen Nachbarn am Anfang des Testaments die Empfehlung der Seele an Gott, an die Jungfrau und an die Heiligen. Hier gibt es keinen erkennbaren Unterschied. Aber, etwas weiter, unter den frommen Vermächtnissen, tauchen manchmal, je nach dem Brauch der Zeit, Gaben für die Kerzenbeleuchtung der Kirche auf. Ein Beispiel hierfür ist Paul Donadieu, Einwohner von Cucuron im Luberon. Er machte 1546 sein Testament und ordnete eine Gabe für zehn Kerzenleuchter in seiner Pfarrkirche an; acht von ihnen stehen an den Altären der Heiligen Antonius, Petrus, Johannes, Sebastian, Tullus, Blasius, Katharina und Christol. Aber der Erblasser ist ein römischer Katholik. Niemals erwähnen Testamente von Armen von Lyon solche Gaben, während sie bei ihren Zeitgenossen nicht selten sind. Schweigen kann auf diese Weise beredt werden.

Diese Zurückhaltung zeigt sich in den Testamenten noch an anderer Stelle. Wir haben oben gesehen, daß die Armen von Lyon die örtlichen Bräuche angenommen hatten, was die Messen für die Verstorbenen betrifft. Ganz wie die anderen ordneten sie eine Beerdigungsmesse, eine Novene, eine Messe mit Gesang am Ende der Novene und eine Messe zum ersten Jahrestag des Todes an. Aber die Beerdigungsriten beschränkten sich nicht darauf. Die meisten provenzalischen Testamente sahen außerdem dreißig weitere Messen vor, die *trentain* oder *trentenier* genannt wurden, und für jene, die es sich finanziell leisten konnten (denn – muß man das noch unterstreichen? – alles hatte seinen sorgfältig festgesetzten Tarif), eine Stiftung für eine «ewige Messe» *(messe perpetuelle)*. Diese bestand darin, eine Geldsumme zu hinterlassen, im allgemeinen 60 Gulden, um, beginnend am ersten Jahrestag des Todes, bis zum Verbrauch des Geldes eine wöchentliche Messe lesen zu lassen. Diese Messe hatte somit nichts «Ewiges» an sich außer ihrem Namen. Der Vergleich zwischen Armen von Lyon und Katholiken bezüglich dieser beiden Bräuche ist aufschlußreich: 8% der ersteren bestellen ein *trentain* gegenüber 71% der letzteren; 0,5% gegenüber 24% sehen eine «ewige Messe» vor. Außerdem werden das Tragen des Prozessionkreuzes sowie der Gebrauch von Weihwasser und *brandons* («Strohfackeln») genannten Kerzen für das Begräbnis von Armen von Lyon weitaus seltener bestellt als für das ihrer Nachbarn (jeweils 36% gegenüber 53%, 10% gegenüber 34%, 9% gegenüber 45%). Diese relative Zurückhaltung in dem, was man «barocke Frömmigkeit» genannt hat, die sich insbesondere in Beerdigungsbräuchen entwickelte, läßt zweierlei erkennen: die «allergische» Reaktion der Armen von Lyon gegenüber einem Verhalten, das sie als mehr oder weniger abergläubischen Exzeß betrachten mußten, einerseits und die Grenzen ihres Protests andererseits. Die Armen von Lyon hatten eine Art Gleichgewicht gefunden: Sie schlossen sich den Bräuchen der Mehrheit an, um sich nicht zu erkennen zu geben oder um jedenfalls keine ablehnende Reaktion zu provozieren. Dennoch hielten sie eine gewisse Grenze dieser Teilnahme aufrecht, so daß sie sich treu bleiben konnten und eine vollständige Assimilation vermieden. Dies ist der nuancierte, von den Armen von Lyon gefundene Kompromiß: keine vollständige Teilnahme, keine generelle Verweigerung, sondern eine maßvolle Integration.

Ererbter Glaube

Die Gemeinschaft der Armen von Lyon hatte, wie jede Protestbewegung, nur durch Überzeugen und Konvertieren entstehen und sich entwickeln können. Per definitionem wurde niemand als Andersgläubiger geboren. Die Begeisterung und Dynamik der Armen von Lyon kam aus ihrer persönlichen Anhängerschaft, und daraus schöpften sie die Kraft zur Verbreitung ihres Glaubens. Aber in der Folge des erzwungenen Lebens im Untergrund wurde nur noch im Inneren der Häuser gepredigt und das Wort Gottes verkündet. Seit dem 14. Jahrhundert geschah, wie wir gesehen haben, die Verbreitung des Waldensertums nicht mehr so sehr durch Konversion neuer Anhänger als vielmehr durch die Weitergabe des Glaubens innerhalb der Familien. Dies ist jedenfalls das äußere Erscheinungsbild der «Sekte». Louis de Pérussis, der gegen Mitte des 16. Jahrhunderts in der Provence schrieb, stellte den Vergleich mit den Juden an: «Die Waldenser haben als Gesetz und Brauch, sich nur untereinander zu heiraten... wie die Juden.» Aber was verstand er von diesem Thema? Seriöser erscheint der Bericht über die Waldenser, den die Beauftragten des provenzalischen *parlement* (Provinzgerichtshof), die sich der Meinung des Inquisitors Jean de Roma anschlossen, an Franz I. auf seine Anfrage von 1533 hin schickten: «Sie haben unter sich mehrere geheime Praktiken, unter anderem, daß sie ihre Töchter immer nur an Sektenmitglieder verheiraten.» Auf ebendies verweist auch der letzte Absatz eines 1502 an den Erzbischof von Embrun geschickten Berichtes aus der Dauphiné: «Sie verbinden sich nicht mit den Papisten.» Aber kann man dem glauben, was vielleicht nur eine weitere Verleumdung dieser im Untergrund lebenden Minderheit war? Dafür spricht, daß die Geständnisse der wegen Häresie Angeklagten diesen Sachverhalt bestätigen. Monet Ray aus Saint-Mamans im Valentinois spricht 1494 wie folgt über die Prediger: «Sie ermahnten alle, die da waren, damit sie soweit als möglich darüber wachten, ihre Söhne und Töchter unter denen zu verheiraten, die zur gleichen Sekte gehören.» Allerdings wissen wir, daß diese Geständnisse provoziert, erpreßt und entstellt werden konnten.

Wie kann man diese vermutete Heiratspraxis beweisen? Noch einmal können uns die provenzalischen Eheschließungen helfen. Die Ergebnisse einer Analyse von fast 800 im Luberon geschlossenen Verträgen sind eindeutig. Die Armen von Lyon heiraten zu 89% untereinander, und es ist nicht ausgeschlossen, daß die verbleibenden 11% dies ebenfalls tun, aber ich konnte in diesen Fällen nicht beide Partner mit Sicherheit als Arme von Lyon identifizieren. Ebenso heiraten die Bewohner des katholischen Weilers Cucuron zu mindestens 90% einen gleichgläubigen Partner. Die Zahlen sprechen für sich. Die Abschottung voneinander ist um so bemerkenswerter, als sich Cucuron mitten in waldensischem Gebiet befand, nur einige Kilometer von mehreren «häretischen» Dörfern entfernt, ja sogar zwischen ihnen liegend. So mußten die Bewohner Cucurons, ebenso wie die aus Lourmarin oder des Tals von Aigues, eine Art «Heirats-Bockspringen» zuwege bringen, um den zukünftigen Gatten oder die zukünftige Gattin unter Leuten gleichen Glaubens zu finden. Aus dieser religiösen Homogamie ergibt sich ein völlig klares Namenspanorama: Die einen Familiennamen sind «waldensisch», während andere katholisch sind. So erklärte beispielsweise Thomas Guiot aus Pragelat in der Dauphiné 1495 dem Inquisitor: «Die Villots haben immer der Sekte angehört.» Diese Identifikation aufgrund des Namens hat wohl auf einzigartige Weise die Arbeit der Inquisitoren erleichtert. Auf jeden Fall aber ist es dem Historiker von heute dadurch möglich, ziemlich sicher die Familien von Armen von Lyon zu identifizieren, die in einer katholischen Umgebung verstreut lebten.

Und der Dominikaner Jean de Roma schreibt 1533 in seinem Traktat gegen die Waldenser: «Aus der Dauphiné und dem Piemont vertrieben, haben sie an immer größeren Irrtümern festgehalten, vom Vater zum Sohn wie durch Erbrecht». Diese familiäre Solidarität der Andersgläubigen ermöglicht es, die Langlebigkeit der waldensischen Bewegung zu erklären. Trotz der Schikanen, der Geldstrafen, des Exils und der Scheiterhaufen konnte nichts das Band zerreißen, das, Jahrzehnte und Jahrhunderte hindurch, die Armen von Lyon mit ihren Vorfahren vereinte. Diese hatten ihnen die Wahrheit des Evangeliums hinterlassen. Sie hatten ihrerseits die Pflicht, diese Wahrheit ihren Nachfahren zu übermitteln. Diese lange Kette der Treue konnte aber auch zu einer Art Verhängnis werden. Was konnten sie dagegen tun? Die Protokolle der Prozesse in der Dauphiné von 1488–1489 wiederholen unablässig, wie die Eltern und insbesondere die Mutter den jeweiligen Angeklagten in die «Sekte» eingeführt hat. Am anderen Ende von Europa, in Stettin, sagt Hans Rudaw im Februar 1393 aus, daß er nicht zur Sekte gehöre, aber wisse, daß seine Frau Mitglied sei. Er habe ihr nicht verboten, zu beichten oder die Prediger zu empfangen, denn er habe darin nichts Schlechtes gesehen. Und, um seine nachsichtige Haltung zu rechtfertigen, fügt er hinzu, «daß er es seiner Gattin nicht verbieten, sondern die Bräuche des Vaters beibehalten wollte». Seine Frau hatte ihren Glauben von ihren Eltern.

Wie und warum sollte man gegen die töchterliche Frömmigkeit vorgehen?

So hatte sich die Bewegung der Armen von Lyon nach einer großen Expansionsphase im 13. Jahrhundert auf sich selbst zurückgezogen. Die geographische Ausdehnung setzte sich fort, aber sie geschah aufgrund von Ortsveränderungen instabiler Bevölkerungsgruppen und zwar vor allem nach Osten, auf der Suche nach Land. In Wirklichkeit hatten diese Migrationswellen nichts von einer Eroberung an sich. Sie verbargen einen Rückzug: Von nun an gewannen die Armen von Lyon so gut wie keine neuen Anhänger mehr; sie bekehrten niemanden mehr. Sie überbrachten das Licht des Evangeliums in der Dunkelheit; sie versammelten sich nachts in der Wärme des Herdes der Familie. Dort waren sie unter sich, dort faßten sie wieder Mut, dort waren sie sich bewußt, in der langen waldensischen Treue zum ersten Aufruf, der immer verraten und niemals vergessen wurde, weiterzuleben. Dort nahmen sie das wahnsinnige Risiko auf sich, trotz Drohungen und Denunziationen und unter Lebensgefahr jene bei sich zu empfangen, die weiterhin das Wahre verkörperten, ein apostolisches Leben führten und ihnen das Wort Gottes verkündeten: die Prediger, ihre «Meister». Vielleicht ist dies das Charakteristikum, das sich am schärfsten abhebt, das sie am besten kennzeichnet und das sie ihre ganze Geschichte lang unverändert bewahrten. Die «Waldenser»? Das sind die, die die «Brüder» bei sich aufnahmen.

6. Sich organisieren: Eine Notwendigkeit

Welch eine entscheidende Wahl: Intensität oder Dauer! Summa summarum intensiv oder lange leben. Mit einem sozialen Gebilde ist es wie mit einer Person oder einer Familie. Jeder Organismus ist, bewußt oder unbewußt, mit diesem Dilemma konfrontiert: entweder ungebremst zu wachsen und dabei alles Institutionelle als hinderlich abzulehnen oder aber sich zu organisieren und sich zu strukturieren, um sich zu erhalten, um den Preis einiger Kompromisse; entweder die ungeordnete Inspiration der ursprünglichen Bewegung beizubehalten und damit die eigene Existenz zu riskieren oder sich die Mittel zum Überleben zu verschaffen: Verantwortliche und Regeln. Das anfängliche waldensische Funkensprühen entfachte die Begeisterung von Menschenmengen und gewann Jünger. Das Wort und das Beispiel der ersten Prediger verschafften dem wiedergefundenen Evangelium und der freiwilligen Armut eine große Anziehungskraft. Aber was tun, wenn der erste, die Menschen einnehmende Enthusiasmus vorbei, wenn der Vorteil der Neuheit verblaßt, wenn die Zeit der kirchlichen Verurteilung gekommen ist? Nach der Rückkehr einer gewissen Anzahl von Brüdern in den Schoß der römischen Kirche waren die Handlungsmöglichkeiten der übrigen ziemlich eingeschränkt: entweder sofort widerrufen und den «Irrtum» zugeben oder den gewählten Weg weitergehen und jede Organisation ablehnen; beides lief darauf hinaus, früher oder später unterzugehen; oder aber sich an die ungünstige Situation anpassen, indem man auf gewisse zu strenge Prinzipien verzichtet und ein organisiertes Leben im Untergrund führt, um das Wesentliche zu schützen und weiterzugeben. Wir wissen, daß die Armen von Lyon mehr als vierhundert Jahre überlebten. Das heißt, sie entschieden sich für die letzte Lösung. So verwandelte sich Waldes' Protestbewegung in eine religiöse Organisation außerhalb der römischen Kirche.

Die Pioniere

Die ersten Gruppen von Predigern um Waldes und zu seinen Lebzeiten mußten ihre Zuhörer in den Städten, in denen sie das Wort ergriffen, in Erstaunen versetzen. Sie mußten die Aufmerksamkeit auf sich ziehen, denn sie bildeten eine *societas,* die zumindest ungewöhnlich war. Von Anbeginn an hatten sie drei Charakteristika, die sich über die Jahrhunderte hinweg während ihrer ganzen Geschichte erhielten: Sie predigten, lebten in Armut und zogen umher. Anfangs konnten sie in uneingeschränkter Freiheit predigen: Sie verkündeten das Evangelium öffentlich, manchmal sogar in der Pfarrkirche. Die Reden, die diese Propheten in der Volkssprache ihrer Zuhörer hielten, müssen einen farbigen Stil gehabt haben, lebendig und kraftvoll gewesen sein. Die Heilige Schrift wurde allen zugänglich gemacht, von allen gehört und von allen verstanden. Welch eine Veränderung war dies im Vergleich zu den lateinischen Lesungen und zu der zwar rhetorisch ausgefeilten, aber nichtssagenden Sprache, die in der Kirche normalerweise gesprochen wurde. Hinzu kam zum einen die Aufrichtigkeit, die diesen Worten eine außergewöhnliche Überzeugungskraft verleihen mußte. Zum anderen verloren sich diese Prediger nicht in unklaren Gedankenwindungen, um fast alle traditionellen Verhaltensweisen zu rechtfertigen einschließlich jener, die sich im Widerspruch zur Bibel befanden. Bei ihnen wurden keine subtilen Ausreden, keine rhetorischen Kunststücke, keine Umwege und keine Ausflüchte in den Dienst irgendeiner Bibelinterpretation gestellt. Ihre Annäherung an die Heilige Schrift war einfach und alles andere als subtil. Das Wort Gottes ist nicht zu interpretieren und nicht der jeweiligen Situation anzupassen, sondern in die Lebenspraxis umzusetzen, und zwar wörtlich. Die Gelehrten und Kleriker machten sich lustig über diese in ihren Augen plumpe Vorgehensweise. Wir können jedoch wetten, daß sie für die weniger gebildeten Schichten des Volkes höchst attraktiv war, da sie sich darin wiederfanden. Diese Prediger waren ihnen so ähnlich, sie gehörten nicht zu Klerikerkreisen. Die von den Predigern geforderte wörtliche Anwendung des Evangeliums, deren konkrete Konsequenzen wohl nicht von allen sofort wahrgenommen wurden, führte zur Kritik an einem Klerus, der nicht nach dem Evangelium lebte. Sogar ein gemäßigter (aber er war es nicht immer) Antiklerikalismus entzückte eine Bevölkerung, die darin eine Strömung ihrer traditionellen Literatur und Kultur wiedererkannte. Die Predigten der Armen von Lyon waren also sehr wirksam, um so mehr, als die Prediger mit gutem Beispiel vorangingen.

Eines der bevorzugten Predigtthemen dieser «Armen Christi» war die Armut. Sie dachten, das apostolische Leben, das sie führten, gebe ihnen das Recht zu predigen, das ihnen die römische Hierarchie jedoch verweigerte. «Gott hat uns die Gnade gegeben zu predigen» schrieb Durand d'Osca. Und weiter: «Nur diejenigen, die das Predigtamt haben, die heiligen Prediger, die alle ihre Güter für den Herrn verlassen haben, tragen den Namen ‹Arme›.» Sie predigten nicht nur die Armut unter Berufung auf Abschnitte des Alten und Neuen Testaments, sondern sie setzten die biblischen Empfehlungen auch in Lebenspraxis um. Die meisten Mitglieder des Klerus sahen in ihrem kirchlichen Amt wenn schon nicht immer einen steilen sozialen Aufstieg, so doch eine ehrenvolle Laufbahn. Die Armen von Lyon hingegen lehnten, indem sie auf den Klerikerstand verzichteten, auch die Pfründe ab, die mit dem kirchlichen Amt verbunden waren. Als Bettler bildeten sie einen scharfen Kontrast zum traditionellen Weltklerus, der aus Priestern bestand, die zu oft eine «Beamtenmentalität» hatten und auf weltlichen Besitz aus waren. Nicht aus Faulheit lehnten Waldes und seine Gefährten jeden Beruf ab, sondern um sich voll und ganz ihrer Aufgabe zu widmen. Selbst wenn sich ihr diesbezüglicher Standpunkt später weiterentwickelte, blieben diese Hinwendung und das Gespür für das Leben in Armut ein grundsätzlicher Charakterzug der Armen von Lyon.

Das Wanderleben, ein anderes spezifisches Charakteristikum, resultierte nicht aus einer besonderen Berufung Waldes', seiner Gefährten oder dann seiner Nachfolger. Es ergab sich aus den beiden anderen vorrangigen Anforderungen: dem Predigen und der Armut. Die erste, im Dienst des Wortes Gottes und, zu Beginn, des Kreuzzugs gegen die Katharer, bedeutete ein unaufhörliches Kommen und Gehen, je nach Bedarf und auf Abruf. Die zweite ging mit dem Bettlertum einher und bedingte durch die Suche nach den unverzichtbaren Almosen ständige Ortsveränderungen. Im Gegensatz zu den beiden anderen oben erwähnten Punkten änderte die Verfolgung hieran nichts. Im Gegenteil. Zwar konnte eine zu große Mobilität die Aufmerksamkeit auf sich ziehen und den kirchlichen bzw. weltlichen Autoritäten verdächtig erscheinen, die Nichtseßhafte immer mit Besorgnis betrachten. Aber rechtzeitige Ortswechsel ermöglichten, einer allzu bedrükkend gewordenen Inquisition oder einer plötzlich argwöhnischen Umgebung zu entkommen. Außerdem hielten die Prediger durch ihre Reisen nach der großen geographischen Verstreuung der Armen von

Lyon die Beziehungen unter den Mitgliedern der Diaspora aufrecht und wahrten somit im großen und ganzen deren Einheit. Diese drei Charakteristika, Predigten, Armut und Wanderleben, sind in der mehrhundertjährigen Geschichte der Armen von Lyon konstant.

Andere Charakteristika der Prediger, die zu Beginn der Bewegung eine Rolle spielten, verloren sich später. Zuerst die Mischung der Geschlechter. Zu den Armen von Lyon zählten zu Beginn Frauen und Männer. Dies versetzte die Zeitgenossen in großes Erstaunen. Wer den Status der Frau in der mittelalterlichen Gesellschaft kennt, kann es sich vorstellen. Bernard Gui, der die Ausführungen des hundert Jahre älteren Etienne de Bourbon kopierte, beschrieb die Anfänge der Armen von Lyon so:

> «Besagter Valdès oder Valdo (Waldes, Anm. d. Ü.) riß in seiner Anmaßung zahlreiche Anhänger beiderlei Geschlechts mit sich, die er wie Jünger zum Predigen aussandte. Obwohl sie unwissend und ungebildet waren, wanderten diese Leute durch die Dörfer, die Männer wie die Frauen, ... und verbreiteten eine Menge Irrtümer.»

Dies lieferte den mehr oder weniger frauenfeindlichen Klerikern ein gutes Motiv, sich über die Waldenser lustig zu machen; gleichzeitig sahen sie in dieser Aufwertung der Stellung der Frau einen zusätzlichen Beweis dafür, daß die Armen von Lyon dem Irrtum verfallen waren. Diese Gleichstellung der Geschlechter, die in ebenso starkem Kontrast zu dem männlichen klerikalen Monopol wie zum Status der Geschlechter in der damaligen Gesellschaft stand, dauerte jedoch nur kurze Zeit. Bereits zur Zeit Bernard Guis, zu Beginn des 14. Jahrhunderts, war sie nicht mehr üblich. Raymond de la Coste, der vom Bischof von Pamiers, Jacques Fournier, verhört wurde, sagte am 8. Januar 1320 aus: «Die Frauen können das Wort Gottes nicht predigen und sie können die Weihen nicht empfangen». Der Zugang von Frauen und Laien zum Predigtdienst stellte ebenso wie die wörtliche Auslegung der Bibel den Keim eines echten sozialen Umsturzes dar. Weshalb wurde die Gleichberechtigung der Geschlechter von den Armen von Lyon wieder aufgegeben? Geschah dies, weil sie sich erneut an traditionellen Positionen orientierten oder weil sie das Schwimmen gegen den Strom letztendlich nicht durchhalten konnten? Auf alle Fälle ist es zu bedauern, daß sie sich den Vorstellungen der Zeit nicht auf Dauer widersetzen konnten. Die Gleichberechtigung der Geschlechter war in der Tat anachronistisch und daher zum Scheitern verurteilt.

Eine weitere spezifische Eigenschaft der ersten Gemeinschaft der Armen von Lyon, die ebenso angefochten wurde wie die vorhergehende, war die Hierarchielosigkeit. Man kann sich vorstellen, wie verblüffend sie wirkte, wenn man sich ins Gedächtnis ruft, welche Weltsicht damals herrschte und von allen, ohne Ausnahme, geteilt wurde. Die von Gott geschaffene und gewollte Ordnung war per definitionem hierarchisch, und zwar so, daß jede Gleichheit zum Synonym von Unordnung und daher auch von Bedrohung für den Zusammenhalt des Ganzen wurde. Die Familie hatte ein unbestrittenes Oberhaupt, die Gemeinde, die Stadt, die Provinz, der Staat wie die Kirche, die Berufsstände und die gesamte Gesellschaft wurden als hierarchisierte Gebilde wahrgenommen und funktionierten als solche. Nicht nur die Erde, sondern auch Himmel und Hölle waren mit Wesen bevölkert, die einander übergeordnet waren. Sogar der eine Gott selbst besteht aus drei Personen, die zwar einander gleichgestellt, aber nichtsdestoweniger hierarchisiert sind, wenn nicht durch Macht, so zumindest durch Würde: Vater, Sohn und Heiliger Geist. In diesen Kontext ein Prinzip der Gleichstellung einzuführen war schlicht und ergreifend revolutionär. Dies war bei der ersten waldensischen Gemeinschaft der Fall. Waldes legte seinerseits sehr viel Wert darauf, daß es keine Hierarchie gab. Dies war ja einer der Streitpunkte zwischen den Armen von Lyon und den Armen Lombarden, die 1218 in Bergamo diskutiert wurden. Dieser Standpunkt aber weihte die ganze Gruppe dem Untergang, denn ohne Strukturen gab es keine Chance eines Weiterbestehens.

Im 13. Jahrhundert kam es zu Veränderungen. Um nach der ersten Glut weiterzubestehen, um die Einheit einer Gemeinschaft zu gewährleisten, die zur Diaspora geworden war, und um die Herausforderungen des erzwungenen Lebens im Untergrund zu meistern, mußte man sich über den Aufbau einer Organisation einigen. Mit dieser Entscheidung für die Zukunft verloren die Armen von Lyon einige ihrer bemerkenswertesten, da subversivsten Charakteristika. Sie waren gezwungen, dieses große Prinzip aufzugeben, das letztendlich nicht zu verwirklichen war: die Gleichheit, ebenso zwischen Männern und Frauen wie zwischen allen Mitgliedern der Bruderschaft. Zu Beginn waren Brüder, Prediger, Arme von Lyon, Arme Christi, Getreue und Gläubige ein und dasselbe; so viele synonyme Begriffe bezeichneten alle bloß die Mitgliedschaft in dieser eigenständigen religiösen Gemeinschaft. In dem Jahrhundert, das der Entstehung der waldensischen Bewegung folgte, fanden tiefgreifende Veränderungen statt; eine echte Hierarchie wurde etabliert.

Meister und Gläubige

Die erste Veränderung in Richtung einer Hierarchisierung, die einen Eingriff in die Gemeinschaft darstellte, war die Einführung einer Unterscheidung zwischen den Predigern und den anderen Anhängern. Mangels Quellen kennen wir die genaueren Umstände nicht, die zu dieser strukturellen Veränderung führten. Man kann jedoch leicht einige hypothetische Erklärungen vorschlagen. Meiner Meinung nach war der wichtigste Grund ohne Zweifel der Verlust oder zumindest das Schwächerwerden des anfänglichen missionarischen Geistes. Die Armen von Lyon der zweiten und der dritten Generation befanden sich in einer unvorhergesehenen Situation: Aus der Gesellschaft und der Kirche ausgeschlossen, stellten sie fest, daß Glaubensbrüder nicht mehr durch Konversion, sondern nur durch die Weitergabe des Glaubens vom Vater an den Sohn gewonnen werden konnten. Es hatten sich Familien gebildet, die ausschließlich aus Armen Christi bestanden. Diese gingen der notwendigen täglichen Arbeit nach. Aufgrund der Größe der Bewegung und der permanenten Bedrohung durch die Verfolgungen, denen die Armen von Lyon ausgesetzt waren, war es nicht möglich, daß weiterhin alle ein Bettler- und Predigerleben führten. Das Leben im Untergrund verpflichtet. So wurde der größte Teil der Armen von Lyon seßhaft und verzichtete darauf, herumzuziehen, zu betteln und zu predigen. Aber die Gemeinschaft als solche wandte sich deswegen nicht ab von dem, was ihre Identität ausmachte. Vielmehr wurden Einzelne zu Trägern dieser ursprünglichen Identitätsmerkmale der ganzen Bewegung. Indem diese auch weiterhin den anfänglichen Anforderungen nachkamen, die alle anderen hatten aufgeben müssen, erinnerten sie an die glücklichen Zeiten des Beginns. Sie stellten also das lebendige Gedächtnis der Gruppe dar, die Treue zu den Ursprüngen. Symbolisch verkörperten sie das Ideal eines Lebens, das der normale Arme von Lyon trotz seiner Sehnsucht danach nicht führen konnte.

Diese Entwicklung erklärt sich zum einen aus den faktischen Zwängen; zum anderen spielte wahrscheinlich auch eine Rolle, daß die Armen von Lyon von ihrer Umgebung beeinflußt wurden und das übernahmen, was allgemein üblich war. Denn die Armen von Lyon waren, wie bereits gesagt, die einzigen, die eine völlige Gleichheit praktizierten. Ganz zu schweigen von der weltlichen Gesellschaft, ob es nun die römische Kirche war oder religiöse Gruppen außerhalb der Kirche, alle funktionierten nach dem hierarchischen Modell. Es bleibt schwierig zu entscheiden, ob die Armen von Lyon mehr von Rom oder von den anderen «Häretikern» beeinflußt wurden. Auf jeden Fall übertrugen die Inquisitoren, wie etwa Bernard Gui, schnell die katharische Struktur auf sie und nannten die Mitglieder der Gruppe «Gläubige» und die Prediger «Vollkommene». Wir verfügen jedoch über keinen Hinweis, der die Vermutung erlauben würde, die Armen von Lyon hätten sich jemals selbst so genannt. Die verwendeten Begriffe variierten bis zu einem gewissen Grad. Beim Inquisitor Peter Zwicker findet man in den Akten der Prozesse, die er in den Jahren 1392/93 in Pommern führte, folgende Bemerkung über die Prediger: «Sie sagen, daß die Oberen sich untereinander ‹Brüder› nennen, daß sie in der Beichte ‹Herren› *(dominos)* genannt werden, daß sie die wahren Nachfolger der Jünger Christi sind.» Die Begriffe, mit denen die Angeklagten in dieser Serie von Prozessen in Stettin ihre Prediger bezeichnen, sind: Herren, Prediger, Beichtväter. Ein anderes Wort taucht in den piemontesischen Prozessen des 14. Jahrhunderts auf: Meister *(magistri)*. Aber immer wird der Unterschied, ja Gegensatz zwischen der Mehrheit der Anhänger (Getreue, Gläubige) und den Verantwortlichen (Herren, Meister, Vollkommene) betont.

Gewisse Begriffe waren zweideutig und stifteten Verwirrung, so etwa «Brüder», womit teils alle Mitglieder der Gemeinschaft, teils nur die Prediger bezeichnet wurden. Es ist jedoch angebracht, diesen Begriff ausschließlich für letztere zu verwenden, zumindest ab dem 14. Jahrhundert. Die Bezeichnung «Vollkommene», die von den Katharern entlehnt ist, ist nicht nur unpassend, sondern die binäre Aufteilung, die der Begriff impliziert, entsprach spätestens zu Beginn des 14. Jahrhunderts, der Epoche, in der Gui schreibt, nicht mehr der Realität. Die dichotome Strukturierung stellte nämlich nur eine vorübergehende Phase zwischen der anfänglichen Gleichstellung und einer neuen Ausdifferenzierung dar. Ziemlich schnell, so scheint es, und auf jeden Fall ist dieser Prozeß bereits hundert Jahre nach Waldes abgeschlossen, teilte sich diese seelsorgerische Gruppe geweihter Prediger, die mit dem römischen Klerus zwar nicht identisch, ihm auf formaler Ebene aber sehr ähnlich waren, selbst in mehrere Dienstgrade.

Eine Hierarchie

Spätestens ab dem 14. Jahrhundert nahmen die Armen von Lyon eine dreiteilige Organisation an, die sich mit Bezug auf die Bibel leicht rechtfertigen ließ, da das Neue Testament überliefert, daß die erste christliche Gemeinde Dienstgrade für die verschiedenen Aufgaben kannte. Bernard Gui schrieb gegen 1320: «Man muß an erster Stelle wissen, daß die Waldenser über sich einen Oberen, *majoral* genannt, einsetzen, dem alle gehorchen sollen, wie alle Katholiken dem Papst gehorchen.» Und etwas weiter: «Der Älteste regelt, was die Priester und die Diakone betrifft.» Diese dreiteilige Strukturierung steht zur zweiteiligen («Vollkommene/Gläubige») nicht wirklich in Widerspruch. Ebenso wie der römische Klerus, der in Opposition zu den Laien steht, hierarchisch nach verschieden hohen Weihen geordnet ist, so haben auch die «Vollkommenen» bei den Armen von Lyon nicht alle denselben Rang. Man könnte denken, daß der Inquisitor, der am Ende seines Lebens seine Erinnerungen verfaßte, die gehörten Zeugenaussagen verdreht und den «Häretikern» *grosso modo* die römische Organisation zugeschrieben hat, doch das Verhör eines waldensischen Diakons bestätigt seine Angaben.

Jacques Fournier, damals Bischof von Pamiers, verhörte über einen langen Zeitraum hinweg, nämlich vom 9. August 1319 bis zum 30. April 1320, im Lauf von 24 Sitzungen einen besonderen Gefangenen. Das Protokoll trägt den Titel: «Geständnis von Raymond de la Coste, waldensischer Häretiker und Diakon in dieser Sekte». In der Tat erklärt der Angeklagte, daß er Diakon ist, und er enthüllt Schritt für Schritt die ganze Organisation seiner Gemeinschaft. Sie haben ein Oberhaupt, das sie nicht «Bischof», sondern «Major» *(majoral)* nennen; dieses Oberhaupt ordiniert in einer Zeremonie, die Raymond de la Coste im Detail schildert, Priester und Diakone. Hier wird das Modell der Urkirche nachgeahmt, das ein Bischofsamt, Älteste und Diakone vorsah, also genau die drei Weihen, die auch die römische Kirche bewahrte: Bischofs-, Priester- und Diakonweihe. Es ist bemerkenswert, daß die Armen von Lyon ebenfalls diese drei Hierarchiegrade geschaffen haben, zwar sicher aus Treue zur Heiligen Schrift, aber ohne Zweifel auch, um Rom nachzuahmen. Auf diese Weise wurde eine Art Gegenmodell zur Kirche erstellt. Es ist schwierig zu sagen, wie lange dieses Modell sich hielt. Der Inquisitor Antonio de Settimo entdeckte im Lauf seiner Piemonteser Verfahren von 1387, daß man in Barge von einem «souverain pontife» (*summus pontifex*, «oberster Bischof») sprach, der in Apulien in Süditalien wohne und Prediger zum Missionieren aussende. Noch 1451 sprach der Piemonteser Philippe Regis vom «Meister» *(magister)*, der in Apulien lebe. Aber es ist schon nicht mehr von Priestern und Diakonen die Rede. Im 15. Jahrhundert sind die Armen von Lyon im Osten wie im Westen aus Gründen der Schwächung oder der Vereinfachung zu einer binären Organisation zurückgekehrt: die Meister oder Brüder auf der einen und die Getreuen oder Gläubigen auf der anderen Seite.

Dennoch spukte das Modell hierarchisierter Weihen weiterhin in den Köpfen der Verantwortlichen herum, da Georges Morel und Pierre Masson 1532 im Namen ihrer Prediger-Kollegen den Reformatoren folgende Frage stellten, die sogar die erste der «Petitionen» ist: «Ob man unter den Meistern des Wortes Gottes Grade der Würde einführen muß, wie etwa Episkopat, Presbyterium und Diakonat.» Aber kurz danach stellen sie klar: «Gleichwohl benützen wir keine solchen Grade.» Diesem – wie ich erinnern möchte, spontanen – Zeugnis läßt sich sowohl entnehmen, daß die Dreiteilung der Hierarchie der Brüder aufgegeben worden war, als auch, wie verunsichert sie in dieser Frage waren. Für sie, die eifrigen Bibelleser mit ihrer wörtlichen Interpretation, war die Beunruhigung um so größer, als verschiedene Bibelstellen aus Matthäus und aus den Paulusbriefen an die Galater, an Titus und Timotheus, die in dem Bericht von 1532 zitiert wurden, sich für die drei Weihen aussprechen. Wie dem auch sei, die Armen von Lyon hatten die Differenzierung zwischen drei Weihegraden, mit oder ohne schlechtes Gewissen, im 15. Jahrhundert aufgegeben. Es blieb nur eine einzige Gruppe von Predigern bestehen – eine sehr einfache Organisationsweise.

Die Stellung der Brüder

Wenn es auch angebracht ist, vor allem vom 14. Jahrhundert an die romanischen Gemeinschaften und die deutschen Gruppen der Armen von Lyon zu unterscheiden, so hatten sie doch auch viele gemeinsame Merkmale, insbesondere die Gruppe der seelsorgerisch tätigen Prediger. Hier möchte ich nun zunächst die allen gemeinsamen Charakteristika näher betrachten, bevor dann später die Unterschiede zu ihrem Recht kommen. Das erste gemeinsame Merkmal der Prediger, das den Rahmen für alle anderen bildete und der Existenz der Prediger sein erbarmungsloses Siegel aufdrückte, ist das Leben im Untergrund. Zwar war dies das Los der ganzen Gemeinschaft, aber aufgrund ihrer spezifischen Verantwortung und Aufgabe gingen die Brüder viel größere Risiken ein. Der Besuch bei den Gläubigen stellte sie vor ein ganz konkretes Problem: Wie sollten sie sich ihnen zu erkennen geben und von den Augen der Obrigkeit unbemerkt bleiben? Sie mußten eine Art Verhaltenscode oder nur von Eingeweihten erkennbare Zeichen erfinden. Über welche Kennzeichen verfügten sie, die sowohl eindeutig als auch diskret und gefahrlos gewesen wären? Der Prediger Martin, der 1492 in Oulx im Piemont verhaftet und verhört wurde, gibt an, daß er im Lauf seiner seelsorgerischen Reise zusammen mit seinem Gefährten nahe bei Aix-en-Provence drei Gläubige getroffen habe, von denen sie «an ihren Kleidern, das heißt an ihren Mänteln» erkannt worden seien. Einige Historiker meinen, daß sie auch eine spezielle Art zu grüßen gehabt hatten, indem sie die Hand auf besondere Weise bewegten, aber diese Ansicht scheint etwas aus der Luft gegriffen.

Das sicherste Mittel, ohne Schwierigkeit identifiziert zu werden, ist offensichtlich, bekannte Familien aufzusuchen. Dies war kein Problem für die älteren Prediger, die die Wege durch die Diaspora kannten. Der Prediger Jean Gérault, der im November 1532 mit seinem jungen Gefährten auf dem Heimweg aus dem Piemont war und bei einem abgelegenen Bauernhaus an der Tür klopfte, wußte, «daß das Haus guten Freunden gehörte, daß eine enge Bekanntschaft bestand und daß sie gerne empfangen würden». In der Tat, fährt das Protokoll des Verhörs fort, «wurden sie gut empfangen und danach bekamen sie zu trinken und auch zu essen». Was aber sollten die jungen Prediger, die den Gläubigen, an die sie sich wenden sollten, unbekannt waren, tun? 1451 antwortete Philippe Régis dem Inquisitor auf seine Frage, woher er wisse, daß die Personen, die er gerade denunziert habe, Waldenser seien, daß er ihre Namen im Buch der Prediger gelesen habe. Wir können jedoch auf der Grundlage dieses einzelnen Zeugnisses nicht verallgemeinernd annehmen, daß diese unvorsichtige Praxis generell üblich war. Es gab geläufigere und einfachere Wege. Der erste bestand im Auswendiglernen einzelner Orts- und Familiennamen. Der zweite bestand darin, einen älteren und einen jüngeren Bruder gemeinsam auf den Weg zu schicken: der ältere kannte das geheime Netz und vermittelte sein Wissen an den jüngeren weiter. Dies wurde vor allem von den romanischen Brüdern so gehandhabt.

Diese Prediger sind Laien. Sie sind nicht mehr wirklich ordiniert wie zur Zeit von Raymond de la Coste, auch wenn sie, wie wir sehen werden, durch eine besondere Zeremonie in die Reihen der Brüder aufgenommen werden. Wenn sie auch eine Gruppe für sich bilden, die für eine genau bestimmte Aufgabe spezialisiert ist, so unterscheiden sie sich genauso deutlich von den Priestern wie von ihren Gläubigen. Letztere sind sich dessen bewußt. Sie verwechseln ihre Prediger nicht mit dem römischen Klerus, sondern sie wissen, daß diese keine priesterliche Weihe empfangen haben. Von Gallus von Neuhaus an einem unbestimmten Datum zwischen 1345 und 1349 verhört, sagt Heinrich aus, daß sein Neffe Cunczlin «bei einem Laien als Beichtvater» gebeichtet habe. Am Ende des 14. Jahrhunderts kennen die meisten Waldenser von Stettin den Laienstatus ihrer «Meister». Hermann Polan hielt sie nicht für Priester. Tylss, die Frau von Hans Steckelyn, hielt sie für Herren *(seigneurs)*, die sie das Gute lehrten, aber nicht für Priester. Peter Lavburch hat sie niemals als Priester angesehen. Margarete, die Frau von Heyne Eckard, dachte, sie seien Brüder und keine Priester, denn sie seien nicht ordiniert. Es ist also offenkundig: Die Brüder waren Laien; sie verheimlichten dies nicht, und ihre Gläubigen wußten dies genau. Das Verhalten Friedrich Reisers, der von einem tschechischen Bischof die Priesterweihe empfangen wollte, wird hierdurch noch erstaunlicher. Dieser Fall ist zweifellos eine Ausnahme und macht den Einfluß der Hussiten auf die Armen von Lyon im Böhmen des 15. Jahrhunderts deutlich. Und dennoch, obwohl das Priesteramt Prestige, ja einen geheiligten und halb magischen Status verschaffte und obwohl die Brüder keine Priester sondern Laien waren, was in der Gemeinschaft allgemein bekannt war, schenkten die Gläubigen auch weiterhin ihren Meistern Glauben und Vertrauen.

Die Brüder legten bei ihrem Amtsantritt drei Gelübde ab. Pierre Griot, der junge Prediger, der kaum seine Ausbildung abgeschlossen hatte, als er im Herbst 1532 in Apt in der Provence vom Inquisitor verhaftet und verhört wurde, äußert sich hierüber am klarsten. Unter der Menge von Auskünften, die er über seine Brüder gibt, befindet sich die Aussage: «Sie versprechen Gott Armut, Keuschheit und Gehorsam.» Die auf diese Weise zusammengefaßte Formel ist so erstaunlich, daß man sich fragt, ob der Inquisitor die Aussage des Angeklagten nicht verfälscht hat, da er ihn dazu bringen wollte zu gestehen, daß die waldensischen Prediger das Leben von Priestern führten. Dies ist jedoch nicht der Fall. Der Bericht von Morel von 1532 bestätigt dieses Zeugnis:

> «Niemand von uns heiratet... Mit Nahrungsmitteln und Kleidung werden wir durch die Almosen des Volkes versorgt, das wir belehren... Alle unsere weltlichen Güter besitzen wir, die Meister, gemeinsam und ausschließlich aufgrund der Almosen des Volkes, die für unseren Unterhalt mehr als ausreichen...»

Was den Gehorsam betrifft, so erwähnen Morel und Masson nur jenen, den die jüngeren den älteren Predigern auf ihren Missionsreisen schulden, aber dieser Gehorsam scheint fast absolut, denn sie schreiben über die jüngeren: «Ohne die Erlaubnis des Älteren wagen sie nicht, etwas zu tun, und sei es auch noch so geringfügig wie Wasser trinken und die Hand schütteln».

Raymond de la Coste hebt 1320 den dem *majoral* geschuldeten Gehorsam hervor. Die Aussagen gegenüber Gallus von Neuhaus gegen die Mitte desselben Jahrhunderts und 1392–1394 gegenüber Peter Zwicker in Stettin bestätigen diese Forderung. Der Buchhändler Heinrich behauptet am 8. Januar 1337, daß sein Bruder Rudlin «bei den Häretikern Meister» sei, und er fügt hinzu: «Er ist Jungfrau, und auf diese Weise wurde er bei den Meistern aufgenommen, denn man kann niemals Meister sein, wenn man nicht Jungfrau ist». Von den Kandidaten wird also nicht nur Ehelosigkeit und Keuschheit, sondern auch Jungfräulichkeit gefordert; allerdings konnte, wie wir wissen, manchmal eine Befreiung hiervon gewährt werden. Auf jeden Fall zog ein sexueller Fehltritt automatisch den Ausschluß aus der Gruppe der Seelsorger nach sich, wie es der Bericht von Morel klarstellt. Was das Armutsprinzip betrifft, so wird es ständig durch die Form des «apostolischen Lebens», das die Brüder führen, geltend gemacht.

Armut, Keuschheit und Gehorsam sind auch die drei Gelübde, die alle Mitglieder der Ordensgeistlichkeit der römischen Kirche ablegen. Überdies erinnert das asketische Leben, zu dem sich die Prediger verpflichtet hatten, in vielerlei Hinsicht an das der besten Mönche. Das Bild, das uns die Brüder vermitteln, ist also das eines echten Bettelordens. Und dies um so mehr, als Morel auf einen Orden von «Schwestern» anspielt, die wahrscheinlich in den Cottischen Alpen zurückgezogen lebten. Die Anwärterinnen mußten das Gelübde ständiger Keuschheit ablegen. Bei ihnen zogen sich die Bewerber für den Predigerstand für einige Zeit, wie für eine Probezeit, zurück. Wir finden gegen 1400 auch in Straßburg junge Mädchen *(dohter)*, die die drei Ordensgelübde ablegten und als Schwestern *(swester)* von Almosen lebten. Auf diese Weise gab es in der Gemeinschaft der Armen von Lyon ein weibliches Pendant zum Orden der Brüder, den der Schwestern – was vage an die Gleichberechtigung der Geschlechter zur Zeit von Waldes und seinen Gefährten erinnert.

Im übrigen entsprach das Lebensideal dieser Laien sehr stark der von den klösterlichen Verfassungen der Bettelorden gepriesenen Askese. Die fromme Literatur, die sie hinterlassen haben und über die wir im nächsten Kapitel sprechen werden, kommt ohne Unterlaß auf die Themen *lo despreczi del mont* (die Verachtung der Welt), *la castita* (die Keuschheit) und *la paureta* (die Armut) zurück. Schon die Eintönigkeit des Vokabulars ist aussagekräftig und zeigt, daß immer wieder dieselben Betrachtungen angestellt werden: *mortificant lo carn* (das Fleisch abtötend); *castigue ben lo cors e lo retorne a servetu* (züchtige deinen Körper gut und führe ihn in die Knechtschaft zurück); *la via de desciplina* (der Weg der Disziplin). Askese war die erste Anforderung an die Brüder. Von der Gemeinschaft abgesondert, verzichteten sie auf Sexualleben, Familie, Eigentum und Seßhaftigkeit. Der Weg, den sie einschlugen, war hart. Er brachte ihnen ausnahmslos gute Zeugnisse von seiten der verhörten Gläubigen ein. Die Meister werden von allen und überall gelobt. Sie ahmen das apostolische Leben nach. Es sind Menschen, die, wie Hans Spigilman 1394 in Stettin sagt, viel fasten und sich züchtigen *(jeûnant beaucoup et se châtiant)*. Sie werden *hommes bons* («gute Menschen», Anm. d. Ü.) und *hommes probes* («rechtschaffene Menschen», Anm. d. Ü.) genannt und Formulierungen aus Pommern ebenso wie aus Straßburg oder der Dauphiné zufolge ganz einfach als Heilige angesehen. Aber diese Askese, obwohl wesentlich, war nur einer der Aspekte, die zu ihrem Status in der Gemeinschaft beitrugen. Der Orden der Brüder, sofern er einer war, war nicht kontemplativ. Er bestand nicht um seiner selbst willen. Seine Existenzberechtigung lag im Volk der Gläubigen, dem er sich aus Berufung zuwandte. Wenn die Prediger ein derartig strenges Leben auf sich nehmen mußten, so geschah dies im Dienst einer Aufgabe, mit der sie betraut worden waren, im Dienst der Gläubigen.

Die Hausierer des Wortes Gottes

Das Predigen bleibt die wichtigste Aufgabe der Brüder. Vom öffentlichen Predigen ist es zum geheimen geworden. Es wird nicht mehr in den Kirchen, auf den Plätzen und in den Straßen gepredigt. Nur im Schoß gläubiger Familien ist noch eine freie Rede möglich. Die Brüder werden in deutschsprachigen Ländern auch Prediger genannt. Die wichtigste Aufgabe ist, das Wort Gottes zu verkünden, also die Bibel zu lesen. Hierfür müssen mehrere Voraussetzungen erfüllt sein. Die Prediger müssen lesen können. Dies mag uns banal erscheinen, aber vergessen wir nicht, daß die Gesellschaft des 15./16. Jahrhunderts zu durchschnittlich 80% aus Analphabeten bestand, die Städte inbegriffen. Wenn man daran denkt, daß die Armen von Lyon alle zur Landbevölkerung gehörten, bei der der Analphabetismus noch höher war, kann man ermessen, welch außergewöhnlichen Platz die Brüder einnahmen. Im Laufe ihrer Ausbildung hatten sie gelernt, zu lesen und zu schreiben, aber infolge dieses Unterrichts konnten sie auch ganze Kapitel des Neuen Testaments auswendig, vor allem das Matthäus- und das Johannesevangelium sowie die Apostelbriefe. Diese Auswahl macht eine besondere religiöse Einstellung deutlich, auf die wir beim Thema der Beziehungen zwischen Armen von Lyon und Reformierten zurückkommen werden. Dennoch vertrauten die Brüder nicht ausschließlich ihrem Gedächtnis, sie hatten kleine Bücher dabei, aus denen sie ihren Zuhörern einige Passagen vorlesen konnten. Der Lesung folgte eine Predigt. Alles spielte sich in der Landessprache ab: romanisch im Westen, deutsch in Zentraleuropa. Das Predigen in der Volkssprache war ein Charakteristikum, das die Gemeinschaft der Armen von Lyon von Anfang an kennzeichnete.

Wenn dieser erste Teil der Zusammenkunft beendet war, nahmen die Brüder den Gläubigen einzeln die Beichte ab. Diese Tätigkeit wird oft stillschweigend übergangen, als ob sie «vergessen» würde, aber ich spreche hier lieber von «verdunkeln», denn sie wird von unzähligen Zeugnissen massiv bestätigt, im Piemont ebenso wie in Pommern, in der Provence wie in Böhmen. Wir haben oben gesehen, daß von Gallus von Neuhaus verhörte Gläubige ohne Bedenken zugaben, daß sie bei Laien beichteten. Manchmal nannten sie die Brüder übrigens «Beichtiger». Die Prozesse in der Dauphiné von 1487/88 beeindrucken in dieser Hinsicht durch die große Zahl übereinstimmender Aussagen. Bei dieser Bevölkerung ist es eine fest etablierte Tradition, bei den Predigern zu beichten: Der eine tut dies seit 27 Jahren, ein anderer seit 36 Jahren, noch zwei weitere seit 40 Jahren, einer seit 47 Jahren. Fast alle Angeklagten geben diese Zuflucht zu den Predigern zu, wobei die Beichthäufigkeit durchschnittlich bei einem Mal alle zwei Jahre liegt. 1382–1394 sagen die Stettiner Gläubigen aus, ihre Sünden ein- oder zweimal pro Jahr zu beichten. Dieses Geständnis der Beichte bei Laien wird durch den Bericht von Morel und Masson von 1532 bestätigt: «Einmal im Jahr besuchen wir unser Volk, denn es ist verstreut und wohnt in verschiedenen Dörfern und wir hören heimlich bei den Einzelnen die Beichte.» Und der Bericht rechtfertigt diese Praxis so:

> «Wir sind der Meinung, daß eine Ohrenbeichte der Sünden nützlich ist, ohne dafür eine besondere Zeit zu beachten, mit dem einzigen Ziel, den Gebrechlichen und Unwissenden, jenen, die Rat suchen, nach der Anordnung der Heiligen Schrift Trost und Hilfe anzubieten.»

Welche Bedeutung besaß die Beichte bei den Armen von Lyon? Sie ist mehr als nur ein einem Mitmenschen gegebener Rat, was der Bericht von Morel zu verstehen zu geben scheint. In Wirklichkeit handelt es sich um etwas ganz anderes, denn die Gläubigen haben das sichere Gefühl, zu beichten und die Absolution zu erhalten. In der Mitte des 14. Jahrhunderts antwortet ein Angeklagter aus Böhmen dem Inquisitor:

> «– Befragt, ob er Bußen erhalten hat,
> Antwortet er, daß ja.
> – Befragt, ob er diese ihm auferlegten Bußen
> verrichtet hat und ob er geglaubt hat, daß sie
> nutzbringend für sein Heil sind,
> Antwortet er, daß ja.»

Mehrere Bewohner aus der Dauphiné bestätigen 1487, daß die Prediger die Macht haben, zu binden und zu lösen. Thomas Guiot aus Pragelat im Piemont gibt 1495 zu, daß er bei den Brüdern gebeichtet habe, daß diese ihm versichert hätten, die Macht zu besitzen, ihm zu vergeben, und daß er ihnen geglaubt habe. Übrigens entspricht der praktizierte Ritus dem der Absolution im Sakrament der Buße. Monet Rey aus Saint-Mamans im Valentinois beschreibt 1494 präzise den Bußritus:

> «Nachdem die Predigten zu Ende waren, schloß sich derjenige, der gepredigt hatte, in ein Zimmer ein und forderte ihn auf, zu ihm zum beichten zu kommen... was er tat und er beichtete bei ihm auf den Knien. Danach, als die Beichte fertig war, gab er ihm die Absolution auf die Weise der Priester, indem er die Hand auf seinen Kopf legte.»

Als Buße bekam er auferlegt, das Pater Noster so oft aufzusagen, wie er konnte, und seinen Mitteln entsprechend einige Almosen zu geben. Im selben Jahr bestätigt Peyronette aus Beauregard, ebenfalls im Valentinois:

> «Jedes Mal, wenn diese Prediger im Haus waren, hat sie einem von ihnen auf den Knien ihre Sünden gebeichtet, als ob sie vor ihrem eigentlichen Priester wäre und, als die Beichte beendet war, gab er ihr die Absolution, indem er seine Hand in der Weise der Priester auf ihren Kopf legte. Über die Buße befragt, die ihr die genannten

Prediger oder Meister für die Sünden auferlegten, die sie gebeichtet hatte, sagte und antwortete sie, daß sie so oft, wie sie konnte, das Pater Noster aufsagen sollte, dann einige Freitage fasten und ihren Mitteln entsprechend einige Almosen geben.»

Das Hersagen des sonntäglichen Gebetes als Buße kehrt bei den Angeklagten aus Stettin immer wieder. Aleyd, die Frau des Thyde Takken, sagt über die Prediger aus, die ihr die Beichte abgenommen haben:

> «Sie befahlen ihr als Buße 4 oder 5 Festtage bei Wasser und Brot und dasselbe für die vier Festtage des Quatembers und 50 Pater Noster an den Festtagen und 100 an den Sonntagen, kein Ave-Maria; sie befahlen ihr jedoch, das Ave-Maria wegen der Priester, die sie darüber ausfragen könnten, zu kennen.»

Peter Ostyrricher wurde ein Fasttag bei Wasser und Brot auferlegt, 20 Pater Noster täglich und am Sonntag so viele, wie er davon aufsagen konnte. «Er verrichtete diese Buße und glaubte, daß er die Absolution erhalten hätte und daß die Buße für sein Seelenheil nutzbringend sei.» Auch Peter Lavburch hielt sich an die Buße, die ihm auferlegt worden war, überzeugt, daß ihm auf diese Weise vergeben werde und daß dies seinem Seelenheil zuträglich sei: 100 Pater Noster sonntags, 50 an den Feiertagen und kein Ave-Maria, sich 10 Tage lang des Biers enthalten und bei Brot fasten. Wir treffen hier wieder auf die Vorliebe der Armen von Lyon für das Sonntagsgebet und ihre Zurückhaltung bezüglich des Engelsgrußes.

Auf jeden Fall handelt es sich bei diesem von den Armen von Lyon praktizierten Ritus tatsächlich um Beichte und Absolution. Eine Formel von 1404, die von den Predigern verwendet wird, um die Sünden zu vergeben, lautet so:

> «Der Herr, der Zachäus, Maria Magdalena und Paulus vergeben hat, der Petrus, Martha und die anderen Büßer von den Fesseln der Ketten befreit hat, möge dir deine Sünden vergeben. Der Herr segne und behüte dich; der Herr wende dir sein Antlitz zu und gebe dir den Frieden. Der Friede Gottes, der jedes Begreifen übersteigt, bewahre dein Herz und deinen Geist in Jesus Christus. Es segne dich der Vater, der Sohn und der Heilige Geist. Amen.»

Wenn auch die Vergebung der Sünden so vollzogen wurde, so bemerkt man doch die Verschiedenheit dieser Formel von der der römischen Kirche: «*Ego te absolvo...*» (Ich spreche dich los...) sagt der Priester dort. Der Bruder begnügt sich damit, auszusprechen: «Gott möge dir vergeben.» Diese Nuance ist keine unwesentliche Kleinigkeit. In den Augen der Gläubigen jedoch, die mit Subtilitäten dieser Art nichts im Sinn haben, besitzen die Prediger die Macht, Sünden zu vergeben.

Die Beichte war in den Augen der Armen von Lyon nicht von relativer Zweitrangigkeit, im Gegenteil: Sie bildete den Mittelpunkt der Mission der Brüder, und die Gläubigen sahen sie als zentral an, ohne daß wir sagen könnten, ob sie ihr sehr anhingen. Übrigens scheint zumindest im Westen die erste Beichte bei einem Prediger eine Art Initiationsritus dargestellt zu haben, das Zeichen des Eintritts in die Gemeinschaft der Gläubigen, zumindest für die im Westen. Nehmen wir von den zahlreichen Verdächtigen, die von Albert de Cattanée am Ende des 15. Jahrhunderts verhört wurden, zwei Zeugen heraus. Pierre Lantelme «hat vor acht Jahren gebeichtet, als er in die Sekte der Waldenser eintrat»; Pierre Passet

> «wollte die Tochter von Jacques Villot heiraten und konnte sie nicht bekommen, wenn er nicht Waldenser würde. Da kam ein *barbe* in sein Haus, der ihn fragte, ob er bei ihm beichten wollte, und er beichtete bei ihm und trat damit in die Sekte der Waldenser ein.»

Noch viele andere bestätigen, daß die Beichte als Ritual des Beitritts zur Gemeinschaft fungierte. Auch diejenigen, die aus Familien von Gläubigen stammten, wurden nicht automatisch Teil der Gemeinschaft. Es war eine persönliche Zustimmung nötig, die oft in der Pubertät, zwischen zwölf und fünfzehn Jahren gegeben wurde. Die Beichte bei den Predigern hinderte jedoch die Gläubigen nicht, einmal im Jahr ihre Sünden auch dem Gemeindepfarrer zu gestehen und in der Kirche zu kommunizieren, also nicht seltener und nicht öfter als ein braver Durchschnittskatholik. Zahlreiche Verdächtige aus Stettin sagen aus, was Peter Ostyrricher gesteht, nämlich daß «er den Priestern gebeichtet und den Leib Christi empfangen hat, ohne zu sagen, daß er von der Sekte war». Auf alle Fälle ist die Beichte bei einem Bruder ebenso ein Zeichen der Zugehörigkeit zur Gemeinschaft wie die Beherbergung eines Predigers. Dies geht aus den Prozeßakten hervor. Der Inquisitor stellt dem Angeklagten immer beide Fragen: «Haben Sie sie beherbergt? Haben Sie bei ihnen gebeichtet?»

Die positive Antwort war Zeichen der Zugehörigkeit zur waldensischen Ketzerbewegung. Dies sind in Wahrheit die beiden sichersten Identifikationskriterien: Ein Armer von Lyon ist jemand, der die Prediger bei sich aufnimmt und/oder bei ihnen beichtet.

Im Lauf dieser Mission des Predigens und Beichte-Hörens empfingen die Brüder Opfergaben von den Gläubigen. Dem Inquisitor, der ihn fragte, ob er dem Prediger nach der Beichte etwas gegeben habe, antwortete Thomas Guiot: «ein Viertel». Monet Rey macht deutlich, daß dies Tradition war: «Er gab dem Beichtvater zwei oder drei große Geldstücke, wie es der Brauch war.» Diese Summe diente einerseits dem Unterhalt der Prediger, andererseits der Unterstützung von Armen, zumindest bei den romanischen Brüdern. Auf diese Weise konnten jedes Jahr beträchtliche Summen gesammelt werden. Philippe Régis, der 1451 in Pinerolo verhört wurde, sagte aus, daß er mit einem seiner Kollegen jedes Jahr viel Geld gesammelt habe, das dann nach Apulien gebracht worden sei; im März 1449 habe es sich um 300 Dukaten gehandelt. Der Inquisitor Jean de Roma schrieb 1533, daß diese Prediger «in den Diözesen Apt, Cavaillon und Carpentras sechshundert Goldtaler in einem Jahr gesammelt haben». Wir haben gesehen, daß Morel sowohl die Praxis des Almosengebens in seiner Gemeinde wie auch die Großzügigkeit der Gläubigen gegenüber den Predigern bestätigte. Er fügte hinzu: «Von der lebenden Bevölkerung und oft auch von Personen, die sich in ihrer Todesstunde befinden, erhalten wir Geld im Überfluß und viele andere Dinge.» Die Gemeinschaft unterhielt somit eine Gruppe von Seelsorgern, die nur ihr dienten. Durch diese konkrete, finanzielle Unterstützung der Prediger erkannten die Gläubigen die guten Dienste ihrer «Seelsorger» an.

Dennoch bildeten die Brüder nicht mehr, wie am Anfang der Bewegung, eine einzige und fest zusammenhängende Gruppe. Der diesbezüglichen Entwicklung der Gemeinschaft der Armen von Lyon folgend, hatte auch sie sich gespalten. Der Grund hierfür waren nicht gegensätzliche religiöse Ansichten, wie dies im 13. Jahrhundert der Fall war, sondern die geographische Verstreuung, die schließlich zur Bildung zweier Blöcke geführt hatte: dem romanischen Westen und dem deutschsprachigen Osten. Man kann leicht nachvollziehen, daß sich bei den Predigern, die ihrem Volk so nahe stehen wollten und seine Sprache sprachen, über kurz oder lang dieselbe Teilung einstellen mußte. Im 15. Jahrhundert gibt es jedenfalls zwei Predigergruppen, eine für jede Sprachgemeinschaft. Wie hätte es auch anders gehen sollen? Die Kontakte zwischen den beiden geographischen Flügeln wurden im Lauf der Zeit immer schwieriger, bis sie schließlich im 15. und 16. Jahrhundert zum Ausnahmefall wurden. Sicherlich bewahrten alle die Existenz des anderen Flügels im Gedächtnis, aber dies drückte sich nicht mehr in der Praxis aus und vor allem nicht in einer gemeinsamen Organisation. Es sind von nun an zwei Gemeinschaften. Die Brüder im Osten haben wohl ebenfalls ein System von Missionsreisen, Predigerausbildung, zu ihrem Empfang geeigneten Häusern und jährlichen Zusammenkünften entwickelt, aber mangels Quellen wissen wir kaum etwas davon. Tatsächlich stammt alles, was wir über sie erfahren können, aus den gegen Gläubige angestrengten Prozessen. Im Gegensatz zum Westen verfügen wir hier nicht über Schriftstücke, die die Prediger unmittelbar betreffen, mit Ausnahme der Prozeßakte von Friedrich Reiser in der Mitte des 15. Jahrhunderts. Aber abgesehen davon, daß nicht nur das Original, sondern auch die Kopie aus dem 16. Jahrhundert 1870 bei dem Brand der Straßburger Bibliothek vernichtet wurde, lassen sich aufgrund der Persönlichkeit dieses Bruders und seines Übertritts zum Hussitentum daraus vernünftigerweise keine allgemeinen Schlüsse für die Gemeinschaft der deutschsprachigen Brüder ziehen. Zum Ausgleich sind wir über die romanischen Prediger besser informiert.

Die «barbes» («Bärte»)

Im Westen verfügen wir zunächst über zahlreiche Prozeßakten aus der Dauphiné aus den Jahren 1487 bis 1495, in denen die Gläubigen sehr ausführlich über die Prediger sprechen. Das Verhör von Philippe Régis 1451 stellt einen Sonderfall dar, denn der Angeklagte war eine Art Leutnant oder Adjutant der Brüder. Das 1533 verfaßte Traktat von Jean de Roma erweist sich als sehr reich an Informationen, denn der Inquisitor war gegen die provenzalischen Gemeinschaften vorgegangen und hatte vor allem selbst zwei Prediger verhört – der Mann kannte sich also aus. Übrigens hat er uns das Protokoll der acht Inquisitionsverhandlungen hinterlassen, die er gegen Pierre Griot leitete. Darüber hinaus sind uns noch zwei weitere Prozesse gegen Prediger überliefert: derjenige, der 1492 in Oulx in den Alpen der Dauphiné gegen François de Girundino und Pierre de Jacopo angestrengt wurde, und derjenige von 1539 gegen den provenzalischen Meister Jean Serre aus Murs, mit seinen vollständigen Geständnissen. Schließlich ist hier noch einmal der Bericht der beiden Prediger Georges Morel und Pierre Masson das wertvollste Zeugnis. Aus der Gesamtheit dieser Dokumente, von denen einige noch nicht veröffentlichte Handschriften sind, und ihrem kritischen Vergleich miteinander stammt das, was wir über unsere Brüder im Westen wissen.

Zunächst ihr Name. Die romanischen Armen von Lyon nennen ihre Prediger nicht «Brüder», «Meister» oder «Herren», wie sie in Zentral- oder Osteuropa heißen, sondern *barbes* («Bärte»). Dieser Begriff muß erklärt werden. Er stammt aus dem romanischen Sprachbereich. Frédéric Mistral definiert ihn in seinem Lexikon folgendermaßen: «Ehrentitel, den man in den Alpen des Piemont und der Grafschaft Nizza einem alten Volk oder einem Onkel *(«oncle»)* gibt.» In der Tat sagt man im Piemontesischen heute noch *barba* für «Onkel». 1530 nennt Pierre Griot einen Prediger, mit dem er unterwegs gewesen war, *l'oncle Georges* («Onkel Georges»). Als die Prediger nachts in dem Weiler Les Tourettes in der Nähe von Apt angekommen waren, informierte ein Bote Jean Tasquier, «daß die Onkel *(les oncles)* angekommen sind». Noch heute ist es in der Provence gang und gäbe, einen Alten im Dorf *oncle* zu nennen, womit gleichzeitig Respekt und familiäre Zuneigung ausgedrückt wird. Dieses Wort gehörte also zur Sprachkultur des Volkes und wurde nun von den Armen von Lyon auf das religiöse Gebiet übertragen. Ein Gläubiger konnte also, wie der Bote von Les Tourettes, die Ankunft der «Onkel» melden, ohne notwendigerweise Verdacht zu erregen. Gleichwohl nannten nur die Armen von Lyon ihre Verantwortlichen so. Dies ist eines ihrer Charakteristika.

Nun taucht der Begriff *barbe* erst im 15. Jahrhundert in ihrer Gemeinschaft auf. Meiner Kenntnis nach erscheint er zum ersten Mal 1451 im Prozeß von Philippe Régis in Pinerolo. Danach breitet er sich aus. Der Prozeß und das Traktat von Jean de Roma, die Stellungnahme des provenzalischen *parlement* von 1533, die Verteidigungsrede von Jacques Aubéry von 1551, sie alle benutzen diese und nur diese Bezeichnung. Philippe Régis half den *barbes*; Pierre de Jacopo und François de Girundino, die 1492 verhaftet wurden, Georges Morel und Pierre Masson, die zu den Reformatoren geschickt wurden, Jean Serre aus Murs und Jean Gérault aus Embrun, Pierre Griot und viele andere, die in den unterschiedlichen Dokumenten zitiert werden, alle werden *barbes* genannt oder nennen sich selbst so. Wenn auch dieser Begriff sehr wohl *oncle* bedeutet, so handelt es sich weder um das französische *oncle* noch um das romanische *ouncle*, sondern um das piemontesische Wort. Dies zeigt sehr deutlich – denn das Vokabular enthüllt mehr, als man glaubt – das Gewicht, das der Piemont in der westlichen Diaspora gewonnen hatte. Mehr als die

Dauphiné, die Provence, Kalabrien oder Apulien war er zum wichtigsten Stützpunkt der Armen von Lyon geworden.

Die *barbes* stammten aus dem gläubigen Volk. Da die Armen von Lyon im wesentlichen zur Landbevölkerung gehörten, gab dies den *barbes* eine besondere Note im Vergleich zum katholischen Klerus und später den reformierten Seelsorgern, von denen sie sich bezüglich ihrer sozialen Zusammensetzung stark unterschieden. «In Wahrheit, schreiben Morel und Masson, kommen all die unsrigen, die empfangen werden müssen, fast immer vom Tiere-Hüten oder vom Ackerbau, und sie sind 25, höchstens 30 Jahre alt und ohne jede Ausbildung.» (Vinay) Ohne Zweifel verweist diese Betonung der Unwissenheit implizit auf die Worte Jesu, einmal mehr aus dem Matthäus-Evangelium: «Ich preise dich, Vater, Herr des Himmels und der Erde, weil du all das den Weisen und Klugen verborgen, den Unmündigen aber offenbart hast.» (Mt 11, 25) Die geographische Herkunft der *barbes* reflektiert wie ihre soziale Schicht die Diaspora-Situation der Armen von Lyon. Aus verschiedenen Quellen kennen wir von 107 für das 15. und 16. Jahrhundert verzeichneten *barbes* die Herkunft von 79: 47 kommen aus dem Piemont, 13 aus Umbrien, 8 aus der Dauphiné, 6 aus der Provence und die fünf letzten aus jeweils verschiedenen Gegenden. Die piemontesische «Vorherrschaft» ist erdrückend.

Um diesen jungen Bauern eine seelsorgerliche Aufgabe anzuvertrauen, erwies sich eine Ausbildung als unerläßlich. Ein Brief von zwei *barbes* aus dem Jahre 1530 beschreibt die den Kandidaten auferlegte Vorbereitung: Von den Freiwilligen, die ihre Bewerbung an das Kollegium der versammelten *barbes* richteten, wurden diejenigen angenommen, die einen guten Ruf genossen. Sie wurden von den *barbes* drei oder vier Jahre lang zur Ausbildung geschickt, aber nur während der zwei oder drei Wintermonate. Dort lernten sie lesen und schreiben und die Bücher des Neuen Testaments, vor allem Matthäus und Johannes, auswendig aufsagen. Wenn die Wintermonate vorüber waren, kam die praktische Lehrzeit. Ein älterer *barbe* nahm den jüngeren auf seine missionarische Wanderschaft mit, um ihn mit dem Predigen vertraut zu machen. Dieses, obwohl heimliche, so doch offizielle Ergreifen des Wortes in der waldensischen Gemeinschaft stellte einen echten Aufstieg dar, und zwar in sozialer wie in religiöser Hinsicht. Somit wechselten sich die winterliche theoretische und die sommerliche praktische Ausbildung ab. Während dieser Zeit zogen sie sich auch zu Schwestern zurück, die irgendwo im Piemont in Jungfräulichkeit lebten. Dort beschäftigten sie sich ein oder zwei Jahre lang mit «irdischen Aktivitäten».

Endlich, wenn die Ausbildungszeit mit der Feier der Eucharistie – diese wurde anscheinend nur noch bei dieser Gelegenheit praktiziert – und dem Auflegen der Hände ihr Ende fand, waren die Schüler zum *ministère du presbytérat et de la prédication* (Morel) («Presbyter- und Predigeramt», Anm. d. Ü.) zugelassen. Daraufhin fand ein besonderer Ritus statt: die Namensänderung. Man muß die große Bedeutung der Namensgebung bedenken, damals wie übrigens auch heute, wenn etwa der Vorname eines Neugeborenen gewählt wird. Einen Namen zu geben bedeutet Aneignung. Als Gott am Anfang der Welt den Menschen zur Krönung der Schöpfung machen will, verleiht er ihm das Recht, allen Tieren Namen zu geben:

> «Gott der Herr formte aus dem Ackerboden alle Tiere des Feldes und alle Vögel des Himmels und führte sie dem Menschen zu, um zu sehen, wie er sie benennen würde. Und wie der Mensch jedes lebendige Wesen benannte, so sollte es heißen. Der Mensch gab Namen allem Vieh, den Vögeln des Himmels und allen Tieren des Feldes.» (Gen. 2,19–20)

Wenn es schon so bedeutungsvoll ist, einen Namen zu geben, um wieviel bedeutungsvoller ist es dann erst, ihn zu ändern! Eine solche Namensänderung nahmen die Herren in der Antike und noch lange Zeit danach bei ihren Sklaven vor, wodurch sie ihr Besitzrecht geltend machten. Als die Mönchsorden beim Eintritt in das religiöse Leben den Namenswechsel des Novizen einführten, wollten sie gleichzeitig auf die neue Geburt und die absolute Zugehörigkeit des neuen Mönches zu Gott verweisen, dem er sich durch die drei Gelübde «Keuschheit», «Armut» und «Gehorsam» weihte. Dasselbe gilt auch für die *barbes*. François de Girundino, einer der beiden 1492 verhafteten und verhörten *barbes*, erklärt es,

> «indem er sagt, daß ihr großer Meister, den sie *committe* nennen, wenn er sie zu *barbes* ernennt und ihnen Macht verleiht, ihren Namen ändert; und daß er selbst François hieß, bevor er von ihrem sogenannten *committe* zum *barbe* ernannt wurde, und dieser ihm den Namen ‹Martin› auferlegte, als er *barbe* wurde».

Sein Gefährte Pierre de Jacopo war zum *barbe* Jean geworden. Auch hierfür existiert im Neuen Testament ein Vorbild, das diese Tradition der Namensänderung vollständig rechtfertigte: So spricht Jesus im Johannesevangelium zu Simon: «Du bist Simon, der Sohn des Johannes, du sollst Kephas (d.h. Fels = Petrus) heißen.» (Joh 1,42) Diese Praxis, deren religiöse Bedeutung offensichtlich ist, stellte gleichzeitig auch eine elementare Vorsichtsmaßnahme dar: Auf diese Weise konnten polizeiliche Untersuchungen leichter in die Irre geführt werden. Sie verwirrt auch uns, da wir von den *barbes* meistens nur den Vornamen kennen. Auf jeden Fall erinnert uns dieses Merkmal daran, daß die *barbes*, wie ihre Brüder im Osten, eine Art religiöser Orden bildeten.

Die Ernsthaftigkeit der Vorbereitung, der sich die *barbes* unterziehen mußten, erstaunt. Zwar war sie begrenzt, doch immerhin fand überhaupt eine Vorbereitung statt, was insbesondere angesichts der armseligen Ausbildung des katholischen Klerus zu dieser Zeit hervorzuheben ist. Hinsichtlich der Ausbildung ist das Kollegium der *barbes* dem römischen Klerus unbestreitbar überlegen. Diese Lehrzeit war zwar stark von traditionellen Aspekten geprägt, insbesondere, was das Auswendiglernen betrifft (vergessen wir jedoch nicht, daß das Gedächtnis dieser Bevölkerung, die im Zeitalter der Mündlichkeit lebte, zu nach heutigem Maßstab wahren Glanzleistungen fähig war), doch konzentrierte sie sich auf die Heilige Schrift und nicht, wie die universitäre Ausbildung von damals, auf Kommentare oder auf fromme Werke. Schließlich entspricht die Ausbildung vollkommen der Gemeinschaft und ihren Zielen: Da die *barbes* die Bibel in der Volkssprache lernen, werden sie später von keinerlei Sprachbarriere behindert; im übrigen besitzt die Vorbereitung genügend Praxisbezug, weil sie unterwegs ganz konkret die geheime Rede üben.

Geheimorganisation

Nach dem Ende der Ausbildung beginnt die eigentliche Aufgabe: «Auf diese Weise vorbereitet und unterrichtet», berichtet Morel, «werden sie zu zweit zur Verkündung des Evangeliums geschickt». Nach den Zeugnissen aus der Dauphiné von 1487 zeigen sie sich in der Tat immer auf diese Weise. Die zwei *barbes*, die zusammen unterwegs waren, wurden 1492 gleichzeitig in Oulx verhaftet. Wiederum zwei Prediger, Georges Morel und Pierre Masson, wurden 1530 zu den Reformatoren geschickt. Im Herbst 1532 war Pierre Griot zusammen mit Jean Gérault vom Piemont bis in die Provence gereist. Der Hauptgrund für die Bildung von Predigerpaaren ist erneut der Wunsch, dem Beispiel des Evangeliums zu folgen, denn Jesus hatte die Zwölf ein erstes Mal zusammengerufen «und sandte sie aus, jeweils zwei zusammen» (Mk 6,7); und ebenso heißt es bei Lukas: «Danach suchte der Herr zweiundsiebzig andere aus und sandte sie zu zweit voraus». (Lk 10,1) Aber diese Praxis beruhte auch einfach auf gesundem Menschenverstand, was Pierre Griot ebenso klar wie naiv ausdrückt:

> «Wenn die Prediger zu zweit weggehen, gibt es einen, der der Anführer ist, und der andere ist einfach sein Gefährte, der ihm aus mehreren Gründen mitgegeben wird. Der erste ist, um das Neue Testament zu lernen, der zweite, um sich Schritt für Schritt im Predigen zu üben, der dritte ist, um bei der Kongregation zu bezeugen, daß sein sogenannter Meister gute Umgangsformen hatte und daß er das Volk auch in der Lehre der Sekte unterrichtete oder daß er im Gegenteil mit seiner Predigt die römische Kirche unterstützt hat.»

Somit war eine dreifache Funktion gegeben: Lehre, Übung und Kontrolle.

Selbst die zu zweit umherziehenden Prediger kannten eine Art Hierarchie. Der Ältere war der Meister. Die vom Älteren ausgeübte Macht war durch sein umfangreicheres Wissen gerechtfertigt. Der Bericht von Morel und Masson wie die Geständnisse des Pierre Griot bestätigen diese hierarchische Struktur. Diejenigen, die in den Armen von Lyon eine egalitäre Gesellschaft im Gegensatz zur stark hierarchisch aufgebauten katholischen Kirche sehen wollen, projizieren auf sie ein *a priori*, das zu den Zeugnissen, die wir haben, im Widerspruch steht. Dies ist nicht erstaunlich, denn die Armen von Lyon sind Menschen ihrer Zeit und die Gesellschaft ist grundsätzlich hierarchisch strukturiert. Wir sahen, daß der ursprüngliche egalitäre – und damit revolutionäre – Ansatz der Zeit nicht widerstanden hat. Aber die Macht des Meisters ist nicht uneingeschränkt: Dadurch, daß der jüngere bei der jährlichen Synode ein Urteil über ihn abgeben muß, entsteht eine gewisse Wechselseitigkeit. «Einmal pro Jahr versammeln wir, die Prediger, uns alle, um unsere Angelegenheiten in einem allgemeinen Rat zu behandeln», heißt es in dem Brief an die Reformatoren von 1530. Zwei Jahre später bestätigt das Verhör des jungen *barbe* Griot:

> «Alle *barbes* und Prediger der genannten Sekte versammeln sich einmal im Jahr zwischen den Bergen und Landschaften des Piemont. Im vergangenen Jahr versammelten sie sich im Piemont im Luserne-Tal, in einem Ort, der Le Serre genannt wird und nur aus

> zehn oder zwölf Häusern besteht. Nach dem Hörensagen treffen sie sich immer in dieser Gegend.»

Der junge Mann ist noch unerfahren und irrt sich in einigen Punkten. So fanden die Treffen nicht immer im Piemont statt, da z. B. das von 1530 in Mérindol in der Provence abgehalten wurde. Ohne Zweifel kam man jedoch am häufigsten im Piemont zusammen, das im Grund seiner schwer zugänglichen Täler eine sicherere Zuflucht bot. Die Versammlung konnte zahlreich sein, obwohl sie nur die *barbes*, d. h. die Brüder des Westens, umfaßte. Gerolamo Miolo behauptet in seiner am Ende des 16. Jahrhunderts verfaßten *Historia breve*, daß «sie sich einmal zu 140 in einer im Laux-Tal im Tal von Cluson abgehaltenen Synode versammelt haben». Der Inquisitor Jean de Roma hatte 40–42 Prediger verzeichnet. Da die Zahl wohl auch geschwankt hat, ist es nicht möglich, präzise Angaben zu machen.

Wenn alle, die aus den verschiedenen westlichen Gebieten der Diaspora gekommen waren, versammelt waren, konnte das Treffen eröffnet werden. Die Hierarchie wahrte ihre Rechte. Aber die Leitung der Synode war, wie jene der Gruppe der *barbes* und, konsequenterweise, der ganzen Gemeinschaft der Gläubigen, kollektiv. Während, wie wir gesehen haben, die Prozeßakten von 1487–1488 und die der beiden *barbes* von 1492 von einem «großen Meister» sprechen, habe ich hiervon nach der Wende vom 15. zum 16. Jahrhundert keine Spur mehr entdeckt. Aber vielleicht wurde der Begriff auf einen der Verantwortlichen angewandt. Pierre Griot erweist sich diesbezüglich als sehr genau:

> «In ihrer synodalen Kongregation gibt es vier Leiter ihrer Synode, die mit ihrem Rat alle anderen führen. Von den vier jetzigen heißt der älteste Louis, der andere Etienne, wieder ein anderer Daniel und der vierte Luc».

Die Identifikation dieser Personen bereitet mangels zusätzlicher Auskünfte große Schwierigkeiten.

Dieses jährliche Treffen war als Informationsquelle und religiöser Wegweiser für das Leben der Armen von Lyon unerläßlich. Dort wurden die Neuigkeiten aus der ganzen Diaspora ausgetauscht. Beispielsweise befand sich auf der Synode von Le Serre «Antoine Guérin, Strumpfwarenhändler aus Avignon, der der genannten Gesellschaft erzählte, daß es in der Provence einen Inquisitor gab, der maître Jean de Rome genannt wurde und die Leute ihrer Sekte gefangennahm».

Die ganze Gemeinschaft konnte somit in Einklang gebracht werden, an den Schicksalsschlägen der verschiedenen Regionen teilhaben, Abhilfe schaffen oder zumindest Hilfsmaßnahmen organisieren.

Die *barbes* brachten den Ertrag ihrer Kollekte dorthin. Jean de Roma bestätigt dies ebenso wie Morel und Masson. Die Bestimmung dieses Geldes kennen wir, einmal mehr, dank Pierre Griot. Ihm zufolge

> «geben (die Anführer) ihnen soviel Geld, wie sie für ihre Reise brauchen. Wenn sie im nächsten Jahr zur Versammlung zurückkehren und sie für ihre Predigten Geld erhalten haben, so geben sie alles der Versammlung. Dieses Geld wird für den Lebensunterhalt der Armen ihrer Sekte verwandt».

Der Inquisitor sah nur die Bestimmung als Wegzehrung; das besondere Gespür für die Armut, das für die Armen von Lyon so charakteristisch ist, ließ er in Vergessenheit geraten. Im Gegensatz hierzu hatten die Mitglieder des provenzalischen *parlement*, die 1533 einen Bericht an François I. schickten, nur diesen Aspekt im Gedächtnis behalten; sie notierten, daß die *barbes* auf die jährliche Synode «alles Geld mitbringen, das sie gesammelt haben, und anordnen, daß es unter den Armen ihrer Sekte verteilt werden soll». Die synodale Versammlung diente also dem Informationsaustausch und der (Ver)Teilung der Almosen. Darüber hinaus hatte sie auch die Funktion, das Leben, die Sitten und die Mission der *barbes* einer Kontrolle zu unterziehen. Pierre Griot erzählt, daß, wenn der Prediger kein guter Umgang war, er nicht gut gepredigt hatte,

> «er diszipliniert und getadelt würde – auch, wenn er Geld von den Armen genommen hat, nicht keusch gelebt hat, das Volk aufgebracht hat oder wenn er nicht eifrig und vorbildlich war. Denn wenn er einen Fehltritt begangen hat, wird er bestraft oder er darf nicht mehr predigen».

Morel ergänzt Griots Aussage:

> «Bevor wir die genannte Ratsversammlung verlassen, bitten wir alle einander um Vergebung unseres Fehlverhaltens. Wenn einer eine sexuelle Sünde begeht, wird er aus unserer Vereinigung ausgeschlossen und die Ausübung des Predigeramts wird ihm verboten.»

Schließlich wurde auf der Synode die Zuteilung der Seelsorge-Gebiete beschlossen. Die *barbes* wurden in Zweier-Gruppen eingeteilt und jedem «Paar» wurde ein Missionsgebiet zugewiesen. Wie Morel sagt:

> «Wir werden zu zweit von einem Ort zum anderen geschickt. In der Tat bleiben wir am selben Ort nicht länger als zwei oder drei Jahre, vielleicht mit Ausnahme der Älteren; ihnen wird manchmal zugestanden, an einem einzigen Ort bleiben zu können, solange sie leben».

Das Umherziehen ist ein wesentliches Charakteristikum der Brüder, im Osten wie im Westen. Hierzu Pierre Griot: «Die vier Leiter schikken ihre Prediger zu zweit in verschiedene Länder und Provinzen». Diese zutiefst dem Evangelium entsprechende Mobilität hatte spirituelle Vorteile. Sie verhinderte z.B., daß sich die *barbes* zu sehr an eine Familie oder Person banden. Sie bot auch unbestreitbar die Möglichkeit, den polizeilichen Verfolgungen leichter zu entgehen, die Spuren zu verwischen. Jean de Roma hatte dies begriffen:

> «Um nicht wiedererkannt zu werden, kommen die oben genannten Prediger niemals zwei Jahre hintereinander in dieselbe Provinz, sondern sie werden von einer Provinz in die andere versetzt. Wenn einer aus einer Provinz weggegangen ist, kommt auf diese Weise im nächsten Jahr ein anderer.»

Die Heimlichkeit, mit der diese Ortswechsel vollzogen wurden, trug zur Sicherheit der *barbes* bei. Dennoch blieb das Missionieren trotz aller Vorkehrungen gefährlich.

Fleißig und fromm

Was die Aufgaben der Brüder, im Westen wie im Osten, waren, haben wir bereits gesehen. Gemeinsam waren allen Predigern das Leben im Untergrund, die befreundeten Häusern vorbehaltene Predigt und Beichte, mögliche Erkennungszeichen, Kollekte. Abgesehen von Friedrich Reiser, dessen Name «Reisender» bedeutet und der unermüdlich in Zentraleuropa umherzog, der jedoch nicht repräsentativ ist für die Gruppe der im Osten wirkenden Prediger, haben wir keine Informationen über die Missions-Routen der Brüder im Osten. Zum

Ausgleich kennen wir die Länge der Rundreisen der *barbes*, und zwar aufgrund des Verhörs zweier *barbes*, Martin und Jean, im Jahre 1492. Ein Jahr vorher waren Martin und ein anderer Gefährte über den Berg Cenis nach Frankreich gekommen und hatten den Bourbonnais, den Rouergue, den Forez, die Auvergne, den Limousin und das Bordelais besucht. Im folgenden Jahr brach er mit dem *barbe* Jean auf. Da er krank wurde, mußte er aber in Italien bleiben. Jean reiste deshalb allein über Genf, Nizza und die Provence, besuchte den Vivarais, die Auvergne, den Velay, das Beaujolais, Chambéry in Savoyen, Gap und die Dauphiné. Während dieser Zeit reiste der wieder gesundete Martin in Begleitung von André d'Anani über Genf, Nizza, Aix-en-Provence, durchquerte den Vivarais, die Auvergne, den Beaujolais und erreichte schließlich Lyon, wo er und sein Gefährte sechs andere *barbes* trafen.

Martin und Jean konnten nun die ursprüngliche «Predigerzelle» wiederherstellen und begaben sich zusammen in den Velay, die Auvergne, den Forez, den Beaujolais. Sie kamen erneut nach Lyon, um danach über die Bresse, Genf, Annecy, Conflans, die Umgebung von Albertville, Aiguebelle, la Chambre, Saint-Jean-de-Maurienne, Valloire in Savoyen, Névache, Bardonnèche und Savoulx nach Oulx zu reisen, wo sie gefangengenommen wurden. Aber eigentlich hätte ihr Weg dort nicht enden sollen. Sie hatten vorgehabt, in das Cluson-Tal, das Tal Saint Martin und das Luserne-Tal zu gehen, dann über den Westen nach Freissinières, L'Argentière und Vallouise zurückzukommen, um sich schließlich in die Lombardei zu begeben, wo sie mit zwei anderen *barbes* verabredet waren. Somit kann man die Strecken ermessen, die diese Landstreicher Gottes während einer Predigtsaison zurücklegten: Hunderte, ja Tausende von Kilometern. Das den Predigern zugewiesene Gebiet war zwar nicht immer so groß. Es variierte wohl beträchtlich, je nachdem, wie dicht die Gläubigen dort wohnten. Wie dem auch sei, das jährliche Treffen, meistens im Piemont, verlängerte noch einmal den bereits in den Missionsreisen zurückgelegten Weg. Und zuverlässig und unermüdlich erfüllten die *barbes* ihre undankbare Aufgabe, trotz der immer drohenden Gefahren.

Um ihre Ortswechsel bei einer solchen «Nomaden» übelwollenden Obrigkeit leichter rechtfertigen zu können, erklärten die *barbes*, einen Beruf auszuüben. Den wenigen Berufen, die sie praktizierten, war gemeinsam, daß das Umherziehen zu ihrer Ausübung unerläßlich war. Es ist bekannt, wie sehr Waldes es am Anfang der Bewegung abgelehnt hatte, daß die Prediger einer Arbeit nachgingen. Der Apostel soll von seinem Wort leben, um sich ganz seiner Aufgabe zu widmen. Wie war dies bei den *barbes*? Die Meister, die am Ende des 14. Jahrhunderts von Apulien nach Barge kamen, machten beim Kaufmann Antoine Volpi halt. Da er oft Leute empfing, erregte es keinen Verdacht in der Stadt, wenn Fremde bei ihm einkehrten. Der *barbe* aus Apulien, von dem Philippe Régis 1451 sprach, erweckte in der Tat den Anschein, Kaufmann zu sein. Was den Angeklagten selbst und seinen Gefährten betrifft, so gaben sie vor, Kurzwarenhändler zu sein. Andere stellten Nadeln her, so daß das Vorzeigen eines Nadelkissens manchmal zum Erkennungszeichen der *barbes* wurde. Der Inquisitor Jean de Roma schrieb an das *parlement* in Aix: «Die Prediger ziehen durch die Welt, der Erscheinung nach gewöhnliche und einfache Handwerker».

Nun stellt sich aber bezüglich der entlohnten Arbeit der *barbes* die Frage: War sie nur ein Deckmantel für ihre heimlichen Aktivitäten oder diente sie, als Ergänzung der erhaltenen Almosen, dem Lebensunterhalt? Der protestantische Historiker G. Miolo schrieb am Ende des 16. Jahrhunderts:

> «Sie verwandten sich für die Medizin und die Chirurgie; einige von ihnen übten auch ein handwerkliches Gewerbe aus, wie die Herstellung von Holzlöffeln, von Geldbeuteln oder Nadeln für die Frauen nach Art des Landes. Und sie stellten Leder her nach dem Beispiel und in Nachahmung des Paulus.»

Morel und Masson berichten: «Wir verrichten verschiedene manuelle Arbeiten, um unserem Volk zu gefallen und nicht müßig zu sein». Der Beruf wurde also wirklich ausgeübt. Vor allem die Medizin schienen sie zu bevorzugen. Pierre Gilles stellte in seiner Geschichte von 1644 fest: «Jeder... hatte neben der Kenntnis und Ausübung seines Amtes auch eine Berufsausbildung, besonders in der Medizin und der Chirurgie, wo sie großen Einfluß hatten und sehr geschätzt wurden».

Es gibt mehrere Hinweise darauf, daß die *barbes* sich insbesondere mit der Gesundheit befaßten. 1487 erzählt Odin Crespin aus Freissinières in der Dauphiné im Lauf seines Verhörs, daß er im Jahr zuvor ein krankes Bein gehabt habe. Sein Onkel habe zu ihm gesagt: «Wenn du mir vertrauen willst, dann bringe ich dich zu einem Mann, einem großen Gelehrten, der dich schnell wieder gesund machen wird». So geschah es. Nach einer Unterhaltung zwischen dem Onkel und dem *barbe* in der Abwesenheit Odins begab sich dieser allein mit dem *barbe* in ein Zimmer. Der *barbe* fragte ihn nach seinem Wohnort und ob er für gewöhnlich einen Eid leiste. Daraufhin folgte die medizinische Untersuchung:

«Dann wollte er sein verletztes Schienbein sehen und sagte zu ihm: Wenn du das, was ich dir sage, tun wirst, wirst du geheilt werden. Und er sagte ihm, daß er bei ihm ein ‹Miltalha› genanntes Heilkraut anwenden werde.»

Morel und Masson bestätigen dieses besondere Augenmerk auf Krankheiten:

«Wenn jemand krank ist und wir gerufen werden, besuchen wir ihn, um ihn durch Ermunterungen und Gebete zu trösten; und manchmal besuchen wir die Kranken sogar ohne gerufen worden zu sein, da wir ihre Bedürftigkeit kennen, um ihnen geistlich und körperlich zu helfen.»

Die Universitätsbibliothek von Cambridge besitzt unter den «waldensischen Handschriften» einen kleinen Text von drei Seiten, der aus dem 15. Jahrhundert stammt, in romanischer Volkssprache geschrieben ist und eine Art Handbuch zur Herstellung von Medikamenten darstellt. Er befaßt sich mit ihrer Zusammensetzung, mit der Art der Herstellung und Anwendung sowie mit Indikationen und Wirksamkeit.

Der Sinn dieser Spezialisierung der *barbes* wird klar, wenn man sich daran erinnert, daß die Armen von Lyon den Kult der Heiligen, ihre Reliquienschreine und Reliquien ablehnten, die für die Bevölkerung dieser Zeit im Fall von Krankheit oder Gebrechen die normale Zuflucht darstellten. Die Armen Christi wandten sich nicht an heilende Lieblingsheilige; sie riefen ihre *barbes* zu Hilfe. «In der Not soll man sich nicht an die Heiligen wenden, denn sie können uns nicht helfen», sagte Thomas Guiot 1495. Im übrigen war den *barbes* wohl bewußt, daß sie, wenn sie dieser sowohl karitativen wie gewinnbringenden Tätigkeit nachgingen, einem Rat des Evangeliums folgten. Wird in der Heiligen Schrift nicht empfohlen, für die Kranken und Gebrechlichen zu sorgen? Sind sie nicht auch Arme? Die Brüder hatten sicher das Gefühl, daß sie, indem sie so handelten, dem apostolischen Leben entsprachen, das zu führen sie beanspruchten. Sie setzten das «heilt Kranke», das Jesus den Zwölfen auftrug, als er sie zur Missionierung aussandte (Mt 10, 8), in die Lebenspraxis um. So wurde der «Bettelorden» der Brüder ohne Zweifel auch zum Krankenpflegeorden.

Schließlich noch ein letztes Wesensmerkmal, das nicht nur auf den Missionsreisen der *barbes* zum Zuge kam, sondern in ihrem täglichen

Leben eine wichtige Rolle spielte: die Frömmigkeit dieser Männer. Wie wir wissen, lebten sie streng asketisch. Diese Askese war mit frommen Gebräuchen verbunden, deren Formalismus für uns erstaunlich ist. Hören wir hierzu Morel und Masson:

> «Gemäß der Tradition verrichten wir die Gebete demütig auf den Knien, täglich ungefähr eine Viertelstunde morgens und abends, vor und nach dem Mittagessen, vor und nach dem Abendessen, mittags und manchmal nachts, wenn wir nicht schlafen können, und nach der Zusammenkunft mit dem versammelten Volk. Aber wenn wir essen oder trinken wollen, sprechen wir fast immer das Vaterunser. Tatsächlich verrichten wir diese Gebete nicht um irgendeines Aberglaubens oder hohler Glaubensinhalte willen oder im Hinblick auf irgendeine Zeit, sondern weil wir von der alleinigen Ehre Gottes und der Sorge um das Seelenheil dazu bewegt sind.»

Was auch immer unsere *barbes* sagen mögen, hier ist eine Ritualisierung zu beobachten, die in befremdlicher Weise an die Stundengebete erinnert, die den Tag im klösterlichen Leben skandieren. Diese Verbundenheit mit rituellen frommen Übungen erstaunte 1530 die Reformatoren. Die *barbes* waren an diese von ihren Vorfahren stammenden Traditionen gewöhnt, die sie in die Nähe der römischen Ordensgeistlichen rückten.

Ein künftiger «barbe»

Befassen wir uns schließlich noch mit einem konkreten Beispiel. Der Brief von Morel und Masson ist besonders reich an generellen Informationen über die Prediger, aber er erlaubt keine persönliche Annäherung an die Prediger. Wenn wir den Prozeß von 1492 beiseite lassen, dann ermöglicht uns der Prozeß gegen Pierre Griot am ehesten, konkret zu begreifen, was ein *barbe* sein konnte. Wir haben das Protokoll seines Verhörs bereits öfter verwendet und ihm schon einige Male das Wort erteilt. Es ist Zeit, daß wir unseren Blick etwas genauer auf ihn richten, der, wahrlich gegen seinen Willen, die Quelle dieser Informationen ist. In einem der schönen Oktober des leuchtenden provenzalischen Herbstes kam Pierre Griot von der jährlichen Synode zurück, die 1532 in Le Serre im Angrognetal im Piemont abgehalten worden war. Dem Brauch entsprechend und ohne Zweifel auch aus Sicherheitsgründen war der Reisende nicht allein. Vom

Gapençais an machte er seinen Weg zusammen mit seinem Gefährten Jean Gérault, der aus Embrun stammte. Nachdem sie den großen Verkehrsweg der Durance verlassen hatten, dem sie bis dahin gefolgt waren, aßen sie an diesem Tag in La Bastidonne zu Abend, und wollten nach Einbruch der Nacht in Lourmarin ankommen, endlich im provenzalischen Siedlungsgebiet der Armen von Lyon. Sie betraten nicht das Dorf, sondern sie klopften an die Tür eines dieser großen, einzeln stehenden Bauernhöfe, die *bastides* genannt werden. Pierre verbrachte dort zwölf Tage und dort wurde er auch, zweifellos aufgrund einer Denunziation, in Abwesenheit seines Gefährten vom Inquisitor Jean de Roma gefaßt. In die bischöflichen Gefängnisse von Apt gebracht, mußte er sich im November und Dezember 1532 acht Verhören unterziehen.

Man spürt, wie im Laufe der Sitzungen, auch ohne Folter, die Widerstandskraft des Gefangenen schwächer wird. Zu Beginn antwortet er kurz angebunden, versucht, gefährlichen Fragen auszuweichen und schützt Krankheit oder Unwissenheit vor. Aber allmählich sagt er immer mehr und macht zu guter Letzt spontan Geständnisse, wobei er sogar den Fragen zuvorkommt. Dieses im wesentlichen auf französisch verfaßte Protokoll ist voller Informationen verschiedenster Art über die Armen von Lyon, ihre Organisation, die Synode von 1532, auf die wir noch zu sprechen kommen, aber auch über den Angeklagten selbst. Er stammt aus der «Landschaft Briançonnais, aus der Diözese Turin, aus dem Ort, der Patemouche genannt wird», einem Weiler, den es im oberen Cluson-Tal unterhalb des Sestrière-Passes immer noch gibt. Geistlich unterstand er also dem Erzbischof von Turin und weltlich dem König von Frankreich, da das Cluson-Tal damals zur Dauphiné gehörte. Der Nachname Griot ist typisch für Pragelat, die Pfarrei, der Patemouche zugeordnet ist. Alle Griots kommen von dort. Daß ein Griot aus Pragelat stammt, daß er aus der Provence kommt und daß er «Waldenser» ist, scheint ziemlich banal zu sein. Zum Zeitpunkt seines Prozesses ist er ungefähr dreißig Jahre alt und er sagt aus, daß sein Vater und seine Mutter noch leben und kein Elternteil eines gewaltvollen Todes gestorben ist. Aber vielleicht handelt es sich hierbei auch nur um ein Täuschungsmanöver: Eine positive Antwort hätte den Inquisitor sofort in seinem Verdacht bestätigt; er wußte ja Bescheid über den Kreuzzug von Cattanée, 1487–1488, in diesen Alpentälern. In der Tat waren damals 21 Griots aus Pragelat wegen waldensischer Häresie vorgeladen worden.

Pierre ist unverheiratet, und er hat einen Beruf: Zwei Jahre zuvor war er Maultiertreiber. Inzwischen ist er Barbier geworden, weil «er aufgrund seines Wissens einige Wunden heilen konnte». Übrigens wurde bei der Durchsuchung des Hauses, in dem er gefangengenommen wurde, eine Barbiertasche gefunden, die er als die seine zurückfordert. Seit zwei Jahren macht er die spezielle Ausbildung für zukünftige *barbes*. Er lernt Lesen und Schreiben. In der Tat unterzeichnet er zweimal das Protokoll des Verhörs und zwar in der *langue d'oc,* die im Briançonnais üblich ist. Er kennt bereits mehrere Teile des Neuen Testaments in seiner Muttersprache auswendig, darunter das Matthäusevangelium und die katholischen Episteln. Diese theoretische Ausbildung im Winter macht er bei Jean Serre, «dem Hinkenden aus Murs», einem wichtigen und gebildeten *barbe*, der schließlich auch gefaßt wird und 1539 abschwört. Im Frühjahr 1531 und 1532 begleitete er Louis, «einen der führenden *barbes*», auf einer Predigtreise, die sie «über *bastides* und Ebenen führte». Sie besuchten damals die Familien der Gläubigen in gut fünfzehn provenzalischen oder comtadinischen Ortschaften im nördlichen Luberon. Bei dieser Gelegenheit ergriff er das Wort, um die Heilige Schrift vorzulesen. Aber anscheinend hat er nicht gepredigt.

Bei diesem Seelsorger-Gespann finden wir die Hierarchie wieder, auf die der Bericht von Morel hinweist. Wie er zum Inquisitor sagt, ist Pierre Griot noch kein *barbe*:

> «Er war noch nicht zum Predigen zugelassen, denn außer in diesem Jahr war er noch nie auf der Kongregation gewesen, und dort bekam er einen Gefährten mit dem Namen Johannes, der aus der Gegend von Embrun stammt, um zum Predigen in die Provence zu gehen».

Als der *barbe* Louis ihn dazu auffordert, in den Versammlungen das Wort zu ergreifen, protestiert er: «Was soll ich denn tun? Ich bin kein Priester; ich kann nur mit Müh und Not lesen». Woraufhin der Ausbildende antwortet: «Sie werden alles Stück für Stück lernen». Dennoch ergreift Pierre Griot nirgends und zu keiner Zeit das Wort. Jean de Roma hat dies bemerkt:

> «Der von den Predigern der Sekte gewahrte Brauch ist, daß der wichtigere und gelehrtere in den gebildeteren Häusern lehrt und predigt, und sein weniger gelehrter Gefährte predigt in den armen Häusern. Deshalb hat er, da er dazu weniger geeignet ist, niemals im Haus von Michel Serre gepredigt, aber er war sehr wohl in diesem Haus, zusammen mit einem anderen, der Louis hieß. Und besagter Louis predigte im Haus des genannten Michel Serre».

Pierre Griot wird also immer mit einem älteren und kompetenteren *barbe* mitgeschickt: mit Louis, Georges, Antoine Guérin, Jean Gérault. Die Ungleichheit des Predigerpaares, von der Morel und Masson sprechen, lag also vornehmlich im Wissen begründet.

Tatsächlich erscheinen die Kenntnisse des jungen Mannes noch sehr rudimentär. Er weiß nichts von Theologie, denn die anfängliche Ausbildung, die die *barbes* erhalten, gründet sich im wesentlichen auf die Bibel. Im Lauf des Prozesses brachte ihn das gegenüber dem Dominikaner in eine außerordentlich unvorteilhafte Position. Außerdem versteht Pierre Griot nichts von Redekunst. Der «Predigerbruder» hingegen hätte sich gerne darin gefallen, einen Part in einem echten Rededuell zu übernehmen. Man spürt, wie enttäuscht er ist, keinen Gegner auf seinem Niveau zu haben. Er sucht die Auseinandersetzung. Er stützt sogar die Argumentation des Angeklagten, die ihm so schwach erscheint, mit zusätzlichen Gesichtspunkten. Er steigert die Schwierigkeit, geht zu subtilen Auslegungen der Heiligen Schrift über, vervielfacht die Spitzfindigkeiten und logischen Finessen. Sicher will er damit den Angeklagten überzeugen, aber gleichzeitig ist ihm auch daran gelegen, seine eigene Redegewandtheit zu bewundern und bewundern zu lassen. Er hat sichtliches Vergnügen an seinen eigenen Schlußfiguren, an der Lösung von Problemen gemäß den strengsten Regeln der akademischen *disputatio*. Gleichförmig präsentiert und entwickelt er seine *lectio* entsprechend der traditionellen scholastischen Form: Autoritäten, Diskussion, Konklusion. Es ist offensichtlich, daß sich hier zwei Männer gegenüberstehen, die nicht derselben intellektuellen, kulturellen und spirituellen Welt angehören.

Auch auf juristischer Ebene zeigt der junge Mann eine unvorteilhafte Unwissenheit. Als der Inquisitor ihn fragt, ob er in der Provence Todfeinde hat, ergreift er seine Chance nicht und antwortet mit nein. Das Zeugnis eines «Todfeindes» wurde jedoch automatisch verworfen, sonst würde das Verfahren niedergeschlagen. Sogar auf dem Gebiet der Bibel kann Pierre Griot mit dem Dominikaner, Professor der Heiligen Schrift, nicht mithalten. Wenn er siebzehn Bibelpassagen vorbringen kann, hält ihm der Inquisitor neunzig Zitate entgegen, die aus der Heiligen Schrift stammen, aber auch von den Kirchenvätern und sogar von Aristoteles. Schließlich erscheinen auch die Kenntnisse des zukünftigen *barbe* über die Geschichte seiner eigenen Gemeinschaft, der Armen von Lyon, kümmerlich. So kann er das heimliche Predigen nicht rechtfertigen, das dem Anschein nach dem Evangelium entgegensteht. Auch zeigt er sich verwirrt, als Jean de Roma ihn über den Ursprung seiner Sekte befragt. Griot antwortet, daß dieser in der Zeit der Apostel liegt. Daraufhin fragt der Inquisitor «warum man von dieser Sekte nicht schon vor Pierre Valdo gepredigt hat, der vor ungefähr dreihundert Jahren lebte, weil doch die Apostel fast zwölfhundert Jahre vor Pierre Valdo da waren». Und der Angeklagte «sagt und antwortet, daß er dazu nichts zu sagen wüßte». Daraufhin triumphiert der Inquisitor, da in dieser Epoche der wesentliche Wert vom Alter abhängt: «Es ist also eine neue Sekte». Und Griot begnügt sich damit zu antworten, daß er selbst sie erst seit zwei Jahren kennt, also seit dem Beginn seiner Ausbildung zum Seelsorger.

Was danach aus Pierre Griot wurde, wissen wir nicht, denn die Prozeßakte blieb unvollständig. Nach geltendem Recht wurden die «hérésiarques», d.h. die Oberen und die Prediger einer häretischen Gruppe, zum Tod auf dem Scheiterhaufen verurteilt, ohne die Möglichkeit zu haben abzuschwören. Aber die Einstellung der Verfahren Jean de Romas, zu der es im Frühjahr 1533 auf Befehl des Königs gekommen war, hat wohl den jungen *barbe* wie noch viele andere Angeklagte gerettet. Wir finden die Spur Pierre Griots sechzehn Jahre später in den Registern des provenzalischen *parlements* wieder. Er wird am 4. Juni 1548 in einem Prozeß wegen Häresie, der gegen Poncet Martin aus Roussillon geführt wird, als Zeuge zitiert. Auf der Liste steht: «Pierre Griot aus dem Briançonnais, Diözese Turin, aus dem Ort namens Patemouche». Wir wissen nicht, ob er zu diesem Zeitpunkt frei oder ein Gefangener war. Auf jeden Fall lebte er noch, wobei er zweifelsohne dafür den Preis des Abschwörens zahlen mußte.

Während dieses Verfahrens macht Pierre Griot keine glänzende Figur. Natürlich kommen ihm mildernde Umstände zu. Zunächst einmal war er noch jung und in der Ausbildung, was seine Unerfahrenheit und seine Wissenslücken erklärt. Sodann läßt diese Art von Quelle den Angeklagten in einem ungünstigen Licht erscheinen, da dieser sich immer in einer Position der Unterlegenheit befindet, die ihn abwertet und nur schwer zu ertragen ist. Wenn man von einigen herausragenden *barbes* absieht, entsprach jedoch Griot wohl dem Durchschnittstyp eines aus den Gläubigen hervorgegangenen Predigers, der an Ort und Stelle ausgebildet wurde. Dieser junge Mann kann exemplarisch für die Gruppe von Predigern der Armen von Lyon stehen. Er hat die charakteristischen Merkmale der *barbes*: Er stammt aus den Alpen, ist Junggeselle, kann lesen und schreiben, übt einen Beruf aus, erhält die Grundausbildung der Prediger und widmet sich dem heimlichen Predigen auf der Wanderschaft. Schließlich gibt uns Pierre Griot, der zukünftige *barbe*, bei seinem Prozeß, in diesem dramatischen, manchmal pathetischen und immer bewegenden Moment, in dem sein Leben auf dem Spiel steht, ein Bild von sich, das uns, da es ihn als gewöhnlich, zerbrechlich und nicht heroisch zeichnet, um so mehr anzieht.

Eine geistliche Autorität

Welche Autorität erkannten die Gläubigen diesen *barbes*, diesen Brüdern zu? Mußte sie groß sein, um bestehen zu können angesichts der Tatsache, daß die äußeren Umstände die Gemeinschaft und damit auch die Autorität der *barbes* beständig unterminierten? Angenommen, es kam zwischen einem *barbe* und einem Gläubigen zu einer ernsthaften Auseinandersetzung – konnte dies nicht zu einer Denunziation führen? Wie schwach erscheint doch eine verborgene Autorität! Daß es Verrat gab, wissen wir von Morel und durch das Beispiel Griots. Dennoch blieben die Armen von Lyon insgesamt ihren Predigern treu. Sie bewahrten ihr Leben im Untergrund vor Entdeckung und erkannten den Nutzen, den sie brachten, wie auch ihre Autorität an. Das Bild, das die Gläubigen in den Verhören von ihren Verantwortlichen zeichnen, ist durchwegs positiv. Sie haben eine hohe Meinung von diesen Predigern, die, um ihnen Hilfe und Unterstützung zu bringen, ständig ihr Leben aufs Spiel setzen. Worauf sich diese Wertschätzung gründet, wird in allen Prozessen deutlich sichtbar: auf der Tatsache, daß sie das Leben der Apostel führen. Der gleiche Grund, aus dem die Armen von Lyon den Priestern der katholischen Kirche jede Autorität absprechen, rechtfertigt die Amtsgewalt der Brüder. Das heißt mit anderen Worten, daß die Gläubigen sich das «donatistische» Gedankengut vollständig zu eigen gemacht haben. Ebenso wie der Papst, die Bischöfe und die Priester keine gültigen Sakramente mehr spenden können und durch ihr unwürdiges Leben jede Autorität verloren haben, so besitzen die Prediger aufgrund ihres heiligmäßigen Lebens Autorität.

Alle Geständnisse bestätigen klar und deutlich diese manichäische Sichtweise. 1487 behauptet Jean Juvenal aus Mentoulles über die *barbes*: «Ihre Sekte ist besser, weil sie das Leben der Apostel leben und dem Leben Christi und der Armut nachfolgen, und sie haben jede Macht, zu binden und zu lösen». Sein Landsmann Jean Fabre stellt im selben Jahr die Kausalbeziehung zwischen der Lebensweise und der daraus folgenden Macht heraus: «Ihre Sekte ist besser, weil sie das Leben der Apostel führen und das Leben auf Christus und die Armut ausrichten, und weil sie die Allmacht besitzen, zu binden und zu lösen».

Monet Rey aus dem Valentinois äußert sich 1494 über die Geistlichen: «Aufgrund ihres schlechten Lebens haben sie nicht mehr Macht, Sünden zu vergeben, als diese Prediger oder Meister dieser Sekte. Diese haben, obwohl sie Laien sind, dieselbe Macht wie die Priester und Geistlichen». Etwas später stürzt er sich in eine wahrhaft theoretisierende Abhandlung der priesterlichen Amtsgewalt.

> «Die Prediger und die Priester folgen dem gleichen Auftrag. Die Priester jedoch verfielen dem Geiz und den Sinnesfreuden der Welt; jene aber blieben der Armut treu, die sie bis dahin praktiziert hatten. Sie hatten von Gott den Auftrag erhalten, in der Welt den wahren katholischen Glauben zu predigen, wie die Apostel; damit die Bösewichte sie nicht finden, müssen sie aber mit Umsicht und Sicherheit vorgehen.»

Gleichsam beiläufig wird hier auch das Leben im Untergrund gerechtfertigt.

Diese Theorie war vollkommen in die religiöse Einstellung der Armen von Lyon integriert und unter ihnen populär geworden. Sie wurde in einem Sprichwort ausgedrückt, das in den Prozeßakten aus der Dauphiné auf jeder Seite steht: «Man hat nur so viel Autorität wie Güte» *(Quantum quis habet bonitatem, tantum habet et auctoritatis)*. Diese bei den Armen von Lyon weit verbreitete Meinung entsprach dem Unterricht der Prediger. Thomas Guiot berichtet 1495, daß die *barbes*

> «sagten, daß die Geistlichen ein zu ausschweifendes Leben führten und daß sie, die *barbes*, ein gerechtes und heiliges Leben hätten; ... Sie sagten, daß sie das heilige Leben des Heiligen Petrus führten und daß sie die Macht hätten, Sünden zu vergeben».

Selbst Claude Seyssel, der Erzbischof von Turin, erkannte in seiner Abhandlung von 1520 an, daß die Würdelosigkeit des Klerus einen Grund für die Verbreitung der waldensischen Häresie darstellte.

Das aus dem Osten kommende Echo unterscheidet sich in nichts von dem Zeugnis über die *barbes*. Als der Inquisitor Gallus von Neuhaus, der gegen 1345 in Böhmen Untersuchungen durchführt, einen Verdächtigen fragt, wie die Armen von Lyon ihre Prediger nennen, antwortet der Mann, daß sie sie «wichtige (*noti*) und gute Männer» nennen. Die Gläubigen aus Stettin sprechen am Ende des 14. Jahrhunderts von «guten Männern», von «heiligen Männern». Nehmen wir das Beispiel von Sophie, die am 9. Februar 1394 vor Gericht erscheint. Befragt, was sie über die Brüder denkt, antwortet sie:

> «daß das gute Männer sind, die von Gott zur Mission auf die Erde geschickt worden sind, daß sie, wie die Apostel, die Autorität haben, zu predigen, Beichte zu hören, Sünden zu vergeben, Buße aufzuerlegen, besser als die Priester, und daß sie glaubt, daß sie Priester sind, aber keine rituell vom Bischof von Kammin geweihten oder vom Bischof geschickten».

Die den Brüdern verliehene und den Priestern verweigerte Macht sowie das Laientum der Prediger werden immer wieder bestätigt, ja kehren wie ein Leitmotiv in den Verfahrensakten wieder. Wir haben gesehen, daß diese Meinung in der Mitte des 14. Jahrhunderts auch von den Armen von Lyon in Böhmen vertreten wurde. Daß die Gläubigen eine sehr hohe Meinung von ihren Predigern hatten, ist also gewiß.

Die in Stettin verhörten Gläubigen aus Pommern schreiben den Brüdern sogar etwas äußerst Merkwürdiges zu. Viele dieser Bauern bekräftigen die Authentizität der Botschaft und der seelsorgerischen Tätigkeit der Prediger durch den Hinweis auf eine Reise, die letztere «vor» oder «in» das Paradies machten. Dort hören sie dann das Wort Gottes, um von Ihm oder einem vermittelnden Engel Autorität und Weisheit zu empfangen. Die Häufigkeit dieser Reise variiert je nach Aussage: jedes Jahr oder, nach der überwiegenden Meinung, in der die Symbolik der Zahlen evident ist, «alle sieben Jahre». Dieser Glaube der Armen von Lyon an die Reise ihrer Brüder ins Paradies ist für die erste Hälfte des 14. Jahrhunderts auch für Österreich und Bayern belegt. Es gibt zwei Aussagen, die diesen Mythos mit besonderen Details anreichern. Die erste gibt genau an, daß die Rückreise «in verschiedene Widerwärtigkeiten, über die Felder, in die Dornen» führt. Die Reise wäre demnach eine Art ritueller Initiation, um das Gute durch die Zurückweisung des Bösen zu erlangen, ein spirituelles Gut, das sie an ihre Gläubigen weitergeben.

Das Thema wird in der ausführlicheren Aussage von Aleyd, der Frau von Thyde Takken, aus Baumgarten bei Königsberg wieder aufgegriffen:

> «Zwei dieser apostolischen Brüder kamen vor die Hölle; sie hörten erbärmliche Schreie und sahen Teufel, die die Seelen in die Hölle

> hineintrugen und dabei sprachen: ‹Die da war Ehebrecherin, die da war Wucherin, die da war Schankwirtin› und sie nannten in dieser Weise noch andere Arten von Lastern. Darauf begaben die Brüder sich vor das Paradies und hörten die Stimme Gottes, des Herrn, die ihnen die Weisheit und Lehre gab, die sie an die ihnen auf der Erde anvertrauten Menschen weitergeben sollten. Zu den geweihten Priestern aber sprach die Stimme nicht».

Aleyd hat die Inhalte ihres Glaubens durch mündliche Überlieferung von einer anderen Frau gelernt. Der Inquisitor betrachtet sie als eine einfältige Frau *(simplicem)*. Die Anekdote gibt Aufschluß über die Volkskultur dieser Bevölkerungsschichten. Sie sensibilisiert uns für die gegenseitigen Anleihen, die die Volkskultur und die Religion voneinander machten. War dieser Glaube «häretisch»? Theoretisch betrachtet war er es zweifach: Weder der römische Klerus noch die Brüder hätten sich in diesen befremdlichen Freibeutern auf der Suche nach der Wahrheit wiedererkannt. Psychologisch gesehen wird damit eine heimliche, da offiziell unterdrückte Predigttätigkeit gerechtfertigt. Wir finden hier ein wichtiges und tiefverwurzeltes Element der bäuerlichen Volkskultur im vorindustriellen Europa. Es handelt sich um im Brauchtum erhaltene schamanische Initiationsriten: traumatische Erfahrungen, die der Schamane überwindet, wodurch er seine übernatürlichen Kräfte beweist. So erstaunt es nicht, daß Bauern sie auf religiöses Gebiet übertragen und daß die Armen von Lyon sie ihren Brüdern zuschreiben.

Die Prediger erscheinen als das beständigste Element der Gemeinschaft der Armen von Lyon. Sie genossen bei ihren Gläubigen ein hohes Ansehen, was leicht zu erklären ist: Sie waren Hirten, die ihr Leben für ihre Herde hingaben und für sie Familie und Besitz opferten, – Prediger, die, nachdem sie eine entsprechende Ausbildung gemacht hatten, mit Todesverachtung beharrlich das Wort Gottes verkündeten, – unermüdliche «Landstreicher», die quer durch Europa unterwegs waren, um den Glauben der Gläubigen zu beleben, – beständige Boten, lebender Zement der Diaspora, die, indem sie Neuigkeiten austauschten, die zerbrechliche Einheit dieser unmöglichen, im Bersten begriffenen Gemeinschaft aufrechterhielten, – Beichtväter, die einer beunruhigten Bevölkerung zuhörten, die Rat, Trost und Verzeihung erhoffte, – Nachfolger der Apostel, deren hartes und armes Leben für Authentizität bürgte, – und endlich auch Heilende, die sich ebenso um die körperliche wie um die geistige Gesundheit sorgten.

Mir scheint, daß der besondere Status, den diese Männer in ihrer Gemeinschaft besaßen, auf drei Faktoren zurückzuführen ist: Diese Prediger kamen erstens aus demselben Milieu wie ihre Schäfchen und waren deshalb in der Lage, sie zu verstehen. Sie unterschieden sich – und dies ist der zweite Faktor – jedoch von ihnen, waren besser als sie und führten ein Leben mit besonderen Anforderungen, woraus ihre unbestrittene spirituelle Macht resultierte; sie waren drittens des Lesens und Schreibens mächtig, gewissermaßen «Gelehrte», was ihnen einen privilegierten Platz in einer Gesellschaft von Analphabeten sicherte. Manche aus der Dauphiné sagten, daß sie Geistlichen ähnlich seien, denn sie hätten Bücher; Gläubige aus Stettin betrachteten sie als Priester und unterschieden sie gleichzeitig vom Klerus der römischen Kirche. In der Tat stellen die Brüder und die *barbes* die Quintessenz der Bewegung der Armen von Lyon dar. Während am Anfang alle Armen von Lyon Prediger waren, mußte sich das Volk allmählich damit abfinden, selbst nur noch ein schwacher Reflex des idealen Lebens zu sein, das die Brüder verkörperten. Diese machten die Kontinuität der Bewegung aus, sie stellten ihre Existenzberechtigung und das gute Gewissen der Gläubigen dar.

So konnte der zukünftige *barbe*, als der Inquisitor ihn fragte: «Wer sind die Armen von Lyon?» zur Antwort geben: «Die *barbes* sind es, die die Sekte der Waldenser verkündigen». Der Begriff *«barbe»* genügte, um diese Gruppe von Andersgläubigen zu kennzeichnen. Jean de Roma sprach im selben Prozeß von der «Sekte der *barbes*». Diese Prediger waren so wichtig, daß die kirchlichen Autoritäten ihnen einen besonderen Rang einräumten. Sie wurden zuallererst verfolgt, sie mußte man als erste ausschalten. 1551 war der königliche Anwalt Jacques Aubéry der Meinung, daß sich die Häresie ihretwegen verbreite. Er empfahl, «Dogmatiker und falsche Prediger, die ‹barbes› genannt werden», zu ergreifen. Das provenzalische *parlement* war in diesem Punkt Jean de Roma gefolgt und hatte seine Meinung schon 1533 gegenüber Franz I. kundgetan: «Wenn diese *barbes* gefangengenommen werden, dann sollen sie bestraft und als Häretiker unerbittlich exekutiert werden, denn von ihnen kommen alle Übel». Somit anerkannten alle, ob Arme von Lyon oder ihre Feinde, daß die Prediger einen besonderen Platz einnahmen: nämlich den ersten. Er kam ihnen um so mehr zu, als diese Männer des Mündlichen und der Verkündigung des Wortes Gottes auch Männer des Schriftlichen und der Heiligen Schrift waren.

7. Sprechen und schreiben: Eine andere Kultur

Auch als Andersgläubige waren die Armen von Lyon nichtsdestoweniger Menschen ihrer Zeit. Aber auch wenn sie Menschen ihrer Zeit waren, waren sie doch von ihren Zeitgenossen verschieden. Ökonomisch unterschieden sie sich nicht von ihrer Umgebung, da zumindest die Gläubigen die ursprüngliche, absolute Armut aufgegeben hatten. Arme und Reichere lebten Seite an Seite in derselben religiösen Gemeinschaft. Sozial bildeten sie eine erstaunlich homogene Einheit: Von nur sehr wenigen Ausnahmen abgesehen, bebauten alle das Land. Aber auch wenn dies ein echtes Merkmal der Armen von Lyon darstellt, so heben sie sich darin in nichts von der europäischen Bevölkerung des 14. bis 16. Jahrhunderts ab, die in ihrer bei weitem überwiegenden Mehrheit bäuerlich war. Sprachlich schließlich befanden sie sich völlig im Einklang mit den verschiedenen Gegenden, in denen sie lebten. Die für die Immigranten, die sie oft waren, notwendige Anpassungszeit war vorüber, und sie hatten vorbehaltlos die Sprache ihres Einwanderungslandes angenommen. Ihre Anpassung war sogar so ausgeprägt, daß sie, wie wir gesehen haben, zu einer Spaltung der Diaspora in zwei sprachliche Lager führte: in das deutschsprachige und das romanische Gebiet, deren Beziehung zueinander, obwohl es sie immer gab, sich als sehr spannungsreich erwies. Dennoch unterschieden sich die Armen von Lyon von ihrer Umgebung. Wenn sie im Lauf der Jahrhunderte nicht von ihr assimiliert wurden, so verdankten sie dies offensichtlich ihrem religiösen Anderssein, aber auch, in noch umfassenderer Weise, einer eigenen Kultur. Diese hing mit der besonderen Rolle zusammen, die bei ihnen das Predigen, der Meister, das Buch und die von den Brüdern vorrangig erörterten Themen spielten.

Die Macht des gesprochenen Wortes

Wie soll man sich ein kulturelles Umfeld vorstellen, das von dem unseren so verschieden ist! Wir sind von Bildern und ebenso von Tönen – um nicht zu sagen von Lärm – überflutet. Wir können dieser ständigen Aggression nicht entgehen: Radio, Schallplatten und Fernsehen machen das Haus zu einem Schlachtfeld; noch schlimmer, das Schlachtfeld liegt in uns selbst. Wir sind zu beschallten und von Bildern bestürmten Wesen geworden. Wir sind so überflutet, daß die frühere kulturelle Etappe – jene, die dank der Entwicklung des Buchdrucks von der wunderbaren Eroberung der Lektüre und der Schrift geprägt war und die die Länder anderer Kontinente noch nicht erreicht hat – anachronistisch und im Verschwinden begriffen scheint. Die Zeit, in der der Analphabetismus um den Preis beträchtlicher Anstrengungen besiegt schien, liegt hinter uns. Unsere Zeitgenossen, die wohl das Lesen und Schreiben gelernt haben, es aber mangels Praxis nicht mehr beherrschen, werden jedoch immer zahlreicher. Nun muß man, um diese fernen Zeiten der Armen von Lyon zu verstehen, nicht nur in die prae-audiovisuelle Zeit zurückgehen, sondern sogar in die Zeit vor der Erfindung des Buchdrucks.

Dasselbe gilt für das Volk in der Zeit vor der Schriftlichkeit. Bekanntlich war eine Handschrift für das einfache Volk unbezahlbar, sogar noch, als das Papier das Pergament ersetzt hatte. Historiker haben nicht nur gezeigt, daß die Schrift damals ein den Priestern vorbehaltener Bereich war, sondern auch, daß die ländliche wie auch die städtische Bevölkerung so selten mit Papier in Berührung kam, daß sie es fast nicht kannten. Bauern konnten im 14. oder 15. Jahrhundert mit Leichtigkeit ihr ganzes Leben verbringen, ohne die Möglichkeit oder die Gelegenheit zu haben, Papier zu berühren. Und wenn sie die Gelegenheit dazu hatten, dann war dies ein außergewöhnlicher Augenblick. Wo, mangels eigener Texte, konnten unsere Vorfahren Schriftstücke sehen? In der Kirche und im Herrenhaus. In letzterem am häufigsten dann, wenn der Herr sie bestellt hatte, damit sie den Treueschwur leisteten oder irgendwelche Abgaben zahlten, die der Verwalter sorgfältig in sein Register eintrug. In der Kirche öffneten sich große liturgische Bücher, die, je ferner und mysteriöser, um so verehrungswürdiger waren: Auf Latein geschrieben, verkündeten sie auf irgendeine Weise das Wort Gottes. Außerdem konnten die Türen der Pfarrkirche den offiziellen Anordnungen von seiten der weltlichen wie der kirchlichen Obrigkeit als Plakatfläche dienen, vor allem seit dem 15. Jahrhundert.

Dieses Bild ändert sich selbstverständlich je nach sozialer Schicht und Jahrhundert, aber auch je nach der Gegend. So war im 15. Jahrhundert ein Stadtbewohner von Florenz mit der Schriftlichkeit sicher unendlich vertrauter als einer seiner Zeitgenossen, der auf dem Land um Stettin in Pommern lebte. Was Frankreich betrifft, so wahrte der Midi, ein Land mit schriftlichem Rechtswesen, eine starke Tradition der Berufung auf beschriebenes Papier, das in gewissen Fällen der Justiz als einziger unwiderlegbarer Beweis galt. Dahin ging zumindest die Entwicklung. Auf jeden Fall gehörte seit dem 14. Jahrhundert in den meridionalen Breiten auf dem Land der Gang zum Notar zum Alltagsleben. Wer auch immer einen Wertgegenstand besaß, wollte ihn vererben und deshalb in seinem Testament erwähnen. Daraus ergab sich für die analphabetische Bevölkerung die Notwendigkeit, zum Notar zu gehen, dem unerläßlichen kulturellen Vermittler. Beispielsweise besaß auf dem provenzalischen Land fast jede Pfarrei einen oder manchmal sogar zwei Notare. Es gab also eine Klientel. Wer besaß denn nicht ein Stück Erde, ein Haus oder eine Höhle im Kalkstein des Landes? Die meisten Bauern hier waren zwar nicht unabhängig, aber immerhin kleine Grundeigentümer. Aber auch wenn sie kein Land besessen hätten, wären sie nicht in der Lage gewesen, beim Notar der Schriftlichkeit zu entkommen: als Vertragspartner eines Kaufs, eines Verkaufs oder vielleicht einer Leihgabe, bei einer Eheschließung, beim Ausfertigen eines Testaments, oder auch als Zeuge bei der Abfassung irgendeiner Akte. Somit hatten die meridionalen Bauern zweifelsohne einen häufigen, wenn nicht täglichen Kontakt mit der Schriftlichkeit.

Wenn die Menschen im Süden Frankreichs, Städter oder wohlhabendere Leute, Papier sogar besitzen konnten, namentlich um den Erwerb dieses oder jenes Gutes oder die Rückerstattung dieser oder jener Schuld zu belegen, so folgt daraus jedoch nicht notwendigerweise, daß sie auch lesen konnten. Der Besitz von Büchern bei der durchschnittlichen Bevölkerung ist bis zum bereits fortgeschrittenen Zeitalter der Druckkunst außerordentlich selten. Trotz obiger Differenzierung lebt die Bevölkerung also im großen und ganzen in einer Welt der Mündlichkeit. Alles wird durch mündliche Weitergabe festgehalten und überliefert. Dies bringt eigene soziale und mentale Strukturen mit sich: ein besonders gut entwickeltes Gedächtnis, einfache Mittel zu seiner Unterstützung, eine Gruppe anerkannter Erzähler, Zeiten zum Erzählen wie z. B. die Abendstunden, eine Schicht von Lese- und Schreibfähigen. Anders gesagt, diese Welt der Mündlichkeit ist strukturiert, hierarchisiert. In Wirklichkeit ist im Mittelalter die ländliche Welt, die für gewöhnlich und sogar hier als «mündlich» charakterisiert wird, eine Welt des Schweigens. Wenn die Bauern nur wenige schriftliche Spuren hinterlassen haben, so haben sie auch nur wenig gesprochen. Diese Fähigkeit der bäuerlichen Bevölkerung, sogar im dringendsten Notfall oder im grausamsten Unglück noch zu schweigen, hat etwas Beunruhigendes und gleichzeitig

Faszinierendes an sich. Wieviele Angeklagte stehen dem Richter gegenüber und finden keine Worte, obwohl es doch um ihr Leben geht. Man kann sich leicht vorstellen, welchen Einfluß ein geschickter und etwas gebildeter Redner auf eine solche Bevölkerung ausüben konnte. Abgesehen vom Pfarrer, an den sich die Pfarreimitglieder nur allzu leicht gewöhnten, konnte so ein Prediger mit seinem Aufruf zum Fasten die Zuhörer auch tatsächlich zum Fasten bewegen. Sein Aussehen, seine Beredtsamkeit, seine Aussprache, kurz, seine ganze Kunstfertigkeit belebte die Gespräche in den ärmlichen Häusern und Gassen. Mit seiner Redekunst war er imstande, Massen zu bewegen. Eine Predigt konnte sich in eine Revolte, ja sogar in eine Revolution verwandeln, wie gegen Ende des 15. Jahrhunderts die Predigt des Dominikaners Savonarola in Florenz. Die Macht des Wortes begegnet uns auch auf dem Gebiet der Magie und der Hexerei. Alles in allem sind beide nur eine Angelegenheit von Worten. Wie hätte diese Welt ohne Bilder und Töne auch nicht für die Macht und die Magie des Wortes empfänglich sein sollen?

Dieser Welt gehörten die Armen von Lyon an, von ihr waren sie umgeben. Somit wird verständlich, warum sie von Anfang an ihren Schwerpunkt auf das Predigen gelegt hatten. Was waren die Armen von Lyon denn, wenn nicht Prediger? Wie wir wissen, besaßen zu Beginn alle den Auftrag, andere dazu aufzurufen, sich zu bekehren und damit, insbesondere durch die Annahme des Armutsideals, zu retten. Von Anfang an war die waldensische Bewegung durch die Wanderpredigt charakterisiert: Männer wie Frauen, alle predigten. Wir verstehen nun besser, wie viel der Kirche daran gelegen sein mußte, ihr klerikales Monopol des Wortes zu verteidigen. Dies geschah zwar einerseits aus Sorge um die authentische Vermittlung der göttlichen Botschaft, andererseits aber doch auch aus Sorge um ihren Besitz des öffentlichen Wortes, das einen realen Machtfaktor darstellte. Aufgrund der Verfolgung predigten bei den Armen von Lyon allmählich nur noch die Verantwortlichen, die Meister, die *barbes*. Und das Leben im Untergrund veränderte den Charakter ihrer Aufgabe: Es ging nicht mehr darum, die Massen zu bekehren und sie zu Gläubigen zu machen, sondern darum, den wahren Glauben in der kleinen Gruppe zu bewahren. Mit diesem Ziel lernten die dem Wort Gottes geweihten Brüder zu lesen, in der Öffentlichkeit zu sprechen, die Bücher des Neuen Testaments zu zitieren, und mit diesem Ziel zogen sie auch umher.

Unsere zwei Gefährten sind nun in dem Dorf, in das sie gehen wollten, angekommen. Sie kennen dort einige Häuser von Gläubigen.

Eines von ihnen, das etwas abseits liegt, wird sie aufnehmen können; es hat ein Schlafzimmer mit einem Kamin und zwei Betten, eine für Bauern dieser Zeit ganz außergewöhnliche, über die normale Einrichtung hinausgehende Ausstattung. Aber die Sonne ist noch nicht untergegangen. Um ihren Gastgebern jeglichen Ärger zu ersparen, müssen sie auf den Einbruch der Nacht warten. Dies ermöglicht es Pierre Griot, dem Inquisitor auf die Frage, warum er lieber in dieses Haus als ins Dorf ging, zu antworten: «Weil es Nacht war, als er dort ankam». Nachdem sie sich als *barbes* zu erkennen gegeben haben, empfängt die Familie sie, bewirtet sie und informiert die Nachbarn. Dies ist in der Gemeinde der Andersgläubigen ein Ereignis. Antoine Bourgue, ein 1532 vom Inquisitor verhörter Zeuge, sagt aus, daß ein Bote ihn abgeholt habe und ihm gesagt habe, daß die «Onkel» angekommen seien. «Auf die Frage hin, welche Uhrzeit es war, antwortete er, es sei Nacht gewesen». So verbreitete sich die Neuigkeit von Haus zu Haus.

Nachdem es also Nacht geworden war und die Gläubigen am Kamin zusammengekommen waren, begann die Versammlung in einer Atmosphäre warmer und gleichzeitig ängstlicher Solidarität. Trotz aller Vorsichtsmaßnahmen war immer ein Verrat zu befürchten. Pierre Griot erklärt:

> «daß sie unter sich ein Geheimnis haben, daß sie niemals ihre Lehre predigen außer vor jenen, die zu ihrer Sekte gehören. Und wenn sie in irgendeinem Haus predigen, gibt es immer jemanden, der den Aufpasser macht, und wenn jemand auftaucht, der nicht von ihrer Sekte ist, hören sie auf, zu predigen.»

Bei diesen rituellen und geheimen Treffen machen die Nacht, das Feuer und das Wort des Predigers Eindruck auf die Gläubigen. Die Prozesse von 1488 in der Dauphiné legen davon Zeugnis ab. So sagt beispielsweise die Frau von Philippe Pastor aus: «Wenn die *barbes* kommen, halten sie nachts, nahe am Feuer, eine Predigt in ihrem Haus und sie veranlassen, daß sich alle waldensischen Nachbarn versammeln, um besagte Predigt zu hören.» Man muß sich die große Bedeutung dieses Moments vor Augen halten, in dem ein enger Kreis Andersgläubiger zusammengekommen ist und jenem zuhört, den sie als Meister anerkennen. Dieser stammt zwar aus dem gleichen bäuerlichen Milieu wie sie. Aber er wurde ausgebildet und hat seinen Auftrag empfangen. Von nun an ist er dazu ermächtigt, das Wort Gottes zu verkünden. Welch ein Aufstieg! Die Macht des Wortes wird auch in der Vergebung der Sünden wirksam, die die Brüder den Büßern in der Beichte gewähren. Dies ist die Macht des Wortes, die die Armen von Lyon dem römischen Klerus absprachen und die sie bei ihren Meistern anerkannten. Über den Charakter dieser Predigt, zumindest über ihre Form, läßt sich aufgrund mangelnder schriftlicher Fixierung nichts aussagen. Dennoch stützte sich die Predigt auf das Schriftliche.

Das hohe Ansehen des Schriftlichen

Die Brüder, diese Männer des Wortes, waren auch Männer der Schrift. Von Anfang an begleiten Bücher die Armen von Lyon bei ihrer Aufgabe, das Evangelium zu verkünden. Zu Beginn des 14. Jahrhunderts schrieb der Inquisitor Bernard Gui zu diesem Thema:

> «Auch können einige lesen und bald lesen sie vor, was sie sagen und predigen, bald benutzen sie hierfür kein Buch. Dies ist selbstverständlich der Fall bei jenen, die nicht lesen können; diese Letzteren achten darauf, auswendig zu lernen.»

Vielleicht ist diese Sichtweise des Inquisitors ein wenig anachronistisch, denn zu seiner Zeit konnten wohl alle Brüder lesen. So besaß Raymond de la Coste, der 1319 und 1320 verhört wurde, drei Bücher: *Le Saint Esprit* («Der Heilige Geist», Anm. d. Ü.), *Le livre d'Esdras* («Das Buch Esra», Anm. d. Ü.), und ein drittes mit dem Titel *Discretis* («Für die Weisen», Anm. d. Ü.). Auf jeden Fall wird im 15. Jahrhundert das Buch überall als gewöhnliches Attribut der *barbes* bezeugt. Im Lauf seines Prozesses sagte Monet Rey aus Saint-Mamans in der Nähe von Valence 1449 aus, daß er eines Tages auf die Einladung eines Verwandten hin nach Beauregard gegangen sei, das nicht weit entfernt war. Bei diesem Verwandten habe er zwei Männer vorgefunden, von denen der Ältere in kleinen Büchern zu lesen begonnen habe, die sie bei sich hatten. Sie enthielten, wenn man ihnen Glauben schenken will, die zehn Gebote. Als Pierre Griot in Lourmarin aufgegriffen wurde, wurden ebenfalls Bücher in seinem Gepäck gefunden. Nachdem er bestritten hatte, daß diese ihm gehörten, fügte er erklärend hinzu, daß «die Bücher, die in einem kleinen weißen Leinensäckchen gefunden worden waren, um die Wahrheit zu sagen, nicht ihm gehörten, aber er denke, daß sie einem Gefährten gehörten, der Jeannet heißt», also dem ihn begleitenden *barbe*. Daß die Brüder Bücher hatten, ist in einer nicht alphabetisierten Bevölkerung eine auffällige und bemerkenswerte Tatsache, die ihnen jedoch, wie die Aussage von Jean Bresse aus Usseaux im Cluson-Tal bezeugt, selbstverständlich war: «Die *barbes* haben immer ein Buch dabei.» Der Umgang mit dem Schriftlichen ordnet den Menschen einer Schicht zu, unterscheidet ihn von seiner Umgebung, macht aus ihm einen Gebildeten, einen *clerc* («Gelehrter», aber auch «Kleriker», Anm. d. Ü.). Genau so sieht es auch Marguerite Lantelme de Sestrière: «Der *barbe* Simon trug Bücher, als ob er Kleriker wäre.» Aber es handelt sich nicht um beliebige Bücher.

Noch bevor wir ihren Inhalt kennenlernen, wollen wir uns mit ihrem Äußeren befassen. Selbstverständlich sind es Handschriften. Die Druckkunst, die um 1450 an den Ufern des Rheins entstand, brauchte gut ein halbes Jahrhundert, um sich zu verbreiten, und die Armen von Lyon nahmen sie nicht in Anspruch. Als sie sich zu guter Letzt doch dazu entschlossen, unterschrieben sie damit ihr Todesurteil. So zirkulierten in den Händen der Prediger Hunderte von Handschriften, die von Zeit zu Zeit von der Inquisition beschlagnahmt und vernichtet wurden, die sie jedoch regelmäßig wiederherstellten. Dies setzt eine besondere Verbundenheit mit diesen Texten und die aktive Tätigkeit von Kopisten voraus. Im übrigen sind diese Werke «klein». Es handelt sich um ein reduziertes Format, um «Opuscula», um «Taschenbücher». Dies ist nicht weiter erstaunlich: Sie mußten leicht und ständig mitzuführen sein – und das Gewicht von Papier ist bekannt –, aber auch leicht zu verbergen sein. Einige von ihnen konnten der Zerstörung entgehen und sind erhalten geblieben. Wir nutzen nicht ohne Ergriffenheit die Chance, in den fünf in der Bibliothek von Genf aufbewahrten Büchern der *barbes* zu blättern, und haben durch diese unbewegten, aber so bewegenden, diese stummen, aber so beredten Zeugen die entlanggewanderten Straßen, die bestandenen Abenteuer und die erduldeten Verfolgungen vor Augen. Das Buch konnte zwar seinen Besitzer als Gebildeten ausweisen, ihn aber auch abstempeln und verdächtig machen. Alles hing davon ab, um welches Buch es sich handelte.

Die Sprache, in der das Buch verfaßt war, stellte sogar noch vor dem Inhalt ein erstes Beurteilungskriterium dar. Vor allem auf religiösem Gebiet war nur das Latein gebräuchlich; nur die Sprache des heiligen Hieronymus, der Kirche, der Wissenschaft, des Rechts und der Kanzleien bürgte für Authentizität, vermittelte die Wahrheit und war der Verschriftlichung würdig. Nun distanzierte sich Waldes von Anfang an von dieser imperialistischen Verwendungsweise des Lateins. Aus einer Reihe von bereits untersuchten Gründen verwendeten die

Armen von Lyon die sogenannte Vulgärsprache, die von der Bevölkerung wirklich gesprochene Sprache. Diese gesprochene Sprache, die oft noch keine Schriftsprache war, mußte also zunächst verschriftlicht werden. Hierbei handelte es sich nicht um ein nebensächliches Phänomen, sondern, im Gegenteil, um ein Vorhaben der kulturellen Neuerung: Die als minderwertig geltenden Volkssprachen werden durch die Verschriftlichung in ihrem Rang erhöht, ja auf die gleiche Stufe wie das Latein gehoben. Daß die von den *barbes* transportierten Bücher in der Volkssprache verfaßt sind, läßt sich beispielsweise einer Aussage über die Prediger entnehmen, die Ende des 15. Jahrhunderts in Pragelat ein Angeklagter gegenüber dem Inquisitor macht: «Sie trugen ein auf französisch geschriebenes Buch, in dem die Lehre ihrer Sekte aufgeschrieben ist und, wenn sie in die Häuser der Waldenser kommen, lesen sie dieses in der Volkssprache geschriebene Buch.» Und die königlichen Abgesandten des provenzalischen *parlements* schreiben 1533 in ihrem Bericht an den Herrscher, daß die *barbes* «einige kleine Bücher auf französisch haben, die ihre Irrtümer enthalten». Damit war ein klares seelsorgerisches Ziel verbunden. Um sich dem Volk verständlich zu machen, mußte man jedoch nicht nur seine Sprache sprechen, sondern sie auch schreiben, um ihm die schönen Texte des Heils zu erschließen. Eine Handschrift betont, daß sie «für das gemeine Volk und für die einfachen Leute» *(per lo grossier poble e per la simpla gent)* verfaßt wurden, für die Bauern, die Hirten und Handwerker, aus denen diese Diaspora von Andersgläubigen bestand. Noch mehr als das Buch selbst machte die Volkssprache, in der es geschrieben war, den *barbe* verdächtig, der es besaß.

Die Bücher der Brüder waren also an ihrer Form erkennbar. Gilt dies auch für ihren Inhalt? Worum ging es denn in ihnen? Wenn auch die Titel der von der Justiz beschlagnahmten Bücher selten angegeben werden, so ermöglicht doch eine gewisse Anzahl von übereinstimmenden Hinweisen, sich ein Bild von ihren Themen zu machen. Niemand wird darüber erstaunt sein, daß die heiligen Texte den wesentlichen Bestandteil dieser Bibliothek ausmachen, und zwar von Anfang an. Der Inquisitor Etienne de Bourbon erinnert in langen Passagen daran, wie Waldes die Evangelien, Bibelauszüge und Texte der Kirchenväter übersetzen ließ. Walter Map, ein englischer Mönch, der 1179 am 3. Laterankonzil teilnahm, erzählt in seinen vor 1192 zusammengestellten *De nugis curialium distinctiones quinque* («Fünf Arten von Possen von Kurienmitgliedern», Anm. d. Ü.), wie Waldenser, «Ungebildete, die aus Lyon kommen», auf diesem Konzil dem Papst ein «auf gallisch» geschriebenes Buch überreichten. Dieses um-

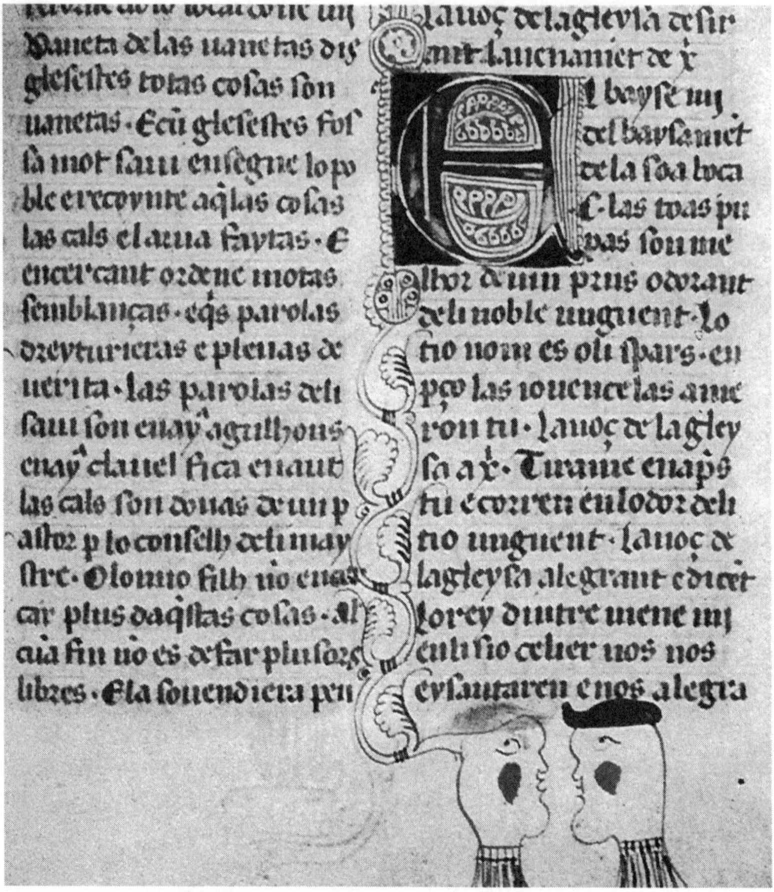

Waldenserbibel. Carpentras 14./15. Jahrhundert.
Carpentras, Bibliothèque Inguimbertine

faßte den Text und einen Kommentar des Psalters sowie mehrere Bücher des Alten und Neuen Testaments. Ein Jahrhundert später schreibt Bernard Gui in seinem Handbuch: «Sie besitzen die Evangelien und Episteln für gewöhnlich in der Volkssprache, und sogar auf Latein, denn einige verstehen es.»

Zweihundert Jahre später macht die biblische Botschaft noch immer den hauptsächlichen Inhalt der Handschriften aus. Peyronette aus Beauregard im Valentinois erinnert sich 1494 an die ersten Abendstunden mit den *barbes*:

> «Schon ungefähr vor 25 Jahren kamen zwei grau gekleidete Fremde, die, wie es ihr schien, italienisch oder lombardisch sprachen, in das Haus von Pierre Fournier, ihres verstorbenen Mannes. Ihr Mann nahm sie uneigennützig in sein Haus auf. Während sie dort waren, begann einer von ihnen nachts, nach dem Abendessen, in einem kleinen Buch zu lesen, das er bei sich trug. Er sagte, in diesem Buch stünden die Evangelien und die Gebote des Gesetzes geschrieben, die er allen Anwesenden erklären und verkündigen wollte.»

Mehrere Jahrhunderte nach Waldes stand die biblische Botschaft immer noch im Zentrum der Schriften wie der Predigten der Wanderprediger.

Man kann den privilegierten Platz, den das Wort Gottes bei den Armen von Lyon einnahm, auch in der Ausbildung nachweisen, die die Gemeinschaft für ihre Prediger organisierte. Wir haben für die Jahre um 1530 gesehen, daß sowohl der frei verfaßte und offiziellere Bericht von Morel und Masson als auch das weniger spontane und ganz persönliche Zeugnis von Pierre Griot vor dem Inquisitor übereinstimmen. Morel und Masson weisen die Reformatoren darauf hin, daß die zukünftigen *barbes* «das gesamte Matthäus- und Johannes-Evangelium, die Kapitel aller Briefe, die man kanonisch nennt, und einen großen Teil von Paulus auswendig lernen». Und dies ist keine bloße Theorie. Als der junge Pierre Griot, noch in der Ausbildung, vor dem Inquisitor erscheint, sagt er über den angehenden *barbe* aus:

> «Er muß vier oder fünf Jahre das Neue Testament studieren, bis er alles auswendig kann, wie die Evangelien des hl. Matthäus und des hl. Johannes, die Apostel Timotheus und Titus und die Briefe des hl. Petrus, des hl. Johannes, des hl. Jakobus und des hl. Judas.»

Und bezüglich seiner eigenen Person erklärt er kurz danach: «Er studierte zwei Jahre lang den hl. Matthäus und die kanonischen Briefe», die er übrigens schon «in seiner Briançoner Mundart» auswendig kann. Die von den Brüdern bevorzugten Werke sind also das Matthäus- und das Johannes-Evangelium, die Pastoral-Briefe des Paulus und die von Petrus, Johannes, Jacobus und Judas verfaßten Episteln, die als katholisch oder kanonisch bezeichnet werden. Es liegt eine erstaunliche Übereinstimmung zwischen diesen beiden Aussagen vor, die zu so unterschiedlichen Bedingungen von so verschiedenen Personen und mit zwei Jahren Abstand gemacht wurden. Dafür, daß

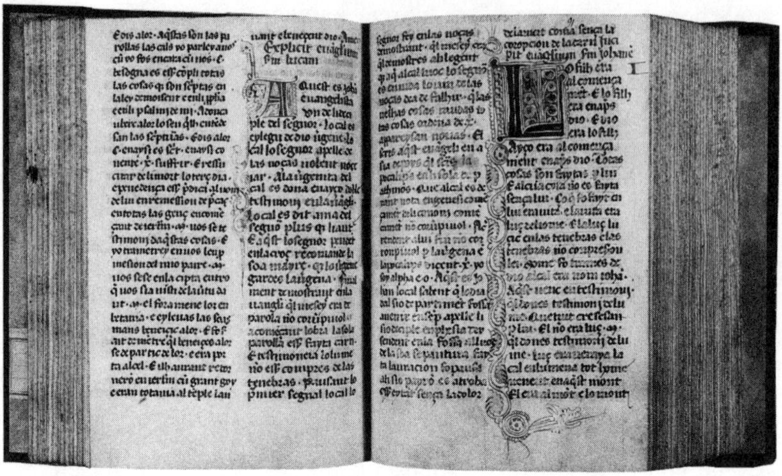

Waldenserbibel. Carpentras 14./15. Jahrhundert.
Carpentras, Bibliothèque Inguimbertine

die Bibel und insbesondere das Neue Testament im Zentrum der religiösen Bildung der *barbes* standen, stellen die Werke aus ihrer Bibliothek, die die Jahrhunderte bis heute überdauert haben, eindeutige Zeugnisse dar.

Die Bücher der «barbes»

In den fünfzehn europäischen Bibliotheken, die sie aufbewahren, wurden mehr als zweihundert, oft umgruppierte und sogar neu zusammengebundene Manuskripte als «waldensisch» identifiziert oder mit der Bewegung der Armen von Lyon in Verbindung gebracht. Es sind vor allem Bibelfragmente oder isolierte Dokumente über einzelne Ereignisse, wie etwa in Wien und München der Bericht über die Konferenz von Bergamo von 1218. Drei Bestände heben sich durch ihren Reichtum an Schriftstücken deutlich von den anderen ab; das sind die Bibliotheken von Cambridge (7 Handschriften), von Dublin (6 Handschriften) und von Genf (5 Handschriften). Als erster widmete sich 1885 Edouard Montet einer systematischen Untersuchung des gesamten Bestandes sowie dem Studium der im Korpus aufscheinenden Entwicklung. Nicht, daß diese Entwicklung aus dem Datum der Handschriften ableitbar wäre – wir haben gesehen, daß sie alle aus derselben Jahrhunderthälfte stammen –, aber im Lauf der Zeit hatten die Handschriften verschiedene Schwerpunkte, weshalb Montet sie in vier Phasen einordnet: die «katholische» Phase umfaßt den Anfang der Geschichte der Armen von Lyon, das 12. und 13. Jahrhundert, die «waldensische» Phase die Gedichte, Traktate und Kommentare über das Vaterunser und das Credo, die «taboritische» Phase verweist auf den Einfluß der Hussiten, und schließlich werden die allerletzten Schriften einer «protestantischen» Phase zugeordnet. Es sollte noch darauf hingewiesen werden, daß die Handschriften ein einheitliches Ganzes bilden. Alle stammen aus der gleichen Region hochliegender Alpentäler (Clusoner Tal und Luserner Tal); sie wurden, soweit man das bestimmen kann, zwischen 1450 und ungefähr 1520 geschrieben und zwar einige auf Latein, die meisten aber in einer romanischen Sprache, einer Variante des Provenzalischen. Ihre Sprache und ihre Schrift sind von einer eigenwilligen, altertümlichen Ausdrucksweise gekennzeichnet. Das Provenzalische, eine ausschließlich gesprochene Sprache, wurde schriftlich fixiert und bezahlte diesen kulturellen Fortschritt mit seiner Erstarrung. Auf diese Weise tauchte für die gemeinschaftliche Feier des Abendmahls und für die Katechese eine eigene Sprache auf. Aber da sie der gesprochenen Sprache so nahe war, blieb sie für alle vollkommen verständlich, was von Anfang an das Hauptanliegen der Prediger war.

Unter den Büchern der Brüder stehen die Heilige Schrift und insbesondere das Neue Testament im Mittelpunkt. Es ist bekannt, mit welch leidenschaftlichem Eifer die Armen von Lyon die Bibel lasen und sich ihren Text einprägten, um – mit der Aussicht auf ewiges Heil – das apostolische Leben nachzuahmen. Unzweifelhaft machten die Bibelauszüge die unter den Predigern am meisten verbreiteten Schriftstücke aus, und jeder besaß wahrscheinlich mehrere Exemplare davon. Eine solche Verbreitung setzt eine beträchtliche Anzahl von Abschriften voraus. Es haben jedoch nur einige die Jahrhunderte überstanden. In den fünf bekannten Exemplaren ist das Neue Testament jeweils ganz enthalten. S. Berger hat in seiner 1889 erschienenen Studie über die provenzalischen und waldensischen Bibeln die fünf Handschriften untersucht und sogar versucht, ihre Herkunft und die verschiedenen Einflüsse zu bestimmen. Das Alte Testament hingegen ist niemals vollständig. Es war Gegenstand einer selektiven Lektüre, die Rückschlüsse auf das jeweils unterschiedliche religiöse Gespür der Brüder zuläßt. So umfassen die Bibeln von Carpentras und von Dublin den Prediger Salomos, das Hohe Lied, das Buch der Weisheit und Jesus Sirach. Diejenigen aus Cambridge und Grenoble spiegeln die gleiche Einstellung wider. Die Vorliebe für Geschichten, die von Vorbildern handeln, offenbart sich in der Auswahl der Weisheitsbücher Tobits, Hiobs, oder dem zweiten Makkabäerbuch. Der Gerechte, der für Gott leidet, ist dies nicht das Abbild der kleinen, treuen Herde, die ohne Unterlaß verfolgt wird?

Zu den offiziellen Büchern des Schriftenkanons fügten die Armen von Lyon einige andere hinzu, die später üblicherweise als apokryph oder pseudepigraphisch betrachtet wurden und an denen ihnen besonders viel zu liegen schien, so etwa «Der Hirte des Hermas», «Das Gebet Manasses» und das Buch Esra, das auch Raymond de la Coste besaß. Diese für das Mittelalter typischen Vorlieben sind bezeichnend für eine echte Sorge um religiöse Verinnerlichung. Diese Schriften bestätigen die große Bedeutung, die die Armen von Lyon der Buße zumaßen. Das Gebet Manasses ist ein erschütternder Ruf nach dem göttlichen Erbarmen, der Ausdruck ehrlicher Reue, ein Bußgebet, das jedem Gläubigen zur Betrachtung vorgeschlagen wurde, der den Widrigkeiten des Schicksals ausgesetzt ist, dem aber ewige Glückseligkeit verheißen ist. Zu diesen heiligen Büchern kommen noch jene der Kirchenväter hinzu. Etienne de Bourbon stellt bei seinen Berichten über die Zeit des Waldes heraus, daß der Lyoner außer bestimmten biblischen Büchern «Autoritäten unter den Heiligen» übersetzen ließ, was Bernard Gui dahingehend ergänzt, daß es sich um «einige Maximen des hl. Augustinus, des hl. Hieronymus, des hl. Ambrosius und des hl. Gregor» handelte, also um Auszüge aus den Schriften der vier lateinischen Kirchenväter, die die Armen von Lyon «Sentenzen» *(sentences)* nannten. Keine der erhaltenen Handschriften enthält patristische Bücher, mit Ausnahme einer einzigen in Cambridge, deren genauer Titel «Sentenzen des heiligen Gregor» *(Sentences de saint Grégoire)* lautet. Die zahlreichen Bezüge und Anspielungen, mit denen die Traktate im Laufe der Zeit versehen wurden, sind ausreichende Indizien dafür, daß die Lektüre und Betrachtung der traditionellen Schriften der lateinischen Christenheit auch von der Gemeinschaft der Brüder fortgesetzt wurde.

Heilige Schrift, Apokryphen und Kirchenväter machen jedoch längst nicht alle Werke aus. Bei den übrigen handelt es sich nicht so sehr um Originalwerke mit eigenem Inhalt, als vielmehr um eine neue Rezeption der klassischen Werke, eine Auswahl aus dieser Masse, eine neue Sichtweise dieser Texte, eine besondere Einstellung ihnen gegenüber. Diese kann in allen Handschriften entdeckt werden und besteht aus einem seit den Anfängen der waldensischen Bewegung verfolgten Ideal: sein Leben dem evangelischen Vorbild anzugleichen;

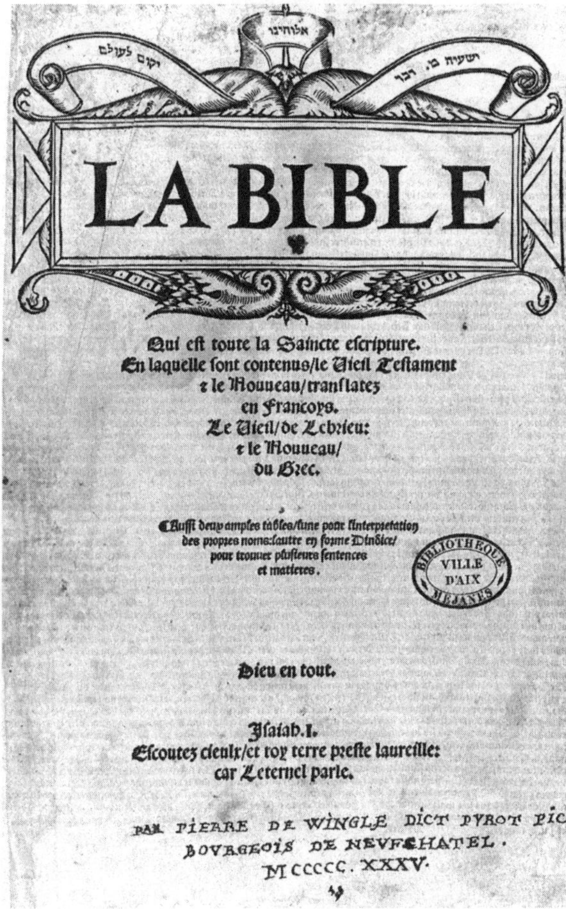

LA BIBLE

Qui est toute la Saincte escripture.
En laquelle sont contenus/le Vieil Testament
ꝛ le Nouueau/translatez
en Francoys.
Le Vieil/de Lebrieu:
ꝛ le Nouueau/
du Grec.

Aussi deux amples tables/lune pour linterpretation
des propres noms:lautre en forme dindice/
pour trouuer plusieurs sentences
et matieres.

Dieu en tout.

Isaiah.I.
Escoutez cieulx/et toy terre preste laureille:
car Leternel parle.

PAR PIERRE DE WINGLE DICT PYROT PICA
BOVRGEOIS DE NEVFCHATEL.
M CCCCC. XXXV.

Bibel von Olivetan. Neuchâtel 1535. Aix-en-Provence, Bibliothèque Méjanes

die Bergpredigt Jesu (Mt 5) zu betrachten, einen für das Gedankengut der Armen von Lyon zentralen Text, und keine theoretischen Spekulationen anzustellen. Dieses Gedankengut ist weniger dogmatisch als moralisch, weniger spekulativ als praxisnah. Konkret geht es immer um das seelsorgerische Anliegen.

Diese Ausrichtung drückt sich durch mehrere Formen oder, wenn man so will, «literarische Gattungen» aus. Zwischen dem Ende des 14. und dem Anfang des 16. Jahrhunderts wurden acht Gedichte mit mehr als 2200 Versen verfaßt. *Père Eternel* («Ewiger Vater»), *La Barque* («Der Kahn»), *Le Nouveau Confort* («Der neue Trost») und *Le Nouveau Ser-*

mon («Die neue Predigt») sind gute Beispiele dieses Dichtens. Alle diese Schriften spiegeln das religiöse Universum der Armen Christi wider, aber diejenige, die die berühmteste bleibt und die ohne Zweifel auch die in der Gemeinschaft der Brüder am meisten verbreitete war – sie findet sich in fünf Handschriften –, ist *La Noble Leçon* («Die edle Lehre»). Dieses Gedicht hebt die Verfolgung der kleinen treuen Herde und ihrer Meister hervor; es erzählt, wie sie unaufhörlich von bösen Hirten gehetzt werden. Hier begegnen uns erneut die Themen, die schon immer die Erfahrung des religiösen Andersseins der Armen von Lyon charakterisieren:

> «Aber ich wage zu sagen, denn es ist wahr, daß alle Päpste, die es seit Papst Silvester bis zum heutigen gegeben hat, und alle Kardinäle und alle Bischöfe und alle Äbte, daß sie alle zusammen nicht so viel Macht haben, daß sie eine einzige Todsünde vergeben könnten, nur Gott vergibt in Anbetracht dessen, daß niemand anderer dies kann.»

Oder noch ein ergreifendes Resümee der religiösen Einstellung der Armen von Lyon:

> «Wenn da jemand ist, der Jesus Christus liebt und fürchtet, der nicht fluchen, nicht schwören, nicht lügen, nicht ehebrechen, nicht töten, nicht vom anderen nehmen und sich nicht an seinen Feinden rächen will, von ihm sagen sie, er sei Waldenser und müsse bestraft werden.»

La Noble Leçon ist somit eine Betrachtung über das Los des Menschen seit der Erbsünde. Der zum ewigen Heil aufgerufene Mensch hat die freie Wahl; es liegt an ihm, auf den Ruf zu antworten, der an ihn ergangen ist. Aber die Zeit drängt, denn das Ende der Welt ist nahe. In dieser dramatischen und manchmal apokalyptischen Stimmung, die von aufwühlender Unruhe und gleichzeitig von irrsinniger Hoffnung geprägt ist, muß jeder auf dem Platz, der in der Gemeinschaft der seine ist, seine Aufgabe erfüllen: Die Hirten sollen beten und das Wort Gottes verkünden, die Gläubigen bereuen und umkehren. Aus allen Gedichten spricht eine leidenschaftliche Treue zur Heiligen Schrift, wobei eine Vorliebe für die Lektüre von Matthäus und dann von Johannes besteht und die Bergpredigt, die Gleichnisse und die Ankündigung des Letzten Gerichts die bevorzugten Passagen aus den Evangelien sind.

Neben den Gedichten bilden die Predigten eine andere Gruppe, in der es um dieselben Themen geht, deren häufigstes wiederum der Aufruf zu Buße und Umkehr ist. Ihr Ziel ist nicht, die Zuhörer katechetisch oder theologisch zu belehren – hierfür ist anderswo gesorgt –, sondern sie in ihrem Innersten zu entflammen und so zum ewigen Heil zu führen. Die Handschrift *Sur la Parole de Dieu* («Über das Wort Gottes») stützt sich auf Matthäus 13,3 («Ein Sämann ging aufs Feld, um zu säen»), um eine sich auf das Evangelium gründende Besinnung über die Buße zu entwickeln. *Le Bestiaire* («Das Bestiarium») ist, zumindest für uns, origineller: es bedient sich des Beispiels einer Reihe von Tieren, um aus ihrer Lebensweise und vor allem aus dem Bild, das sich die Leute damals von ihnen machten, moralische Lehren zu ziehen. So dienen etwa der Hund, das Schwein oder der Löwe als Beispiel. Der Adler aber bietet das beste Beispiel für Buße. Er fliegt zur Sonne und verbrennt sich dort Flügel und Augen, scheuert seinen Schnabel an einem Stein und nutzt ihn ab, bevor er in die Quelle lebendigen Wassers eintaucht. So kann der Sünder am Ende einer Erneuerung seines Wesens in der geistigen Quelle der Buße gesunden: durch die Reue (Auge), in der der Gläubige das begangene Schlechte bedauert; durch die Beichte (Schnabel), in der er seine Sünden als solche anerkennt und gesteht; durch die Buße (Flügel), in der er sie wiedergutmacht. Dies sind die drei Momente des sakramentalen Ritus. Die Predigt über Matthäus 12, 36–37 beharrt auf der Dringlichkeit der Beichte anläßlich unnützer Worte, über die am Tag des Jüngsten Gerichts Rechenschaft abgelegt werden muß:

> «Weine, solange du Zeit dazu hast, solange deine Seele in deinem Körper ist... Erwirb das Heilmittel für die Zukunft, während du lebst... damit die Tiefe des Abgrunds dich nicht verschlingt.»

Jede Predigt ist auf diese Weise ein Kommentar des Evangeliums.

Die Traktate, die sich als Werke zur moralischen Bildung verstehen, weisen dieselbe an der Seelsorge orientierte Themenwahl auf wie die Predigten. Das besondere Charakteristikum der Armen von Lyon, die das zeitgenössische christliche Leben an jenes der Urgemeinden zur Zeit der Apostel angleichen wollen, kommt auch in den Traktaten zum Ausdruck. *Le Docteur* wie auch *Les Tribulations* nehmen beispielsweise den Aufruf zur Umkehr und die Ermahnung zur Buße wieder auf. *Somme-le-Roi* schneidet die manchmal heiklen Probleme von Ehe und Familie an, in der einstigen Gesellschaft eine nicht nur soziale, sondern auch religiöse Keimzelle, die für den Erhalt und die Weitergabe der anderen religiösen Einstellung der Armen von Lyon sorgte. Während der erste Band der «Drangsale» in diesen den verdienten Lohn der Sünde und einen angemessenen Anlaß zur Gewissensprüfung sieht, fordert der *Deuxième Traité des Tribulations* («Zweite Abhandlung über die Drangsale») dazu auf, die Verfolgungen im Geist der Nachfolge Christi mit Geduld zu ertragen; auf diese Weise haben die Gläubigen an der Passion des Heilands teil. Sie sollen zum Mut im Sturm ermahnt werden. Dieser Abhandlung fügt das Manuskript von Cambridge das Buch Hiob hinzu, das vollkommene Beispiel des leidenden Gerechten, das Buch Tobit, mit Tobit als Sinnbild für Geduld in der Not und unermüdliche Hoffnung, das Buch der Makkabäer mit den Sieben Brüdern, die den Heroismus der Märtyrer verkörpern. Diese Abhandlung wendet sich, wie man sieht, der Gemeinschaft der leidenden Gläubigen zu. Mut! Nichts ist verloren, im Gegenteil. Nach dem irdischen Leidensweg wartet die ewige Belohnung.

Was man die «Briefe» nennen könnte, bildet ein geringeres Korpus. Die Verantwortlichen der Gemeinschaft hatten die Gelegenheit, diese Episteln den Brüdern zu schicken. Wie schon bei den Abhandlungen liegt auch ihr Schwerpunkt auf dem Leid, das die Armen von Lyon erdulden. Aber es ergibt sich klar aus ihnen, daß diese von Gott zugelassene Prüfung für die Autoren ein Zeichen göttlicher Auserwähltheit und Zuneigung darstellt und gleichzeitig der «Zement» der Gemeinschaft ist. Das Schriftstück, das hierüber am besten Aufschluß gibt, ist der Brief des *barbe* Barthélemy Tertian – einer der wenigen, dessen Nachnamen wir kennen –, der wohl zwischen 1460 und 1500 geschrieben wurde. Die 54 biblischen Zitate zeigen jene christliche, der Heiligen Schrift entnommene Übung, jenes unablässige «Wiederkäuen» des Wortes Gottes. Es ist mehr eine an die Diaspora der Gläubigen insgesamt als eine an jeden einzelnen Gläubigen gerichtete Ermahnung. Sie vereint in einer Zusammenschau, die die Geschichte außer acht läßt, das auserwählte Volk der Geretteten, die apostolische Kirche und die zeitgenössische Gemeinschaft von Bauern, Hirten, und Handwerkern unter dem Blick Gottes und in der Hoffnung auf das ewige Seelenheil. Insgesamt bilden alle diese Texte (Gedichte, Predigten, Traktate und Episteln), die unter den romanischen Armen von Lyon heimlich zirkulierten (über die Schriftstücke des deutschsprachigen Flügels der Bewegung wissen wir weitaus weniger), ein Korpus von bemerkenswerter Einheitlichkeit. Diese ist, wie wir gesehen haben, zunächst äußerlich – durch Datum, Entstehungsgebiet und verwendete Sprache. Aber durch die Bezüge und

Zitate, die wiederkehrenden Themen sowie die Auswahl der Lektüre, die alle am Ziel der Seelsorge orientiert sind, wird auch eine innere Übereinstimmung hergestellt. Diese Bibliothek der Brüder scheint somit einen eigenständigen Charakter zu haben, da sie sich sowohl von der traditionellen frommen Literatur unterscheidet wie auch von der Literatur anderer religiöser Gruppen außerhalb der römischen Kirche, wenngleich der Einfluß beider spürbar ist.

Eine neue Gelehrtenschicht?

Bevor wir diese Annäherung an die mündliche und schriftliche Kultur der Gemeinschaft der Armen von Lyon abschließen, drängt sich noch eine letzte Frage auf. Haben die Meister, d.h. die Männer, die die Gebetsabende gestalteten, das Wort Gottes predigten, das Neue Testament studierten, lesen und schreiben konnten und Bücher mit sich trugen, letztlich nicht eine Art Verband von Gelehrten gebildet, waren sie nicht notwendige Vermittler von Kultur, eine neue Schicht gelehrter Kleriker? Dies würde eine erstaunliche Entwicklung bedeuten. Nicht, daß Waldes und seine Gefährten der gebildeten Klasse an sich feindlich gesonnen gewesen wären, auch nicht der klassischen schriftlichen Kultur, aber im Laufe der Zeit nahmen in der Gemeinschaft das Mißtrauen gegenüber der Scholastik und die feindliche Einstellung gegenüber unhinterfragtem Wissen wie auch gegenüber der Hohlheit des spekulativen Spiels und universitärer Titel unaufhörlich zu. 1391 hielt die österreichische Inquisition von den Aussagen verhörter Waldenser fest: «Welch unnütze Zeitverschwendung, sich an den Universitäten von Paris, Prag oder Wien in Österreich den Studien zu widmen». In der Tat kennen wir keinen Prediger, der eine Universitätsausbildung gehabt hätte, wenn man das hussitische Böhmen sowie die letzte Zeit der Bewegung, in der, wie wir wissen, zumindest e i n ehemaliger Dominikaner als *barbe* aufgenommen wurde, außer acht läßt. Es gab also bei den Brüdern keine vornehmen Gebildeten, zumindest nicht im gewöhnlichen Sinn des Wortes. Wie wir wissen, wurden die *barbes* aus der ländlichen Bevölkerung der Gläubigen rekrutiert und erhielten eine besondere Ausbildung, die nichts Universitäres an sich hatte. Sind sie deshalb unwissend?

Die diesbezüglichen Zeugnisse ihrer Gegner sind eher ungünstig. Wie wir gesehen haben, schreibt Bernard Gui: «einige verstehen Latein; einige können auch lesen». Das würde bedeuten, daß die meisten Brüder Analphabeten gewesen wären. Zwei Jahrhunderte später weist ein anderer Inquisitor, der Dominikaner Jean de Roma, in seinem 1533 verfaßten Traktat gegen die Waldenser auf denselben Sachverhalt hin:

> «Die besagten Prediger sind überaus unwissend und haben außer einem ihrer Humanisten keine Gebildeten. Sie sind völlige Barbaren, so daß sich bei ihnen der Spruch des Evangeliums erfüllt: wenn ein Blinder einen Blinden führt, werden beide in eine Grube fallen (Mt 15, 14).»

Aber die Kleriker der katholischen Kirche waren nur allzusehr geneigt, diese «häretischen Prediger» herabzusetzen und ein schwarzes Bild dieser Anführer zu malen dergestalt, daß sie unwissend und ohne echte Ausbildung wären und daher nichts anderes könnten, als die Schriften falsch zu interpretieren, Irrlehren zu verbreiten und das bedauernswerte, leicht zu täuschende Volk in die Irre zu führen. Die traditionelle Sichtweise der kirchlichen wie auch der weltlichen Hierarchie lief darauf hinaus, die Hauptverantwortung bei den Predigern zu sehen. Dies war dann auch der Standpunkt, den die königlichen Beauftragten 1533 in ihrem Bericht aus der Provence einnahmen, und dies war die These, die der Anwalt des Königs, Jacques Aubéry, 1551 im Pariser *parlement* in seinem Plädoyer für die Opfer des Massakers im Luberon aufstellte. Können auch wir uns diese Meinung zu eigen machen?

Zuerst muß man diese Zeugnisse in ihren kulturellen Kontext einbetten. Für einen Kleriker oder Gelehrten des ausgehenden Mittelalters ist jeder, der nicht Latein kann, ein Barbar. Der Begriff «Ungebildete», den die Inquisitoren auf die Brüder anwenden, muß in dieser Weise verstanden werden. Bezeichnend für diese Verachtung, die die gebildeten Kreise allem, was nicht lateinisch war, entgegenbrachten, ist die Tatsache, daß jede andere Sprache als «vulgär» galt. Im übrigen kennen wir einige Prediger, die eine echte Bildung besaßen. Friedrich Reiser lernte Latein und bezahlte Studenten, damit sie für ihn einen Teil der Heiligen Schrift abschrieben. Als er 1458 in Straßburg von der Inquisition verhaftet wurde, hatte er mehrere Bücher und Schriften dabei: die Heilige Schrift natürlich, aber auch Traktate, die er von einigen «Meistern» *(maîtres)*, namentlich von seinem Schüler Martin, kopieren ließ. Er wurde dazu verurteilt, diese in die Hände der Inquisition gefallenen Werke eigenhändig zu verbrennen. Reiser war unbestreitbar ein Gebildeter; allerdings stellte er einen Sonderfall dar, worüber wir bereits gesprochen haben. Dennoch standen ihm im Westen einige *barbes* in nichts nach. Halten wir uns hier nicht lange mit Antoine Guérin auf, dem Strumpfwarenhändler aus Avignon, der ebenfalls eine große Ausnahme bildet. Als Gefährte Pierre Griots war er 1532 mit ihm zusammen auf der jährlichen Synode der *barbes*. Dieser ehemalige Dominikaner, der bei den Armen von Lyon ein Meister geworden war, hatte eine Universitätsausbildung erhalten. Der Diakon Raymond de la Coste besaß bei seiner Verhaftung 1319 drei Bücher. Während seiner vierundzwanzig Verhöre war er durchaus in der Lage, mit dem Bischof Jacques Fournier, der den Gerichtsvorsitz innehatte, zu diskutieren. Er ging geschickt mit Bibelzitaten um, und das Latein stellte ihn vor keine besonderen Probleme. Einige Meister hatten ohne Zweifel eine echte Gelehrtenbildung erworben.

Diese nachzuweisen ist allerdings ziemlich schwierig, denn meistens bleibt die Person dieser heimlichen Prediger, die in der Kunst des Sich-Verbergens zu wahren Meistern geworden sind, im Dunkeln. Und wenn einer von ihnen in der Folge einer unglückseligen Gefangennahme zu einem Geständnis gezwungen wird, dann haben wir den Verdacht, daß er vielleicht eine Ausnahme darstellt, die keine allgemeingültigen Rückschlüsse auf die Gesamtheit der Seelsorger bei den Armen Christi zuläßt. Mehrere Zeugnisse vom Ende des 15. und Anfang des 16. Jahrhunderts stellen übereinstimmend die Existenz von gebildeten *barbes*, wie etwa Louis, Barthélemy oder Etienne, fest. Aber wir kennen nur ihre Vornamen. Immerhin gibt es in der letzten Zeit der Bewegung zwei Personen, die sich etwas genauer charakterisieren lassen. Zunächst stoßen wir hier auf Jean Serre, den Hinkenden aus Murs in der Provence. Seine Familie stammte aus dem Piemont und hatte sich, wie gegen Ende des 15. Jahrhunderts so viele andere auch, in der Grafschaft Venaissin niedergelassen. In seinem Prozeß weist Pierre Griot 1532 zum ersten Mal auf ihn hin und wir, aber auch der Inquisitor, erfahren, «daß er zwei Jahre lang unter der Anleitung von Jean Serre aus Murs Matthäus und die kanonischen Briefe studiert hat». Dann taucht unser Mann erst 1536 wieder auf. Das Netz der Inquisition um ihn scheint sich zusammenzuziehen. Er steht damals vor dem bischöflichen Gericht von Carpentras und wird von Kardinal Jacques Sardonet verhört, der im übrigen seine Antworten in jeder Hinsicht rechtgläubig findet und ihn wieder freiläßt. Anläßlich dieses Verhörs erfahren wir, daß er eine Bibel auf italienisch und ein Neues Testament auf französisch besitzt. Wir wissen also, daß Jean Serre einer der ausbildenden Meister der *barbes* ist, französisch ebensogut wie italienisch liest und anscheinend über die geistige Strömung der Reformation in Deutschland informiert ist.

Als noch beredter erweist sich Georges Morel. Wir erinnern uns, daß er zusammen mit Pierre Masson die Delegation bildete, die die Synode der *barbes* 1530 zu den Reformatoren Oecolampad und Bucer geschickt hatte. Aus diesen Beratungen und Unterhaltungen geht das Dossier mit den Fragen und Antworten hervor, in dem die beiden *barbes*, vor allem aber Morel, da nur er die Polizeikontrollen heil überstand, ihr Wissen kundtun. Wir haben hier zwei Männer vor uns, die durchaus in der Lage sind, auch über die schwierigsten Fragen des Glaubens und der Moral zu diskutieren. Durch eine Vielzahl von Bibelzitaten geben sie sich als eifrige Leser der Heiligen Schrift zu erkennen – was niemanden erstaunen wird. Aber sie haben auch Erasmus und Luther gelesen, was einen ganz anderen Stellenwert hat, auch wenn wir nicht wissen, in welcher Sprache sie diese Autoren rezipierten. Außerdem haben sie mit den Reformatoren zweifelsohne auf lateinisch diskutiert, da dies die einzige in Frage kommende internationale Sprache war und die Reformatoren das traditionelle Provenzalisch der romanischen Armen von Lyon nicht verstehen konnten. Wir verfügen über dieses Dossier jedoch nicht nur in seiner lateinischen Fassung, was von der Gelehrsamkeit zumindest einiger *barbes* zeugt, sondern auch in seiner romanischen Übersetzung, die Georges Morel anfertigen mußte, um das Ganze für die anderen *barbes* verständlich zu machen – ein Beweis, daß diese mehrheitlich kein Latein verstanden.

Das Bildungsniveau der *barbes* war also sehr unterschiedlich. In ihrer großen Mehrheit sind die Meister sicher des Lateins – der Sprache des Rechts, der Wissenschaft und der Religion – unkundig. Aus diesem Grund zogen sie sich eine gewisse Verachtung von seiten der römischen Kleriker zu, die ihre humanistischen Studien absolviert hatten. In der Tat blieb ihnen durch diese Unkenntnis die gesamte klassische Literatur und so manche Quelle geistiger und auch geistlicher Bereicherung verschlossen. Sie hielt sie allerdings auch ab von jeder selbstgefälligen und fruchtlosen spekulativen Erkenntnissuche, die in absolutem Gegensatz zur seelsorgerischen Zielsetzung der Brüder stand, die in einem Geist von Verzicht, Weltverachtung und echter Armut alles wesentliche einzig in der Heiligen Schrift suchten. Aber was ihre Feinde als Unwissenheit betrachteten, war in Wirklichkeit das Ergebnis einer bewußten Wahl. Fern von den unzähligen Kommentaren, die die Universitäten überschwemmten und die anstelle der Originaltexte gelesen wurden, behielten die Armen von

Lyon ihre der Scholastik entgegengesetzte Ausrichtung bei: Verzicht auf Auslegungen zugunsten einer Lektüre des Primärtextes, der Heiligen Schrift. Im übrigen sei nicht vergessen, daß diese Männer alle lesen und schreiben konnten, was nicht bei allen römischen Priestern der Fall war und genügte, daß sie von den Gläubigen als «Gelehrte» angesehen wurden. Mochten die *barbes* in den Augen der Gebildeten tumbe Bauern sein, bei ihrem Volk standen sie im Ruf von Gelehrten. Ihr Volk konnte sie nämlich mit dem Gemeindepfarrer vergleichen, und aus diesem Vergleich gingen sie alles in allem bestätigt und noch angesehener hervor. Sie hatten keine Lateinkenntnisse, sondern sie achteten darauf, von der Landbevölkerung verstanden zu werden; sie kannten die universitären Lehrbücher nicht, aber sie kannten die Heilige Schrift; ihr Prestige beruhte nicht auf einem erzwungenen Status, sondern auf breiter Anerkennung, die eine Frucht des Lebens in Armut und Würde war, das sie im Dienst ihrer Gläubigen führten.

Die Stellung der Brüder in der Gemeinschaft der Armen von Lyon war mithin einmalig. Diese Männer des gesprochenen Wortes waren jedoch auch Männer des geschriebenen Wortes. Bereits aus diesem Grund bildeten sie in einer zum allergrößten Teil analphabetischen Welt eine Gruppe für sich, zumal die Gläubigen fast ausschließlich der Landbevölkerung angehörten. Aber im Gegensatz zu anderen gebildeten Kreisen stellten sie keine eigene Kaste und auch keinen eigenen Stand dar. Denn sie hatten kein Privileg außer dem, als erste verfolgt zu werden. Da sie selbst aus Bauernfamilien stammten, wurde im übrigen die Gruppe der Prediger ständig erneuert, auch wenn das System der Rekrutierung auf dem Prinzip der Zuwahl basierte. Sie wurden von den Bauern als die Ihren anerkannt und hielten zu ihrem ursprünglichen Milieu enge und dauerhafte Bindungen aufrecht. Insbesondere war dabei von Bedeutung, daß sie sich von ihm nicht durch eine künstliche, esoterische und schwer verständliche Sprache entfernten. Wenn sie in ihrem Volk echtes Ansehen genossen, so nicht, weil sie mit wirtschaftlichen oder sozialen Vorrechten ausgestattet gewesen wären, sondern aufgrund der kulturellen Aufgaben, die sie erfüllten, und aufgrund der Bildung, die sie erworben hatten und die sie den Gläubigen vermittelten. So spielten sie in der Dauphiné eine wichtige Rolle, als nach dem Kreuzzug von Cattanée von 1487/88 ein Prozeß eröffnet wurde, der mit einer 1509 vom König gewährten Rehabilitation endete.

Die ihnen entgegengebrachte Hochachtung hängt jedoch nicht nur mit ihrer Lese- und Schreibfähigkeit zusammen bzw. damit, daß sie diese Fertigkeiten den Gläubigen zur Verfügung stellen. Die Brüder verdanken sie zweifellos in erster Linie ihrem Status als Überbringer des Wortes Gottes und der Heiligen Schrift. Sie sind in gewisser Weise die «Theophoren» («Gefäße Gottes»), jene, die Gott in sich tragen, da die Bibel Sein Wort ist. Aufgrund dieser Funktion ging auf sie etwas von der tiefen Verehrung über, die die Armen von Lyon der Heiligen Schrift als unumschränktem Bezugspunkt und letztbegründendem Argument entgegenbrachten. Auch die von allen Gläubigen anerkannte Macht, die Beichte zu hören und die göttliche Vergebung zu gewähren, erhöhte ihr Ansehen. Die allgemeine Anerkennung aber brachte ihnen sicher die Art des Lebens ein, das sie führten, ihre evangelische Armut, ihre Selbstlosigkeit und die Tatsache, daß sie umherzogen und so für die Gläubigen verfügbar waren. Dies war der Ursprung ihrer Autorität und Macht, das Zeichen ihrer Authentizität.

Die Armen von Lyon bildeten also nicht, wie geschrieben wurde, ein Volk der Mündlichkeit gegenüber einer katholischen Umwelt der Schriftlichkeit; auch keine nach egalitären Prinzipien organisierte Minderheit in einer hierarchisch strukturierten Gesellschaft und schließlich auch keine in einem klerikalen Universum verlorene Gruppe von Laien. Wie so oft entspricht hier das Schema nicht der differenzierteren, subtileren Wirklichkeit, und zwar einfach deshalb nicht, weil das Leben geprägt ist von Annäherung, Anpassung und Beeinflussung. Die Armen von Lyon waren der Welt, in der sie lebten und der es nicht gelang, sie zu vereinnahmen, sowohl ähnlich als auch von ihr verschieden. Die doppelgesichtige Realität von «Ähnlichkeit» und «Verschiedenheit» läßt sich auch bei den Führern der Gemeinschaft klar erkennen.

Diese Männer, die ihren Gläubigen, aus deren Kreis sie hervorgingen, selbst so ähnlich waren und die sich von ihnen dennoch durch ihren Status in der Gemeinschaft so stark unterschieden, stellten bemerkenswerte kulturelle Vermittler dar. Als lebende «wandernde Zeitungen» stellten sie durch ihr Umherziehen Verbindung zwischen den verschiedenen isolierten Gegenden der Diaspora her; als Vorleser und öffentliche Schreibmeister hatten sie auf dem leseunkundigen Land die Rolle von Boten aus der Welt der schriftlichen Kultur und der Bücher; als Überbringer des Wortes Gottes stellten sie den heilbringenden Kontakt zwischen dem gequälten Volk und der fruchtbringenden göttlichen Botschaft her. Wie also könnte man noch erstaunt sein über die Rolle, die die Prediger bei den Armen von Lyon spielten? Sie spielten in dreifacher Hinsicht eine äußerst wichtige

Rolle: für den Zusammenhalt einer räumlich weitverstreuten Gemeinschaft, für die Kultur eines Volkes von Analpabeten und für die Religion von Gläubigen, die mehr als alles andere das ewige Seelenheil ersehnten. So hielten die Brüder die Diaspora-Gemeinschaft zusammen, die beunruhigenden zentrifugalen Kräften ausgesetzt war. Darüber hinaus waren sie, wenn erforderlich, autorisierte und kompetente Repräsentanten der gesamten Gemeinschaft nach außen. Als die Reformation Europa zu erobern begann und neue, zugleich anziehende und verdächtige Wege zum Heil erschloß, waren die *barbes* ganz selbstverständlich die ersten, die sich mit ihr auseinandersetzten und die Abordnungen entsandten, um sich zu informieren.

8. Sterben: Eine Lösung mit Zukunft? (16. Jahrhundert)

Als zwischen 1517 und 1520 in Wittenberg der erste Funken der lutherischen Reflexion, dann der lutherischen Anfechtung und endlich der lutherischen Provokation emporstieg, – wer hätte sich damals seine ganze Reichweite vorstellen können? Der gesamte klerikale Stand nahm diesen aufrührerischen Mönch ebensowenig ernst wie die Mehrheit der politischen Machthaber. Papst Leo X. glaubte, mit der Bulle *Exsurge Domine* vom 15. Juni 1520, durch die Martin Luther exkommuniziert wurde, diese Angelegenheit ein für allemal geregelt zu haben. Hatte die Kirche etwa keine jahrhundertealte Erfahrung mit Schismen und Häresien? Hatte sie etwa nicht auf traditionelle Weise alle ihre Abtrünnigen und Feinde ausgeschaltet? Wer hatte sich mit ihr messen können? Mit Hilfe der Zeit hatte die riesige und einflußreiche, Normen setzende Maschinerie der kirchlichen Macht, gestärkt durch die Unterstützung der weltlichen Justiz, schließlich in fast allen Fällen jeglichen Widerstand gebrochen und über die hartnäckigsten Gegner gesiegt. Wodurch sollte der sächsische Augustiner, selbst wenn er Universitätsprofessor war, Rom auch nur im geringsten beunruhigen? Sogar als er als Antwort auf die päpstliche Verurteilung am 10. Dezember 1520 die Exkommunikationsbulle auf einem öffentlichen Platz unter Beifall der Bevölkerung verbrannte – immerhin bereits eine Geste von seltener Kühnheit –, und damit das Schisma vollzogen hatte – wer hätte auf die Erfolgschancen des aufrührerischen Mönches wetten mögen?

Auch wenn sich noch heute an den Ursachen der Reformation so manche Debatte entzündet, wobei man sie heutzutage in einem weit weniger leidenschaftlichen Ton führt als früher – die Ökumene, sei sie auch nur theoretischer oder formaler Natur, verpflichtet –, so sind doch die Bedingungen für ihren Erfolg wohlbekannt. Er ist mit einem erstaunlichen Zusammentreffen verschiedener Umstände zu erklären: der Hochmut und die Verständnislosigkeit Roms; die neue nationale Empfindlichkeit der Bevölkerung im Reich; eine allgemeine Frömmigkeit mit wachsenden Ansprüchen; eine Persönlichkeit von seltener Kraft; die unvorhersehbare Zustimmung und Unterstützung der herrschenden Fürsten; die massive und rasche Verbreitung der

Ideen durch die neue Technik des Buchdrucks – all dies wirkte zusammen. Seit 1520, dem Jahr, in dem die vier Hauptwerke Luthers herausgegeben wurden, dehnte sich die Bewegung kontinuierlich aus. Aus der anfänglichen Flamme, die im Augustinerkloster von Wittenberg entzündet worden war, war nicht bloß ein sächsischer, ja nicht einmal bloß ein deutscher Brandherd geworden, sondern ein gefräßiger Flächenbrand, der in der Lage war, den gesamten Kontinent zu entfachen. In den zwanziger, noch mehr aber in den dreißiger Jahren des 16. Jahrhunderts, zirkulierten die gedruckten und auch übersetzten Werke Martin Luthers in den verschiedenen Ländern Europas.

Erste Kontakte mit der Reformation

Über die Territorien des Reichs hinaus tangierte die Reformation alle Völker; manche reagierten interessiert und einige sympathisierten ganz offen mit ihr. Noch weniger als andere konnten die Armen von Lyon gegenüber dieser gewaltigen Strömung religiöser Erneuerung gleichgültig bleiben, zumal sie schon im Jahrhundert zuvor von der hussitischen Bewegung so stark beeinflußt worden waren, daß die böhmischen Hussiten mit der Gemeinschaft der Brüder verschmolzen waren. Das Interesse, das die Reformation bei ihnen hervorrief, wird leicht verständlich, wenn man die drei Grundpfeiler der reformatorischen Theologie betrachtet: die Rechtfertigung allein durch den Glauben (*sola fides*), das allgemeine Priestertum, woraus sich das Recht jedes Einzelnen auf eine selbständige Auseinandersetzung mit der Heiligen Schrift ergibt, und die Bibel als exklusive Quelle der Glaubenslehre (*sola scriptura*). Diese beiden letzten Punkte schlossen mehr als vierhundert Jahre nach Beginn der waldensischen Bewegung voll und ganz an ihren Ausgangspunkt an. Sie entsprachen dem traditionellen Gedankengut der Armen Christi und seiner traditionellen Umsetzung in die Praxis. Diese leidenschaftliche, genaue Erforschung des Wortes Gottes wurde also von beiden religiösen Richtungen geteilt: von der älteren, von Waldes begründeten, die ihren Kurs beibehalten hatte, so gut es eben ging, aber die auch im Lauf der Jahrhunderte von der ursprünglichen Unbeugsamkeit ihrer Anforderungen an ihre Gläubigen Abstand genommen hatte, und von der Reformation, die noch die lebendige Kraft einer jungen religiösen Bewegung hatte. Schon vor der Zeit, als die neue reformatorische Strömung in den norddeutschen Territorien Triumphe feierte, hatten die Brüder das Bedürfnis, sie besser kennenzulernen.

Die *barbes* konnten sich mit Recht die Frage stellen, ob Luther, dem bald zahlreiche andere Apostel des Evangeliums nachfolgten, wirklich etwas Neues vertrat. Entdeckte er nicht bloß das wieder, was die Armen von Lyon seit Jahrhunderten lebten und verteidigten? Waren die absolute Vorrangstellung der Heiligen Schrift und der direkte Zugang aller zum Wort Gottes durch Übersetzung und Predigt nicht eigentlich Waldes' Ideen? Dennoch blieben die *barbes* auch nach der Lektüre der Arbeiten des Reformators aus Wittenberg unschlüssig, auch in bezug auf einige seiner Standpunkte. So entsprach etwa die von Luther gepredigte Bibellektüre nicht der ihren. Während ersterer nach Art eines Doktors der Theologie, der er ja auch war, die verschiedenen Ebenen der Exegese erklärte, hielten letztere am wörtlichen Verständnis der Bibel fest, das heißt, an ihrer Ablehnung jeglicher Interpretation. Noch mehr Verwirrung hinterließ bei ihnen das Prinzip *sola fides*, das Herzstück des lutherischen Gedankenguts, denn die Brüder glaubten fest daran, daß der Mensch selbst zu seinem Seelenheil beitragen könne, und sie beharrten deshalb auch weiterhin auf einer Fülle von Riten und Praktiken. Was sollten sie nun tun? Sie nahmen mit den Reformatoren Kontakt auf, um sie persönlich zu befragen, sich eine Meinung zu bilden und daraufhin alle Fragen erneut zu überdenken.

Die erste Spur eines Kontakts zwischen Luther und den Armen von Lyon stammt aus dem Jahre 1523. Der Reformator schrieb damals an den Herzog von Savoyen und bat ihn, die «Waldenser» im Piemont, seine Untertanen, zu beschützen. Ansonsten erwähnt er sie nur selten und wenn, dann vor allem Böhmen betreffend. In seiner Korrespondenz schneidet er die Frage der Armen von Lyon dreimal an, aber nur in Form von Anspielungen. Eine Ausnahme bildet ein Brief aus dem Jahre 1535, der an «Benedikt Güb aus Boleslav und an die waldensischen Brüder in Böhmen» gerichtet ist. Wir erfahren hier, daß Luther zusammen mit Philipp Melanchthon zwei Boten empfangen hat, die die Tschechen zu ihnen gesandt hatten. Er erklärt, daß sie sich sehr gefreut hätten zu hören, daß man in Böhmen die Kindstaufe praktiziere – was im Zusammenhang mit der starken Opposition gegenüber den Anabaptisten zu sehen ist – und daß man, wie auch die Reformatoren selbst, die beiden Sakramente der Taufe und der Eucharistie anerkenne. Aber handelt dieser Brief auch wirklich von den Armen von Lyon? Anderswo findet Luther härtere Worte für die *«picards»* (Einwohner der Pikardie, Anm. d. Ü.), womit er sehr wohl die Armen von Lyon meint, denn so wurden sie manchmal auch genannt. Der Reformator hatte mit ihnen also nur sehr begrenzte Beziehungen.

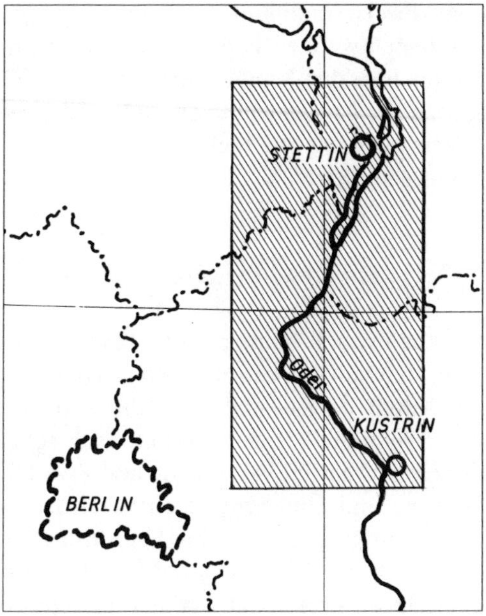

Übersichtskarte

Höchstwahrscheinlich 1556 nahmen die *barbes* Kontakt mit den Reformatoren auf. Nach den Historikern G. Miolo (16. Jh.) und P. Gilles (17. Jh.) fanden sich 140 *barbes* zu der Synode zusammen, die in jenem Jahr in Laux, im Cluson-Tal im Piemont, abgehalten wurde. Die Versammlung entsandte zwei von ihnen, Guido aus Kalabrien und Martin Gonin aus Angrogne, zu einer Informationsreise in die Schweiz und nach Deutschland. P. Gilles führt an, daß M. Gonin «eine Menge an gedruckten Religionsbüchern tragen ließ», als er aus der Schweiz zurückkehrte. Von diesem Moment an, wenn nicht schon früher, konnten die Gebildeteren unter den *barbes* das Gedankengut der Reformation auf lateinisch zur Kenntnis nehmen, die anderen auf französisch oder italienisch. Auf jeden Fall nahmen Guido und Gonim im Lauf dieser Reise engeren Kontakt mit jenem Mann auf, der die Verbindung zwischen den Armen von Lyon und der Reformation zunächst herstellen und dann aufrechterhalten sollte. In der Tat sorgte Guillaume Farel für die Fortsetzung der Beziehungen, ganz so, als ob ihm inmitten der reformierten Welt diese Aufgabe zugewiesen worden wäre. Seine Herkunft aus der Dauphiné wie auch die romanische Sprache, die er wohl beherrscht hat, bestimmten ihn auf natürliche Weise für diesen Posten. Farels Standpunkte jedoch waren strenger als die Luthers und daher noch weiter von der Tradition der Brüder entfernt. Mehr Informationen über die Verbreitung reformierten Gedankenguts in der Gemeinschaft der Armen von Lyon im Lauf der zwanziger Jahre dieses Jahrhunderts besitzen wir nicht. In den dreißiger Jahren verändern sich die Gegebenheiten.

Ein Gewissenskonflikt

Wenn die Armen von Lyon, d. h. in erster Linie ihre Prediger, also ihre Verantwortlichen, sich von der reformierten religiösen Einstellung so stark angezogen fühlten, dann deshalb, weil diese zu einem Zeitpunkt aufkam, an dem sie sich viele Fragen stellten. Wahrscheinlich bereits seit einigen Jahrzehnten hatten Verwirrung und Zweifel immer mehr an Raum gewonnen, und eine echte Identitätskrise hatte sich der Gemeinschaft bemächtigt. Dies ist keine Vermutung, die *a posteriori* von Ereignissen abgeleitet worden ist, die sich später zugetragen haben. Vielmehr geht dies ganz klar aus dem Bericht von Morel und Masson aus dem Jahre 1530 hervor. Bei seiner Lektüre können wir feststellen, daß die *barbes* – einmal mehr gilt dieses Zeugnis nur für den westlichen Teil der Diaspora – in ihren Überzeugungen zu schwanken scheinen. Sie sind der Reflexion und kollektiven Gewissenserforschung unterworfen. Wir haben, so dachten sie, seit den Anfängen als einzige die auf dem Evangelium beruhende Wahrheit bewahrt, verteidigt und übermittelt, aber haben wir das göttliche Wort denn richtig verstanden? Ihre diesbezügliche Angst vergrößerte sich noch angesichts der Tatsache, daß ihr Zugang zur Bibel sich von jenem der Reformierten unterschied. Und was wäre, so konnten sie sich fragen, wenn wir seit Jahrhunderten uns selbst und unser Volk von Gläubigen getäuscht hätten? War das wörtliche Bibelverständnis, der Biblizismus, wirklich der richtige Weg zum ewigen Seelenheil?

Die Frage war um so zentraler, als den *barbes*, wie wir selbst oben feststellten, ihr doppeltes Spiel vollkommen bewußt war. Aus Angst versteckten nicht nur sie ihren Auftrag zum Predigen, sondern – noch bedenklicher – die Gläubigen verbargen inzwischen ihre Überzeugungen so weitgehend, daß zwischen den verkündeten Prinzipien, die sich aus dem wörtlichen Verständnis des Evangeliums ergeben hatten, und ihrer Verwirklichung im Alltag ein echter Widerspruch bestand. War diese Unmöglichkeit, das zu erfüllen, was sie theoretisch als göttliches Gesetz ansahen, der menschlichen Schwäche, der Verfolgung oder einer irrigen Lektüre der Bibel zuzuschreiben? Wer konnte sie über diesen Punkt besser aufklären als diese neuen «Waldes» mit ihrem ins Jenseits gerichteten Blick, ihrem auf die Heilige Schrift zeigenden Finger, ihrer vom Wort Gottes entflammten Zunge? Aber was wußten sie von den Armen von Lyon, von ihrer Vergangenheit, von ihrer lebendigen und leidvollen Tradition? Rein gar nichts, oder zumindest kaum etwas. Über Luther, Melanchthon, Zwingli, Lambert, Bucer, Oecolampad, Haller, später Calvin und so viele andere hinaus waren die Mehrheit der Reformatoren ehemalige Priester, die aus städtischem Milieu stammten und durch die Tretmühle der scholastischen Universitätsausbildung gegangen waren. Konnte es einen größeren Gegensatz geben zur gewollten und zur festen Regel gewordenen Einfachheit der Armen von Lyon? Wie konnten sie diese bäuerlichen Prediger im Dienst einer ländlichen Gemeinde verstehen? Die Berechtigung dieser Frage wird uns klar, wenn wir uns daran erinnern, daß die Reformatoren Menschen ihrer Zeit und Befürworter einer hierarchischen Gesellschaftsordnung waren. Ihr Ziel war die Bekehrung der Fürsten und Könige und ihres Hofes, die sie als das beste Mittel betrachteten, um das Volk leichter dazu zu bringen, sich der Sache des Evangeliums zu verschreiben. Welche Bedeutung konnten die Armen von Lyon von dieser Perspektive aus gesehen für sie haben?

Unter diesen Bedingungen erscheint der Gang der *barbes* zu Bucer und Oecolampad, den Reformatoren aus Straßburg und Basel, an die sie verwiesen wurden, noch bewegender. Welches Beispiel an Mut und Intelligenz sie doch in diesem Augenblick gaben! Sie hätten sich auf ihre solide, mehrhundertjährige Tradition berufen und sich mit den Verfolgungen brüsten können, deren Opfer sie nach wie vor waren. Sie hätten versuchen können, damit den neuen Predigern zu imponieren, vielleicht sogar, sie in ihre Diaspora-Gemeinschaft zu integrieren. Auf jeden Fall hätten sie sie zumindest souverän ignorieren können. Ganz im Gegensatz hierzu stellen sie sich selbst in Frage und wenden sich in einer Haltung rührender Demut an sie. Es besteht kein Zweifel, daß die Reformatoren mit ihrer Herkunft und Ausbildung für die *barbes* eine gewisse Autorität darstellten. Durch ihr Wissen, religiöser oder anderer Natur, und ebenso durch die Sicherheit ihres Auftretens, die Frucht eines soliden theologischen Gerüsts, mußten sie die *barbes* stark beeindrucken. Sogar die gebildetsten der Brüder, und dazu gehörten Georges Morel und Pierre Masson sehr wohl, konnten diesen Gottesmännern, die auch Humanisten waren, nicht das Wasser reichen. Außerdem feierte die Reformation in einer Reihe von Ländern Triumphe. Dieser endlich mögliche Sieg des Evangeliums mußte die

Armen von Lyon mit ihrer leidvollen Vergangenheit faszinieren. Und so begann der erstaunliche Dialog zwischen den Vertretern zweier kultureller Gruppierungen, die bis zur Gegensätzlichkeit verschieden und zugleich bis zur Brüderlichkeit ähnlich waren.

Rufen wir uns die Situation noch einmal kurz ins Gedächtnis zurück. Auf Wunsch der Synode der *barbes* von 1530 waren Morel und Masson mit Oecolampad in Basel und mit Bucer in Straßburg zusammengetroffen und hatten sich mit ihnen über ihre jeweiligen Standpunkte ausgetauscht. Auf dem Rückweg wurde Pierre Masson gefangengenommen, während Georges Morel in die Provence zurückkehrte, das Protokoll der Diskussionen ins Romanische übersetzte und es seinen Kollegen zugänglich machte. Dieses zweisprachige Dossier – auf lateinisch und auf romanisch – befindet sich in Dublin (Trinity College Library), und V. Vinay hat den lateinischen Text publiziert. Außer den Briefen umfaßt es – und dies ist der wesentliche Teil – die den Reformatoren gestellten Fragen *(peticions)*, auf die die jeweiligen Antworten folgen, was insgesamt 110 Manuskriptseiten füllt. Der Wert dieses Dokuments ist unschätzbar. Alle Bereiche, in denen sich ein Problem stellt, werden angeschnitten, ob sie nun zur Lehre oder zur religiösen Praxis gehören. Die ehrliche und freimütige Redeweise sticht ins Auge. Hier spricht ein Meister über seine Gemeinschaft. Er muß diese vorstellen und seine Gesprächspartner, die die Armen von Lyon nicht kennen, informieren. Somit hat der Fragebogen der beiden *barbes*, dem Morel seine systematische Form gegeben hat, das Schema: Wir glauben Folgendes, wir praktizieren Folgendes, was denken Sie darüber? Die Abgesandten, die Erasmus und Luther gelesen haben, erwarten genaue Auskünfte, Erklärungen und Darlegungen im Licht der Bibel.

> «Wir hoffen, schreiben Morel und Masson an Oecolampad, und wir haben vollstes Vertrauen, daß der Heilige Geist uns durch deine Vermittlung erleuchtet und uns über zahlreiche Dinge erhellt, die wir wegen unserer Unwissenheit und Faulheit anzweifeln, und auch über die, von denen wir gar nichts verstehen, was, wie ich befürchte, zum großen Schaden für unser Volk ist, das wir auf so wenig sachkundige Weise belehren.» (Vinay)

Die Befragungen werden durch eine ausführliche Vorstellung der Gruppe der *barbes* eröffnet, dem Gerüst der Gemeinschaft.

Es folgt eine Auflistung dessen, was die Armen von Lyon seit jeher ablehnen: zu schwören, zu töten, zu richten. Auf theologischer Ebene

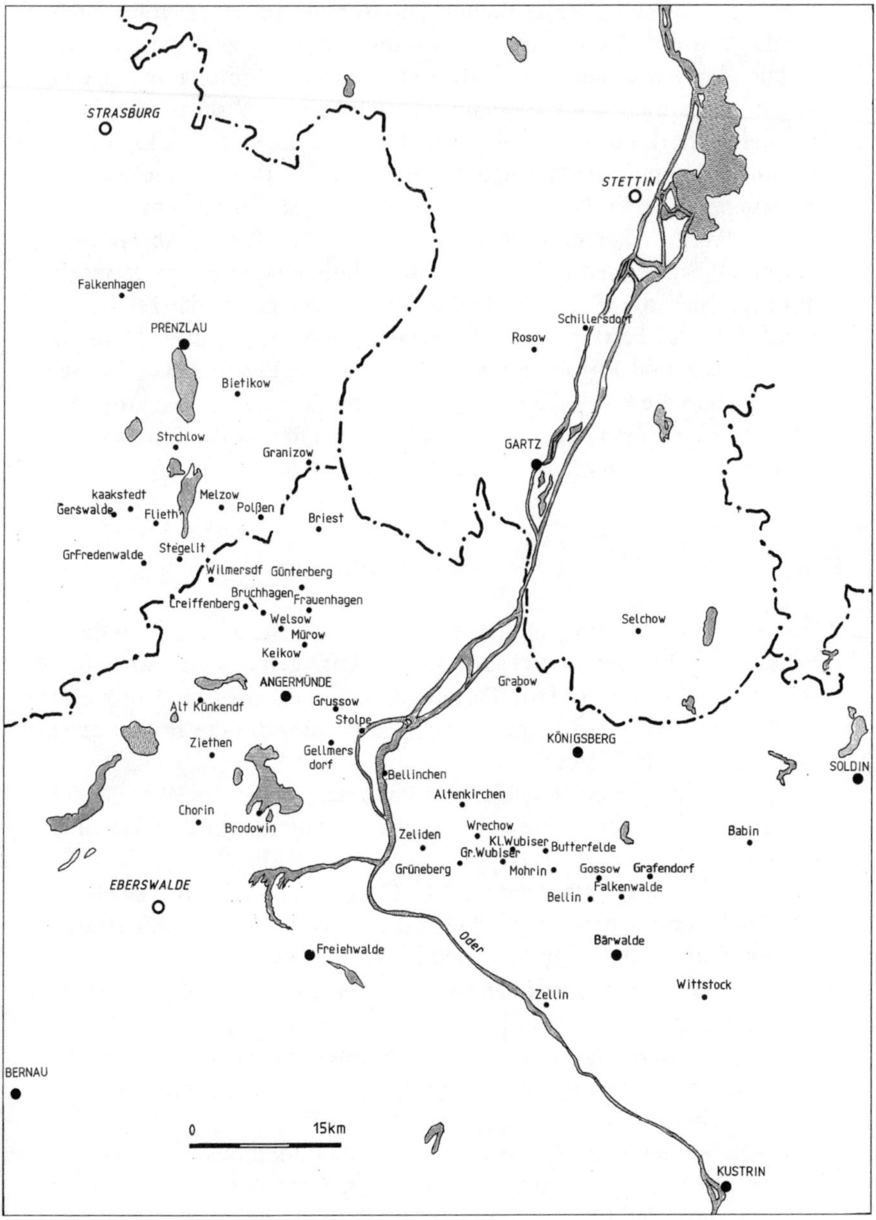

Die Waldenser in Pommern im 14. und 15. Jahrhundert

hatten sie in vielen wesentlichen Punkten die Lehre der römischen Kirche bewahrt. Sie erkennen den «freien Willen» an, jene Freiheit, mit der der Mensch über seine Rettung oder Verdammung im Jenseits selbst bestimmen kann, weshalb sie auch «guten Werken» eine heilbringende Wirkung zuschreiben. Sie behalten die sieben Sakramente bei und bekennen sich dabei insbesondere zur Transsubstantiation in der Eucharistie. Im Gegensatz hierzu haben sie seit langem von gewissen Frömmigkeitspraktiken der katholischen Kirche Abstand genommen: Sie lehnen den Marien- und Heiligenkult ab, desgleichen das Fegefeuer, die Fürbitten für die Toten, die Vigilien (das Feiern der Vorabende der Festtage), das Weihwasser, die Messe, die Abstinenz (von Fleisch und Fett an den vorgeschriebenen Tagen) sowie die Ablässe. Allein die Bibel, die sie wörtlich verstehen, gibt ihnen Antwort auf alle Fragen des Glaubens und der Moral. Dies ist das Bild, das die *barbes* von ihrer Gemeinschaft entwerfen.

Dialog und Konfrontation

Wenn auch der gesamte an den Reformator aus Straßburg adressierte Brief aus mehr oder weniger impliziten Anfragen besteht, so stellen ihm die *barbes* elf explizite Fragen «die für uns sehr zweideutig und dunkel sind». Hier also schließlich die Fragen, die die Brüder ganz besonders beunruhigten:

1. Ob man Grade der Würde zwischen denen, die das Wort Gottes verkünden, einführen muß, wie etwa Episkopat, Presbyterat oder Diakonat.

2. Ob Gott angeordnet hat, daß die Obrigkeit oder die Richter Mörder, Diebe und andere Verbrecher mit dem Tod oder anderen Strafen bestrafen müssen, damit diese sich bessern können.

3. Ob die zivilen und andere vom Menschen geschaffene Gesetze vor Gott gültig sind.

4. Ob es erlaubt ist, unserem Volk zu raten, die falschen Brüder zu töten, die es verraten und die die *barbes* den Anhängern des Antichrist ausliefern.

5. Ob es erlaubt ist, daß sich derjenige, dem man ungerechterweise genommen hat, was er zum Leben braucht, dies selbst zurückholt; ob es erlaubt ist, daß Gläubige einen Prozeß anstrengen.

6. Ob das Erbe der Kinder, die ohne Testament sterben, ihrer Mutter zukommen und, wenn diese sich wieder verheiratet, dem Sohn des zweiten Mannes zufallen muß.

7. Ob jeder Kapitalzuwachs Mißbrauch ist; ob jedes Geschäft, das ohne Arbeit Verdienst abwirft, Sünde ist; und ob jeder Eid Todsünde ist.

8. Ob jene Lehre von der Erbsünde, der läßlichen Sünde und der Todsünde wie auch die von der unbesiegbaren, versteckten und groben Unwissenheit gültig ist.

9. Ob es erlaubt ist, um die Toten zu weinen.

10. Ob alle Kinder, aus welchem Volk auch immer, die noch nicht fähig sind, vernünftig zu denken, durch die Gnade Gottes und das Verdienst der Passion Christi gerettet werden. Und umgekehrt, ob alle Menschen, die fähig sind, vernünftig zu denken, und die nicht an Christus glauben, verdammt werden.

11. Ob die jungen Menschen, die danach streben und ihr Leben in Jungfräulichkeit leben wollen, in einen Orden eintreten müssen; und ob es zulässig ist, daß Blutsverwandte jeden Grades mit Ausnahme jener, die im 18. Kapitel von Levitikus erwähnt werden, die Ehe schließen.

In dieser Liste geht es also alles in allem um konkrete Aspekte der Lebenspraxis, um Probleme, die aus dem traditionellen Biblizismus der Armen Christi herrühren. Dennoch ist der neuralgische Punkt der Beunruhigung der *barbes* die Frage der Willensfreiheit und der Prädestination, die sich ihnen in Anbetracht der Positionen der Reformierten stellt. Zwischen Katholiken und Reformierten begann damals eine leidenschaftliche Grundsatzdiskussion über die Frage: Kann der Mensch zu seinem eigenen Seelenheil beitragen? Oder, wenn man so will, ist er von Gott zum ewigen Seelenheil oder zur ewigen Verdammung vorbestimmt, ohne daß menschlicher Wille oder menschliche Handlungen den göttlichen Plan und das eigene Schicksal irgendwie beeinflussen können? 1524 hatte Erasmus seine Schrift «Über den freien Willen» *(De libero arbitrio)* veröffentlicht, auf die Luther im darauffolgenden Jahr nachdrücklich mit «Über den geknechteten Willen» *(De servo arbitrio)* antwortete. Wir rühren hier an das Kernstück der Reformation und damit zugleich an den Punkt, der die Armen von Lyon hauptsächlich daran hinderte, sich der Reformation anzuschließen. Denn ihre ganze Tradition hob den Wert der Werke hervor, all jener frommen Gebräuche und Vorschriften, denen sie sich im Blick auf ihr Seelenheil unterwarfen und die wir oben beschrieben haben. Deshalb dringen Morel und Masson nach den elf Fragen ins Zentrum der Auseinandersetzung vor. Es empfiehlt sich, diese Passage trotz ihrer Länge zu lesen, denn sie ist ein lebendiges Zeugnis der Verwirrung, die die Armen von Lyon erfaßt hat.

«Nichts verwirrt uns in unserer Schwäche, die jedoch, ich gebe es zu, unserer Unwissenheit entspringt, mehr als das, was ich bei Luther über den freien Willen und die göttliche Vorherbestimmung gehört und gelesen habe. In der Tat glauben wir, daß allen Menschen von Gott eine bestimmte natürliche Tugendhaftigkeit eingegossen wurde, indessen dem einen weniger, dem anderen mehr, so, wie uns die Erfahrung deutlich lehrt, daß sich ein Mensch vom anderen unterscheidet, und wie es das Gleichnis von den Talenten zu zeigen scheint. Wir sehen durch unsere Erfahrung auch, daß sich in den Gräsern, in den Pflanzen, in den Steinen und in allen anderen Dingen eine eigene, natürliche Energie befindet, die ihnen von Gott eingegeben wurde und mithilfe derer wir viel vermögen. So glauben wir, daß die Menschen mit der besagten Tugendhaftigkeit etwas erreichen können, besonders dann, wenn Gott sie anspornt und anregt, wie er selbst sagt: ‹Ich stehe an der Tür und klopfe›, und der, der nicht vermittels dieser Tugendhaftigkeit öffnen will, wird am Ende nach seinen Werken behandelt. Wenn dies nicht so ist, sehe ich nicht, wie so viele Gebote und Verbote zu verstehen sind, wie sie Erasmus diskutiert hat. Was die Vorherbestimmung betrifft, so glauben wir, daß der Allmächtige – unendlich lange bevor er Himmel und Erde schuf – erkannt hat, wieviele gerettet und wieviele verworfen werden. Verworfen werden jene aufgrund ihrer Schuld, das heißt, weil sie nicht gehorchen und die Gebote beachten wollten. Wenn aber alles aufgrund von Notwendigkeit geschieht, wie Luther sagt, und wenn die, die für das ewige Leben vorherbestimmt sind, nicht verdammt werden können und umgekehrt, da die göttliche Vorherbestimmung nicht unerfüllt bleiben kann – wozu dann eine solche Menge von Schriften, Predigern und Ärzten?»

Die innere Unruhe der *barbes* ist groß, denn ihre Verbundenheit mit den Werken ist tief verwurzelt. Sie empfangen die Handauflegung, halten das Zölibat, fasten und beten und erlegen den Gläubigen, deren Beichte sie gehört haben, Bußen auf. Das Almosen hat in den Augen der Armen von Lyon einen besonderen Wert. Morel beruft sich auf folgenden Vers aus dem Buche Jesus Sirach, den er in der *langue d'oc* zitiert: *«E enayma l'ayga steng lo fuoc, enaysi l'almona steng lo pecca.»* («Wie Wasser loderndes Feuer löscht, so sühnt Mildtätigkeit Sünde.») Morel kommt in seiner 19. an Bucer gerichteten *peticion* auf diesen zentralen Punkt zurück, wobei er beweiskräftige Zitate aus der Heiligen Schrift (aus Matthäus, Jesus Sirach, aus der Apostelgeschichte, aus Lukas, Johannes und aus dem Galaterbrief) anführt, die dazu auffordern, im Blick auf das ewige Seelenheil Gutes zu tun. Die Schlußfolgerung von Morel ist, «daß sich daraus ergibt, daß den Werken anscheinend ein gewisser Wert zugesprochen werden muß». Eine beschwörende Bitte beschließt das Ganze: «Ich bitte Dich inständig, insbesondere auf diese Punkte zu antworten.» Der *barbe* erwartete von Bucer eine Exegese der zitierten Texte und die biblische Fundierung der Lehre von der Rechtfertigung durch den Glauben. Man kann also sagen, daß Luther ihn nicht überzeugt hatte, zweifellos nicht mehr als die anderen *barbes*.

Oecolampad antwortet auf diese Befragung kurz, aber klar. Die von ihm vertretene Position ist eindeutig: Er lehnt den freien Willen als im Gegensatz zur Gnade stehend ab, ohne jedoch deshalb auf die Notwendigkeit des Sündigens zu schließen. Er bestätigt die Prädestination, die ein Mysterium ist, denn Gott kann nicht ungerecht sein. Die Wirklichkeit lautet also: Gott allein rettet, der Mensch allein ist für seine Verdammung verantwortlich. Bucer ist sich der Tragweite der Frage und der Verwirrung seiner Gesprächspartner bewußt und holt weiter aus, auf dreizehn handschriftlichen Seiten. Er antwortet, indem er die vorgebrachten Schrifttexte erklärt, deren wörtliches Verständnis ihm allerdings unzureichend erscheint. Man muß sie interpretieren, um ihren spirituellen Sinn zu erfassen. Und seine Ausführungen münden ebenfalls in eine Verteidigung der Prädestination. Somit vertraten die Reformatoren in diesem zentralen Aspekt des christlichen Lebens das Gegenteil der religiösen Konzeption der Armen von Lyon. Konkret ergab sich daraus eine sehr weitreichende Infragestellung ihrer Jahrhunderte alten Gebräuche. Diese dem Kollegium der *barbes* überbrachten Antworten wurden wahrscheinlich auf der Synode von 1531 debattiert. Sie mußten im Kollegium der Brüder Zwietracht sähen, wobei einige die Treue zur Vergangenheit gepredigt haben dürften, die andere wohl den neuen Ideen opferten, die in der Lage waren, dem Evangelium zum Sieg zu verhelfen. Dies sind jedoch Gedankenspiele; in Wirklichkeit wissen wir nichts über die jährliche Versammlung, die Morels und Massons Mission folgte. Dafür wissen wir besser, was sich im nächsten Jahr ereignete.

Eine turbulente Synode

Während wir über die anderen jährlichen Versammlungen der *barbes* so gut wie nichts wissen, verfügen wir glücklicherweise über ein direktes Zeugnis von der Synode des Jahres 1532. Es stammt von Pierre Griot. Als er nach seiner Ankunft in Lourmarin in der Provence, wo er sich einige Zeit aufhielt, vom Inquisitor Jean de Roma verhaftet wurde, befand er sich auf dem Rückweg von der Synode der Brüder. Hören wir dem jungen *barbe* zu, der im November 1532 verhört wird: «Ebenso haben sie sich in diesem vergangenen Jahr im Piemont versammelt, im Lusern-Tal, in einem Le Serre genannten Ort, in dem es nur zehn oder zwölf Häuser gibt... Und der, der spricht, war in diesem Jahr auf der besagten Versammlung.» Es ist unmöglich, die Anzahl der Teilnehmer und ihre Herkunft herauszufinden. Doch Pierre Griot erinnert sich an einige von ihnen. Er führt zunächst die Verantwortlichen an: «Von den vieren, die es gegenwärtig sind, heißt der älteste Louis, der andere Etienne, der dritte Daniel und der vierte Luc.» Im übrigen befanden sich unter den bekanntesten Meistern «Jean, Laurent, Georges und Jeannon». Ziemlich verschwommene Gestalten sind diese *barbes* für uns, die wir nicht einmal ihren Nachnamen kennen, sondern nur ihr religiöses Pseudonym. Man hat versucht, das Geheimnis zu lüften und in ihnen Louis Callier, Daniel aus Valence und Georges Morel wiederzuerkennen. Es blieb bei puren Vermutungen.

Andere Teilnehmer hingegen hatten sich in das Gedächtnis des jungen *barbe* eingegraben, der zum ersten Mal auf einer Synode anwesend war: außenstehende Personen, die eingeladen worden waren. Überlassen wir ihm das Wort: «In diesem Jahr befanden sich bedeutende Kleriker und Doktoren auf ihrer Kongregation. Unter ihnen gab es einen Mönch in schwarzem Habit und einen in weißer Ordenstracht; und zwei andere, die Edelleute aus dem Gebiet um Grenoble waren.» Im Verlauf des folgenden Verhörs fragt ihn der Inquisitor: «wie hießen diese vier Redner?» Er antwortet: «Die vornehmen Herren hießen Charles und Adam, die Ordensleute Augustin und Thomas». Das Alter der «Weltlichen», d.h. der Laien, sowie des Thomas gibt er mit vierzig Jahren an, Augustin schätzt er auf um die fünfzig. Wer konnten nun diese Männer von außerhalb der Gemeinschaft der Armen von Lyon sein, denen es dennoch erlaubt war – ein einzigartiger Vorgang – mit ihnen in ihrer offiziellen Versammlung zu diskutieren? Betrachten wir zunächst die Ordensleute. Es ist merkwürdig, daß diese Ordensgeistlichen ihre Ordenstracht trugen, doch ist dies ausdrücklich bezeugt. Thomas bleibt der Anonymste; vielleicht weist sein weißes Gewand auf einen Dominikaner hin. Möglicherweise ist der zweite Ordensgeistliche, der im schwarzen Gewand, Augustin Maynard, der Mönch aus dem Piemont, der in Cuneo die Reformation predigte. Sicherer ist die Identifikation der Laien. Unter dem Namen Adam verbirgt sich Antoine Saunier. Aus einem Brief von ihm vom 5. November 1532, den er mit «Dein Adam» unterzeichnete, geht hervor, daß er in der Tat dieses Pseudonym angenommen hatte. Was Charles betrifft, so scheint alles darauf hinzuweisen, daß es sich um Guillaume Farel handelt, obwohl er, zumindest meiner Kenntnis nach, diesen Namen nicht verwendet hat. Aber er ist ein vornehmer Mann, stammt aus der Dauphiné und ist damals 43 Jahre alt. Ihn auf der Versammlung der *barbes* anzutreffen ist übrigens nicht weiter erstaunlich, denn er war vielleicht der einzige, der inmitten der reformierten Welt den Wert ihrer Entwicklung bezüglich der Reformation zu schätzen wußte und der den hierfür unerläßlichen Einsatz ermessen konnte.

Wie man weiß, vertrat Farel innerhalb des reformatorischen Spektrums die extremsten Positionen, jene, die im größten Gegensatz zum von alters her überlieferten Denken und Handeln der Armen von Lyon standen. In der gespannten Situation, in der sich die *barbes*, unschlüssig und entzweit, bereits seit einigen Jahren fragten, ob sie ihre traditionellen Positionen beibehalten sollten oder ob sie nicht besser daran täten, sich der großen reformatorischen Strömung anzuschließen, war eine lebhafte Diskussion zu erwarten. Sie wurde es in der Tat. Der Hauptpunkt war, wie nicht anders zu erwarten, die Frage von Glauben und Werken. Wiederum lassen wir hier besser Pierre Griot sprechen, der dem Inquisitor von den Diskussionen berichtete, so, wie er sich daran erinnerte, und so, wie der Gerichtsschreiber es notierte.

> «Und sie stritten untereinander über den Glauben. Die beiden Mönche sagten, daß der Glaube allein zur Rechtfertigung genüge, die beiden anderen sagten, Glaube ohne Werke sei toter Glaube. Dagegen wandten die Mönche ein, daß die Werke für die Rechtfertigung nichts nützten, sondern nur Zeugnisse des Glaubens seien, und daß die Werke nichts als Aberglaube seien, den man sich ausgedacht habe. Gott frage nicht nach äußerlichen Werken, sondern ausschließlich nach dem Herz des Menschen. Außerdem sagten die beiden Mönche: ‹Ihr seid mit euren Zeremonien und äußerlichen Werken mehr beschäftigt und belastet als die in der römi-

schen Kirche›, so als wollten sie sagen, daß es nichts als Zeitverschwendung und unnütze Last sei, sich um diese Werke zu kümmern, und daß Gott daran keinen Gefallen finde, weil es am Arbeiten und Vollbringen irdischer Werke hindere. Nach diesem Streitgespräch zwischen den genannten Mönchen und Edelleuten waren die *barbes* alle empört, denn sie hatten die Gewohnheit und lehrten dies auch dem Volk, nicht zu trinken, zu essen oder irgendeine Sache zu tun, bevor sie zu Gott gebetet hätten.»

«Sie waren auch deswegen empört, weil die besagten Mönche ihnen erklärten, man müsse Gott entweder mit dem Herzen dienen oder gar nicht und nicht mit den äußeren Gliedern, denn Gott verlange dies nicht. Daher scheint es, als wollten die besagten Mönche die fleischliche Welt in eine geistige verwandeln. Noch mehr aber stritten die Mönche und Edelleute über das Sakrament der Ehe. Weil die *barbes* Gott Armut, Gehorsam und Keuschheit geloben, sagten die Mönche, daß es falsch von ihnen sei, Keuschheit zu geloben und daß sie alle heiraten sollten, weil der hl. Paulus sagt, daß ein Lehrender der Ehemann einer einzigen Frau sein muß, ebenso der Diakon. Und so waren alle *barbes* empört und sagten, sie hätten den Brauch, nicht zu heiraten, und die anderen sagten, sie wären schon alt.»

Die Qualität des Zeugnisses, seine erfrischende Naivität und sein einzigartiger Charakter mögen die Länge dieses Zitats entschuldigen. Trotz der Interpretationsprobleme, die es mit sich bringt, ist es unersetzlich. Nach Pierre Griot verteidigen vor allem die Ordensleute die reformierten Thesen, und zwar mehr als Saunier und Farel. Sollte er die Äußerungen vertauscht haben? Dies ist nicht ausgeschlossen, denn in anderen Augenblicken seines Prozesses kommt an den Tag, daß er nicht immer klar erfaßt hat, was debattiert wurde. Auf alle Fälle werden hier die Lebhaftigkeit der Reden, die Gegensätzlichkeit zweier religiöser Kulturen und der grundsätzliche Aspekt der Debatte deutlich. Wie war nun ihr Ausgang? Würden die Armen von Lyon die Rechtfertigung allein durch den Glauben und mit ihr die Reformation zurückweisen? Würden sie im Gegensatz hierzu auf ihre gesamte Vergangenheit verzichten und damit widerrufen, was sie bis dahin mehr als vierhundert Jahre lang als treue Umsetzung des Evangeliums in ihr Leben betrachtet hatten, als wirkliche Nachfolge des Lebens der Apostel – wenn nicht immer in der Realität, so zumindest der Absicht nach? Oder würden sie eher – als dritte Möglichkeit –

einen mittleren Weg einschlagen, indem sie aus ihrer Tradition wie aus der belebenden Reformation diejenigen Elemente beibehielten, die ihrem eigenen religiösen Gespür entsprachen, und den Rest ablehnten – eine Auswahl, die darauf hinauslief, eine Art von Reform im Inneren der Gemeinschaft der Armen von Lyon durchzuführen? Die Antwort hierauf wird uns nicht von Pierre Griot, sondern, ein weiteres Mal, von den Dubliner Manuskripten gegeben.

Der Verzicht

Wir kennen die Schlußfolgerungen jener Synode von Chanforan – ein durch einen Flurnamen bezeichneter Ort nahe dem Weiler Le Serre –, die in zwanzig Artikel untergliedert sind und deren Text von V. Vinay publiziert wurde. Sie klären den Unterschied zwischen Armen von Lyon und Reformierten oder ziehen vielmehr einen Schlußstrich unter die Debatte zwischen ihnen, d. h., sie betreffen nur die strittigen Punkte. Es handelt sich nicht um eine allgemeine Erklärung, auch nicht um ein Glaubensbekenntnis. Nur drei Artikel gehen über den Glauben; alle anderen betreffen die Kirchenzucht *(discipline ecclésiastique)*. Zur Frage von Glaube und Werken bleibt die Schlußfolgerung Nr. 2 vielschichtig: «Was die Werke nach außen hin betrifft, die von Gott nicht untersagt wurden, so kann der Mensch sie tun oder sie unterlassen, und zwar, nach der vorliegenden Schlußfolgerung, ohne Sünde.» Alles in allem schließt die Anerkennung des fakultativen Charakters der Werke einen Kompromiß. Dafür wird die Prädestinationslehre, die bei den *barbes* Fragen, Verwirrung und Vorbehalte hervorgerufen hatte, in den Schlußfolgerungen 19 und 20 ohne Umschweife bestätigt: «All jene, die gerettet wurden oder gerettet werden, sind dazu bereits vor der Erschaffung der Welt auserwählt»; «Jene, die gerettet werden, können nicht nicht gerettet werden... Wer auch immer den freien Willen behauptet, verleugnet völlig die Prädestination und die Gnade Gottes.» Hier gibt es also keinen Mittelweg. Angenommen wurde die reine und harte Position der Reformierten.

Das Gleiche gilt für die Sakramente. Während Morel und Masson in ihrem Bericht anerkennen, daß sie an mehr als zwei Sakramente glauben, paßt sich die Erklärung von Chanforan entschieden der reformierten These an: «Auf dem Gebiet der Sakramente wurde auf der Grundlage der Heiligen Schrift beschlossen, daß wir nur zwei Sakramente haben, die Christus uns hinterlassen hat; das eine ist die

Taufe, das andere die Eucharistie». Was dieses letzte Sakrament betrifft, das auch unter den Reformierten selbst Meinungsverschiedenheiten hervorrief, kann man sogar feststellen, daß die *barbes*, weit davon entfernt, sich auf die gemäßigtere Position Luthers (Konsubstantiation) zu beschränken, sich der gedanklichen Linie anschlossen, die im größten Gegensatz zu ihrer Tradition stand, nämlich der Zwinglis (Gegenwart Christi in den versammelten Gläubigen), die Guillaume Farel 1525 in seinem Werk *Summaire et briefve déclaration*... («Summarische und kurze Erklärung...») dargelegt hatte. V. Vinay hebt bezüglich dieser Schlußfolgerungen zurecht Folgendes hervor: «Der spirituelle Radikalismus kam offensichtlich weder von Oecolampad noch von Bucer, sondern von Farel, der die Synode von Chanforan dominiert hatte.»

Somit erwies sich die Veränderung der Lehre als radikal. Konnten – und wollten – die *barbes* zumindest auf der Ebene der Moral, d. h. der der Alltagspraxis, etwas von ihrer alten und ehrfurchtgebietenden Tradition bewahren, die die religiöse Einstellung von Generationen von Gläubigen geformt hatte und die im Lauf der Zeit jene so erstaunlichen Meister hervorgebracht hatte? Eine einfache Durchsicht der anderen Schlußfolgerungen der Synode gibt hierauf unmittelbar Antwort: Der Eid wird zugelassen; Privateigentum der Prediger wird genehmigt; die Beichte wird abgelehnt, ebenso die anderen ihrer frommen Gebräuche: zu bestimmten Stunden mit lauter Stimme zu beten, an bestimmten Tagen zu fasten, die Hände aufzulegen, sich hinzuknien, sich den Kopf zu bedecken; die Stiftung eines eigenen Standes der Jungfräulichkeit wird zur «teuflischen Lehre» erklärt; die Heirat wird niemandem mehr untersagt; diejenigen, die das Wort Gottes verkündigen, dürfen nicht mehr von Ort zu Ort versetzt werden. Man ermißt, welch gewaltige Umwälzung auf dieser Synode des Jahres 1532 beschlossen wurde. Die Armen von Lyon verzichteten auf das, was ihr eigenes spirituelles Leben ausgemacht hatte, ihre gewohnte religiöse Praxis, ihre spezielle religiöse Einstellung. Schon in dieser Hinsicht ruft das Ergebnis der Synode, das sowohl das Dogma als auch die Moral, sowohl die Lehre als auch die Praxis betrifft, lebhaftes Erstaunen hervor.

Mit dieser Kehrtwendung ging außerdem eine echte Veränderung der Ideenwelt einher. Oben untersuchten wir die selektiven Lesegewohnheiten der Armen von Lyon hinsichtlich der Bibel und insbesondere des Neuen Testaments. Ihre bevorzugten Schriften waren Matthäus, Johannes, die kanonischen Briefe und die Hirtenbriefe des Paulus. Im Gegensatz hierzu setzte die Reformation schon seit Luther ihre Akzente anderswo. Sie legte von vornherein besonderen Wert auf die dogmatischeren Schriften des Paulus wie etwa der Römerbrief oder die Galaterbriefe. Diesen Unterschied, ja Gegensatz, kann man auch erkennen, wenn man den Bericht von Morel und die Antworten der Reformatoren vergleicht. In Chanforan jedoch paßten sich die Armen von Lyon diesbezüglich ebenfalls den Reformatoren an. Um die gefaßten Beschlüsse zu rechtfertigen, zitieren die Schlußfolgerungen der Synode neunzehnmal das Neue Testament. Neunmal handelt es sich um Paulus, darunter befinden sich drei Auszüge aus dem Römerbrief. Dieser zunehmende Bezug auf Paulus ist in der Kultur der *barbes* neu. Ist nun diese Vorliebe für den Apostel der Heiden nur aufgesetzt und eine gleichsam bloß äußerliche Auswirkung des Einflusses Farels? Oder aber haben sich die *barbes* innerhalb einiger Jahre so stark verändert, daß sie die Bibel auf eine ganz neue Weise lesen, eine andere religiöse Kultur angenommen haben und sich eine Theologie des Heils zu eigen gemacht haben, die ihnen bis dahin fern lag? Wie dem auch sei, eines ist sicher: das völlige Umschwenken der *barbes*. In Chanforan verzichteten sie nicht nur auf die ihnen eigentümliche Vision, die ihre lange Geschichte als «Abtrünnige» geprägt hatte, sondern auch auf die Verhaltensweisen und Lebensregeln, die seit Waldes das eigentliche Fundament ihrer Bewegung gebildet hatten.

Wie kam es nun zu so überraschenden Entscheidungen? Wie konnte es mit den *barbes* so weit kommen, daß sie mit ihrer gesamten Vergangenheit brachen? Man kann nur annehmen, daß jeder *barbe* seine Stimme abgab und daß die absolute Mehrheit der Stimmen den Sieg davontrug – gemäß der geläufigen Formel *major et sanior pars* (der größere und gesündere Teil). Da jedoch aus dem Manuskript der Schlußfolgerungen hervorgeht, daß die Versammlung in Gegenwart aller Prediger «und des Volkes» abgehalten wurde, kamen einige zu der Überzeugung, daß die Beschlüsse auf demokratische Weise von der Mehrheit der Anwesenden gefaßt wurden. Ich denke im Gegensatz dazu, daß nur die *barbes* abgestimmt haben. Zunächst deshalb, weil die Gesellschaft jener Zeit generell in hierarchischen Kategorien dachte. Dann deshalb, weil die Gemeinschaft der Armen von Lyon tatsächlich hierarchisch war. Höchstwahrscheinlich war die Rolle der anwesenden Gläubigen rein passiv, zumindest im Augenblick der Abstimmung. Es ist aber auch denkbar, daß es sich hier um eine reine Floskel handelt, wie sie etwa die alten Römer auch noch unter dem Kaiserreich weiter verwandten. Auch wenn diese Formel keinerlei Realitätsbezug mehr hatte, wurden dort die Beschlüsse noch vom

Senatus populusque romanus (römischer Senat und römisches Volk) gefaßt.

Auf jeden Fall lösten die Ergebnisse von Chanforan lebhafte und leidenschaftliche Auseinandersetzungen aus. Nicht alle *barbes* waren überzeugt, und die Abstimmung war sicherlich nicht einstimmig gewesen. Die «Widerspenstigen», also jene, die sich nicht dem Gesetz der Mehrheit beugen wollten, bildeten im Namen ihrer alten Bräuche eine Art Partei der Unzufriedenen. Zwei von ihnen, Daniel aus Valence und Jean aus Molines, reisten sogar nach Böhmen, um den Böhmischen Brüdern ihre Situation, zumindest wie sie sie sahen, darzulegen. Sie sagten, sie seien von ihren *barbes*-Brüdern geschickt und riefen die Böhmischen Brüder zu Zeugen des Verrats auf, der sich zusammenbraute, und zwar unter der Anstiftung von «einigen Schweizern, von denen man nicht weiß, ob sie sich über die Heilige Schrift lustig machen oder ob sie sie entstellen». Auf diese Weise wurde also von Saunier und Farel gesprochen. Wir wissen von dieser Reise dank eines Briefes, den die mit «die Priesterbrüder, die das Evangelium in Böhmen und Mähren predigen» Unterzeichneten auf ihrer Rückreise am 25. Juni 1533 an ihre Brüder im Westen schickten. Ohne grundsätzlich Partei zu ergreifen, hielten die Gesprächspartner die *barbes* zu Klugheit an. Die Tatsache, daß die *barbes* bei den Böhmischen Brüdern Rückhalt suchten, zeigt jedoch, daß, gleich wie entfernt sie voneinander waren, die Verbindung zwischen den Armen und Böhmen gegebenenfalls enger werden konnte, namentlich in einer Krise oder in einem wichtigen Augenblick. Wir wissen nicht, wie die darauf folgende Synode diesen Brief aufnahm. Sicher ist jedoch, daß die Schlußfolgerungen von Chanforan bekräftigt wurden. Und so schlossen sich die Armen von Lyon, zumindest auf der offiziellen Ebene ihrer Verantwortlichen und der theoretischen Erklärungen, der großen Bewegung der Reformation an, genauer gesagt, der Untergruppe der frankophonen Schweizer.

Eine französische Bibel

In Chanforan wurde noch eine weitere wichtige Entscheidung getroffen, die die Schlußfolgerungen zwar nicht erwähnen, aber die wir aus anderer Quelle kennen: nämlich die Bibel drucken zu lassen. Diese besondere Beachtung, die die Armen von Lyon der Heiligen Schrift schenkten, ist insofern nicht überraschend, als sie eine lange Tradition weiterführt. Außerdem war es gerade die zentrale Rolle, die die

Bibel bei ihnen spielte, die sie der Reformation am meisten annäherte. Ebensowenig überrascht, daß sie auf die neue Vervielfältigungstechnik, die Kunst des Buchdrucks, zurückgriffen. Diese war in der Lage, zahlreichere und billigere Exemplare herzustellen, die zudem verläßlicher waren als die Handschriften, deren sich die *barbes* bis dahin bedienten. Da wir uns im romanischen Gebiet der Diaspora befinden, würde man also die Drucklegung eines handschriftlichen Textes erwarten, der bereits in der Gemeinschaft kursierte, also eine Auflage der Bibel in der *langue d'oc*. Nichts dergleichen geschah jedoch. Da die bisher von den *barbes* benutzte Version der Bibel als ungenau galt, beschloß man zunächst, die «Vulgata», d. h. die traditionelle und offizielle lateinische Version Roms, nicht zu berücksichtigen. Vielmehr sollte vom Hebräischen und Griechischen ausgehend eine neue Version erstellt werden. Dann sollte die romanische Sprache, in der alle Texte der Armen von Lyon verfaßt waren, nicht mehr verwendet werden, das Lateinische und das Französische sollten an ihre Stelle treten. Ein Brief von Antoine Saunier an Guillaume Farel, der mit «Dein Adam» unterzeichnet und mit dem 5. November 1532 datiert ist, also kaum zwei Monate nach der Synode von Chanforan geschrieben wurde, weist explizit auf dieses Vorhaben hin. Auf Sauniers Rat hin war beschlossen worden, jede Seite der Bibel in zwei verschieden breite Spalten zu unterteilen, wobei die breitere den französischen Text enthalten sollte und die schmälere den lateinischen, der zudem in kleineren Lettern gedruckt werden sollte. Mit der Revision des Textes war Farel betraut worden.

Die mit *Apologie du translateur* («Apologie des Übersetzers») betitelte Widmung am Anfang des 1535 erschienenen Werks erinnert daran, wie diese Unternehmung begann. Hier ihr Anfang, der zum besseren Verständnis leicht verändert wurde:

> Ich erinnere mich gut daran, wie du, Cusemeth (Farel) und du Almeutes (Saunier), geführt vom Geist Gottes durch die Gnadengaben (bezüglich des Verständnisses der Heiligen Schrift), mit denen euch zu beschenken Ihm gefallen hat, vor drei Jahren die christlichen Kirchen unserer guten Brüder besucht habt. Und als ihr alle um euch versammelt hattet (wie es üblich ist), um die Heilige Schrift zu erörtern und über sie zu sprechen, damit das Volk immer wieder auf heilige Weise unterrichtet und belehrt wird, habt ihr zwischen mehreren guten Äußerungen und heiligen Ansprachen bemerkt, wie viele Sekten und Häresien, wie viel Verwirrung und Unruhe zu dieser Zeit über die Welt kamen, und daß dies

> alles aus Unkenntnis des Wortes Gottes geschah. Ihr saht, daß die in die Volkssprache übersetzten Exemplare des Alten und Neuen Testaments, die unter uns zirkulierten und die schon vor so langer Zeit mit der Hand geschrieben worden waren, daß man sich daran gar nicht mehr erinnern kann, nur wenigen Leuten dienen konnten. Deshalb habt ihr alle anderen Brüder ermahnt, daß es zur Ehre Gottes und zum Wohl aller Christen, die des Französischen mächtig sind, wie auch zum Untergang jeder falschen, der Wahrheit widerstrebenden Lehre äußerst ratsam und notwendig sei, eine entsprechend der hebräischen und griechischen Version gereinigte Version in französischer Sprache zu erstellen. Dem stimmten unsere Brüder gern und freudig zu und verwandten sich dafür und boten alle Kräfte auf, daß diese Unternehmung gelänge.

So entsprach das Ergebnis nicht den gefaßten Beschlüssen. Können diese bereits überraschen, so überrascht die tatsächliche Edition noch mehr. Denn das von Pierre Robert alias Olivétan vorbereitete Werk, das am 4. Juni 1535 in Neuchâtel die Druckerpressen von Pierre de Vingle, genannt Picard, verließ, scheint grundsätzlich mit den traditionellen Büchern der *barbes* zu brechen. Diese waren kleinformatige Handschriften, dem Wanderleben der Prediger angepaßt, hier stehen wir vor einem großen Folianten von 416 Seiten (24,5 x 34 cm), der nur schlecht transportiert werden kann; erstere waren auf provenzalisch verfaßt, hier stehen wir, nach der Aufgabe des Lateins, vor einem rein französischen Text. Dies alles wurde von den *barbes* entschieden. Ja, sie organisierten sogar eine Sammlung von Beiträgen von allen Familien der Diaspora, um die Druckkosten zu tragen – insgesamt waren 800 Goldtaler gesammelt und an den Schweizer Verleger geschickt worden. Die ganze Angelegenheit wurde also von den Armen von Lyon beschlossen und finanziert. Und dennoch paßt sie, von außen gesehen, nicht zu ihnen.

Daß die *barbes* das Gedruckte den Handschriften vorzogen, ist verständlich. Aber warum verzichteten sie auf ihre Sprache? Und warum war nur das Französische beibehalten worden, nachdem doch eine zweisprachige, lateinisch-französische Edition beschlossen worden war? Wieviele Brüder konnten denn diese Sprache sprechen oder auch nur verstehen? Wahrscheinlich nur eine Minderheit; und unter den Gläubigen war die Zahl wohl noch geringer. Und, was die Annahme der Königssprache betrifft, wozu bürdeten sie sich die erdrückende Aufgabe einer neuen Übersetzung auf? Daß die *barbes* unter dem Druck von Saunier und Farel nicht einfach die französische Version, die Lefèvre d'Etaples 1530 publiziert hatte, beibehalten zu können glaubten, mag noch angehen. Aber wenn es sich schon empfahl, eine neue französische Version zu erstellen, warum wurde dann nicht die romanische Bibel der Armen Christi übersetzt? Man spürt hier den ganzen Einfluß, den die Reformatoren auf das Kollegium der Prediger ausübten: Es war ihnen gelungen, letztere davon zu überzeugen, daß alle diese Versionen einschließlich der ihren fehlerhaft waren. In der Tat waren sie vom Lateinischen ausgehend erstellt worden. Den «Schweizern» hingegen schien nur eine neue Version angemessen, die von der hebräischen und griechischen Version, in gewisser Weise den «Originalen», ausging. Und somit beschlossen die *barbes* und in ihrem Gefolge die Armen von Lyon, die Sprache ihres Volkes, ihrer ehrwürdigen Handschriften und ihrer heimlichen Meßfeiern aufzugeben, was einer echten kulturellen Revolution gleichkam.

Das schließlich gewählte Format wird besser verständlich, wenn man daran denkt, daß die Versammlung von Chanforan das Umherziehen der Prediger wie auch das doppelte Spiel der Gläubigen abgelehnt hatte. Der Foliant läßt sich nicht verbergen, macht den Transport problematisch und lädt viel eher zu Meßfeiern in größerem Rahmen ein als zur individuellen Lektüre oder auch zur Lektüre im Kreis der Familie. Unter einem materiellen und praktischen Gesichtspunkt verbarg sich hier in Wirklichkeit eine bestimmte ekklesiologische Sichtweise und eine bestimmte Konzeption der Gemeinde sowie der Regeln ihrer Meßfeiern. Dies wird vom Übersetzungstext selbst bestätigt. Bekanntermaßen war er das Werk Olivétans, des Cousins von Jean Calvin. Jedermann weiß, daß eine Übersetzung niemals «neutral», niemals interesselos, sondern immer bedeutungsstiftend ist. Wie Bernard Roussel gezeigt hat, scheint Olivétan auf der Grundlage einer rabbinischen Bibel gearbeitet zu haben. Und er verschaffte den reformatorischen Ideen auf dreierlei Weise Eingang in seine Übersetzung. Erstens mit Hilfe von Randbemerkungen. Sie weisen explizit auf eine bestimmte Ausrichtung hin oder enthalten ausdrückliche Befehle, wie z. B. das Verbot, an Zeremonien der Römischen Kirche teilzunehmen. Zweitens mit Hilfe eines Werkindexes, der gleichsam nebenbei klarstellt, daß der freie Wille kein Ausdruck aus der Bibel ist. Die «Originalität» dieser Erwähnung besteht darin, daß hier im Index ein Ausdruck zitiert wird, der gerade nicht im Werk zu finden ist, und der Autor gleichzeitig «vergißt», darauf hinzuweisen, daß der unfreie Wille ebensowenig im Werk vorkommt. Die dritte Methode ist subtiler, da sie auf der Übersetzung selbst beruht. Wenn ein hebräisches Wort zwei oder mehr französische Entsprechungen hat, ist die getroffene Wahl nicht neutral. Das Vokabular vermittelt eine eigene Theologie. So wird etwa der Begriff «Priester» zugunsten von «Opfern der» *(sacrificateur)* verbannt. Olivétans Sichtweise ist ikonoklastisch: aus «Kelch» etwa wird «Humpen». Überlassen wir zu diesem Punkt B. Roussel das Schlußwort: «Diese Übersetzung trägt zu dem Druck bei, den die französische Gruppe auf die Waldenser ausübt, und zwar in der Absicht, die eindeutige Teilnahme an der rheinischen und schweizerischen Reformation zu fördern.»

Läßt man einmal alle anderen Überlegungen beiseite, so stellt die Drucklegung der Bibel Olivétans ein wirkliches Ereignis dar. Zunächst repräsentiert sie auf der linguistischen Ebene zwei wichtige kulturelle Neuerungen: Zu einem Zeitpunkt, als das Französische noch sehr im Wandel begriffen ist, fixiert sie eine für alle Frankophonen verständliche Sprache; auch ist sie die erste französische Version der Bibel, die von der hebräischen und griechischen Version ausgehend erstellt wurde. Religiös gesehen spielt sie ebenfalls eine wichtige Rolle: «diese Übersetzung, die von den Studien Calvins profitieren konnte, sollte im folgenden Jahrhundert vom Pastor Martin, dann von Osterwald überarbeitet werden. In dieser neuen Fassung diente sie dem französischsprachigen Protestantismus bis zu den Neuausgaben des letzten Jahrhunderts.» (E.-G. Léonard, 1961) In diesem Basis-Text lasen viele Generationen von französischen Protestanten das Wort Gottes. Manchmal mußte dies auch heimlich geschehen, vor allem zwischen 1685 und 1787, als die «angeblich reformierte Religion» verboten war. Schließlich zeigt die Bibel Olivétans konkret und materiell, welchen Druck die «Schweizer» damals auf die *barbes* ausübten. Diese ließen sich überzeugen, beschlossen die Drucklegung, finanzierten sie... Aber man kann sich fragen, inwieweit ihnen diese Angelegenheit später nicht entglitten ist.

Der bezahlte Preis (800 Goldtaler) stellt eine viel zu bedeutende Summe dar, als daß er allein durch die Auflage der Bibel von 1535 gerechtfertigt werden könnte. J.-F. Gilmont ist der Ansicht, daß er 20 Jahreslöhnen eines qualifizierten Handwerkers entsprach. Die Drucklegung dieser Bibel dauerte jedoch ungefähr vier Monate und bedurfte der Arbeit von zehn Druckergesellen. Haben sich die *barbes* obendrein noch betrügen lassen? Haben sie, ohne daß sie es gewußt hätten, noch andere Werke finanziert? Man erschaudert bei diesem Verdacht, besonders, wenn man daran denkt, daß die Kollekte, die die Herausgabe dieses Werks ermöglichte, das noch in zahlreichen Bibliotheken in Augenschein genommen werden kann, auf der Arbeit und dem Schweiß jener fleißigen und frommen Bauern, eben der Armen von Lyon, beruhte. Im übrigen erwies sich die Unternehmung als kompletter kommerzieller Mißerfolg, was nicht erstaunlich ist. Die Armen von Lyon rissen sich nämlich nicht gerade darum, die Bibel zu kaufen. Zunächst einmal hatten sie schon dafür bezahlt, dann war sie auf französisch, und schließlich schien ihr Gebrauch aufgrund ihres Formats sehr umständlich. In welcher Hinsicht war denn diese Bibel, die einige Historiker «waldensisch» nennen, die ihre? Sie hatten sie bezahlt. Das ist viel, aber das ist auch schon alles. 1561, also 25 Jahre nach ihrer Veröffentlichung, befand sich noch ein großer Vorrat an nicht verkauften Exemplaren in Neuchâtel, während bereits ein Teil nach Genf überführt worden war. 1670, also eineinhalb Jahrhunderte später, verzeichnet der Katalog der Genfer Buchhändler J.-A. und S. de Tournes das Werk immer noch als erhältlich...

Sicher ist, daß die Reformatoren die Entscheidung zur Drucklegung den Armen von Lyon nicht aufgedrängt haben. Diese wurde 1532 offiziell bei der jährlichen Versammlung der *barbes* getroffen. Sicher ist auch, daß alles in dieser Bibel Olivétans im Gegensatz zur Tradition der Armen von Lyon steht, was die radikale Kehrtwendung der *barbes* in theologischer und moralischer Hinsicht sowie bezüglich der Kirchenzucht sowohl ausdrückt wie auch bestärkt. Sehr wahrscheinlich verfolgten die Reformatoren, vor allem Farel und Saunier, mit den Armen von Lyon einen ganz bestimmten Plan. Wenn man einmal die verschiedenen politischen Grenzen außer acht läßt, so verfügte die Reformation hier – ein ziemlich seltener Sachverhalt – über eine zusammenhängende, homogene und organisierte Gruppe, die von nun an überzeugt dem neuen Heilsweg anhing. Warum sollte man diesen Mikrokosmos nicht dazu benutzen, eine neue, wortgetreuere Version der Heiligen Schrift zu erstellen, ihm die Druckkosten aufbürden und so das Wort Gottes unter der frankophonen Bevölkerung verbreiten, die sich gegenüber der wahren evangelischen Botschaft noch widerstrebend verhielt? Wahrscheinlich ist auch, daß die Aufgabe der Bibelherausgabe den *barbes* über den Kopf wuchs und daß sie nicht ahnten, welche Folgen ihre Beschlüsse von Chanforan haben würden. Sicher waren sie sich ihrer Kehrtwendung bewußt, der Tatsache, daß sie einen neuen Weg eingeschlagen hatten. Hingegen war ihnen zweifellos nicht bewußt, daß sie auf die ihnen eigene religiöse Einstellung, auf ihre eigenständige Kultur, auf ihre altüberlieferte Vergangenheit, kurz, auf ihre Identität selbst verzichtet hatten.

Von der Entscheidung zur Durchführung

Chanforan war eine mehrheitliche Stellungnahme, der eine «widerspenstige» Minderheit gegenüberstand, was die beiden *barbes* verdeutlichten, die bei den Tschechen Zuflucht suchten. Aber dieser Schritt blieb folgenlos. Was wurde also aus den «Oppositionellen»? Versuchten sie aus Treue zu ihrer eigenen Tradition eine Gruppe von Andersgläubigen innerhalb einer Guppe von Andersgläubigen zu bilden? Oder fügten sie sich wohl oder übel in ihr Schicksal? Wir wissen es nicht. Es gibt allerdings Indizien, die darauf hinweisen, daß es einige Zeit dauerte, bis sich die neuen Thesen durchsetzten. Calvin und die *barbes* waren sich in der ewigen, zentralen und dornigen Frage der Beziehung zwischen Glaube und guten Werken nicht einig, wie er einem jungen tschechischen Theologen, Mathieu Cervenka, schrieb, den er 1540 in Straßburg traf. Letzterer faßt ihre Unterhaltung wie folgt zusammen:

> «Zu Beginn erörterten wir die Frage der waldensischen Brüder, die in der Schweiz und anderswo leben. Dabei kamen wir auf zwei von ihnen zu sprechen, von denen einer den Namen Daniel, der andere den Namen Jean trug. Es ist nicht allzu lange her, daß diese beiden die Brüder in Böhmen besucht haben. Calvin erklärte, daß auch er zu den Waldensern gehört habe, obwohl er sich dann von ihnen distanziert habe, weil er mit ihnen über die Religion verschiedener Meinung gewesen sei. Er erzählte mir viel über den Grund dieser Trennung, wobei er vor allem auf seiner Meinung bestand, die Waldenser würden ihren eigenen Verdiensten zu viel beimessen und dem Punkt der Rechtfertigung allein durch den Glauben an Jesus Christus keine ausreichende Bedeutung einräumen.»

Auch noch acht Jahre nach der berühmten Synode stimmten die *barbes* der Reformation also nicht vorbehaltlos zu. Wenn man die Tragweite der beschlossenen Veränderungen ermißt, ist dies jedoch nicht erstaunlich.

Wenn es sich nun schon mit den Predigern so verhielt, die ja am ehesten in der Lage waren, die radikalen Veränderungen, die sie beschlossen hatten, in die Praxis umzusetzen, wie reagierte dann erst das Volk der Gläubigen? Wir würden gerne wissen, welcher Empfang den *barbes* auf ihren Missionsreisen in den Jahren 1532–1535 bereitet wurde, wenn sie den Familien, die sie besuchten, die neu eingeschlagenen Wege verkündeten: das Ende der geheimen Versammlungen, der Beichte bei den *barbes*, der Teilnahme an den Zeremonien der Pfarrkirche. Abgesehen von diesen ganz konkreten Aspekten – von den theologischen Positionen, von denen sie nur wenig verstanden haben dürften, ganz zu schweigen – mußte das Verschwinden der *barbes*, für das diese selbst verantwortlich waren, die Gläubigen zutiefst beunruhigen. Ihre geistigen Führer, die ihren Vätern unermüdlich das Wort Gottes verkündet hatten, die die zerbrechliche Einheit der verfolgten Diaspora bewahrt hatten, die jahrhundertelang, koste es, was es wolle, den Kurs des leichten Bootes auf dem stürmischen Ozean gehalten hatten, die *barbes* führten ihren eigenen Untergang herbei. Zweifellos bedeutete Chanforan in den Augen der Gläubigen nicht bloß eine Veränderung, sondern eher einen Bruch, wenn nicht sogar Verrat. Welche Gefühle und welche Auseinandersetzungen mußte diese Ankündigung hervorrufen! Zwar wurden die Gläubigen nicht völlig sich selbst überlassen. Als Ersatz versprach man ihnen freien Gottesdienst, organisierte Gemeinden und Pastoren, die dort wohnen würden. Aber für wann? Und dann war dies alles auf Länder zugeschnitten, in denen das Evangelium anerkannt worden war und deren Herrscher sich offen zur Reformation bekannt hatten, was jedoch in keiner der von den Armen von Lyon bewohnten Gegenden der Fall war. Wir können uns den Gewissenskonflikt, in den die Gläubigen gestürzt wurden, vorstellen, wenngleich uns davon keine, bzw. fast keine Spur geblieben ist.

Das einzige Zeugnis, das wir von dem Empfang haben, den die Armen von Lyon der neuen Botschaft der Reformation bereiteten, stammt wieder aus dem Brief Antoine Sauniers an Farel vom 5. November 1532. Saunier und Olivétan waren im Piemont geblieben, um zu predigen. Der Autor des Briefes läßt uns wissen, daß die Reformatoren die Prediger und das Volk der Waldenser-Täler unterrichten; daß alle, mit Ausnahme einiger Notabeln *(primores)*, ihren geheimen Predigten gerne beiwohnen und einige sogar zwei Tagesmärsche auf sich nehmen, um sie zu hören. Bedeutet dies also, daß sich der überwiegende Teil der Armen von Lyon begeistert der Reformation anschloß? Möglicherweise hat die große Siedlungsdichte in diesen Tälern die Verbreitung der Reformation erleichtert. Aber erstens wird hier nicht erwähnt, wie die neuen Ideen in den anderen Gegenden der Diaspora (vor allem in der Dauphiné, der Provence, in Kalabrien und Apulien) aufgenommen wurden, und zweitens ist sogar im Piemont die ganze Angelegenheit nicht so klar. Wurden die Reformatoren nicht für «neue *barbes*» gehalten, nachdem sie von *barbes*, die sich zu ihren Thesen bekannten, vorgestellt worden waren? In welcher Hinsicht bedeuteten die Predigten Sauniers einen Bruch im Vergleich zu den Predigten der *barbes*? Seine Worte hatten vielleicht gar nichts Befremdendes an sich. Mit ihrer «donatistischen» Sichtweise konnten sich die Armen von Lyon je nach Situation sehr anpassungsfähige und ganz verschiedene Standpunkte zu eigen machen. Als gute Pädagogen werden die Reformatoren ohnehin auf Kontinuität gesetzt haben. Jedenfalls ist es sehr wohl angebracht, von Beständigkeit zu sprechen, wenn man nicht mehr Sauniers Bericht, dem man als einziger Quelle nicht zu viel Gewicht beimessen darf, sondern die Handlungen betrachtet, nicht mehr das sprachliche Zeugnis, sondern die gelebte Realität.

Als ich oben (vgl. Kap. 5) eine Annäherung an die religiöse Praxis der Armen von Lyon versuchte, berief ich mich auf die Testamente und die Heiratsverträge, die die Provenzalen für gewöhnlich im Beisein eines Notars abschlossen, weshalb sie bis heute erhalten blieben. Mittels dieser Akten können wir nun überprüfen, ob die Jahre, die auf Chanforan folgten, von einer spürbaren Veränderung der Verhaltensweisen geprägt waren, ob die Beschlüsse der Verantwortlichen in Chanforan praktische Folgen hatten, und wenn ja, binnen welcher Frist. Brachte der dogmatische Bruch eine sofortige oder zumindest schnelle Änderung der religiösen Einstellung mit sich? Inwiefern helfen uns die Heiratsverträge und Testamente, eine Antwort auf diese Frage zu finden? Offensichtlich können wir hierfür nicht das Leisten von Eiden heranziehen, da die Armen von Lyon, wie wir bereits gesehen haben, trotz eines strikten prinzipiellen Verbotes schon vor Chanforan weder mehr noch weniger schworen als ihre römisch-katholischen Zeitgenossen. Höchstens fühlten sie sich nach Chanforan von diesbezüglichen Schuldgefühlen befreit, da die erste Schlußfolgerung lautet: «Es ist dem Christen erlaubt, zu schwören.» Die Reformation konnte also in einigen Punkten dem doppelten Spiel ein Ende machen, das, obwohl es allgemein üblich und an der Tagesordnung war, doch Gewissensbisse verursachen mußte. In anderen Punkten bestärkte sie die althergebrachten Gesten wie z. B. die Gabe von Brot an die Armen anläßlich einer Beerdigung.

Dagegen gibt es Praktiken, die die Armen von Lyon aus Gründen der Tarnung von ihrer «römischen» Umgebung übernommen hatten und die für sie ebenso wie für die katholischen Gläubigen zur Tradition geworden waren. So waren etwa die zum Seelenheil des Verstorbenen angeordneten Messen auch bei den Armen Christi üblich, und auch die Armen von Lyon empfahlen auf dem Kopf ihres Testaments die Seele nicht nur Gott, sondern auch der Jungfrau und den Heiligen. Auch gaben sich die Armen von Lyon in den Heiratsurkunden das Eheversprechen «angesichts unserer heiligen Mutter, der katholischen, apostolischen und römischen Kirche». All dies störte sie nicht weiter. Die Reformierten hingegen waren davon zutiefst schockiert. Sie waren der Ansicht, es handle sich hier um eine Verheimlichung des Glaubens, um ein Verbergen der Wahrheit und um ein Paktieren mit dem Anti-Christ. Mit diesen teuflischen Praktiken mußte gebrochen werden. Wie reagierten nun die in der Provence lebenden Armen von Lyon, die, wie die anderen, 1532 offiziell zu Reformierten wurden? Lehnten sie im Lauf der Jahre um 1530 katholische Messen und Formeln ab? Ließen sie das notarielle Formular ändern, weil es in ihren Augen plötzlich untragbar geworden war? Man muß feststellen, daß dem nicht so war. Nach 1532 wie vor 1532 fuhren die Provenzalen im Stillen fort, angesichts der heiligen römischen Kirche zu heiraten, ihre Seele den Heiligen zu empfehlen und Totenmessen lesen zu lassen. Und dies geschah nicht nur während der 30er und 40er Jahre des 16. Jahrhunderts, sondern auch noch während der folgenden zehn Jahre. Bis zu diesem Zeitpunkt wurde eine solche Studie nur bezüglich der Provence durchgeführt. Sie beweist jedenfalls, daß es – wie wir schon andernorts gesehen haben – oft ein weiter Weg vom Beschluß bis zu seiner Durchführung ist. Wie nicht anders zu erwarten, traf die in Chanforan durch die Entscheidung der Verantwortlichen vollzogene Kehrtwendung in der Bevölkerung auf zumindest passiven Widerstand. Letztendlich wurde jedoch das Gesetz wirksam.

Neue Gemeinden

Allmählich gaben die Armen von Lyon ihre alten Gewohnheiten auf und nahmen neue Verhaltensweisen an. So begannen sie, oder zumindest ihre Verantwortlichen, die bis dahin niemals ein solches Bedürfnis verspürt hatten, «Glaubensbekenntnisse» zu formulieren. Die Reformierten hielten es nämlich sehr schnell für unerläßlich, die einzelnen Glaubensartikel, zu denen sie sich offen bekannten, niederzuschreiben und zu verkünden – angefangen bei dem berühmten Augsburger Bekenntnis von 1530. Woher kam dieses Bedürfnis? Sicher spielte der Blick auf die Katholiken eine Rolle, aber auch die reformierte Welt selbst, wo jede Strömung Wert darauf legte, ihren eigenen Text zu formulieren. Im selben Jahr verfaßte Bucer die *Tetrapolitaine*, die von den Städten Straßburg, Konstanz, Memmingen und

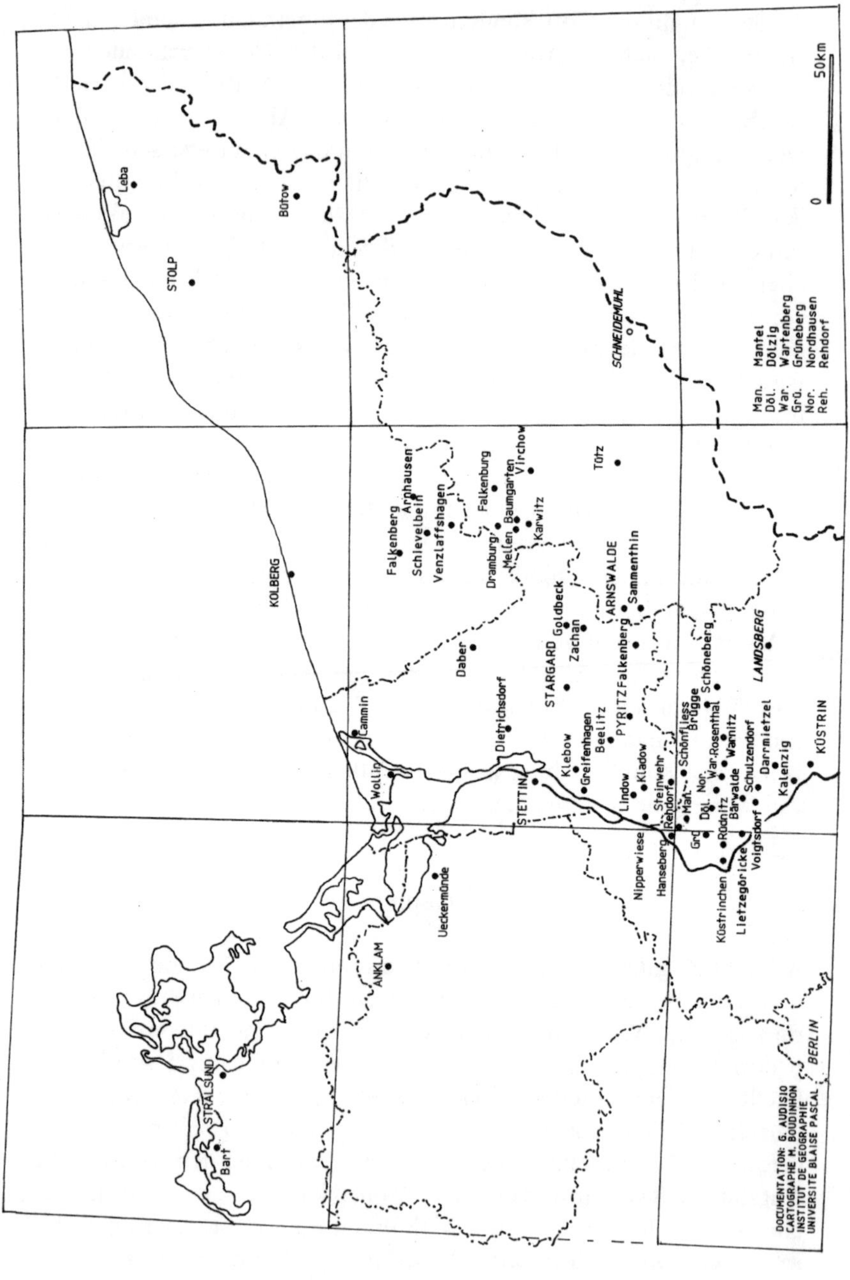

Die Waldenser in Pommern im 14. und 15. Jahrhundert

Lindau unterzeichnet wurde, und Zwingli publizierte seine *Fidei ratio.* 1532 führte Oswald Myconius, der Nachfolger von Oecolampad, das Baseler Glaubensbekenntnis ein, während das Genfer Glaubensbekenntnis erst 1536 veröffentlicht wurde. Obwohl dies den Armen von Lyon vollkommen fremd war, begannen auch sie nun – zwar mit einiger Verspätung – Glaubensbekenntnisse zu verfassen. Jedoch gibt es keinerlei Übereinstimmung zwischen dem ersten Dokument dieser Art, das wir bei ihnen finden, und den entsprechenden reformierten Vorbildern. Dieses Dokument wurde laut Unterschrift von der «Gemeinde Cabrières» angefertigt, d.h. von der Gemeinde Cabrières d'Avignon in der Grafschaft Venaissin, und 1533 an den Inquisitor Jean de Roma geschickt. Die Armen Christi dieser Ortschaft sind durch die Anwesenheit des Dominikaners beunruhigt. Sie schreiben ihm, daß sie gute Christen seien und, um ihn zu überzeugen, richten sie an ihn, wie sie sagen, «das Vertrauen und den Glauben, den wir haben und dessen Bekenntnis nicht aufgrund von Gewalt oder Folter geschehen darf, sondern in der Freiheit des Geistes gemäß dem Glauben, den Gott mit Seiner Gnade jedem geschenkt hat». Nun ist der darauffolgende Text ganz einfach das Symbolum der Apostel, anders gesagt das *Credo*, und zwar vollständig in das Französische übertragen. Diese Tatsache ist bemerkenswert. Als die Armen von Lyon das für sie neue Bedürfnis verspürten, ihren Glauben öffentlich kundzutun, fanden sie im Gegensatz zum reformierten Brauch keinen anderen Weg, als den traditionellen Text der Kirche zu präsentieren, das Symbolum der Apostel.

In den darauffolgenden Jahren bringen die provenzalischen Gemeinden noch drei weitere Glaubensbekenntnisse hervor. Das erste, mit dem 7. April 1541 datiert, stammt von der Gemeinde Mérindol, der aufgrund eines Erlasses des Hofes im vorhergehenden November die Vernichtung drohte, und ist an das provenzalische *parlement* gerichtet. Es wurde 1565 von dem Genfer Drucker Jean Crespin verlegt. Die beiden anderen sind schwieriger zu datieren. Das eine könnte von 1541 oder 1542 sein, das andere von 1544. Dieses Mal ist das Glaubensbekenntnis vollständig nach dem reformierten Vorbild gestaltet. Das Hauptthema ist die Rechtfertigung durch den Glauben. Auch die Anerkennung von nur zwei Sakramenten (Taufe und Abendmahl) führt sowohl die reformierte Position wie auch die Synode von Chanforan in direkter Linie fort. Dies überrascht nicht, wenn man weiß, daß Calvin selbst auf die Bitte zweier Boten aus der Provence hin ein Glaubensbekenntnis verfaßt hat. Er selbst gibt dies in einem an G. Farel gerichteten Brief vom 25. April 1545 zu. Dieses

Glaubensbekenntnis wurde sogar dem König vorgelegt, der, so Calvin, sehr zornig wurde, denn die Provenzalen hätten den ursprünglichen Ton des Bekenntnisses verhärtet. Das erste nach der Jahrhundertmitte verfaßte Glaubensbekenntnis stammt von jenseits der Alpen. Nach dem Historiker P. Gilles, dessen *Histoire ecclésiastique des Eglises réformées*... («Kirchengeschichte der reformierten Kirchen») 1644 erschien, legten die Reformierten aus dem Piemont 1556 «ein kurzes Bekenntnis ihrer Glaubenssätze, an die zu glauben sie erklärten» vor. Es war an das *parlement* von Turin gerichtet, das gerade eine Verfügung in Umlauf gebracht hatte, die die Ausübung der reformierten Religion in seinem Zuständigkeitsbereich untersagte. Das Glaubensbekenntnis war in 10 Artikel gegliedert und sollte ihre Rechtgläubigkeit bekanntmachen, wobei jedoch gleichzeitig die Irrtümer der römischen Lehre angeprangert wurden. An diesen für die Reformierten typischen Dokumenten sieht man, daß die Armen von Lyon, d. h. zumindest ihre Verantwortlichen, die in Chanforan vollzogene Wende fortsetzten: Sie tauchten aus dem Untergrund auf und verkündeten öffentlich ihren neuen Glauben.

In den Jahren 1555–1560 werden schließlich die konkreten Zeichen für ihre Eingliederung in die Reformation, die in Chanforan formell beschlossen worden war, sichtbar. Jetzt werden aus den Gemeinschaften Pfarrgemeinden. So beschlossen etwa die reformierten Piemonteser 1558 als Reaktion darauf, daß der französische König Heinrich II. das Glaubensbekenntnis von 1556 verurteilt hatte, sich entsprechend dem presbyterianisch-synodalen Modell zu organisieren und sich eine Kirchenzucht zu eigen zu machen, die der der Schweizer reformierten Kirchen ähnlich ist. 1559 wurde in Paris die erste nationale Synode der reformierten Kirchen Frankreichs abgehalten. Die ehemaligen Armen von Lyon, die aus der Provence und der Dauphiné – Provinzen des Königreichs – kamen, unterschieden sich in nichts von ihren neuen Glaubensbrüdern. Die Versammlung nahm ein Glaubensbekenntnis und eine Kirchenzucht an, die auf dem Genfer Modell beruhten und die in gleicher Weise für alle Kirchen des Königreichs galten. Im selben Jahr übrigens schickten die reformierten Piemonteser – veranlaßt durch den Vertrag von Cateau-Cambrésis, in dem Frankreich dem Herzogtum von Savoyen seinen Teil des Piemont abtrat – dem Herzog Emmanuel-Philibert eine Verteidigungsschrift und ein Glaubensbekenntnis, und zwar die der Pariser Synode. In diesen Jahren kommen auch die ersten Pastoren an, vor allem jene, die in Genf ausgebildet worden waren. Pastor, Diakon, Ehemalige, aus denen der presbyterianische Rat bestanden hatte, die ehemaligen Armen von Lyon wie auch die anderen französischen Reformierten bildeten «aufrechte Kirchen». Zu diesem Zeitpunkt werden die ersten Kirchen errichtet. Jahrhundertelang hatten die Armen von Lyon keine besonderen Orte zum Beten gebraucht. Das Haus einer Familie wie auch, bei Bedarf, das Himmelsgewölbe hatten genügt, was vollkommen der notwendigen Geheimhaltung entsprach. Diese Gebäude werden gegen 1555 im Piemont zum ersten Mal erwähnt. In der Provence ist es die Kirche von La Roque d'Anthéron, die 1559 als erste von sich reden macht. Die Diaspora existierte nicht mehr; an ihre Stelle waren Gemeinden getreten.

Neue Protestanten

Mit dieser institutionellen Veränderung ging ein radikaler Wandel der Verhaltensweisen einher. Oder ging er ihr voraus? Oder folgte er ihr? Selbst wenn die institutionelle Veränderung äußerstenfalls ausschließlich von den aktiven Pastoren und Missionaren bewirkt sein konnte, so entstanden doch inmitten der Gemeinschaft derer, die noch kurz zuvor «Arme von Lyon» genannt worden waren, neue Verhaltensweisen, die später zu Gewohnheiten wurden. Dank der notariellen Register läßt sich dies am besten für die Provence erfassen. Während in den Heiratsverträgen von Katholiken die Formel «im Angesicht unserer heiligen Mutter, der Kirche» unverändert beibehalten wird, verwandelt sie sich bei den ehemaligen Armen Christi in: «so, wie es angeordnet ist», dann in: «so, wie Gott es in Seinem heiligen Wort angeordnet hat» oder in: «bei der heiligen Bruderschaft und Versammlung der Christen». Die traditionelle Formel, die bis dahin verwendet worden war, wird also ausdrücklich abgelehnt. Derselbe Bruch läßt sich auch in den Testamenten beobachten. Er wird zunächst an der Ablehnung des Kreuzzeichens sichtbar, das die Testamentsakte eröffnete. Ein noch deutlicheres Zeichen ist, daß die Formel «für sein/ihr Seelenheil», die den Wert der Werke und gleichzeitig die Existenz des Fegefeuers anerkennt, bei den neuen Reformierten des Luberon auf 2% zurückgeht, während sie von 28% der Katholiken verwendet wird. Der Prozentsatz derer, die die Seele an die Jungfrau und die Heiligen empfehlen, fällt bei den neuen Reformierten auf 26% gegenüber 76% bei den Katholiken. Alle diese Zahlen stammen aus zwischen 1560 und 1564 angelegten notariellen Akten. Von 1565 an tauchen schließlich an Deutlichkeit nicht zu überbietende Formeln und mit ihnen neue notarielle Formulare auf. Sie sehen z. B. vor, daß die Beerdigung «ohne jeden Aberglauben und auf die in der Religion übliche Weise» durchgeführt werden soll; oder «auf die Weise der Religion, ohne Prunk»; oder aber – und diese Formulierung wird später allgemein üblich – der Erblasser möchte «entsprechend der reformierten Religion» bestattet werden. Die religiöse Überzeugung machte schließlich auch vor dem Notar nicht halt, selbst wenn er katholisch war, denn dieselben Notare legten sowohl katholische wie auch protestantische Akten an.

Hier hat eine echte Kulturrevolution stattgefunden. Man ändert nämlich nicht leicht seine altüberlieferten Gewohnheiten, vor allem wenn man, wie dies in der einstigen Gesellschaft der Fall war, seine Vorfahren verehrt und Alt-Sein, Erfahrung-Haben und Vorbild-Sein den höchsten Wert darstellen. Dennoch verwandelten sich die Armen von Lyon allmählich bis in ihr tiefstes Inneres in Protestanten. Wir können dies am Beispiel von Lourmarin überprüfen, einem Dorf, das am südlichen Fuß des Luberon in der Provence liegt und das im 16. Jahrhundert überwiegend von den Armen Christi bewohnt wurde. Wie anderswo wurden sie protestantisch; wie die anderen Gemeinschaften verwandelte auch diese sich in eine reformierte Pfarrgemeinde, deren erstes erhaltenes Taufregister 1563 beginnt. Es ist bekannt, wie wichtig die Namensgebung für ein Kind ist, und wie nachdrücklich die Reformation, die auch im Taufregister den Bruch im Verhältnis zu früher deutlich machen wollte, ihre Gläubigen dazu aufforderte, ihren Nachkommen Vornamen aus dem Alten Testament zu geben. Während ich nun bei den mehreren Tausend provenzalischen Armen Christi zwischen 1460 und 1560 nur 0,3 % alttestamentarische Namen fand (übrigens auf drei beschränkt: Daniel, Noe und Suzanne) – ein Beweis für ihre Gleichgültigkeit in dieser Hinsicht –, tragen zwischen 1563 und 1570 27 % der in der reformierten Kirche von Lourmarin getauften Kinder einen Namen aus dem Alten Testament. Davon heißen 11 «Daniel», 8 «Isaac», 4 «David», 39 «Suzanne», und 7 «Judith». Diese Veränderung der Namensgebung wird um so bedeutsamer, wenn man die Namen der 772 Erwachsenen – Eltern und Paten – betrachtet, die diese Vornamen ausgewählt haben: Kein einziger trägt einen Vornamen aus dem Alten Testament. Wenn man weiß, welch wichtige Rolle die Tradition in den Familien bei der Namensgebung spielt, ermißt man die Tiefe der Kluft, die sich hier zwischen zwei Generationen auftut.

Aber die Veränderung der geistlichen Ausrichtung betrifft nicht nur die Auswahl der Vornamen für Neugeborene. Sie wird auch an der Einstellung zur Taufe selbst sichtbar. Die römische Kirche hatte einen mehrhundertjährigen Kampf geführt, damit die Babys so früh wie möglich getauft wurden, spätestens am Tag nach der Geburt, und dies war auch allgemeiner Usus geworden. Die Katholiken waren überzeugt, daß ein von der Erbsünde belastetes Kind, würde es sterben, ohne das erste Sakrament empfangen zu haben, im Jenseits nicht gerettet werden könnte. Diese Furcht war in der Mentalität tief verankert. Die Reformation mit ihrer Prädestinationslehre entlastete von einer solchen Furcht und machte also auch eine solche Hast unnötig. Die Aufnahme in die christliche Gemeinschaft, die die Taufzeremonie bedeutete, sollte vor der versammelten Gemeinde geschehen, also an einem Sonn- oder Feiertag. Die Armen von Lyon, die die Gegend von Apt bewohnten, teilten nach dem Zeugnis des Pfarregisters zwischen 1553 und 1558 die katholische Einstellung ihrer Umgebung. Die meisten brachten ihre Kinder innerhalb von 24 Stunden nach der Geburt zum Taufbecken, und auf jeden Fall alle innerhalb von 2 Tagen. In Lourmarin wurden zwischen 1563 und 1570 zwei Drittel der ungefähr 300 Taufen der reformierten Gemeinde an einem Sonntag gefeiert. Die Taufen an Werktagen, die das letzte Drittel ausmachten, lassen sich dadurch erklären, daß die Provence in dieser Zeit der Religionskriege eine unruhige Phase durchmachte.

Die Veränderung der Verhaltensweisen war beträchtlich. Die Armen von Lyon drehten nun der Kirche, die sie bisher besucht hatten, den Rücken zu und schlugen den Weg zur neuen, protestantischen Kirche ein; sie ließen den Pfarrer stehen und wandten sich an den Pastor. Dies sind keine rein oberflächlichen Veränderungen. Sie rühren vielmehr an die Struktur der Gemeinschaft und an die innere Einstellung. Diesen Umschwung kann man wiederum in der Provence dank der Pfarrregister und der notariellen Akten ganz konkret verfolgen. Zwei Beispiele mögen hierfür genügen. Das erste bietet Jean Roet aus Lourmarin. Am 25. April 1553 hatte er in Mérindol Jeanne Serre aus Gordes «im Angesicht unserer heiligen Mutter, der Kirche» geheiratet. Hingegen wurde ihr Sohn Joseph – ein charakteristischer biblischer Vorname – am 10. April 1564 in der protestantischen Kirche von Lourmarin getauft. Das zweite Beispiel bieten Jacques Michel aus Apt und seine Frau Marguerite Bertholin. Ihr Sohn Raymond wurde am 15. September 1557 vom Pfarrer von Apt getauft, ihre Tochter Marie hingegen am 11. Juni 1564 in der protestantischen Kirche von Lourmarin. Es steht also zweifelsfrei fest: Die Armen von Lyon waren voll und ganz zu Protestanten geworden – nicht nur in ihren Glaubensbekenntnissen, sondern auch in ihrem Handeln.

Die historische Bedeutung eines Untergangs

Wie Morel und Masson es wünschten und wozu ihnen Bucer 1530 riet, wozu Farel und Saunier sie 1532 aufforderten und wie es nach Calvin jeder echte Christ tun mußte, hatten die Armen von Lyon darauf verzichtet, sich zu verbergen, und reformierte Kirchen gebildet. Wieviel Zeit ist nun zwischen Chanforan und den ersten Anzeichen der Umsetzung der Reformation verstrichen? Zwischen 1532 und, der Einfachheit halber, 1560 liegen knapp 30 Jahre. Diese Verzögerung war nötig, damit die theoretischen Beschlüsse in die Praxis umgesetzt werden konnten, damit die ehemaligen *barbes* und neuen Pastoren das Volk überzeugen konnten, damit das Volk die ihm mehr oder weniger aufgedrängten Veränderungen verdauen konnte. 30 Jahre aber machen eine Generation aus – vor allem in jener Zeit geringer Lebenserwartung. Dies läuft jedoch darauf hinaus, daß erst nach dem Verschwinden der alten Generation, die wahrscheinlich mehr an ihrer althergebrachten Lebensweise hing, und nach der Ankunft einer neuen Generation, die von reformierter Theologie und Morallehre geprägt war, die Reformation in der ehemaligen Gemeinschaft der Armen von Lyon die Glaubens- und Lebenspraxis bestimmte. Bildet ein Menschenleben das Maß, so sind 30 Jahre eine lange Zeit; gemessen am mehrhundertjährigen Bestehen der Bewegung der Armen von Lyon machen sie nur einen Augenblick aus. Aus dieser zweiten Perspektive betrachtet stellt die dreißigjährige Entwicklung einen schnellen und radikalen Bruch dar, zumal die Veränderung beträchtlich und das Ausmaß des Verzichts verwirrend ist. Die Diaspora verschwindet im Schoß der nationalen Kirchen; die Ethik wird zur Theologie, die Bewegung zur Kirche. Die Zeit der *barbes* ist abgelaufen, es bricht die Zeit der Pastoren an. Das Leben im Untergrund, das auch ein Kompromiß war, ist nicht mehr zeitgemäß, es bricht die Zeit der offenen Opposition, die Zeit der Religionskriege an. Überall, wo sich geistige Söhne Waldes' befinden, erheben sich von nun an protestantische Kirchen.

Wie war das möglich? Was der römischen Kirche nicht gelungen war, nämlich zunächst die Armen von Lyon zu integrieren und, als dies nicht möglich war, sie zu eliminieren, hatte die Reformation erreicht. Nicht durch Verfolgung, sondern durch Überzeugung. Das Ergebnis war das Verschwinden der alten «waldensischen Ketzerbewegung». Sie hatte als einzige bis in die Neuzeit überlebt und wurde von der Reformation verführt – in der ganzen Bedeutung dieses Wortes –, ja, sie wurde von ihr bezaubert. Sie stürzte sich hinein ... und ertrank. Aber die römische Kirche, die einst jeden Ketzer «Waldenser» nannte und dann, im 16. Jahrhundert, «Lutheraner», ist mitverantwortlich dafür, daß sich die Armen von Lyon der Reformation anschlossen. Ohne die geringste Unterscheidung zu machen, verfolgte sie die religiösen Abweichler, die sie in einem Atemzug «Waldenser und Lutheraner» nannte. Dies beweisen die Akten der königlichen Staatskanzlei, die Gerichtsentscheide des *parlement* in Aix-en-Provence, die Inquisitionsprozesse und die gegen die provenzalischen Andersgläubigen gerichteten päpstlichen Breven. Beide Strömungen, die die Kirche nicht zu unterscheiden wußte, waren sich jedoch in vielen Punkten uneins. Erst das gemeinsame Verfolgtwerden einerseits und andererseits der lange und blutige Streit, der die römische Kirche und die Armen von Lyon entzweite, trieben letztere in die Arme der Reformation.

Somit wurden die Armen von Lyon am Ende einer schnellen Entwicklung, die gegen 1530 begonnen hatte, in den 60er Jahren des 16. Jahrhunderts vollständig und ausschließlich zu Protestanten. Man hätte sich vorstellen können, daß sie eine relativ autonome «waldensische» Untergruppe innerhalb der großen reformierten Familie gebildet hätten – wie viele andere auch. Aber nichts dergleichen geschah. Sie hatten sich alle Lehrsätze, einschließlich der unbedeutendsten und jener, die in absolutem Gegensatz zu ihren ältesten Glaubensinhalten und zu ihrer althergebrachten Glaubenspraxis standen, zu eigen gemacht. Um den Preis einer bedingungslosen Linientreue, nicht nur in theologischer, sondern auch in organisatorischer Hinsicht, wurden sie in die Reformation eingegliedert. Wie in allen reformierten Gebieten des Königreichs Frankreich trug schließlich die calvinistische Glaubensausrichtung den Sieg davon. Dieser Ausgang hatte hauptsächlich zwei Ursachen. Der erste, interne Grund lag in der Übereinstimmung zwischen dem Plan, den die Schweizer Reformatoren mit der Gruppe der Armen von Lyon hatten – mit ihrer Unterstützung wollten sie das Königreich für ihre Ideen gewinnen –, und den Vorstellungen einer gewissen Anzahl von *barbes*, die auf diesem Weg die Zukunft ihrer Gemeinschaft sahen. Der zweite, externe Grund lag in der Tatsache, daß die katholische Kirche in ihrer Verfolgung nicht zwischen Waldensern und Lutheranern unterschied. Diese Haltung der Obrigkeit trug unweigerlich dazu bei, Andersgläubige in die Arme der Reformierten zu treiben, obwohl sie weit davon entfernt gewesen waren, mit ihnen zu verschmelzen. Somit stimmten kurioser- aber erklärbarerweise die Reformierten und die katholische Kirche in ihrer Weigerung überein, den Armen von Lyon eine eigene Identität zuzuerkennen. Die katholische Kirche wäre demnach paradoxerweise wenn nicht für die aktive Teilnahme, so zumindest für die völlige Anpassung der Armen von Lyon an die Reformation verantwortlich.

Epilog: Die waldensische Kirche

Genaugenommen ist die Geschichte der Armen von Lyon, d.h. die Geschichte des Waldensertums, mit dem vorhergehenden Kapitel abgeschlossen. Denn die zu Protestanten gewordenen Armen Christi haben offenbar nichts von dem bewahrt, was ihre ursprüngliche Eigenständigkeit ausgemacht hatte. Aus ihrer religiösen Sensibilität wurden Dogmen; aus dem verborgenen und sich innerhalb der Familien ereignenden Überbringen des Wortes Gottes wurde ein öffentliches Propagieren des Evangeliums – d.h. dies wurde zumindest angestrebt; aus dem kleinen zusammengekommenen Rest, den Gott besonders liebt und besonders prüft, wurde eine Kirche, die einen zur katholischen Kirche alternativen Heilsweg anbot. Das für die Waldenser Spezifische, nämlich ihr besonderes Gespür für die Armut, wurde aufgegeben. Im Westen bildeten die *barbes* das Knochengerüst und gleichzeitig das Nervensystem dieses weitverstreuten Organismus. Die Inquisitoren hatten dies genau verstanden und stellten daher jedem Verdächtigen unweigerlich die Frage, ob er Prediger in das eigene Haus aufgenommen habe – denn dies war das sicherste Kriterium für die Zugehörigkeit zu jenen «Häretikern». Auch wurden fast bis zum heutigen Tag die Bewohner der waldensischen Täler im Piemont von ihren katholischen Landsleuten mit dem Spottnamen *barbets* («Pudel») bezeichnet. Die Armen von Lyon? Das waren die Anhänger der *barbes*. Auf jene bettelnden und ehelosen Wanderprediger zu verzichten hieß, das Ende des Waldensertums selbst herbeizuführen. Die Teilnahme an der Reformation bedeutete also den Untergang der Armen von Lyon.

Dies mag dem Leser offensichtlich erscheinen. Wenn wir verstanden haben, wer die Armen von Lyon waren, ist uns in der Tat klar, daß die Reformation ebensowenig eine Fortsetzung ihrer Bewegung war wie die der anderen mittelalterlichen von Rom abweichenden Gruppen, z.B. der von John Wyclif in England oder von Jan Hus in Böhmen. Aus zwei Gründen könnte man jedoch einwenden, daß der Fall der Armen von Lyon anders liegt. Erstens sind die Waldenser die einzigen, die sich den Verfolgungen als organisierte Gruppe entziehen konnten, und als solche wurden sie im 16. Jahrhundert reformiert. Zweitens gibt es auch heute noch Menschen, die für sich beanspruchen, Nachfahren und Nachfolger der Armen von Lyon zu sein. Doch wie wir wissen, sind die Armen von Lyon der Reformation *en bloc* beigetreten und haben damit vollständig auf ihre Jahrhunderte alten, charakteristischen Traditionen verzichtet. Genaugenommen ist es eine Art Mißbrauch, nach den sechziger Jahren des sechzehnten Jahrhunderts noch von «Waldensern» zu sprechen. Es bleibt der zweite Einwand: Frauen und Männer von heute, Protestanten und unsere Zeitgenossen, bezeichnen sich als Erben der Armen von Lyon. Um ihre für ihren Glauben nach der Reformation verfolgten Vorfahren zu würdigen, namentlich jene winzige Minderheit im Piemont, die zunächst zu Savoyen, dann zu Italien gehörte und die lange Zeit die einzige, verwundbare und zähe Bastion der Reformation auf einer papistischen italienischen Halbinsel war, war es mir wichtig, diesen Epilog hinzuzufügen. Für mich – dies sei noch einmal betont – ist die Geschichte der Armen von Lyon auf der abstrakten Ebene der Theologie 1532 in Chanforan zu Ende, auf der konkreten Ebene der Verhaltensweisen hört sie gegen 1560 auf. Die Religionskriege, die im Frühjahr 1562 in Frankreich losbrachen, wären zur Zeit der waldensischen Diaspora nicht vorstellbar gewesen. Dennoch muß der Historiker den verschiedenen Mentalitäten und Gefühlen Rechnung tragen. Betrachten wir also kurz – für unsere Zwecke genügt es, sich auf die wichtigsten Zeiten während der letzten vier Jahrhunderte zu beschränken – die Geschichte jener, die sich, dieses Mal selbst, «Waldenser» nannten. Danach werden wir uns von der Legitimität dieses Erbanspruchs ein Bild machen können.

Die Exekution von Cabrières und Mérindol

Es wäre offensichtlich unrichtig, zu behaupten, daß die Verfolgung eine Konsequenz dessen war, daß die Armen von Lyon sich der Reformation anschlossen. Die lange Zeit schmerzvolle Geschichte der Armen von Lyon war geprägt von zahlreichen Prozessen, unaufhörlichen Verfolgungen und unzähligen Scheiterhaufen. Dennoch nimmt die Verfolgung im 16. Jahrhundert ein neues Ausmaß und einen neuen Charakter an. Die Fürsten, die schließlich aus verschiedenen Gründen beschlossen, Rom treu zu bleiben, waren über die religiösen Abspaltungen beunruhigt, die die deutschsprachigen Länder aufwiegelten und sich in politische Kämpfe verwandelten. Das Gespenst des Aufruhrs, der Rebellion und der Sezession suchte die Herrscher heim. So forderte Franz I., der weder bigott noch ein bedingungsloser

Anhänger Roms war, mit Blick auf die Geschehnisse jenseits des Rheins schon 1531 die zivile und religiöse Obrigkeit dazu auf, nach den Häretikern in seinem Königreich zu fahnden. Bei dieser Suche entdeckten die provenzalischen Instanzen zu ihrer Überraschung nicht einige mehr oder weniger isolierte Lutheraner, sondern ein echtes Netz, das schon seit langem in gut dreißig Dörfern des Luberon verankert und perfekt organisiert war. Auf diese Weise scheuchten sie die Armen von Lyon auf. Nach einer großen Zahl juristischer Umschwünge und Ausflüchte fällte das provenzalische *parlement* am 18. November 1540 das sogenannte «Urteil von Mérindol» gegen 19 «Waldenser und Lutheraner», die diesen Ort bewohnten, der außerdem zerstört werden sollte. Obwohl die Häresie als persönliches Verbrechen galt, beschränkte sich die Justiz hier zum ersten Mal nicht auf Individuen, sondern ließ ein ganzes Dorf büßen. Den Verurteilten wie der Gemeinde von Mérindol gelang es auf eine uns unbekannte Weise, eine Aufschiebung der Hinrichtung um einige Jahre zu erwirken. Dieses Hinauszögern machte sie jedoch nur um so grausamer.

Eine Reihe von Faktoren führten zum Massaker an den Waldensern des Luberon im Frühjahr 1545. Die päpstliche Kanzlei, die unmittelbar betroffen war, da sich «Häretiker» auf dem Gebiet der Grafschaft Venaissin, namentlich in Cabrières-d'Avignon befanden, verstärkte den Druck auf den französischen Hof, um einen gemeinsamen Feldzug zu erreichen. Das Bündnis wurde schließlich geschlossen. In Patentschriften vom 31. Januar 1545 befahl der König die Vollstreckung des Urteils von Mérindol. Es fügte sich, daß Graf de Grignan, der Gouverneur der Provence, auf einer Botschaftsreise in Deutschland war. Als Folge davon war Jean Maynier, Baron d' Oppède, als Präsident des *parlement* in Aix für die Justiz verantwortlich und gleichzeitig, als Leutnant des abwesenden Gouverneurs, für die Polizei. Er mobilisierte also die Männer der Provinz, vereinigte die gewöhnlichen Polizeitruppen mit ihnen und wartete darauf, daß die Armee, «dieser alte Haufen aus dem Piemont», die aus den Alpen zurückkehrte, um sich in Marseille in Richtung England einzuschiffen, die Provence durchquerte. Außerdem konnte er auf die in der Grafschaft ausgehobenen Truppen zählen. Schließlich wurden die Bewaffneten am 13. April zusammengezogen – kurz nach Ostern, das in diesem Jahr auf den 5. April fiel.

Daraufhin begann eine wahrhaft blutige Woche. Die Armee, die sich auf einem Kreuzzug glaubte, rückte nämlich wie auf einem Schlachtfeld in Schlachtordnung vor. Dabei ging sie in Wahrheit nur einem manövrierunfähigen Haufen flüchtender Bauern entgegen.

Und ihr Ziel war nicht nur Mérindol. Gut zwanzig Dörfer wurden angezündet oder zerstört, die Bevölkerung wurde erschossen, in die Flucht geschlagen oder gefangengenommen. Unzählige Greueltaten wurden damals von der schlecht kontrollierten Soldateska begangen, der noch eine Menge Plünderer folgten, die zu Ende brachten, was die Armee übriggelassen hatte. Sechs Jahre später kam es zu einem Prozeß in Paris, in dem der Anwalt Jacques Aubéry in seinem Plädoyer diese schrecklichen Taten schilderte. Bei der Lektüre dieses Berichts, der 1645 publiziert und vor kurzem neu aufgelegt wurde, erschaudert man immer noch. Die schwierig aufzustellende Bilanz ist beeindruckend: nach J. Aubéry gab es 2700 Tote, und 600 Männer wurden auf Galeeren verschleppt; dazu kommen noch die Gefangenen, die Waisen, die Witwen, die ruinierten Familien und die Vertriebenen. Letztere hielten sich vor allem in Genf auf, wo eine Gruppe zerlumpter Provenzalen im Mai 1545 dringend um Hilfe bat, da die Ernten vernichtet waren, das Land systematisch ausgebeutet und die überlebende Bevölkerung Opfer von Hungersnot, Prozessen und Überschuldung war. Dieses Massaker, dessen Echo in ganz Europa widerhallte und bis zu den Ohren Karls V. und der Gesandten drang, die sich zum Konzil von Trient versammelten, war traurigerweise nur ein Vorbote der neuen und bereits nahen Auseinandersetzungen, der sogenannten Religionskriege.

Diese «Exekution von Cabrières und Mérindol» beschäftigte die Chronik weniger wegen ihrer unbestreitbaren Grausamkeit als wegen juristischer Unregelmäßigkeiten und eines aufsehenerregenden Prozesses. In diesem Prozeß wurde vor einem obersten Gerichtshof, dem *parlement* von Paris, ein anderer, ebenfalls oberster Gerichtshof, nämlich das *parlement* von Aix, angeklagt – ein unerhörter Vorgang. Auch wenn das Schicksal der häretischen Bauern der Provence kaum das versteinerte Herz der Bevölkerung jener harten Zeit rührte, so trug das Massaker zweifellos dazu bei, daß sich die Armen von Lyon der Reformation um so schneller anschlossen, der sie ja schon seit mehr als 10 Jahren verbunden waren. Selbst wenn keines der «exekutierten» Dörfer verlassen wurde, wurden die Bande, die die Vertriebenen mit Genf geknüpft hatten, wo sich Calvin seit 1541 endgültig niedergelassen hatte, immer enger. Die Provenzalen, die in Mérindol etwa ab 1545 das Abendmahl auf die Genfer Weise feierten, waren keine Armen von Lyon mehr, sondern Protestanten. Dies gilt auch für die anderen, die im Luberon geblieben oder an den Genfer See geflüchtet waren und die mit der althergebrachten Homogamie brachen. Sie wählten ihre Ehepartner nicht mehr wie einst ausschließlich aus der waldensischen Diaspora, sondern aus der protestantischen Gemeinde. Die Religionskriege (1562–1598) vollendeten, was die Vollstreckung des Urteils von Mérindol begonnen hatte. Die ehemaligen Armen Christi der Provence gingen vollständig im reformierten Umfeld Frankreichs auf. Anscheinend verloren sie damit sogar ihre Erinnerungen, mit Ausnahme der Erinnerung an das Massaker von 1545. Davon abgesehen waren sie in jeder Hinsicht zu Protestanten wie die anderen geworden.

Ein Massaker in Kalabrien

Am südlichen Rand der Diaspora, in Süditalien, existierten mehrere wichtige Gemeinschaften der Armen von Lyon. Es ist immer noch unmöglich, das genaue Datum ihrer Ansiedlung anzugeben – 13. Jahrhundert? 14. Jahrhundert? –, denn trotz einiger immer nur sehr punktueller Studien, die zudem zu verschiedenen Ergebnissen kommen, ist die Geschichte der Kolonien noch zu schreiben. Sicher ist, daß ab dem 15. Jahrhundert in der Gegend von Spoleto, die dem Heiligen Stuhl unterstand, und vor allem in Apulien, in Manfredonia, Faeto, Celle, Motta und Montelone ebenso wie in Kalabrien um Paola, in Montalto und La Guardia bereits starke Gemeinschaften bestanden. Wir sahen, wie Arme von Lyon in Massen die Dauphiné und Cabrières-d'Avignon verließen, um sich 1477 per Schiff zu diesen Gegenden aufzumachen. Die Prozeßakten aus dem Piemont und der Dauphiné von der Mitte oder vom Ende des 15. Jahrhunderts enthüllen vielfach die Beziehungen, die die Alpen mit diesen Dörfern auch weiterhin unterhielten. Sie verlegen sogar das Zentrum der geheimen Organisation dorthin. 1532 erklärt der zukünftige *barbe* Pierre Griot dem Inquisitor, «daß es wahr ist, daß diese Sekte hauptsächlich in Kalabrien und Apulien herrscht und daß sie dort gleichsam öffentlich predigt». Mehrere Prediger, wie etwa der Piemonteser Jean-Louis Pascal, engagierten sich selbstlos in diesen Regionen, damit auch dort wie anderswo die Armen von Lyon zu echten Protestanten würden. Dieses Ziel war 1560 erreicht.

Die Verwaltung des Königreichs von Neapel, die damals den katholischen spanischen Königen unterstand, entdeckte plötzlich sorgenvoll Häretiker in ihrem Zuständigkeitsbereich. Am Ende des Jahres 1559 stellte Giovanni-Antonio Anania, Kaplan des Herrn über La Guardia, Salvatore Spinelli, die Anwesenheit von Häretikern fest und informierte Kardinal Alessandrino. Der Dominikaner, Großinquisitor und zukünftiger Papst Pius V. befahl ihm, diese mit Hilfe von zwei Jesuiten durch Predigten zu bekehren. Spinelli konnte es nicht gleichgültig sein, was sich unter seinen Augen abspielte, da päpstliche Bullen jeden Lehensherrn für den Kampf gegen das Ketzertum in seinem Herrschaftsbereich verantwortlich machten. Da der für die zur Rede stehenden Orte zuständige Erzbischof von Cosenza abwesend war, beauftragte Kardinal Alessandrino den Vikar der Diözese, sich um die Angelegenheit zu kümmern. Jean-Louis Pascal wurde verhaftet und dann, im Januar 1560, in römische Gefängnisse verlegt. Später wurde er vor der Engelsburg hingerichtet. Der Vize-König, Herzog von Alcala, drängte den Vikar, gegen die Häretiker von La Guardia vorzugehen.

Die kirchlichen Prediger übten ihr Amt zuerst in San Sisto aus. Als sie sahen, daß ihre Mühe umsonst war, ergingen sie sich in Drohungen. Daraufhin bekamen die Einwohner große Angst, sie versteckten sich zu Hause und flüchteten in die Wälder und nach La Guardia. Es griff eine immer größere Unsicherheit um sich. Soldaten, die San Sisto stürmen sollten, wurden zusammengezogen. Die Einwohner flehten darum, ihren Ort nur mit dem zum Leben Notwendigsten verlassen zu dürfen, um sich anderswo niederzulassen. Als ihnen dies verweigert wurde, erklärten sie, daß sie nun gezwungen wären, zu kämpfen, und von da ab begannen sie, in bewaffneten Trupps über Land zu ziehen. Bei einem ihrer ersten Auszüge wurden sie in die Flucht geschlagen, und ihr Anführer wurde getötet. In der Folge vereinten sie sich mit den Armen Christi aus La Guardia und organisierten sich besser. Sie wurden jedoch ein weiteres Mal geschlagen und zerstreut. Diejenigen, die im Dorf geblieben waren, sahen, wie eine große Truppe von 600 Infanteristen und 100 Kavalleristen ankam. Die Jagd auf die Flüchtigen kannte kein Mitleid. Mehrere Wochen lang wurden die ausgehungert herumirrenden armen Teufel doch noch von Nachbarn oder Soldaten gefangengenommen, die sich auf einen «Kreuzzug» begeben hatten – auch hier spielte nämlich der Mythos vom Kreuzzug für den Glauben eine Rolle. Als im September 1561 eine neue Erhebung zur Klärung der demographischen, d. h. fiskalischen Situation von San Sisto durchgeführt wurde, entdeckte die Obrigkeit, daß sich viele nach Montalto, La Guardia und die Nachbardörfer von S. Vinzenzo und Vaccarizzo geflüchtet hatten. Alle stammten aus Familien von – weil sie «Lutheraner» waren – Flüchtigen, Gefangenen, Getöteten oder Hingerichteten. Das Dokument der Steuerbehörde betont, daß von diesen Überlebenden bereits viele «abgeschworen» hätten.

Nach der Ankunft seines Schwagers, des Kommissars für besondere Aufgaben, brach der Gouverneur der Provinz, Fürst de Bucchianico, Anfang Juni 1560 an der Spitze von Truppen nach La Guardia auf. Damit führte er Anordnungen aus, die er vom Vize-König erhalten hatte. Der Lehensherr des Ortes, Salvatore Spinelli, war fest entschlossen, im Kampf gegen seine eigensinnigen Vasallen den größten Eifer zur Schau zu stellen. Da La Guardia auf der Höhe gelegen und befestigt war, war es nicht leicht einzunehmen. So ersann Spinelli eine List. Er schickte ungefähr fünfzig Gefangene mit ihren Wächtern – die einen wie die anderen waren ihm gleichermaßen ergeben – in den Marktflecken. Der offizielle Grund dafür war, daß die Gefangenen dort im Gefängnis untergebracht werden sollten. Sie bemächtigten sich des Ortes und gaben daraufhin ihrem Herrn, der an der Spitze von dreihundert bewaffneten Männern darauf gewartet hatte, ein Zeichen. Nun begann ein gnadenloses Blutbad, das dem Widerstand der Protestanten ein Ende machte. Auf diese Weise bahnte sich der Lehensherr, der dafür einen Teil seiner Untertanen geopfert hatte, den Weg zum Fürstentitel. Er erhielt ihn einige Jahre später, und dies war der Ursprung des Fürstentums von Fuscaldo. Mit siebzig angezündeten Häusern war der Ort total verwüstet. Nach P. Gilles konnte sich eine gewisse Anzahl von Bewohnern in die Alpentäler flüchten, aus denen ihre Vorfahren stammten. Placido di Sangro zieht in einer Art Post-Scriptum eines Briefes, der sich mit den Bewegungen der türkischen Armee befaßt, nüchtern Bilanz:

«Am gleichen Tag, dem 14. Juni 1561, schicke ich Ihnen die Liste der gefangenen und toten Lutheraner aus den beiden Gebieten in Kalabrien:

– Männer von 17 und mehr Jahren	260
– von 10 bis 17 Jahren	50
– Frauen von 14 und mehr Jahren	510
– Schwangere	29
– Kleinkinder mit ihrer Mutter	181
– Kleine Kinder von 4 bis 10 Jahren	284
– Getötete und Hingerichtete	60»

Zu diesem Zeitpunkt war man noch weit davon entfernt, eine endgültige Bilanz aufstellen zu können. Dennoch sind die Zahl der Opfer und speziell die Auflistung der Kinder bereits beeindruckend.

Die Wiedereröffnung des Konzils von Trient im Januar 1562 beschäftigte die religiösen Laien wie den Klerus. Zu dieser Zeit wurde nun der Erzbischof von Reggio vom Papst mit weitgehenden Vollmachten ausgestattet und in das ehemalige Gebiet der Waldenser geschickt. Unter dem Schutz des Konzils setzte er seinen Einfluß zur Befreiung der Gefangenen ein, wobei er oft, im Gegensatz zu jedem kanonischen Gesetz, ein zweites Abschwören akzeptierte. Laut Kirchenrecht durfte nämlich rückfälligen Ketzern keinesfalls noch einmal vergeben werden. Die Rückgabe der wegen Häresie konfiszierten Güter erreichte der Erzbischof jedoch nicht. Man kann sich vorstellen, was es für diese Unglücklichen bedeutete, in ihr Dorf oder einen benachbarten Ort zurückzukehren und ihre Namen auf Konfiskationslisten erwähnt zu finden. Die ihnen auferlegten Bedingungen und Bußen waren hart. So war ihnen beispielsweise untersagt, während der nächsten fünfundzwanzig Jahre ein Mitglied ihrer Gemeinschaft zu heiraten. Auf den Verbleib der Güter der Verurteilten, an denen weltliche Herrscher und Kirche gleichermaßen interessiert waren, soll hier nicht näher eingegangen werden. Uns mag das Wissen genügen, daß ein Teil der Bevölkerung aus diesem Ereignis ruiniert hervorging und froh sein mußte, überlebt zu haben.

Was Apulien betrifft, so weist ein Brief aus Neapel vom 12. Juni 1561 darauf hin, daß auch dort vier Orte von «Häretikern verseucht» seien. Gemeint sind aller Wahrscheinlichkeit nach Monteleone, Monteacuto, Faeto und Celle mit Motta und Voltura. Aber hier wurde die normale Leitung der Diözese mit der Angelegenheit betraut. Nun war der Bischof von Bovino Fernando d'Anna, der später verdächtigt wurde, dem Prinzip der Rechtfertigung durch den Glauben anzuhängen. Da er die Herren über diese Gegenden zufriedenstellen mußte, ging er zwar gegen die «häretischen» Mitglieder seiner Diözese vor, tat dies aber mit großer Besonnenheit. Er beschränkte sich darauf, die Fanatischsten zu verfolgen, und gab sich bei den anderen mit äußerlichen Zeichen von Katholizismus zufrieden. Auf diese Weise wurde das Einschreiten der Inquisition vermieden. Der verständnisvolle Bischof konnte ein Auge zudrücken, aber eben nur eines. Er konnte sich nicht erlauben, die päpstlichen Bullen, deren Befolgung Kardinal Alessandrino überwachte, einfach zu übergehen. Dies konnte er um so weniger, als sich ab 1563 Mitglieder seiner Diözese als Flüchtlinge in Genf befanden. Auch in Apulien fand also Verfolgung statt, sie war dort im Vergleich mit Kalabrien nur gemäßigter und – ohne Zynismus gesagt – humaner. Dies zeigt sich am deutlichsten daran, daß die Protestanten in Kalabrien ausgerottet wurden, während die Einwohner Apuliens Schritt für Schritt dazu gezwungen wurden, abzuschwören. Letztere konnten versuchen, eine Zeitlang doppeltes Spiel zu spielen. In der Tat wurden fast dreißig Jahre später ehemalige

Protestanten, sogenannte «Provenzalen», die ihrem Glauben abgeschworen hatten, denunziert bzw. ins Gefängnis geworfen, weil sie heimlich entsprechend dem reformierten Glauben weitergelebt hatten. Auf lange Sicht siegte jedoch die Gegenreformation über alle ehemaligen, zu Protestanten gewordenen Waldenser. Letzten Endes kehrten sie in die Reihen des tridentinischen Katholizismus zurück – und wenn nicht sie selbst, so zumindest ihre Kinder.

Und so sind wir an der Schwelle zu den 60er Jahren des 16. Jahrhunderts angekommen, an der Schwelle zu den Religionskriege genannten Bürgerkriegen. Wie war die Situation der Armen von Lyon zu diesem Zeitpunkt? Die geographischen «Vorposten» der Diaspora der Armen von Lyon waren auf verschiedene Art und Weise untergegangen. In Frankreich galten die Waldenser der Provence als Lutheraner und wurden auch als solche behandelt. Die blutige Woche im April 1545 brach nicht nur die Brücken zwischen ihnen und der römischen Kirche endgültig ab – vielleicht waren sie bis zu diesem Zeitpunkt weder alle noch vollständig zerstört gewesen. Vielmehr brachte sie die Armen von Lyon dazu, entschlossen in das reformierte Lager überzulaufen – von nun an ist es nämlich durchaus angebracht, in militärischen Begriffen zu sprechen. In der Provence gab es also keine Armen von Lyon mehr, sondern nur noch Protestanten. Und dasselbe ließe sich auch über die Alpen der Dauphiné sagen. Eine vor kurzem von Nicole Jacquier-Roux-Thévenet in beiden Provinzen durchgeführte Untersuchung hatte das Ziel, bei der aus den Armen von Lyon hervorgegangenen Bevölkerung ein gewisses waldensisches Erbe in den Bräuchen, im Glauben und in der Mentalität zu erfassen. Doch es wurde nichts gefunden. Zwar gibt es noch eine Art Sage, aber sie ist einerseits stark vom katholischen Umfeld mitgeprägt und andererseits ist die Geschichte, die sie erzählt, im großen und ganzen auch die der anderen französischen Protestanten. Das calvinistische Nivellieren erwies sich also in Frankreich als sehr wirksam. Süditalien hatte zwar eine andere Entwicklung, aber das Ergebnis war summa summarum dasselbe. Die Armen von Lyon, die auch hier zu Lutheranern geworden waren, wurden in Kalabrien physisch ausgeschaltet und in Apulien allmählich assimiliert. Zu Beginn des 17. Jahrhunderts gibt es keine Spur von Reformierten mehr... Nur die Familiennamen und eine besondere Sprache zeugen noch in unseren Tagen von der ehemaligen Gemeinschaft dieser Andersgläubigen.

Die Waldenser-Täler

Von den vier westlichen Gebieten, die am dichtesten von zu Protestanten gewordenen Armen von Lyon besiedelt waren, blieb nur die Bastion im Piemont als Einheit erhalten. Der erfahrene Politiker Emmanuel Philibert, Herzog von Savoyen, hatte 1559 seine Staaten zurückerhalten. Gegenüber den Reformierten schlug er nun folgenden Kurs ein: In der Ebene, wo nur wenige, verstreute und vereinzelte Reformierte lebten, unterdrückte er sie. Mit den Reformierten in den Alpentälern, wo sie die große Mehrheit der Bevölkerung bildeten, verhandelte er. Und so kam es in Ciabas d'Angrogne zu einem öffentlichen Streitgespräch zwischen dem Jesuiten Antonio Possevino und dem Pastor Scipione Lentolo, bei dem der Graf de Luserne als Schiedsrichter fungierte. Einige Zeit später kam der Erbprinz Philippo de Raconis, um Lentolo predigen zu hören. Am Hof lebte mit Herzogin Marguerite, der Tochter von Franz I., eine Protestantin. Aber politische Erwägungen hatten Vorrang. Im September 1560 befahl der Herzog dem Herrn über Trinitá, in den Tälern die katholische Ordnung wiederherzustellen. Es sollte eine einfach durchzuführende Machtdemonstration gegenüber diesen widerspenstigen Bauern sein. Aber die Expedition verwandelte sich in einen echten militärischen Feldzug, der lange dauerte und gefährlich war. Von den verhandlungsbereiten Notablen fallen gelassen und von einigen ihrer Prediger dazu gedrängt, organisierte sich die Bevölkerung nach einer Phase des Abwartens, um zu kämpfen und Widerstand zu leisten. Hier spielten wie in Kalabrien die traditionelle Gewaltlosigkeit und der Gehorsam gegenüber dem Lehensherrn keine Rolle mehr. Diesen Standpunkt konnte Genf nicht gutheißen; dennoch nahmen auch die Franzosen ihn unverzüglich ein. Eine große Anzahl von Piemontesern ahnte nichts Gutes und ging lieber wie so viele andere auch nach Genf ins Exil.

Eine Gruppe von bewaffneten Bauern verweigerte den Gehorsam und bot den Truppen ihres rechtmäßigen Herrn die Stirn. Dies war eine neue Situation, die weder mit dem deutschen Bauernkrieg von 1525 zu vergleichen ist noch mit den anderen Revolten, die von Zeit zu Zeit in Europa das Land erschütterten. Brieflich versuchten die Piemonteser dem Herzog zu erklären, daß seine Autorität nicht auf dem Spiel stehe, daß sie seine treuen Untertanen bleiben wollten, daß sie sich wirklich in einem legitimen Verteidigungsfall befänden und daß sie keine rebellierenden Untertanen seien, sondern Christen, die eine Reform der Kirche forderten, die der Papst verweigere. Zu diesem Zeitpunkt wählte Catherine de Médici in Frankreich nach dem Tod von Franz II. den Weg des Dialogs mit den Protestanten und bereitete das Treffen von Poissy vor. Die piemontesischen Aufständischen erhielten somit eine offizielle Unterstützung von seiten ihrer französischen Glaubensbrüder, die von einem am 21. Januar 1561 unterzeichneten Vertrag besiegelt wurde. Dieses Bündnis machte ihnen ihre Bedeutung und ihre Autonomie bewußt. Theologisch rechtfertigten sie ihr Handeln mit Verweisen auf das Alte Testament, vor allem auf den Kampf Davids gegen Goliath. Dabei sorgten die Prediger, die sie umgaben, gleichzeitig für die spirituelle Rechtfertigung, für die juristische Reflexion und sogar für die taktische Führung.

Schon im Februar 1561 – der Winter war in diesen Bergen noch lange nicht vorbei – gingen die Protestanten zum Angriff über; sie plünderten eine Kirche und setzten Forts in Brand. Da die Armee mehr aus Beutejägern als aus echten Soldaten bestand, kam sie nicht voran; Costa de la Trinitá kannte die Gegend schlecht, konnte die topographischen Schwierigkeiten kaum einschätzen und zerstreute seine Streitkräfte. Auf seiten der Reformierten kam es zunehmend zu mutigen, ja kühnen Taten, die die Legende noch mutiger und kühner darstellt. Die militärischen Konfrontationen, die auf seiten der Reformierten von den Pastoren angeführt und gleichsam beaufsichtigt wurden, denen ein leidenschaftliches Volk folgte, stellten mit Gebet und Psalmengesang vor und nach den Kampfhandlungen echte liturgische Feiern dar. Dies erinnert an die Schlachten der Hussiten und nahm vorweg, wie eineinhalb Jahrhunderte später der Krieg der französischen Kamisarden aussehen würde. Trotz der Verstärkung durch Arquebusiers aus der Dauphiné gelang den reformierten Milizen bis Ende April nichts, was für den Konflikt entscheidend gewesen wäre. Aber auf diese Weise Widerstand geleistet zu haben, war bereits eine hervorragende Leistung. Im übrigen zog der Herzog eine ehrenvolle politische Lösung vor, die auch dem Interesse der Herzogin entsprechen sollte. Der Vertrag wurde am 5. Juni 1561 in Cavour unterzeichnet. Darin gewährte der Herzog Verzeihung, hob die Kriegsschuld von 10000 Talern auf, bestätigte alle Freiheiten und genehmigte in den abgelegensten Orten (Angrogne, Villesèche, les Coppiers) öffentliche Gottesdienste nach reformiertem Modus.

Ein solches Abkommen war etwas noch nie dagewesenes. Es setzte sich über das kurz zuvor (1555) allgemein als gültig angenommene Prinzip zur Schlichtung von Konflikten in Europa hinweg, gemäß dem Untertanen und Herrscher derselben Religion angehören sollten *(Cuius regio, eius religio)*. Zum ersten Mal verzichtet ein katholischer

Herrscher darauf, die Häresie auszurotten – eine Aufgabe, die traditionell in seinen Zuständigkeitsbereich fällt – und toleriert religiöses Anderssein in seinem Herrschaftsgebiet. Dieses Abkommen ist für den Herzog wie auch für die Gemeinden in den Tälern verbindlich: Das Zusammenleben ist für beide geregelt. Die Situation der Reformierten im Piemont war also etwas Besonderes. Sie waren weit davon entfernt, ausgelöscht zu werden wie in Kalabrien, an ihre katholische Umgebung angeglichen zu werden wie in Apulien oder in einen Nationalprotestantismus integriert zu werden wie in Frankreich. Als einzige unter den Reformierten, die aus der ehemaligen Diaspora der Armen von Lyon hervorgegangen sind, haben sie die offizielle Anerkennung erreicht. Ihre gesamte zukünftige Geschichte ist bereits in dieser Tatsache enthalten: Sie sind die italienischen Protestanten.

Waren also diese Täler immer noch waldensisch? Was das religiöse Leben betrifft, so besaßen die piemontesischen Reformierten – wie wir gesehen haben – seit 1558 eine von Genf beeinflußte kirchliche Organisationsstruktur. Kurz danach entschieden sie sich für das französische Synodalsystem, d. h. für ein calvinistisches Modell. Aber die familiären Traditionen blieben erhalten und man sprach weiterhin romanisch (hier *vaudoise* genannt). So verlor der Begriff *vaudois* («waldensisch») seinen ausschließlich religiösen Sinn. Seine Bedeutung (sein «semantisches Feld» würden die Linguisten sagen) wandelte und erweiterte sich. Der Begriff bezeichnete nun geographische Gebiete (*vallées vaudoises*/«waldensische Täler») und eine ethnische Gruppe (*population vaudoise*/«waldensische Bevölkerung»), woraus sich schließlich auch ein religiöser Sinn ergab, denn alle Waldenser waren Reformierte. Da die einzigen Protestanten der italienischen Halbinsel die von den Waldensern abstammenden Piemonteser waren und diese immer noch dieselben Täler bewohnten, wird verständlich, daß sie die reformierte Kirche Italiens «Waldensische Kirche» (*Chiesa valdese*) nannten. Auch verlor der Begriff *vaudois* («waldensisch») seine pejorative Konnotation, die er nicht nur bei den Katholiken, sondern auch bei den Armen von Lyon selbst hatte. Dies hat, so scheint mir, zwei Gründe: Erstens hat sich, wie schon dargelegt, die Bedeutung des Begriffes gewandelt, der nun nicht mehr generell die Armen von Lyon oder ihre Nachkommen bezeichnete (der Beweis hierfür: in Frankreich und sogar im Luberon wurde er nicht mehr verwendet). Zum zweiten bezeichnete er auch keine leidende Gruppe von «Häretikern» mehr, sondern eine Kirche, die sich durchgesetzt hatte, nämlich die der Reformierten des Piemont, die dieses Wort für sich allein beanspruchen. Wenn sie das Wort *vaudois* hören, so fühlen sich die Protestanten des Piemont von nun an nicht mehr beleidigt, sondern sind stolz darauf. Ist es nicht verblüffend – aber alles in allem völlig logisch –, daß dieses einst gemiedene Wort von dem Moment an zum Lob wird, in dem es seine ursprüngliche religiöse Bedeutung verloren hat? Dies erklärt sich durch eine neue Lesart der waldensischen Vergangenheit.

Die reformierten Historiker, vor allem jene, die aus den Tälern des Piemont stammten, verstanden die Geschichte der Armen von Lyon als die Geschichte eines Vorreiters der Reformation und stellten sie auch so dar. Für sie waren die Waldenser Protestanten *avant la lettre*. Dafür gibt es bereits seit dem 16. Jahrhundert zahlreiche Beispiele, denn damals war es sehr wichtig, dem Vorwurf der Neuerung, der auf der Reformation lastete, zu begegnen, indem man spirituelle Vorfahren vorwies. Hierzu nur ein Beispiel. Als Pierre Gilles 1644 in Genf sein Geschichtswerk publizierte, gab er ihm den Titel *Histoire ecclésiastique des Eglises Réformées... autrefois appelées vaudoises* («Kirchengeschichte der Reformierten Kirchen, die einst waldensische Kirchen genannt wurden», Anm. d. Ü.). Dieser Titel ist in dreifacher Hinsicht sinnwidrig. Erstens haben die Armen von Lyon niemals eine Kirche gebildet; zweitens haben sie diesen diffamierenden Namen immer abgelehnt; und schließlich konnten sie, als sie Protestanten geworden waren, *stricto sensu* nicht mehr als Waldenser gelten. Aber die 1881 in Pignerol erschienene Neuauflage des Buches ging noch weiter. Wenn auch der genaue Titel im Innern des Buches gewahrt wurde, so war aus ihm auf dem Buchdeckel *Histoire ecclésiastique des Eglises vaudoises* («Kirchengeschichte der waldensischen Kirchen», Anm. d. Ü.) geworden. Die «Reformation» war damit auf der emblematischen Ebene getilgt worden. Man kann also sagen, daß der Begriff *vaudois* («waldensisch») im Piemont «reformiert» bedeutet. Die ethnische Komponente der Wortbedeutung hatte sich verstärkt und die Verwendung des Wortes, um sich selbst zu bezeichnen, lief darauf hinaus, das ganze, auch religiöse, Erbe in Beschlag zu nehmen. Dies geschah um den Preis einer psychologisch gut erklärbaren, wissenschaftlich bedauerlichen, aber unbestreitbaren Sinnentstellung. Von nun an verwendeten die anderen reformierten Brüder den Namen *vaudois* zur Bezeichnung der piemontesischen Protestanten und, noch bedeutsamer, diese erhoben Anspruch auf diesen Namen.

Unsichere Zeiten

Ein Jahrhundert lang, ungefähr von 1560 bis 1660, standen die Täler ununterbrochen unter dem starken Druck der katholischen Reformation, die man hier besser Gegenreformation nennt – die Kreuzzugsmentalität der Katholiken war nämlich stark ausgeprägt. Sie wollten jene Unglücklichen, die ihr Seelenheil aufs Spiel setzten und sich in die Häresie verirrt hatten, für die römische Kirche zurückerobern. Die religiöse Spaltung wurde keineswegs akzeptiert. Auf beiden Seiten konnte sich niemand damit abfinden. Jeder träumte vom Gewand Christi ohne Naht, von der wiedervereinten Christenheit. Um dieses Ziel zu erreichen, waren fast alle Mittel recht: eine Überfülle an Zitaten aus der Heiligen Schrift; in Mode gekommene Reden nach dem Muster These-Antithese; erschöpfende theologische Ausführungen; immer zahlreichere polemische Abhandlungen; Anhäufungen von juristischen Spitzfindigkeiten in nicht enden wollenden Verhandlungen; eindrucksvolle Predigten, die bezeichnend waren für das neue Sendungsbewußtsein in dieser Zeit; Denunziation und Repression, mit deren Hilfe die neue Inquisition regierte... Da es nicht möglich war, durch Überzeugen zu siegen, suchte man schließlich den Sieg mit Hilfe von Waffen zu erringen, und die Kämpfe fanden kein Ende. Die höher gelegenen Alpenregionen wurden jedoch von den Religionskriegen, die in Frankreich wüteten, kaum in Mitleidenschaft gezogen. Sieht man von dem erstaunlichen Abenteuer des Herzogs von Lesdiguières ab, dem es 1592 gelang, bis Pignerol und Cavour vorzudringen, sowie vom Gegenangriff von Charles Emmanuel I., der sich 1588 des Fürstentums Saluces bemächtigte und damit eine große Auswanderungswelle in die reformierten Länder provozierte, blieb die Situation in den Alpen im Gleichgewicht und daher stabil, wenn auch immer noch ungesichert. Erst das Edikt von Nantes, das Henri IV. 1598 verkündete, fixiert die Situation im Piemont.

Die politisch-religiösen Unruhen versetzten jedoch fast das ganze Land in Aufruhr. Der Dreißigjährige Krieg erschütterte Zentraleuropa von 1618 bis 1648. Während dieser Zeit wurde das protestantische Deutschland durch die Intervention des Königs des reformierten Schweden, Gustav Adolf, und durch die Unterstützung von Kardinal Richelieu gerettet. Österreich, Ungarn, Böhmen und Polen wurden einschließlich der Gemeinden der Armen von Lyon, die sich dort befanden, endgültig vom Katholizismus zurückerobert. Die *Congregatio Propaganda Fide* («Glaubenskongregation»), die 1622 in Rom gegründet wurde, sah sich mit der Aufgabe betraut, den Glauben zu verbreiten, aber auch die Häresie auszurotten. Unter diesen Umständen fühlten sich die Reformierten des Piemont – wir werden sie von nun an «Waldenser» nennen, da sie diese Bezeichnung selbst beanspruchen und das diesbezügliche Mißverständnis geklärt ist – wie umstellt. In der Tat hatte sich der Allerchristlichste König von neuem Pignerols und des Cluson-Tals bemächtigt, was zur Folge hatte, daß die waldensischen Täler fast eine savoyische Enklave auf französischem Territorium bildeten. Im übrigen nahmen die Schikanen der herzoglichen Verwaltung zu. Sie äußerten sich vor allem in einer Flut von Drohungen, Aufrufen und Verordnungen. Eine Art lokaler Tyrann, Sebastiano Grazioli, wollte seinen Willen aufzwingen, forderte Ungesetzliches und wurde endlich, nach zwanzig Jahren, seines Postens enthoben und ins Gefängnis geworfen. Trotz dieses ungünstigen und beunruhigenden Umfelds hielten die Waldenser jedoch ihre Organisation aufrecht und verstärkten ihre Verbindungen zum reformierten Europa.

In den Tälern dauerten die Auseinandersetzungen – vor allem die schriftlich geführten – an. In diesem apologetischen Kontext wurden die drei ersten und wichtigsten Geschichtswerke über die Waldenser verfaßt. Die Arbeit Jean-Paul Perrins wurde 1603 von der Synode in der Dauphiné in Auftrag gegeben und erschien 1619. Der Zeit entsprechend trug sie einen sehr langen Titel, von dem ich nur die hier wichtigen Passagen zitiere: *Histoire des vaudois divisée en trois parties. La première est leur origine... La seconde contient l'histoire des vaudois appelés albigeois...* («Geschichte der Waldenser in drei Teilen. Der erste handelt von ihrem Ursprung... Der zweite enthält die Geschichte der Waldenser, die Albigenser genannt wurden...»). Das Werk Pierre Gilles, von dem oben die Rede war, stammt aus dem Jahre 1644. Beide wurden in Genf publiziert. Ein Vierteljahrhundert später, 1669, kommt in Leiden in den Vereinigten Provinzen das Buch Jean Légers heraus, das den Titel *Histoire générale des Eglises Evangéliques des vallées du Piemont ou vaudoises* («Allgemeine Geschichte der Evangelischen Kirchen der Täler des Piemont oder der waldensischen Täler») trägt. Diese drei Werke bilden das ideologische Fundament der offiziellen Geschichte der Waldenser. Dies war der richtige Blickwinkel, aus dem heraus die waldensische Vergangenheit zu betrachten war. Ein Werturteil über diese Arbeiten, die im übrigen bemerkenswert sind, wäre hier nicht am Platze. Es genügt festzustellen, daß – wie immer in jener Epoche, wie auch später oft und wie manchmal noch heute – die Geschichte nicht um ihrer selbst willen geschrieben wurde, sondern in den Dienst einer bestimmten Idee oder eines bestimmten Anliegens gestellt wurde. Im selben Zeitraum taucht auch auf dem Titelbild des Werkes von Valère Grosso, *Lucerna sacra* («Die heilige Öllampe»), zum ersten Mal das zukünftige waldensische Emblem – wir würden «Logo» sagen – auf: ein von Sternen umgebener angezündeter Leuchter mit der Devise: *In tenebris lux* («Licht in der Finsternis»). Seither sind aus sechs sieben Sterne geworden und der Spruch hat sich in *Lux lucet in tenebris* («Das Licht leuchtet in der Finsternis») gewandelt. Er steht der Genfer Devise *Post tenebras lux* («Licht nach der Finsternis») sehr nahe.

Piemontesische Ostern

Die Regierungszeit Ludwigs XIV. (1643–1715) stimmt mit dem entscheidendsten Zeitraum der Geschichte der piemontesischen Waldenser überein. Zunächst steht die Zeit unter dem Zeichen einer Verhärtung der religiösen Fronten, und die politischen Auseinandersetzungen – diese unaufhörlichen Kriege Ludwigs XIV. – werden sehr oft auch zu religiösen. Der Absolutismus triumphiert. Er wird immer allumfassender und überwacht auch das Gewissen der Untertanen, für das sich der Herrscher vor Gott verantwortlich weiß. Die ebenso extensive wie intensive katholische Rückeroberung findet sich kaum mit den wenigen Nestern des Widerstands ab, vor allem nicht mit isolierten protestantischen Enklaven. Diese machen zwar vor Ort eine Minderheit aus, doch sie wissen, daß die Reformation anderswo dauerhaft gesiegt hat, die Macht fest innehat und ihnen wirkungsvoll beistehen kann. In einer Zeit, in der Toleranz und Gleichgültigkeit fast gleichzusetzen sind, blüht auf beiden Seiten der religiösen Front das Sektierertum. Seit der Regierungszeit Ludwigs XIII., die 1643 zu Ende geht, werden in Frankreich die Kirchen der Reformation zunehmend in die Enge getrieben. Andererseits endet der König von England, Charles I., der die Etablierung einer katholisch-absolutistischen Herrschaft nach französischem Modell versucht, 1649 auf dem Schafott. Cromwell siegt, und mit ihm der Puritanismus, was so manchen Protestanten wieder hoffen läßt. In Savoyen neigt die Regentin Christine, eine Schwester des französischen Königs und Schwägerin des geköpften englischen Königs ebenfalls dazu, die Protestanten ihres Herrschaftsgebiets gleichzuschalten. Nach dem Fall von La Rochelle gewährt der König von Frankreich 1629 den Frieden von Alès. Den Protestanten wird innerhalb gewisser Grenzen das Recht zur Religionsausübung bestätigt, aber die berühmten befestigten Stellungen, die ihre Freiheit garantierten, wurden ihnen entzogen, denn sie stellten eine Art Staat im Staate dar – ein für Richelieu unerträglicher Zustand. Unter Berufung auf dieses Edikt erzwangen die königlichen Kommissare im Pragelat oder Cluson-Tal, das zur Dauphiné gehörte, die Ausübung der katholischen Religion. Auch ließen sie die kirchlichen Güter und Orte religiöser Verehrung wiederherstellen. Die Jesuiten, die Speerspitze der katholischen Reformation, trafen in großer Zahl ein, um die Konversion der Eliten und Notablen zu betreiben. Auch in den anderen waldensischen Tälern, die zum Herzogtum Savoyen gehörten, kämpften die Protestanten, und sei es nur, um das, was ihnen der Vertrag von Cavour (1561) zugestanden hatte, zu wahren. Aber wirtschaftlich konnten die Waldenser in ihren Gebirgen nicht überleben; sie strömten daher in die Ebene und siedelten sich dort an. Hier häuften sich die Zwischenfälle: Beschlagnahmung der Güter, Brandstiftung im Konvent... Die Waldenser hatten unaufhörlich zu kämpfen, vor allem auf juristischer Ebene. Aber bald geht es um einen bewaffneten Kampf.

1655 sammeln sich die 4000 Männer der herzoglichen Truppen, zu denen die kommunalen Milizen stoßen, um unter dem Befehl des Fürsten de Pianezza zu einem neuen Kreuzzug aufzubrechen. Ihr Eifer ist um so größer, als sich unter den Soldaten irische katholische Flüchtlinge befinden, die bei sich durch Cromwell verfolgt worden waren. Ihnen gegenüber stehen, schicksalsergeben, die Waldenser. Sie schicken Delegationen, um gegen ihre Unterwerfung zu protestieren. Im April befiehlt Pianessa den Waldensern, die Soldaten bei sich unterzubringen, was dem Befehl, eine Plünderung des Zuhauses hinzunehmen, gleichkommt. Aber schließlich gehorchen die Waldenser. Die Besetzung der waldensischen Dörfer durch die Truppe wird schnell zu einem Massaker, das sehr wohl inszeniert erscheint. Folter, Sadismus, Gemetzel, Razzien... kennzeichnen die «piemontesischen Ostern». Die Überlebenden fliehen in die Berge, die Soldaten, schwer beladen mit Beute, ziehen in die Ebene. Am 3. Mai feiert Pianezza die katholische Rückeroberung und veranstaltet eine Zeremonie, in deren Verlauf ein Kreuz mit der Inschrift «Zeichen des Glaubens und der Waffen seiner königlichen Hoheit» errichtet wird. Daraufhin taucht der Volksheld Josué Janavel auf, der den Widerstand organisiert und den Truppen blutige Schläge zufügt. Von Pianezza getrieben erreichen die Waldenser das Cluson-Tal, d. h. Frankreich, dessen Gouverneur zugesagt hatte, die Grenze offen zu lassen. Am

10. Mai fällt das Germanasca-Tal und Prali ergibt sich. Alle wichtigen Persönlichkeiten unter den Waldensern, auch Janavel, werden verfolgt; auf sie ist ein Kopfgeld ausgesetzt. In der Kathedrale von Turin schwören während einer grandiosen barocken Meßfeier 40 Waldenser und zwei Pastoren feierlich ihren Irrtümern ab. An Ort und Stelle, aus den Tälern, ist die Reformation offiziell verjagt; die Missionare kommen in Scharen herbei.

Aber die Nachricht von dem Massaker verbreitet sich in allen protestantischen Ländern Europas und ruft Mitleid und Empörung hervor. Der Verantwortliche der waldensischen Kirchen, «Moderator» genannt, war schon im April nach Frankreich geflohen und dient als Vermittler. Anfang Mai verkündet er in einem beeindruckenden Text den Fall der waldensischen Bastion. Er macht jeden darauf aufmerksam, daß der Eroberungszug des Katholizismus ganz Europa bedroht. In England sind die Emotionen besonders stark. Zu Ehren der piemontesischen Märtyrer wird ein nationales Fasten begangen. John Milton schreibt sein berühmtes Sonett für sie. Presse, Pamphlete, Kupferstiche, Reden, Gebete: das Ereignis ist allgegenwärtig. Der savoyische Hof versucht, mittels seiner Diplomatie die Fakten herunterzuspielen. Ein Sonderbotschafter aus England, Sir Samuel Morland, protestiert am 25. Mai offiziell am Turiner Hof. Zum diplomatischen Zwischenfall fehlt nicht mehr viel. Dieser Haufen reformierter Bauern findet sich ganz vorne auf der europäischen Bühne wieder. Er erlangt dort eine unvorhergesehene politische Bedeutung. Mazarin interveniert persönlich. In ihrem eigenen Gebiet beginnen die Waldenser unter der Führung von Janavel und Jahier einen offenen Aufstand und eröffnen einen Guerillakrieg gegen jene, die sie für Besatzer halten. Der Graf von Marolles reagiert mit Razzien, auf die wiederum mit Handstreichen geantwortet wird. Janavel wird verletzt und Jahier in einem Hinterhalt getötet. Freiwillige kommen aus dem Cluson-Tal; hugenottische Offiziere übernehmen das Kommando der Aufständischen. Am 26. Juli bemächtigen sie sich des Ortes La Tour und brennen dort das Kloster nieder. Die Unsicherheit über den Ausgang der Kampfhandlungen und der diplomatische Druck machen den herzoglichen Hof verhandlungsbereit. Der Botschafter von Frankreich dient als Vermittler, während Diplomaten aus der Schweiz und aus England die waldensischen Unterhändler beraten. Das Endergebnis ist das Edikt *Patentes de grâce*. Der Herrscher gewährt darin seinen aufständischen Untertanen eine Generalamnestie. Sein Ziel ist vor allem, die internationale öffentliche Meinung zu beruhigen. Tatsächlich war dies jedoch nur eine Atempause.

Die Bedrohung der Waldenser von katholischer Seite her bleibt weiterhin bestehen. Die fadenscheinigsten Vorwände werden von der Verwaltung dazu benutzt, um in noch größerem Ausmaß zu schikanieren, Beschlagnahmungen vorzunehmen und sogar das Edikt zu verletzen. Als neue Form des Kampfes gegen die Waldenser werden diese unaufhörlich unter Druck gesetzt. Als erste werden die Führer anvisiert, Léger an der Spitze. Dies führt schließlich zu einem neuen Guerillakrieg, den Savoyen ganz Europa als für die Waldenser charakteristischen Ungehorsam präsentiert. Die Waldenser erscheinen nicht mehr als wehrlose Märtyrer, sondern als hartnäckige Rebellen. Janavel und seine Haufen reizen den Fürsten de Fleury, der für die öffentliche Ordnung verantwortlich ist. Léger wird verfolgt und ist gezwungen, ins Exil zu gehen. Aber das Volk ist kriegsmüde. Auf einer stürmischen Synode tragen die Verfechter von Verhandlungen den Sieg davon, und Janavel wird entmachtet. Gesagt, getan: Im Dezember 1663 und Januar 1664 finden in Turin Verhandlungen statt, bei denen Schweizer Abgeordnete als Schlichter fungieren. Die Verhandlungen enden im Februar mit der Veröffentlichung von neuen *Patentes* («Konzessionen»), die diejenigen von 1655 bestätigen. Neu ist von nun an die scheinbar unbedeutende Anwesenheit eines herzoglichen Boten bei der Synode. So geht die waldensische Gemeinschaft erschöpft aus dem Konflikt hervor, ist ihrer Führer beraubt und einer starken Unterwachung unterworfen. Einige erleben den Ausgang des Konflikts bereits im Exil, wie etwa Léger in Leiden, wo er seine *Histoire générale* («Allgemeine Geschichte») publiziert, oder Janavel in Genf, wo er seine *Instructions militaires* («Militärische Anleitungen») schreibt. Beide Zeugnisse sind trotz ihrer Unterschiedlichkeit sehr bewegend – eine Würdigung der Waldenser von zwei der Ihren.

Die düsteren Zeiten des Sonnenkönigs

Auch wenn sie nicht oder zumindest nur zum Teil in Frankreich lagen, so wurden die waldensischen Täler nichtsdestotrotz von den Auswirkungen der französischen Innenpolitik in Mitleidenschaft gezogen. Seit der persönlichen Regentschaft Ludwigs XIV., die 1661 begann, wurde das Edikt von Nantes nur noch *à la rigueur* angewandt: Alles, was nicht ausdrücklich genehmigt war, galt als verboten. Zunächst herrschte Druck, dann Unterdrückung, und zwar in einem ersten Zeitraum juristische und formelle Unterdrückung. Aus dieser wurde dann – mit den berühmten Dragonaden (die das Piemont schon kennengelernt hatte) – Gewalt und Brutalität: Den französischen Hugenotten – also auch den Waldensern aus dem Cluson-Tal – wurde Schritt für Schritt die Luft zum Atmen genommen. Auch der europäische Kontext hatte sich verändert: In England war es durch einen Stuart zur Rekatholisierung gekommen. Der Allerchristlichste König fühlte sich 1685 stark genug, um das Edikt von Fontainebleau zu unterzeichnen, das das Edikt von Nantes widerrief und den Protestantismus in seinen Gebieten untersagte. Das Cluson-Tal wurde dem Königreich gleichgeschaltet und steuerte seinen Teil zur größten Flut von Auswanderern bei, die das *Ancien Régime* je gekannt hat. Die große internationale Untersuchung, die gegenwärtig über das Flüchtlingswesen gemacht wird, schätzt die Zahl der Protestanten, die aus dem Königreich in verschiedene protestantische Länder flohen, auf zwischen 200000 und 300000. Die Bewohner des Pragelat zogen vor allem in Richtung Hessen.

Es dauerte nicht lange, und auch die savoyischen Waldenser wurden heimgesucht. Durch das Edikt vom Januar 1686 gab der junge Herzog Viktor Amadeus II. dem Drängen seines Onkels Ludwig XIV. nach und dehnte sozusagen das Edikt von Fontainebleau auf sein Herzogtum aus. Eine Minderheit der waldensischen Bevölkerung erinnerte sich an die noch nahe kriegerische Vergangenheit und wollte den bewaffneten Widerstand wiederbeleben. Dennoch rieten den Waldensern sogar ihre Pastoren und die Schweizer zum Gang ins Exil, den das Edikt von Fontainebleau verbot und das Edikt vom Januar 1686 nicht vorsah. Marschall Catinat hatte seine Dragoner an der Grenze zusammengezogen. Das protestantische Europa war stumm. Am 12. März versammelten sich die Waldenser in Rocheplatte und beschlossen, das Exil auf sich zu nehmen. In diesem Augenblick trat mit großer Leidenschaft eine bisher ganz unscheinbare Person dazwischen, die von nun an im Vordergrund stand, nämlich der Pastor Henri Arnaud. Er erinnerte an die Geschichte der Waldenser, an den Kampf des Volkes Gottes und an die Prophezeiungen der Apokalypse, in der die Bestie für Ludwig XIV. stünde. Er sagte einen kurzen Kampf voraus und brachte damit die Situation zum Umkippen. Die Waldenser entschieden sich für den bewaffneten Widerstand, feierten am 21. März eine letzte Messe und warteten ab. Es folgte ein dreitägiger Blitzkrieg gegen sie. Die geordnet vorrückenden Truppen Catinats und der herzog lichen Armee erwiesen sich als unbesiegbar. Am 3. Mai 1686 war alles zu Ende.

Das Land war zurückerobert, aber verwüstet. Es gab ungefähr 2000 Tote und 8500 Gefangene. Der Rest hat überstürzt abgeschworen. Die Truppen hatten dem Land kaum den Rücken zugekehrt, als die Widerstandskämpfer aus ihren Verstecken kamen und der Guerillakrieg erneut begann. Daraufhin erlaubte der Herzog den waldensischen Kämpfern und ihren Familien die Auswanderung. Die Wiederbesiedlung der waldensischen Gebiete durch katholische Bauern, die kurz danach in die Wege geleitet wurde, erwies sich als schwierig und führte zu keinem Ergebnis. Was die Gefangenen angeht, so ist ihr Schicksal mitleiderregend. Ein großer Teil von ihnen starb in den Lagern. Andere wurden auf die Galeeren Venedigs oder Frankreichs verkauft. Die Schweizer intervenierten mehrmals, um für sie das Recht zur Auswanderung zu erreichen, das der Herzog im Januar 1687 endlich gewährte; die Pastoren waren allerdings davon ausgeschlossen. Daraufhin begann mitten im Winter der lange Marsch der überlebenden Waldenser über das Suze-Tal, den Mont Cenis-Paß und Savoyen in Richtung Schweiz. Von 2700, die sich für das Exil entschieden hatten, kamen 2490 in Genf an, und dies auch nur dank der Hilfe der Schweizer Abgesandten, die diesen traurigen Zug von Beginn an begleitet hatten. Genf bereitete den Waldensern einen ebenso triumphalen wie brüderlichen Empfang.

Seit fast eineinhalb Jahrhunderten hatten die Genfer Glaubensflüchtlinge bei sich aufgenommen. Aber in den Jahren, die der Aufhebung des Edikts von Nantes folgten, strömten diese ununterbrochen und in großer Zahl in die Stadt. Die Genfer wurden gleichsam überschwemmt. Anstatt dem Beispiel vieler ihrer Glaubensbrüder zu folgen, die sich verteilten, um sich niederlassen zu können, blieben diese Waldenser unter sich und hatten nicht vor, in der Schweiz zu bleiben. Statt dessen träumten sie davon, wieder in ihre Täler zurückzukehren, und sie versuchten dies auch, allerdings vergeblich. Auf die Veröffentlichung des Edikts von Fontainebleau reagierten die europäischen Höfe mit starker Ablehnung. Die Herrscher waren nicht etwa darüber schockiert, daß einer der Ihren sich anmaßte, seinen Untertanen seine Religion aufzuzwingen – dies war allgemeiner Brauch –, aber niemand konnte eine bestimmte Konfession vorschreiben und gleichzeitig die Auswanderung verbieten, wie es Versailles tat. In Europa machte sich eine zutiefst anti-französische Stimmung breit, die zum großen Teil auch politische Gründe hatte. 1688 wurde der Katholik Jakob II. von England abgesetzt: ihm folgte unter dem Namen Wilhelm III. der Calvinist Wilhelm von Oranien nach, der bereits Statthalter der Vereinigten Niederlande war. Die

Situation veränderte sich, neue Bündnisse wurden geschlossen. Die Unterhändler Wilhelms unterbreiteten den Waldensern einen Plan, der es ihnen ermöglichen würde, in ihr Land zurückzukehren und im Rücken der Armeen Catinats eine Guerillafront zu eröffnen. An dem Feldzug, der sorgfältigst und unter größter Geheimhaltung vorbereitet wurde, nahmen Ärzte, Offiziere, Pastoren und 1000 Männer teil. Mitte August 1689, also zwei Jahre nach dem ersten Marsch, begann – in entgegengesetzter Richtung – ein neuer langer Marsch, *La glorieuse Rentrée* («die glorreiche Heimkehr») genannt. Diese Rückkehr in den Piemont war eine echte militärische Expedition: nächtliche Überquerung des Genfer Sees, Etappen im Eilmarsch, um die 200 km zurückzulegen, Benutzung eines selten begangenen und deshalb mühevollen Weges. Wenn sie durch ein Dorf kamen, nahmen die Waldenser zu ihrer Sicherheit Geiseln, die sie bis zur Gebietsgrenze bei sich behielten. Kranke und Verletzte wurden zurückgelassen. Die erste Konfrontation mit den französischen Truppen fand in Salbertrand im Suze-Tal statt, wo die Waldenser den Sieg davontrugen. Wenn sie näherkamen, flohen viele katholische Bauern. An der Spitze dieser erstaunlichen Kolonne befand sich Henri Arnaud, Pastor und General, mit Bibel und Schwert bewaffnet. Bei den Männern handelte es sich um emigrierte Bauern, die Heimweh nach ihren Ländereien hatten; zugleich waren sie Diener des Ewigen Gottes, die sich mit einem besonderen Auftrag betraut fühlten: dem Wort Gottes in einem papistischen Land Gehör zu verschaffen. Am 11. September bekannten sich die Überlebenden durch den berühmten Schwur, den sie damals leisteten, feierlich und öffentlich zu ihrem Glauben. Diesem Ereignis muß das richtige Gewicht beigemessen werden: Zum ersten – und in der Geschichte von Flucht und Vertreibung einzigen – Mal beugten für ihren Glauben Vertriebene sich nicht, sondern erhoben statt dessen ihr Haupt, beschlossen, der allmächtigen Obrigkeit zu trotzen, und eroberten mit der Waffe in der Hand das Land zurück, aus dem sie vertrieben worden waren. Eine solche Kühnheit war beispiellos: Sie stellte eine militärische Herausforderung Frankreichs dar durch die Eröffnung eines neuen Kriegsherdes; die politische Herausforderung einer Macht, die Absolutheit beanspruchte; die religiöse Herausforderung einer Kirche, die sich «katholisch», d. h. «allumfassend» nannte, die aber auch die einzige Kirche sein wollte.

Unruhen, Atempause und Befreiung

Trotz der Befehle Catinats können die Guerillakämpfer, die sich von neuem an seine Flanken geheftet haben, nicht vor Winteranbruch besiegt werden. Zu diesem Zeitpunkt sind in Balziglia, einem hochgelegenen Dorf des Germanasca-Tals, die 300 von der Expedition übriggebliebenen Männer eingeschlossen und können sich nicht befreien. Da begibt sich Arnaud als ihr religiöser und militärischer Chef an ihre Spitze. Trotz der Kälte und des Hungers gelingt es ihm, monatelang die Disziplin sowie Kontakte mit dem Ausland aufrechtzuerhalten. Am 2. Mai 1690 kündigt sich die Schlacht an, auf die sich die 300 zerlumpten Menschen den ganzen Winter über vorbereitet haben. Unter dem Klang des berühmten Psalms 68, der ungefähr zwölf Jahre später zum Kriegsgesang der Kamisarden aus den Cevennen wurde, ziehen die Waldenser ins Tal, um den 4000 französischen Dragonern zu trotzen, die sie, bereits in Schlachtordnung, erwarten. Nach zwei Tagen grausamer und blutiger Kämpfe kann sich bei Anbruch der Nacht nur ein letztes Karree Waldenser auf einen Felsvorsprung flüchten. Da gelingt es ihnen, im Schutz eines dichten, von der Vorsehung geschickten Nebels, die französischen Linien zu durchqueren. Am Morgen sind sie schon weit entfernt. Im übrigen gibt Viktor Amadeus II. sein Bündnis mit Frankreich zugunsten Englands und Österreichs auf. Die Waldenser sind gerettet. Die Pastoren und die Vertriebenen kehren zurück, die Gemeinde kann wieder aufgebaut werden. Der Einfluß Englands ist außerordentlich stark und wird auch in der Innenpolitik spürbar: Eine Synode der reformierten Kirchen des Piemont kann sogar in Avigliana, nahe Turin, abgehalten werden, und eine protestantische Gemeinde kann einen Tag in der herzoglichen Hauptstadt verbringen. Schließlich veröffentlicht der Herzog 1694 ein Toleranz-Edikt, in dem er den Waldensern Religionsfreiheit garantiert.

Aber die waldensische Bastion ist keine Front mehr in einem internationalen Kampf. Als Folge weiterer Veränderungen in Europa ist sie nur noch eine protestantische Enklave in einem katholischen Land. In wenig mehr als 20 Jahren werden die Protestanten im Piemont die Hälfte ihrer Ländereien und mehr als die Hälfte ihrer Bevölkerung verlieren. Durch den 1697 unterzeichneten Vertrag von Rijswijk nahm das Herzogtum Savoyen das Cluson-Tal wieder in Besitz. In einer geheimen Klausel mit Frankreich verpflichtete sich der Herzog, alle Protestanten daraus zu vertreiben. Für mehr als 3000 Personen und 7 der 13 unter ihnen wirkenden Pastoren, darunter auch Henri

Arnaud, beginnt ein neuer Exodus. Sie ziehen dieses Mal nach Württemberg, wo sie sich auf Dauer niederlassen und Dörfer gründen, denen sie aus Heimweh Namen aus ihrem Ursprungsland geben: Namen wie «Pérouse», «Serres» oder «Pinache» sind heute noch auf baden-württembergischen Straßenkarten und Ortsschildern zu finden. 1721 starb Henri Arnaud in Schönenberg (bei Mühlacker). Unter dem Schutz der Kriege gegen Frankreich zu Beginn des 18. Jahrhunderts hatte eine tolerantere Politik des Herzogs die Wiederbegründung einer reformierten Gemeinde im Cluson-Tal erlaubt. Aber nach dem Friedensvertrag von Utrecht von 1713 kam die Repression erneut zu ihrem Recht und das Edikt von 1730 untersagte die protestantische Religionsausübung von neuem. In religiöser Hinsicht bekamen die Waldenser ein weiteres Mal keine Luft mehr. Da führten die holländischen Hugenotten eine Sammlung für ein großes Unterrichtsprojekt in den Tälern durch. Aber jede waldensische Initiative wird mit einem katholischen Gegenangriff beantwortet – sogar, wenn es sich um Denkmäler handelt. Wie G. Tourn sagt, waren die Täler zum Ghetto geworden.

Die während der Revolution, des Empires und der Restauration durchlebten Widrigkeiten belegen, daß die waldensischen Täler in Wahrheit nach der französischen Uhr lebten. 1825 rüttelt Felix Neff mit seiner «Erweckung» genannten Bewegung alle Waldenser auf. Sie ruft hier wie in der benachbarten Dauphiné religiöse Spaltungen hervor, führt zu Denunziation und Vertreibung. In der Folge läßt sich die Persönlichkeit bei den Waldensern nieder, die vielleicht in der waldensischen Gemeinde die langlebigste Erinnerung hinterließ und ihren Zerfall verhinderte: Charles Beckwith, ein Engländer, ursprünglich anglikanischer Konfession, der stark von der «Erwekkungsbewegung» beeinflußt war. Nachdem er in Waterloo verwundet worden war, entdeckte er die Waldenser und beschloß, ihnen sein Leben zu widmen. Bis zu seinem Tod lebte er in ihren Tälern. Beckwiths Vision, die sein Handeln beseelte, beschränkte sich nicht nur auf Reformpläne innerhalb des waldensischen Ghettos, sondern ging weit über seine Grenzen hinaus und umfaßte ganz Italien. Dies hieß, wieder im Sinne des Evangeliums offensiv zu werden, wieder die Initiative zu ergreifen. Grundlage seines Programms war die Errichtung von Schulen und er stattete jedes Dorf mit einer Grundschule aus. 1848 zählte das Land 169 Schulen. Dieses Jahr 1848, in dem ganz Europa durch Revolutionen erschüttert wurde, ist für den Piemont und ganz besonders für die Waldenser sehr wichtig, denn König Karl Albert von Piemont gewährte am 8. Februar ein Statut und am 17. Patentbriefe. Darin werden den Waldensern die bürgerlichen und politischen Rechte ausdrücklich zuerkannt, so daß sie zum ersten Mal in ihrer Heimat, die zum Königreich Piemont-Sardinien geworden war, Untertanen wie alle anderen sind. Obwohl die Gewissensfreiheit immer noch nicht eingeführt war, verbreitete sich diese Nachricht mit einem wahren Aufschrei der Befreiung in den Tälern und wurde enthusiastisch gefeiert. Auch wenn es einige Zeit dauerte, bis die verkündete Gleichheit zur Wirklichkeit wurde, wurde 1848 ein schmerzensreiches Kapitel in der Geschichte der Waldenser abgeschlossen.

Nach Italien, in die Welt

Die von Beckwith vorgeschlagene Neuorientierung fand Gehör und wurde Schritt für Schritt verwirklicht. Die Synoden unterzogen die Unterrichtsfächer, den Katechismus und den Psalter einer Überprüfung. Sie nahmen die italienische Sprache an, eröffneten in La Tour eine theologische Schule, um Pastoren auszubilden, und gründeten einen Verlag. Es wehte ein neuer Wind. In der Mitte des XIX. Jahrhunderts öffnete sich das waldensische Ghetto. Der erste Kontakt wurde mit der Toskana geknüpft, wohin die Pastoren geschickt wurden, um Italienisch zu lernen. Dort trafen sie auf die aktive Genfer Kolonie, und die Begegnung mit den liberalen Italienern war ebenfalls ergreifend. In Italien war alles willkommen, was sich gegen die religiöse Intoleranz, den katholischen Konservativismus und die politische Reaktion richtete. Aber, wie man weiß, ging die starke, an die liberalen Revolutionen von 1848 geknüpfte Hoffnung in der Repression unter. Daß sich die Waldenser in Turin niederließen, drückte ihren Wunsch aus, in einer Hauptstadt präsent zu sein. Von dort aus erreichten ihre Aktivitäten das Aostatal, Alessandria und Genua. Dennoch wurde die Gelegenheit, mit den neuen Protestanten eine einige und einzige reformierte Kirche zu schaffen, nicht genutzt. Sie bildeten eine freie Kirche. Das Bewußtsein der Waldenser, ein Volk für sich zu bilden, eine eigene Geschichte, eigene Bräuche und eine eigene Theologie zu haben, war hierbei sicherlich förderlich. Die Waldenser verbreiteten sich jedoch sehr schnell und folgten damit der Entwicklung des italienischen Staates selbst. Die Evangelisation folgte den italienischen Armeen. Es wuchs die Zahl derer, die das Evangelium verbreiteten, indem sie Italien durchzogen und mit großem missionarischen Elan Bibeln und Neue Testamente verteilten. 1861 wurde die theologische Fakultät nach Florenz verlegt, das zum Rang einer

Hauptstadt des neuen italienischen Königreichs befördert worden war. Schließlich erreichten die Verkünder des Evangeliums Rom, die neue Hauptstadt. Die Evangelisationsbewegung stellte kein Monopol der Waldenser dar, aber sie nahmen aktiv daran teil. Mehrere Kirchen waren entstanden, und es hatte sich herausgestellt, daß eine Vereinigung unmöglich war. Die Waldenser, die von den progressiven Kräften unterstützt wurden, forderten die völlig freie Religionsausübung und die Trennung von Kirche und Staat.

Das Ende des Jahrhunderts war für die waldensische Kirche die Zeit der Konsolidierung. Das Charakteristikum der waldensischen Kirche war, daß sie im Piemont ein geschlossenes Gebiet umfaßte und einen starken sozialen, psychologischen und religiösen Zusammenhalt besaß. Jedoch gab es nun außerhalb des Piemont eine neue Diaspora von evangelischen Gemeinden, die auf italienischem Boden verstreut waren. Auch wenn Mentalität und Vergangenheit nicht identisch waren, zwangen diese isolierten und weit entfernten Gemeinden die piemontesischen Waldenser, sich zu öffnen. Schritt für Schritt ließen sie sich in Verona, Mailand, Neapel und Vittoria auf Sizilien nieder und erwarben dort Gebäude. Jedoch waren nicht nur in den Städten, sondern auch auf dem Land waldensische Kirchen zu finden, so z. B. in der Gegend um Mantua, auf Sizilien und auf Elba. Es entstanden – oft durch Initiative von Ortsbewohnern – immer mehr öffentliche Einrichtungen, wie etwa Schulen, Bibliotheken, Räume zur pädagogischen Nutzung oder zur Nutzung durch die Diakonie. In dieser Entwicklung drückte sich ein Jahrhunderte alter Anspruch aus: Die italienischen Protestanten wollten zeigen, daß die katholische Kirche nicht mit der italienischen Kirche gleichzusetzen sei, sondern daß sie nur eine Kirche unter anderen sei.

Daß die Waldenser in der nächsten Etappe ihrer Expansion die Grenzen Italiens überschritten, war nicht religiös, sondern durch die Not begründet. In der zweiten Hälfte des 19. Jahrhunderts zog die wirtschaftliche Krise, die von verschiedenen Faktoren, darunter auch das demographische Wachstum, hervorgerufen wurde, eine italienische und insbesondere eine piemontesische Auswanderungswelle nach sich. So wurden in Marseille, Paris und Genf waldensische Vereinigungen gegründet, Zusammenschlüsse von Einwanderern, die Heimweh nach ihrem Ursprungsland hatten, und zugleich von Protestanten, die das Gefühl hatten, eine besondere reformierte Gemeinde zu bilden. 1856 kamen drei Familien aus Villar Pellice in Uruguay an. Einige Jahre später gründeten sie die erste Gemeinde «*Colonia Valdese*» («waldensische Kolonie», Anm. d. Ü.). Dann erreichten Waldenser die Landstriche Norduruguays und Argentiniens. Das Abenteuer von etwa hundert Familien, die von Rorà in die Provinz Chaco aufgebrochen waren, ist ein echtes Epos. Diese Gemeinden scharten sich um ihre Pastoren und ihre Kirchen und wahrten so ihren Zusammenhalt und ihre Eigentümlichkeit. Dies ging so weit, daß die Synode als 17. waldensische Kirche nach der von Turin die *Colonia Valdese* anerkannte. Siedler aus Italien und Uruguay betraten schließlich auch den Boden der Vereinigten Staaten. Sie gründeten in Nord-Carolina die Gemeinde «*Valdese*», die sich den anglophonen Presbyterianern anschloß. So bildete sich eine neue Form von Diaspora, die sich bis nach New York und Südafrika erstreckte. Selbst wenn die Sprache, die Bande mit dem Piemont oder sogar die religiösen Charakteristika sich verloren haben, erinnern noch heute manchmal Orts- und Familiennamen an das erstaunliche Abenteuer jener aktiven piemontesischen Bevölkerung der Reformation.

Gegenwärtig zählt die waldensische Kirche 25000 Erwachsene, insgesamt also etwa 45000 Personen. 18 Pfarreien befinden sich in den Tälern; dazu kommen die Gemeinden Uruguays und der großen Städte Turin, Mailand, Florenz, Rom, Neapel, Palermo und Montevideo. Jede Pfarrgemeinde ist autonom und wird von einem für 5 Jahre gewählten Ältestenrat geleitet. Die Synode ist die Generalversammlung der Kirchen. Auf ihr kommen zu gleichen Teilen Pastoren und von den Kirchen abgeordnete Laien zusammen. Die Synode versammelt sich zweimal pro Jahr: einmal im Frühling in Lateinamerika und einmal im Sommer im Piemont. Den Rahmen bilden die Pastoren, die, nachdem sie an den Universitäten ausgebildet worden sind, ihren Dienst auf Lebenszeit ausüben. Die waldensische Kirche verfügt über mehrere Zeitschriften und richtet jedes Jahr in Italien ein historisches Kolloquium über das Waldensertum und die Reformation aus. Trotz der beidseitigen Annäherung von Katholiken und Waldensern in unseren ökumenischen Zeiten bestehen weiterhin viele Verständnisschwierigkeiten – das Gewicht der Vergangenheit wiegt schwer. Allzusehr war die katholische Kirche an die Rolle eines Eroberers gewöhnt, und zu tief sitzt bei den Waldensern der Komplex einer verfolgten Minderheit. Aber die Geschichte ist noch nicht zu Ende... Und wir alle tragen dazu bei, sie zu gestalten und mitzutragen. Tag für Tag wird die Gegenwart geschrieben, die morgen Vergangenheit und also die zukünftige Geschichte ist. Wir tragen eine Verantwortung, die der menschlichen Würde entspricht.

Schlußbemerkung

Mit Ausnahme des Epilogs, der aus bereits genannten Gründen keine direkte Fortsetzung der vorausgehenden acht Kapitel darstellt, haben wir versucht, Geschichte zu schreiben, und dies heißt unter anderem, zu staunen. Nichts von dem Geschehenen war unvermeidlich oder vom Schicksal vorherbestimmt: weder das Entstehen des Waldensertums, noch seine Ablehnung durch die römische Kirche, noch sein Überleben, noch seine Ausdehnung oder sein Eingehen in die Reformation. Über die vergangenen Ereignisse zu staunen und deshalb zu versuchen, sie zu verstehen und zu erklären, dies macht die Kunst und das Geheimnis des Historikers aus. Wir haben versucht, soweit wie möglich Schritt für Schritt der Geschichte einer Minderheit zu folgen. Bei den Armen von Lyon fanden wir Verhaltensweisen vor, die typisch für eine Minderheit sind: eine Tendenz, unter sich zu bleiben, die in der endogamen bzw. homogamen Heiratspraxis sichtbar wird und die im übrigen zu dem anfänglichen missionarischen Elan in Widerspruch steht; eine starke Solidarität, die entsteht, wenn eine kleine Gruppe universale Ideale hat; die gelassene Sicherheit, als einzige im Besitz der Wahrheit zu sein, die bis zu einem echten Überlegenheitskomplex geht, wobei die Tatsache, eine Minderheit zu bilden, zum Zeichen, zum Beweis und zur Garantie dieser Wahrheit wird. Aber diese Andersgläubigen bilden eine *religiöse* Minderheit. Sie verteidigt in ihrer Lehre und in ihrer moralischen Haltung den Weg zum ewigen Seelenheil. Der Einsatz muß also sehr hoch sein, vor allem in einer Gesellschaft, wo alles Religion und die Religion alles ist. Daß einerseits die Heilsbotschaft an alle zu richten ist, sie andererseits aber nur von einer kleinen Zahl gehört und verstanden werden kann, bleibt ein unüberwindbares Dilemma.

Nun ist im Christentum der Heilsweg eine Person; Jesus Christus und Gott haben gesprochen. Wie alle anderen andersgläubigen Minderheiten erheben auch die Armen von Lyon den Anspruch, durch eine Rückkehr zur Heiligen Schrift zum Heil zu rufen und sich selbst zu retten. Im Namen des wiederentdeckten und neu gelesenen Evangeliums lehren sie den rechten und schmalen Weg, vor allem die Armut. Sie wollen die Fehler der Kirche richtigstellen und nach dem Vorbild der christlichen Urgemeinden eine authentische Gemeinschaft von Gläubigen bilden. Ein wichtiges Kennzeichen ihrer Geschichte ist auch, daß diese andersgläubige und doch christliche Minderheit im Untergrund lebt. Denn die offizielle Kirche der Mehrheit verfolgt sie. Und diese Verfolgung selbst wird für sie mit Hilfe des Evangeliums zum Zeichen der göttlichen Erwählung. Wir haben Indizien dafür, daß die Armen von Lyon nicht toleranter sind als ihre Verfolger – sind nicht beide Menschen ihrer Zeit? – und sie ertragen das Leid in der Hoffnung, eines Tages zu siegen. Aber angesichts dessen, daß sie über Jahrhunderte hinweg eine verfolgte Minderheit bilden, müssen sie vor allem überleben, um die Wahrheit weitergeben zu können. Dafür jedoch müssen sie verhandeln und sich den Umständen anpassen. Dies ist um so leichter, als die gegnerischen Positionen nicht immer unverrückbar sind und manche Meinungen sogar geteilt werden. So betrachten die Armen von Lyon aufgrund ihrer eigenen religiösen Einstellung die katholische Kirche keineswegs als neues Babylon, das von Grund auf schlecht ist und Irrtum und Böses vermittelt. Auf der anderen Seite fühlen sie sich immer verschieden genug und sind sich dessen bewußt, daß sie in mehreren Punkten im Gegensatz zu den römischen Christen stehen, so daß sie nie geschlossen zur katholischen Kirche übertreten. Auf dieser alles in allem doch recht differenzierten Position beruht die wirkliche Einzigartigkeit dieser Andersgläubigen. Hinzu kommen noch ihr starker innerer Zusammenhalt und ihre gute Organisation, die ihnen ermöglichen, die Jahrhunderte bis zum Beginn der Neuzeit zu überdauern.

Auch wenn noch in vielen Punkten Unsicherheit besteht und die wissenschaftliche Debatte über die Waldenser noch längst nicht abgeschlossen ist, so glaube ich doch, daß vor allem drei Fragen zu stellen sind. Wie kann man diese Gruppe Andersgläubiger charakterisieren oder auch nur benennen? Besteht eine Kontinuität von den Lyoner Ursprüngen bis zur Reformation? Wie läßt sich diese Anhängerschaft an die lutherischen oder, noch mehr, die calvinistischen Ideen nennen? Letzten Endes geht es hier um Namen, um Benennungen. Man wird sagen, daß dies zweitrangige Aspekte sind. Mir jedoch erscheinen sie ganz wesentlich. Zunächst einmal betreffen sie die drei wichtigsten Lebensabschnitte jedes lebendigen Organismus – gleich ob Individuum, Gruppe oder Gesellschaft – nämlich die Geburt, das Leben (diese unglaubliche, dialektische Dynamik zwischen dem Einzelnen und den Vielen) und den Tod. Dann bedeutet «benennen», wie ich es bereits oben erklärt habe, «identifizieren», also «qualifizieren», d. h. Eigenschaften zuschreiben. Deshalb impliziert der Akt der Namensgebung notwendigerweise eine Bewertung, eine Sichtweise oder eine Beurteilung. Es wäre also in einer historischen Studie ebenso vergeblich wie unseriös, wollte man diese Fragen vermeiden und die Implikationen der Antworten verbergen.

Sekte oder Kirche?

Der Begriff «Sekte» hat wahrlich noch nie eine gute Presse gehabt, da er die Vorstellung von Absonderung impliziert. In unserer Zeit hat sich der Ruf von «Sekte» noch merklich verschlechtert, und die Bedeutung des Wortes wurde in vielen Fällen eindeutig pejorativ. In einer Zeit, in der man ständig von Toleranz spricht – anstatt sie zu praktizieren –, wurde der Begriff «sektiererisch» zum Synonym von «intolerant», ja sogar von «fanatisch». Auch das Wort «Kirche» hat in einem Kontext zunehmender Säkularisation viel von seiner früheren positiven Konnotation verloren. Heißt heutzutage sich auf eine Kirche berufen nicht zugeben, zu einer Clique oder zu einem Clan zu gehören? Somit nähern sich heutzutage kurioserweise die Bedeutungen der Wörter «Sekte» und «Kirche», die etymologisch und historisch nicht nur verschieden, sondern entgegengesetzt waren, in der Umgangssprache an. In der Vergangenheit sahen alle Gegner der Armen von Lyon in diesen Mitglieder der «waldensischen Sekte». Aber es ist nicht völlig ausgeschlossen, im Zusammenhang mit ihnen auch auf den Begriff «Kirche» zu stoßen. So schrieb Bernard Gui: «Sie anerkennen in ihrer Kirche *(in sua ecclesia)* eine dreifache Hierarchie». Selbstverständlich haben seit der Reformation einige protestantische Historiker, die natürlich selbst einer Kirche angehörten und die sich eine retroaktive Sichtweise zu eigen gemacht hatten, dieses theologische Konzept auf die Armen von Lyon zurückprojiziert. Wir sind dieser Vorgehensweise in den Titeln der Werke von Gilles und Léger im 17. Jahrhundert begegnet. Aber noch in jüngster Zeit glaubte der Pastor G. Tourn, seine Arbeit über die Geschichte der Armen von Lyon und die piemontesischen Waldenser mit *L'étonnante aventure d'une peuple-Eglise* («Das erstaunliche Abenteuer einer Volkskirche») betiteln zu können. Was die Armen von Lyon selbst betrifft, so haben sie zwar immer das Wort «Sekte» abgelehnt, sich aber ebensowenig als «Kirche» bezeichnet.

Am fruchtbarsten sind die Reflexionen von E. Troeltsch über diese Frage. Sein 1919 erschienenes Werk ist immer noch eine unerläßliche Quelle. Troeltsch unterschied vier Arten von christlichen Gemeinschaften: Kirche, Sekte, mystische Gemeinschaft (Spiritualismus) und Freikirche. Die 1977 erschienene, hervorragende Arbeit von Jean Ségy über die Gemeinden der mennonitischen Anabaptisten in Frankreich, hat dieses Thema wieder aufgegriffen, die Kenntnisse der Fakten erweitert und das Konzept verfeinert. In den folgenden Überlegungen beziehe ich mich auf diese beiden Autoren. Für Ernst Troeltsch ist Kirche und Sekte gemeinsam, daß sich beider Lehren auf das Neue Testament berufen. Sie unterscheiden sich in ihrer Auffassung vom «Naturgesetz». In der Sicht der Sekte widersprechen die sozialen Ungleichheiten, der Staat, das Privateigentum usw. diesem Gesetz. Die Kirche hingegen integriert sie. Die Kirche hat die Welt immer stärker bejaht, d. h. sie hat die Gesellschaft religiös sanktioniert; so wurde der Radikalismus in die gesellschaftlichen Randbereiche zurückgedrängt. Dieses Zurückdrängen vollzog sich in zwei Formen: im Mönchtum, das innerhalb der Kirche zwar marginal, aber noch integriert war, und in den Sekten, die unabhängig waren und Kirche und Welt ablehnten.

So ist die Kirche an sich der Typ einer religiösen Gemeinschaft, der bis zu einem gewissen Grad die etablierte soziale Ordnung akzeptiert. Sie ist eine Institution, die das Seelenheil anbietet und die, mit Hilfe des Staates, alle Menschen in Kontakt mit dem Übernatürlichen bringen muß. Dabei gibt sie der Universalität den Vorrang vor der Intensität. Im Gegensatz hierzu ist die Sekte eine relativ beschränkte Gruppe von Freiwilligen, die über eine Konversion zum Mitglied geworden sind. Sie zielt auf die innere Vervollkommnung der Individuen ab und legt Wert auf den direkten und persönlichen Kontakt ihrer Mitglieder. Die Bergpredigt stellt das ideale Grundsatzprogramm der Sektenethik dar, die die Welt ständig im Gegensatz zum Königreich Gottes sieht. Im Unterschied zur Kirche praktiziert die Sekte ein priesterloses Christentum. Da die Kirche als degeneriert gilt und das Neue Testment den konstanten Bezugsrahmen abgibt, sind eschatologische Glaubensinhalte bei den Sekten häufig. Das Wesentliche ist also

> «der Gegensatz zwischen der jeweiligen juristischen Basis der Kirche und der Sekte. Die Kirche ist eine das Seelenheil anbietende Institution. Ihr Recht ergibt sich aus ihrem Bewußtsein, von Jesus Christus gegründet worden zu sein und ihren Auftrag, mit ihrer Hierarchie und ihren Sakramenten, auch weiterhin auszuführen. Die Sekte ist ein freiwilliger Zusammenschluß von Konvertierten. Ihr Recht ergibt sich aus dem Pakt, den jedes Sektenmitglied mit den anderen Mitgliedern und mit Gott geschlossen hat.» (J. Séguy)

Aus dieser Gegenüberstellung von Sekte und Kirche, die hier typisiert betrachtet werden, da die Wirklichkeit diese beiden Gemeinschaften natürlich weniger scharf trennt, erwächst ein Problem, und zwar das der Generationen. Da zu den Merkmalen der Sekte die Konversion gehört, könnte es streng genommen nur Sekten mit Mitgliedern der ersten Generation geben. Von da an werden Kinder «in der Sekte» geboren, was bedeuten würde, daß die Sekte keine wirkliche Sekte mehr ist, da es keine persönliche Konversion mehr gibt. Diese Sichtweise ist jedoch zu schematisch. Solange die Sekte besteht, gibt es immer eine neue Generation, die im Glauben unterrichtet werden muß, und jedes einzelne Mitglied einer neuen Generation muß persönlich konvertieren. Jean Séguy schreibt hierzu:

> «Charakteristisch für die Sekte sind für uns das Festhalten am Konzept der Kirche (im theologischen Sinn) als vertragliche Gemeinschaft sowie das Bestehen auf einer Konversion als Vorbedingung für die Aufnahme... Die Sekte bleibt als solche bestehen, solange sie nicht darauf verzichtet, eine vertragsgebundene Gruppe zu sein.»

Wie sind nun die Armen von Lyon einzuordnen? Es ist die Eigenheit einer Kirche, welcher auch immer, eine Alternative zur herrschenden Kirche anzubieten. Im Gegensatz zu den aus der Reformation hervorgegangenen Kirchen haben dies die Armen von Lyon nie getan, zumindest nach den uns bis heute verfügbaren Zeugnissen nicht. Daher ist die Antwort klar: Bei den mittelalterlichen Waldensern oder Armen von Lyon kann man nicht von Kirche sprechen. Sobald sie aber zu Protestanten geworden sind, bilden sie sehr wohl Kirchen. Diese Benennung der piemontesischen Protestanten vom 16. Jahrhundert bis heute ist also korrekt und legitim. Aber vorher? Waren die Armen von Lyon demnach eine Sekte? Wenn man diesen Begriff auf seinen soziologischen und religiösen Sinn beschränkt, muß die Antwort positiv ausfallen. Tatsächlich hatten die Armen von Lyon immer das Bewußtsein, der Kirche anzugehören; gleichzeitig sahen sie sich als eine zur Erlangung des Seelenheils vertraglich konstituierte Gruppe. Darüber hinaus gehörten die Ablehnung der Welt und die persönliche Konversion, auch wenn sie verschiedene oder sogar abgeschwächte Formen annahmen, ebenfalls ihre ganze Geschichte hindurch zu den Kennzeichen der Armen von Lyon. Wenn man dieser Benennung jegliche pejorative Konnotation nimmt und sich nur an ihre soziologische und religiöse Bedeutung hält, bildeten die Armen von Lyon also sehr wohl eine christliche Sekte. Um jede Verwirrung und jedes Mißverständnis zu vermeiden, habe ich allerdings bisher den Begriff «Sekte» vermieden und in Ermangelung eines besseren durch «Bewegung» ersetzt. Diese Wortwahl hat jedoch den Nachteil, daß sie die Gemeinschaft der Armen von Lyon so darstellt, als sei sie immer in Bewegung, immer missionarisch unterwegs gewesen und wäre nie an einem festen Ort geblieben, was ja keineswegs der Fall war. An diesem Beispiel sieht man einmal mehr, wie unsere Wortwahl Bedeutungen stiftet...

Bruch oder Kontinuität?

Die andere wesentliche Frage, die vor allem G. Merlo stellt, ist die nach der Kontinuität der waldensischen Bewegung. Sind die Armen von Lyon im 14. Jahrhundert – oder sogar noch im 16. Jahrhundert – die spirituellen Nachfahren der ersten waldensischen Gruppe des 12. und 13. Jahrhunderts? Das Problem wurde bereits oben angeschnitten, bringen wir es nun zu Ende. Möglicherweise wurden Andersgläubige, die sich nicht als Arme von Lyon bekannten, oder sogar gute, brave Durchschnittskatholiken fälschlicherweise wegen «waldensischer Häresie» angeklagt, ja sogar verurteilt und hingerichtet. Dies konnte vor allem dann geschehen, nachdem der Begriff «Waldenser» wie vorher der Begriff «Katharer» und später der Begriff «Lutheraner» zum Synonym von «Häretiker» geworden war. Es ist im übrigen einwandfrei erwiesen, daß zu bestimmten Zeiten und an bestimmten Orten, wie etwa im Piemont des 14. Jahrhunderts, in intellektueller, religiöser und auch sozialer Hinsicht fließende Übergänge zwischen den einzelnen Gruppierungen bestanden, die mit unserem kartesianischen Wunsch nach Klassifikation kaum in Einklang zu bringen sind. Religiöse Auffassungen wurden nicht immer deutlich formuliert; die Grenze zwischen Orthodoxie und Heterodoxie war unscharf. Und auch die Grenze zwischen der einen und der anderen Gruppe von religiösen «Abweichlern», die beide in den Augen der Kirche «häretisch» waren, war oft verschwommen. Denn Christen, die sich um ihr Seelenheil sorgten, auf die Ewigkeit ausgerichtet waren und nach Wahrheit dürsteten, zögerten wohl kaum, theologische Abgrenzungen zu überschreiten..., die sie ohnehin nur verschwommen wahrnahmen.

Man darf also in der Benennung «Waldenser» kein sicheres Identifikationskriterium sehen. Man darf nicht, oder zumindest nicht ausschließlich, dem «Etikett des Einmachglases» trauen, sonst wird man getäuscht oder sogar vergiftet. Man muß den Inhalt kontrollieren. Man muß die Kontinuität der Armen von Lyon so objektiv wie möglich nachweisen, und zwar anhand von Erklärungen, die die «Waldenser» selbst über ihren Glauben und ihre religiösen Gebräuche abgeben. So gesehen und wenn man die oben aufgeführten Schattierungen betrachtet, kann man die Kontinuität der Armen von Lyon als gesichert ansehen, wobei Ausnahmen immer möglich sind und man die mehr oder minder herausgeforderten Geständnisse der Angeklagten unbedingt mit Vorsicht zu beurteilen hat. Zwar konnten Unterschiede auftreten, weshalb G. Merlo auch von «Waldensertümern» im Plural *(valdismi)* spricht. Aber könnte man dann nicht ebensogut von «Protestantismen», «Orthodoxien» und «Katholizismen» sprechen? Die Grundfrage ist, wo die Grenze angesetzt werden soll. Bis wohin bleibt man Waldenser? Ab wann ist man es nicht mehr? Diese Frage gilt im übrigen für alle religiösen Gemeinschaften, seien sie nun in der Mehrheit oder in der Minderheit.

In Wirklichkeit ist die Kontinuität der Armen von Lyon offensichtlich. Sie wurden nämlich während ihrer ganzen Geschichte von einer Reihe von unveräußerlichen und miteinander in Zusammenhang stehenden Merkmalen geprägt, die auf fünf Ebenen angesiedelt sind. Auf der Ebene der Lehre sind dies das Festhalten am Armutsideal, die Ablehnung der Todesstrafe, des Eides und des Fegefeuers; auf der disziplinarischen Ebene ist dies eine eigene Organisation von armen Wanderpredigern, die untereinander eine bestimmte Hierarchie hatten – auch wenn die konkreten Umstände unterschiedlich sein konnten; auf der sozialen Ebene sind dies die Diaspora-Situation und die starke Homogenität einer ländlichen Bevölkerung, die durch bewußt praktizierte Homogamie aufrechterhalten wird; auf der kulturellen Ebene sind dies eine eigene Sprache, besondere Bücher, und eine Gruppe von Vermittlern zwischen der mündlichen und der schriftlichen Kultur; auf der psychologischen Ebene sind dies gemeinsame Erinnerungen und das Gefühl, einer alten Gemeinschaft anzugehören, die in der Minderheit und im Besitz der Wahrheit ist. Wir können also behaupten, daß ein und dieselbe Sekte trotz Verfolgung und Verstreuung vom 12. bis zum 16. Jahrhundert Bestand hatte. Im übrigen vermögen nur ein ausreichend verankerter und starker Zusammenhalt der Armen von Lyon sowie ihr klares Bewußtsein der eigenen Kontinuität, die einzigartige Langlebigkeit der Bewegung zu erklären. Vor diesem Hintergrund ist denn auch ihr Aufgehen in der Reformation um so überraschender.

Mutation, Konversion oder Selbstmord?

Der Aufstieg von Waldes ist – trotz der Dunkelheit um die allerersten Anfänge – im religiösen Kontext des 12. Jahrhunderts sehr gut erklärbar. Dasselbe gilt auch für die Entwicklung der Sekte nach ihrer Ausgrenzung von der Kirche und für ihr Weiterbestehen. Was im 16. Jahrhundert passierte, ist nach wie vor weitaus rätselhafter. Wie soll man die Annahme der reformierten Lehre einordnen? Wie könnte man sie auch nur bezeichnen? In Wirklichkeit sind hier zwei Fragen zu stellen: Warum haben die Armen von Lyon auf ihre spezifische religiöse Einstellung verzichtet? Und: Warum haben sie sich der Reformation angeschlossen? Obwohl sie etwas formell erscheinen mag, ist diese Unterscheidung doch wichtig. Schließen wir nun zunächst den Selbstmord aus. Es ist völlig klar, daß die Armen von Lyon nicht den Wunsch entwickelt hatten, vom Erdboden zu verschwinden, geschweige denn beschlossen hatten, dies selbst in die Wege zu leiten. Tatsache ist jedoch: Das Waldensertum erlischt. Was die Lehre betrifft, so geschah dies 1532 in Chanforan, was die Alltagspraxis betrifft gegen 1560. So gut wie alle religiösen Charakteristika dieser Andersgläubigen – die ihre Einmaligkeit in Europa sowohl gegenüber der römischen Kirche wie gegenüber den aus der Reformation hervorgegangenen Kirchen ausmachten – verschwinden. Es sei an dieser Stelle noch einmal darauf hingewiesen, daß die Begriffe «waldensisch» und «reformiert» in religiöser Hinsicht einen Gegensatz darstellen. Man konnte nur das eine oder das andere sein. So gesehen ging das Waldensertum in der Reformation unter. Es gilt, über diesen Tod zu sprechen.

Das Verschwinden einer Bewegung, die über vierhundert Jahre lang existiert hatte und die die schrecklichsten Verfolgungen nicht ausrotten konnten, wirft Fragen auf. Welche Gründe könnte man dafür nennen? Ich habe hierzu eine Arbeitshypothese, die richtungsweisend für meine Forschungen war: Wenn das Waldensertum verschwunden ist, dann deshalb, weil es überflüssig geworden war oder als überflüssig empfunden wurde. In der Tat haben wir gesehen, daß eine zweifache Berufung am Anfang der Bewegung stand, die auch der Grund für ihre Ausdehnung war und die den religiösen Bedürfnissen der Zeit entsprach: das Predigen und die Armut. Nun hat sich im Laufe der Jahrhunderte das Predigen auf eine darauf spezialisierte Gruppe beschränkt und mußte sich obendrein im Geheimen abspielen, was fast einen Widerspruch darstellt, ein Abweichen vom Weg, den das Evangelium vorgab. Was die Armut betrifft, so wurde sie von der Gesamtheit der Sekte aufgegeben, und gleichsam stellvertretend nur noch von den «zum Leben in Armut Bestimmten» gelebt. Dazu kam jedoch, daß sich auch das, was von ihr noch als symbolischer Wert und Verbundenheit mit dem Prinzip geblieben war, im 16. Jahrhundert gegen sie wendete. Die Botschaft kam nicht mehr an.

Dies hatte vor allem zwei Gründe. Zum einen stellten für den Humanismus die Armut und das Bettlertum eine Entwertung der menschlichen Person dar. Zum anderen sah die Reformation mit ihrer eifrigen Lektüre des Alten Testaments Reichtum und Wohlstand als Zeichen göttlichen Segens an. Wenn auch bei den Humanisten wie bei den Reformierten das Geben von Almosen als nützlich und vorteilhaft galt, so dachten doch beide Gruppen, daß es sich hier um eine Notlösung handele, daß das Bettlertum nicht unterstützt werden dürfe und daß die Arbeit die Würde des Menschen aufwerte. Die Armut wurde also nicht mehr als evangelischer Wert wahrgenommen. Was hatten die Armen von Lyon sonst noch zu sagen? Hierauf beruhte ihre Botschaft, hierauf beruhte der Grund ihres Daseins. Sicher fanden die Armen von Lyon, daß sie zu dieser neuen städtischen und kaufmännischen Welt, die sich in der Renaissance entwickelte, schlecht paßten – diese Bauern, die ganz vergessen hatten, daß die Gefährten von Waldes Städter gewesen waren. Vielleicht waren sie ihrer Zeit voraus, diese widerspenstigen Leute vom Land, die aus Treue zu ihrem Gewissen das Gesetz der Mehrheit ablehnten und dickköpfig Widerstand leisteten. Wenn das Waldensertum aufhörte zu wachsen, so deshalb, weil es archaisch geworden war. Wenn es im 16. Jahrhundert verschwand, so deshalb, weil es anachronistisch geworden war.

Aber warum haben die Armen von Lyon sich nicht einfach aufgelöst? Denn es ist unbestreitbar, daß die Armen von Lyon aufhörten, als unabhängige Sekte zu existieren, indem sie sich der Reformationsbewegung anschlossen. War einigen der *barbes* bewußt, daß Chanforan einem Todesurteil gleichkam? Ahnten sie, daß das Aufgehen in einer großen Bewegung, die im Begiff war, Europa zu erobern, den Armen von Lyon paradoxerweise eine Zukunft bescheren würde? Wer wird dies jemals wissen? Es ist jedenfalls sicher, daß ein gewisses waldensisches Erbe reklamiert wurde – und zwar nicht in der Provence oder in Zentraleuropa, wo die Armen von Lyon völlig mit dem Protestantismus verschmolzen, ohne irgendeines ihrer Charakteristika beizubehalten, sondern im Piemont: Da sie in derselben Gegend wohnten, dieselben Namen trugen, dieselbe romanische Sprache sprachen und das Andenken an dieselbe Vergangenheit pflegten, bewahrten die ehemaligen Armen von Lyon des Piemont, auch nachdem sie zu Reformierten geworden waren, einen sehr starken ethnischen und sozialen Zusammenhalt. Außerdem stellten sie die südlichste Bastion der Reformation in Europa dar, die wie ein Keil in ein rein katholisches Umfeld hineingetrieben war. Diese Isolation sowie die damals übliche Art und Weise der Geschichtsschreibung erklären leicht die Verzerrung, mit der einige von ihnen die Vergangenheit der Armen von Lyon darstellten. Ist es nicht aufschlußreich, daß die ersten Historiker der Geschichte der Waldenser erst in dem Augenblick auftauchten, als diese aufgehört hatten, Arme von Lyon zu sein? Wie so oft befaßte man sich erst mit einer Wirklichkeit, als diese bereits zu Ende war. Es waren Protestanten – Nachfahren der Armen von Lyon – die aus ihren Vätern Prä-Protestanten machten, obwohl diese immer an den freien Willen geglaubt hatten. Auch wurden sie zu Verfechtern der Toleranz stilisiert – ein unverzeihlicher Anachronismus, waren sie als Menschen ihrer Zeit doch ebenso intolerant wie ihre Henker. Schließlich machte man sie noch zu Helden, während diese unglückseligen Bauern am häufigsten wohl eher Märtyrer waren, was schon viel, sogar zu viel ist.

So kam es also zu dem Namen *Chiesa valdese* («waldensische Kirche»), obwohl er in religiöser Hinsicht einen zweifachen Widerspruch darstellt: Zum einen bildeten die Armen von Lyon niemals eine Kirche, und zum zweiten besitzt die gegenwärtige «Kirche» kein einziges der religiösen Hauptmerkmale der von Waldes begründeten mittelalterlichen Bewegung. Oder anders formuliert, wobei wir immer noch und ausschließlich in religiöser Hinsicht sprechen: Vor dem 16. Jahrhundert gab es bei den Waldensern keine Kirche; danach gab es die Waldenser nicht mehr, eben weil es Kirchen gab. Dennoch hat die heutige Bevölkerung der waldensischen Täler im Piemont das tief verwurzelte Gefühl, die Nachkommenschaft der mittelalterlichen Armen von Lyon darzustellen. Und sie hat in geographischer, ethnischer, linguistischer, kultureller... Hinsicht recht, aber eben nicht in religiöser. Wie soll man sich nun verhalten, um sowohl der Wahrheit wie auch der durchaus legitimen Empfindlichkeit der piemontesischen Reformierten gerecht zu werden? Ich würde meinerseits vorschlagen, den Mitgliedern der waldensischen Sekte des Mittelalters den Namen «Arme von Lyon» zuzuweisen und den Begriff «Waldenser» für die reformierten Piemonteser zu reservieren, die auf diesen Namen Anspruch erhoben haben, um mit ihm ihre protestantischen Kirchen zu benennen.

Nun sind wir am Ende unserer Reise in die Geschichte angekommen. Sie bestand aus historischen Schilderungen und sich daraus ergebenden Schlußfolgerungen, denn jedes menschliche Abenteuer stellt gleichzeitig ein Epos und ein Rätsel dar. Unsere Reise galt der ergreifenden und fesselnden Geschichte jener Andersgläubigen, der Armen von Lyon, die unsere Mühe und Aufmerksamkeit sehr wohl verdienten – sowohl aufgrund ihres Eigenwertes wie aufgrund der uns direkt betreffenden Aktualität bestimmter Augenblicke ihrer Geschichte. Der Leser wird zweifelsohne meine Vorgehensweise verstanden haben, auch wenn er nicht auf dem Diskussionsstand der letzten, mehr oder weniger universitären und nicht immer wissenschaftlichen Auseinandersetzungen ist, was im übrigen auch nicht so wichtig ist. Mein Ziel war, aus dem Wahrscheinlichen und, mehr noch, aus dem Möglichen das herauszuarbeiten, was die ernst zu nehmenden Untersuchungen – wie immer in der Geschichte vorläufig – uns als gesichert zu betrachten erlauben. Davon haben wir diejenigen Ergebnisse unterschieden, die erst teilweise bewiesen und daher berechtigterweise noch zu diskutieren sind. Vielleicht hat diese Geschichte zur besseren Kenntnis der Armen von Lyon beigetragen, einige Aspekte dieser fernen und stummen Brüder der Menschheit erhellt, ihren geheimen Weg auch in seinen Widersprüchen verständlich und sie selbst mit all den von ihnen eingegangenen Kompromissen und ihren menschlichen Schwächen liebenswert gemacht – denn sie sind uns ähnlich. Was könnte der Historiker mehr wünschen?

Bibliographie

1. Quellen

1.1 Ungedruckte Quellen

Cambridge, Vereinigtes Königreich (Universitätsbibliothek): Dd 3, 25–28.
Prozesse gegen die Waldenser der Diözese Embrun. 15.–16. Jahrhundert.
Carpentras, Frankreich (Bibliothèque Inguimbertine): Ms 8.
Waldensische Bibel.
Dublin, Republik Irland (Bibliothek des Trinity College):
Ms 259. Bericht von Morel und Masson von 1530.
Ms 265, 266. Waldenser der Diözese Embrun. 15.–16. Jahrhundert.
Gap, Frankreich (Archiv des Departements Hautes-Alpes): G 751.
Verfolgungen der Waldenser der Diözese Embrun 1468–1502.
Genf, Schweiz (Universitäts- und Öffentliche Bibliothek): Ms 206, 207, 208, 209, 209a.
Bücher der *barbes*. 15–16. Jahrhundert.
Grenoble, Frankreich (Archiv des Departements Isère): B 4350, 4351.
Prozeß gegen die Waldenser der Dauphiné. 1487–1488.
Paris, Frankreich (Nationalarchiv): J 851, n. 2.
Von Jean de Roma geführter Prozeß. 1532–1533.
Paris, Frankreich (Nationalbibliothek): Ms Fr. 17811.
Prozeß gegen die Waldenser. 1495.

1.2 Gedruckte Quellen

Amati, G.: Processus contra valdenses in Lombardia superiori anno 1387. In: Archivio Storico Italiano 37 und 39 (1865).

Aubéry, J.: Histoire de l'Exécution de Cabrières et de Mérindol. Paris 1645. Neu hrsg. von G. Audisio. Mérindol 1982.

Audisio, G.: Le barbe et l'inquisiteur. Procès du barbe vaudois Pierre Griot par l'inquisiteur Jean de Roma (Apt 1532). Aix-en-Provence 1979.

Audisio, G.: Procès-verbal d'un massacre. Les vaudois du Luberon (1545). Aix-en-Provence 1992.

Dal Corso, M. / Borghi Cedrini, C.: Vertuz e altri scritti (manoscritto GE 206). Turin 1984.

Degan Checchini, A.: Il Vergier de cunsollacion e altri scritti (manoscritto GE 209). Turin 1979.

Durand, d'Osca: Liber Antiheresis. Hrsg. von K.-V. Selge. In: Ders.: Die Ersten Waldenser. Bd. 2. Berlin 1967.

Duvernoy, J.: Le registre d'inquisition de Jacques Fournier (1318–1325). 3 Bde. Toulouse 1965.

Eymerich, N. / Pena, F.: Le manuel des inquisiteurs. Hrsg. von L. Sala-Molins. Paris / Den Haag 1973.

Gonnet, G.: Enchiridion fontium valdensium. Turin 1958.
Gonnet, G.: Le confessioni di fede valdesi prima della Riforma. Turin 1947.
Gui, B.: Manuel de l'inquisiteur. Hrsg. von G. Mollat. 2 Bde. Paris 1926/27.
Kurze, D.: Quellen zur Ketzergeschichte Brandenburgs und Pommerns. Berlin 1975.
Patschovsky, A.: Quellen zur böhmischen Inquisition im 14. Jahrhundert. Weimar 1979.
Patschovsky, A. / Selge K.-V.: Quellen zur Geschichte der Waldenser. 1973. [= Texte zur Kirchen- und Theologiegeschichte 18]
Vinay, V.: Le confessioni di fede dei valdesi riformati. Turin 1975.
Weitzecker, G.: Processo di un valdese nell'anno 1451. In: Rivista Cristiana (1881), S. 363–367.

Verwendete deutsche Bibelausgabe:
Einheitsübersetzung der Heiligen Schrift. Die Bibel. Gesamtausgabe. Psalmen und Neues Testament. Ökumenischer Text. Herausgegeben im Auftrag der Bischöfe Deutschlands, Österreichs, der Schweiz, des Bischofs von Luxemburg, des Bischofs von Lüttich, des Bischofs von Bozen-Brixen. Für die Psalmen und das Neue Testament auch im Auftrag des Rates der Evangelischen Kirche in Deutschland und der Deutschen Bibelgesellschaft (Evangelisches Bibelwerk). Stuttgart / Klosterneuburg ⁶1990.

2. *Sekundärliteratur*

2.1 *Studien zum historischen Kontext bzw. über andere Bewegungen religiöser «Abweichler»*

Olivétan, traducteur de la Bible. Colloque de Noyon, Mai 1985. Paris 1987.
Amabile, L.: Il santo officio della inquisizione in Napoli. 2 Bde. Neapel 1892. Neuausg. 1987.
Berthoud, G.: Le solde des livres imprimés par Pierre de Vingle et les vaudois du Piémont. In: Musée Neuchâtelois (1980), S. 74–79.
Cohn, N.: Les fanatiques de l'Apocalypse. Paris 1962.
Comba, R.: La popolazione in Piemonte sul finire del Medio Evo. Ricerche di demografia storica. Turin 1977.
Dedieu, J.-P.: L'inquisition. Paris 1987.
Duverger, A.: La vauderie dans les Etats de Philippe le Bon. Arras 1885.
Gilmont, J.-F.: La fabrication et la vente de la Bible d'Olivétan. In: Musée Neuchâtelois (1985), S. 213–224.
Gilmont, J.-F.: La publication de la bible d'Olivétan. In: Olivétan, traducteur de la Bible. Colloque de Noyon. Paris 1987, S. 31–37.
Labrousse, E.: La révocation de l'édit de Nantes. Genf / Paris 1985.
Lambert, M. D.: Medieval Heresy. Popular Movements from Bogomil to Hus. London 1977.
Le Goff, J.: Die Geburt des Fegefeuers. Stuttgart 1984.
Leff, G.: Heresy in the later Middle Ages. Manchester 1967.
Lerner, E. R.: The Heresy of the Free Spirit in the Later Middle Ages. Berkeley / Los Angeles / London 1972.

Macek, J.: Jean Hus et les traditions hussites. Paris 1973.
Magdelaine, M. / Thadden, R. von: Le Refuge huguenot. Paris 1985.
Molnár, A.: Jean Hus. Paris / Lausanne 1978.
Roussel, B.: La «bible d'Olivétan»: la traduction du livre du phrophète Habaquq. In: Etudes théologiques et religieuses (1982), S. 537–557.
Roussel, B.: Olivétan «corbeau enroué»? In: Olivétan, traducteur de la Bible. Colloque de Noyon. Paris 1987, S. 77–92.
Schmitt, J.-C.: Mort d'une hérésie. L'Eglise et les clercs face aux béghards du Rhin supérieur du XIV au XV siècle. Paris 1978.
Séguy, J.: Les assemblées anabaptistes-mennonites de France. Paris / Den Haag 1977.
Tapié, V.-L.: Une Eglise tchèque au XVe siècle: L'Unité des Frères. Paris 1934.
Thouzellier, C.: Hérésie et hérétiques. Rom 1969.
Troeltsch, E.: Die Soziallehren der christlichen Kirchen und Gruppen. Tübingen 1919.
Yardeni, M.: Le refuge protestant. Paris 1985.

2.2 *Studien zur allgemeinen Geschichte der Waldenser*

Allix, P.: Some remarks upon the Ecclesiastical History of the Ancient Churches of Piemont. London 1690.
Armand Hugon, A.: Storia dei valdesi. Bd. 2: Dal Sinodo di Chanforan al 1848. Turin 1974.
Erk, W. (Hrsg.): Waldenser – Geschichte und Gegenwart. Frankfurt a. M. 1971.
Gilles, P.: Histoire ecclésiastique des Eglises réformées, recueillies en quelques vallées de Piémont et circonvoisines, autrefois appelées Eglises vaudoises, de 1160 à 1643. Genf 1644. Neuausg. Pignerol 1881. 2 Bde.
Gonnet, G.: Le confessioni di fede valdesi prima della Riforma. Turin 1967.
Gonnet, G.: Pierre Valdo ou Vaudès de Lyon? In: Bulletin de la Société de l'Histoire du Protestantisme Français 135 (1980), S. 247–250.
Gonnet, G. / Molnár, A.: Les vaudois au Moyen Age. Turin 1974.
Léger, J.: Histoire générale des Eglises Evangéliques des vallées du Piémont ou vaudoises. Leiden 1669.
Merlo, G. G.: Sul valdismo «colto» tra il XIII e il XIV secolo. In: I valdesi e l'Europa. Torre Pellice 1982, S. 67–98.
Merlo, G. G.: Les origines: XIe-XIIIe siècles. In: Colloque internatinal d'Aix-en-Provence: les vaudois des origines à leur fin (XIIe-XVIe siècles). Colloque international d'Aix-en-Provence, April 1988. Turin 1989.
Miolo, G.: Historia breve e vera degli affari dei valdesi delle valli. Hrsg. von E. Balmas. Turin 1971.
Molnár, A.: Die Waldenser. Geschichte und europäisches Ausmaß einer Ketzerbewegung. Freiburg i. Br. 1993. [Übersetzung der tschechischen Ausgabe von 1973]
Perrin, J.-P.: Histoire des vaudois. Genf 1619.
Roll, E.: Die Waldenser. Aufbruch in eine neue Zeit. Stuttgart 1982.
Selge, K.-V.: Discussions sur l'apostolicité entre vaudois, catholiques et cathares. In: Cahiers de Fanjeaux Nr. 2 (1967), S. 143–162.
Thouzellier, C.: Considérations sur les origines du valdéisme. In: I Valdesi e L'Europa. Torre Pellice 1982, S. 3–25.

Tourn, G.: Die Geschichte der Waldenser-Kirche. Die einzigartige Geschichte einer Volkskirche von 1170 bis zur Gegenwart. Erlangen ³1987. [Originalausgabe Turin 1977]

Vinay, V.: Storia dei valdesi, Bd. 3: Dal movimento evangelico italiano al movimento ecumenico. Turin 1974.

2.3 Studien über die Gesamtheit der waldensischen Diaspora

I Valdesi e L'Europa. Torre Pellice 1982.

Les vaudois, des origines à leur fin (XIIe-XVIe siècle). Colloque international d'Aix-en-Provence, April 1988. Turin 1989.

Vaudois languedociens et Pauvres catholiques. In: Cahiers de Fanjeaux Nr. 2 (1967).

Armand Hugon, A. / Gonnet, G.: Bibliografia valdese. Torre Pellice 1953.

Balmas, E. / Dal Corso, M.: I manoscritti valdesi di Ginevra. Turin 1977.

Berger, S.: Les bibles provençales et vaudoises. In: Romania 18 (1889), S. 353–424.

Biller, P.: Curate infirmos: the medieval waldensian practice of medicine. In: Studies in Church History 19 (1982), S. 55–77.

Biller, P.: Medieval waldensian abhorrence of killing pre-c. 1400. In: Studies in Church History 20 (1983).

Biller, P.: Multum ieiunantes et se castigantes: medieval waldensian asceticism. In: Studies in Church History 22 (1985), S. 215–218.

Cegna, R.: Fede ed etica valdese nel quattrocento. Turin 1982.

Merlo, G. G.: Valdesi e valdismi medievali. Turin 1984.

Montet, E.: Histoire littéraire des vaudois du Piémont. Paris 1885.

Schneider, M.: Europäisches Waldensertum im 13. und 14. Jahrhundert. Gemeinschaftsform, Frömmigkeit, sozialer Hintergrund. Berlin / New York 1981.

Selge, K.-V.: Die ersten Waldenser. 2 Bde. Bd. 1: Untersuchung und Darstellung. Bd. 2: Der Liber antiheresis des Durandus von Osca. Berlin 1967. [= Arbeiten zur Kirchengeschichte 37]

Selge, K.-V.: La figura e l'opera di Valdez. In: Bollettino della società di Studi Valdesi Nr. 136 (Dezember 1974), S. 4–25.

Thouzellier, C.: Catharisme et valdéisme en Languedoc à la fin du XIIe et au début du XIIIe siècle. Paris 1966. Neuausg. Brüssel 1969.

Vinay, V.: Friedrich Reiser e la diaspora valdese di lingua tedesca nel XV° secolo. In: Bollettino della Società di Studi Valdesi Nr. 109 (Juni 1961), S. 35–56.

2.4 Regionale Studien

Armand Hugon, A. / Rivoire, E.-A.: Gli esiliati valdesi in Swizzera e Germania (1686–1690). Torre Pellice 1974.

Audisio, G.: Les vaudois du Luberon. Une minorité en Provence (1460–1560). Mérindol 1984.

Cameron, E.: The Reformation of Heretics. The Waldenses of the Alps 1480–1580. Oxford 1984.

Chevalier, J.: Mémoire historique sur les hérésies en Dauphiné avant le XVIe siècle. Valence 1890.

De Michelis, C.: La valdesia di Novgorod. «Giudaizzanti» e prima riforma (sec. XV). Turin 1993.

Fournier, P. F.: Les vaudois en Auvergne vers la fin du XVe siècle d'après les interrogatoires de deux barbes. In: Bulletin historique et scientifique de l'Auvergne (1942), S. 49–63.

Gonnet, G.: I valdesi d'Austria nella seconda metà del secolo XIV. In: Bolletino della Società di Studi Valdesi Nr. 111 (Juni 1962), S. 5–41.

Gonnet, G.: La «vauderie d'Arras». In: I valdesi e l'Europa. Torre Pellice 1982, S. 99–113.

Jacquier-Roux-Thévenet, N.: De l'histoire à la légende: les régions vaudoises françaises. Aix-en-Provence 1986. 2 Bde.

Kiefner, T.: Die Waldenser auf ihrem Weg aus dem Val Cluson durch die Schweiz nach Deutschland, 1532–1755. 4 Bde. Göttingen 1980ff.

Marx, J.: L'inquisition en Dauphiné. Paris 1914. Neuausg. Marseille 1978.

Merlo, G. G.: Eretici e inquisitori nella società piemontese del Trecento. Turin 1977.

Molnár, A.: Les vaudois en Bohême avant la révolution hussite. In: Bollettino della Società di Studi Valdesi Nr. 116 (Dezember 1964), S. 3–17.

Molnár, A.: Les vaudois et les hussites. In: Bollettino della Società di Studi Valdesi Nr. 136 (Dezember 1974), S. 27–35.

Paravy, P.: De la chrétienté romaine à la Réforme en Dauphiné. 2 Bde. Rom 1993.

Pazè Beda, B. / Pazè, P.: Riforma e Cattolicesimo in val Pragelato: 1555–1685. Pinerolo 1975.

Register

Buchanzeigen

Zur Religionsgeschichte

Alain Demurger
Die Templer
Aufstieg und Untergang 1120–1314
Aus dem Französischen von Wolfgang Kaiser
23. Tausend. 1995. 345 Seiten mit 9 Abbildungen und 5 Karten. Leinen
Beck's Historische Bibliothek

Johann Maier (Hrsg.)
Die Kabbalah
Einführung – Klassische Texte – Erläuterungen
1995. 416 Seiten. Leinen

Roland Edighoffer
Die Rosenkreuzer
1995. 144 Seiten. Paperback
Beck'sche Reihe Band 2023
C.H.Beck Wissen

Günter Stemberger
Der Talmud
Einführung – Texte – Erläuterungen
3., durchgesehene Auflage. 1994. 324 Seiten. Leinen

Tilman Nagel
Der Koran
Einführung – Texte – Erläuterungen
2. unveränderte Auflage. 1991. 371 Seiten. Leinen

Gerhard Ruhbach/Josef Sudbrack (Hrsg.)
Große Mystiker
Leben und Wirken
1984. 400 Seiten. Leinen

Verlag C.H.Beck München